翻译学刊

Journal
of
Translation
Studies

王欣　熊辉　主编

2024年第1辑

巴蜀书社

目 录

名家视域

母语作品的外译传播：意涵、形象、语境

谭载喜①

摘要：随着中国文化走出去战略的实施与深化，作为其重要组成部分的中国作品（包括文学、文化、学术各领域的母语作品）外译传播活动，在国家大力支持下得到快速发展，母语作品外译传播研究也成了翻译学界的一个热点领域。在经济全球化进程不断遭受"单边主义"干扰，而我们需要奋力抗干扰的当下尤其如此，也应当如此。本文以全球化变局下如何做好母语作品外译传播话题为主轴，围绕这一话题涵盖的重要内容展开理论思考和讨论，包括如何审视"译出母语/外译传播的语言及文化政治意涵""外译传播与民族形象构建的内在关系""中国语境下机构外译传播的行为特质"等，以助力新形势下母语作品外译传播及其研究工作的发展。

关键词：母语作品；外译传播；文化政治；形象构建；机构翻译；中国语境

Title：Communicating via Mother-Tongue to Foreign-Language Translating：Meaning，Imagology and Context

Abstract：Under the country's initiative to make Chinese culture go

---

① 作者简介：谭载喜，深圳大学名誉教授，香港浸会大学荣休教授、博士生导师，主要研究方向：翻译哲学与理论、文学翻译、对外翻译传播学、翻译文化政治学、西方翻译史学。

基金项目：本文系国家社会科学基金项目"'茅盾文学奖'作品英译与国际传播研究"（项目编号：21BYY008）的阶段性成果。

international, the translation of Chinese works into foreign languages, including works in the various fields of literature, culture and academia, has been developing rapidly with government support. Its study has also become a hotspot topic in the field, which is of course a fitting response in TS research in China to the problems and interferences brought about by increasing unilateralism in the economic world at large. Against the background of such a changing world situation, this paper offers a discussion of some of the major issues involving how to handle mother-tongue to foreign-language translating. These include issues on the linguistic and cultural politics of trans-lingual communication, the intrinsic relations between communication and imagology, and the dynamics of institutional translation in the Chinese context. It is hoped that the insights drawn from the study will thus help promote the development of the translation as well as research into the translation by native Chinese translators of their mother-tongue texts into foreign languages.

Keywords: mother-tongue texts; translating for foreign-language reception; cultural politics; image reconstruction; institutional translation; Chinese context

在国家的大力推动和扶持下，我们在文学、文化、学术各领域的母语作品外译传播活动得到快速发展，随之而来的母语作品外译传播研究也成了翻译学界的一个热点领域。需要指出的是，当下经济全球化进程不断受到"单边主义"干扰，国际人文交流也因此不免受到这样或那样的负面牵连。例如，近年来，以传播中国文化、促进中外友好关系为办学宗旨的孔子学院，其发展在一些国家（尤其在个别西方国家）经常受到不公正的阻抗甚至敌视，进而引起所在国部分人士对中国文化的不理解或对中国形象的负面解读。然而，国际人文环境越是出现困难，就越需要我们努力对外讲好中国故事，传播好中国声音，从而"让世界人民认识一个真实、立体、全面的中国……用中国话语讲述中国故事，阐释中国道理，抒发中国情感，揭示共同价值，努力塑造一个可信、可爱、可敬的中国形象"（何畏，2022：39）。出于如此考虑，本文将围绕全球化变局下母语作品外译传播所涵盖的几个重要内容，展开理论层面的思考和讨论，包括如何审视"译出母语/外译传播的语言及文化政治意涵""外译传播与民族形象构建的内在关系""中国语境下机构外译传播的行为特质"等，以期推动新形势下母语作品外译传播及其研究工作的发展。

一、译出母语/外译传播的语言及文化政治意涵

"译出母语"和"译入母语"是针对翻译过程所涉语言运行方向的一对术语：前者指从译者母语/本国语到非母语/外国语的运行方向；后者指从译者所用外国语到本国语的运行方向。在中文译学术语里，"译出母语"的同义用词包括"母语译外语""中译外""对外翻译""外译"；"译入母语"的同义用词包括"外语译母语""外译中""对内翻译"等。两组术语所反映的，显然是一个普遍的翻译现象，即：翻译是一种双向行为，任何国家/地区或语言文化在与他者或他国语言文化进行交流时，都会既有译出（对外翻译）又有译入（对内翻译）活动。

我们在使用这些语词时，需要注意两点：一是在笼统谈论翻译活动时，无须特别标明翻译的语言运行方向是什么。一般而言，翻译的"无标记意义"（Unmarked Meaning）是指译入母语，例如"五四时期的翻译"或"自改革开放以来的翻译"等表述中的"翻译"，一般是指从外文到中文的翻译即"对内翻译"；只有在我们需要强调翻译"由外至内"的方向性，并凸显其与"对外翻译"的对应特性时，我们才用"对内翻译"这一表达形式来标记。二是人们在使用"译出母语""母语译外语"或"译入母语""外语译母语"等词汇时，显然是为了表达涉及语言运行方向的一层额外含义。例如，联合国教科文组织于1976年发布的《内罗毕宣言》，在涉及联合国招聘翻译人员时要求，"译者应尽可能将作品译入其母语或其有同等程度掌握的语言"（Picken，1989：245）。这个要求无疑是从保证目标文本的语言质量角度提出来的，因为一般而言，只有译入母语者才具有在目标语文化环境中进行母语书写和文字辨别所需的那种精细的语言和文字能力；如果目标语不是译者母语或本国语，翻译时就很难从语言和修辞层面使目标文本的表达形式做到准确、地道，尤其在目标文本的语言修辞细微之处。这就是指语际转换须以"译入母语"为首选方向的那层额外含义。

当然，联合国提出涉及翻译运行方向的上述要求，其实也符合许多情

况下的翻译现实。例如，撇开中国历史上出现过的少数典籍翻译案例不说，如西域高僧鸠摩罗什的佛经中译以及意大利学者传教士利玛窦（Matteo Ricci，1552－1610）与本土学者合作翻译的欧几里得作品《几何原本》，我们的中文翻译或"译入母语"的工作，一般都是由中文母语译者完成的。从林纾到严复，从朱生豪到卞之琳，从瞿秋白、鲁迅到傅雷，这些译者无一不是译入中文的母语语言大师。换一个角度说，至少就近百年或数百年以来的中国翻译而言，我们没有发现有任何重大的中文翻译作品，是由英文或其他外语母语者译入中文的。例如，我们并未发现任何闻名历史的英国人用中文翻译出版莎士比亚的戏剧，德国人中译出版歌德的诗歌，法国人中译出版萨特的哲学，俄罗斯人中译出版托尔斯泰的小说等。同时我们也难以想象，由英文（或其他外文）母语者译出他们母语到中文的作品，会是怎样的一种翻译作品。因此，我们的结论是：一般而言，"译入母语"而非"译出母语"应该是任何语对翻译的首选，涉及中文为目标文字的语对翻译尤其如此。

但由此便出现了一个问题，就是从中国文化走出去的战略角度看，我们所关心的是如何通过翻译手段来助力中国文化走向世界，更好地向主要包括英语国家在内的外部世界讲述中国故事，传播中国声音，贡献中国力量，进而与文化"他者"一道合力推进人类命运共同体向前发展。这意味着我们需要大量地向世界译介中国的作品，而就当前的实际情况而言，懂中文的外文（如英文）母语翻译者在人数上相当有限，即使数量多也未必人人都有兴趣或有足够经济吸引力（如高额稿费、版税等）来推动他们大规模从事翻译；至于各国的汉学家，许多都长于从事研究却未必胜任高难度的翻译工作，而且真正谈得上是汉学家的人数也不算特别多。换而言之，一方面，至少就目前情况看，"没有足够的外国译者帮我们从事中国文化的对外翻译和介绍；同时，中国在对外文化传播上尚不具备英美西方国家的影响力"（黄友义，2017：2）；另一方面，我们又不能消极、被动地等候文化"他者"大规模主动地来翻译中国作品。在这种背景下，我们不能不思考寻找其他出路来应对和解决如何让中国文化走出去的问题。

很明显，这个在现阶段可以找寻到的出路，就自然包括了我们在后面将进一步讨论的策略，即发挥我国制度优势，由机构（主要包括国家机构）出面组织或支持自己的力量，也就是由"译出母语者"为主要行动力来承担"翻译中国"的任务和责任，特别是在文化和学术领域。同时也十分明显的是，国家提出和实施的这个由"译出母语者"为翻译主力的策略，应当不是以解决目标文本的语言问题为优先考虑项，而且也不会是一项永久不变的策略。笔者相信，历史发展到将来某一天，中国在各方面都会成长为真正意义上的世界强国，成为世界各国争相学习的国度，中国文化、科学等领域的作品也就会顺理成章地成为世界各国人民"译入母语"的不二之选，到那时，作为中文母语者的我们，或许不必再将"译出母语"作为实施中国文化走出去方针的首选方向，而回归到由外语（包括英语）母语者"译入母语"这一更能保证目标文本语言质量的方向上来。然而，就目前而言，我们在相当程度上必须依靠自己"译出母语"而非文化他者"译入母语"的努力，才有可能保证中国文化至少能够往外走。这个问题，与其说是一个单纯关于作品翻译的语言问题，毋宁说是关涉国家宏大叙事能否成形直至成功的文化政治问题。

不言而喻，我们聚焦的"译出母语"工作，本质上就被赋予了对外翻译"传播"或"宣传"中国形象的宏大的文化政治意义，提出并强调在翻译理论和行动上对母语作品"外译传播"中这一文化政治特性的重视，便构成了我们研究的核心精神所在。本文随后关于外译传播与民族形象构建内在关系、机构外译传播行为特质的讨论，也都同样会以此核心精神为认识基础而展开。

二、外译传播与民族形象构建的内在关系

众所周知，在中文里，"民族"是一个意义复杂的概念和用词。有时，"民族"是指人类学或生物学上的"种族"或"族群"，如我们常说的"中国的少数民族、多数民族/主体民族""中国有 56 个民族""中国民族人口调查"等语词中的"民族"，即是这个意义上的"民族"（徐迅，1999），此时，"民族"相当于英语中的"ethnic group（s）"。有时，我们所说的"民族"，却可能是一个社会文化或文化政治层面的概念，相当于英文用词"nation"，指"国家"意义上的"民族"。两者不能混淆。

对于"民族国家"或"国家民族"意义上的"民族"的形成，西方

学术界近几十年来开始采用一种"建构论"（constructionist）的观点来诠释。按照他们的观点，"民族""民族国家""国家民族"是指在特定历史条件下，被"发明"、被"建构"出来的"想象共同体"（Eley and Suny, 1996：6-7）。"想象共同体"（imagined community）概念最先由美籍英国爱尔兰裔学者安德森（Benedict Anderson）提出（Anderson, 1983），后来在西方乃至世界文学和文化界产生了广泛影响，并成为"建构论"的核心理念。许多学者（如：Hobsbawm and Ranger, 1984；Bhabha, 1990；Hall, 1996）在探讨"民族"问题时，都转向分析国家意义上的"民族"概念如何被各种话语所叙述，被各种重构手段所"想象""发明"和"呈现"。

此种"建构主义"的观点，对于"民族"概念究竟如何形成和演化、如何被认同等问题，不能说不具有一定解释力，因为在一定程度上，特别是就翻译中的"民族""民族形象"构建而言，归根结底是译者在所属文化政治背景下，依据源文本的既定"想象"框架而"构建"（准确说是"重建"／"重构"）出来的。然而，笔者所不能认同的是：如果我们对特定"民族/民族形象构建"问题的解释完全建基于可能是"凭空"的"想象"，而不是以实体"民族"或"国家"为"想象"基础，那么这样的"形象"构建一定是虚空的，没有根基的。

本文所谈翻译与民族形象构建中的"民族"和"民族形象"，不是凭空"想象"出来的"虚体"，而是实实在在生活于世界的"人民"以及建基于这一"人民实体"之上的"形象"。具体来说，其是指中国译者在"译出母语"／"外译传播"过程中需要重构于目标外语（如英语）文本中的源语"民族""民族形象"。而对于源语文本所呈现的"民族""民族形象"，又需要从两个不同的层面来解读和传播：（一）在宏观的、整体文化政治的层面，中文母语文本所呈现的"民族""民族形象"，指中国的"国家民族"或"国家民族形象"，其中"民族"概念指一个由全中国56个具体"种族""族群"共同构成的社会、法律、文化、政治层面的"统一体"，也就是马列主义民族理论中所说的"民族"概念，即指"人们在历史上形成的一个有共同语言、共同地域、共同经济生活以及表现于共同文化上的共同心理素质的稳定的共同体"（斯大林，1953：294）；（二）在具体的、生物学或人类学意义的层面，所谓"民族"／"民族形象"，指构成"中华民族"大家庭的成员，如汉、蒙、回、藏、维、壮、苗、彝、土等各个具体的"种族"和"族群"。这就是说，我们在外译传播"民族"或包含"民族"概念在内的语词时，如"民族形象""民族英雄"等，需要格外注意目标英语文本中的选词及其意涵。同一个中文母语文本的"民族"，到了英语文本，不是任何时候都可以不加区分地用"nation"或"national"等词语来翻译的。例如，我们将"古代藏族雄狮国王格萨尔是民族英雄"这句话译入英文时，不可贸然译为"Gesar, the legendary Tibetan Lion King in the ancient times, is a national hero of Tibet"甚或"Gesar, the legendary Lion King in ancient Tibet, is a hero of the Tibetan nation"，而应将其译为"Gesar, the legendary Lion King in ancient Tibet, is a hero of the Tibetan people""Gesar, the legendary Tibetan Lion King in the ancient times, is an ethnical hero of Tibet"等。前后两者所呈现的"民族"形象，其文化政治含义层面的差异不可谓不微妙，不可谓不大。

显而易见，翻译工作，尤其是涉及母语文学或文化政治作品的外译传播，在1949年出现的"新中国"这一现代国家民族以及由此发展至今的当代中国民族形象构建或重构，特别是在帮助外部世界正确认识这一民族形象的过程中，发生着十分重要的作用。在人类历史上，翻译为特定民族引进了来自异域的新的文学范式，促成了本族文学体系的演化和民族文学的建立，并促进了民族语言的形成和发展，强化了民族意识的提升，推进了民族身份的构建（Delisle and Woodsworth，1995；Brisset，1996；Pym，1998）。在这些方面，特别是在大规模翻译活动如何推动民族身份的构建和发展方面，不少学者都做过深入研究（Venuti，2005；Ellis and Oakley-Brown，2001）。但过往有关翻译与民族国家建构关系的理论和个案研究，大都"集中在异域文学如何通过翻译这一途径参与本土民族国家建构以及民族国家身份认同"，而甚少谈论"源语社会主动发起并从事的外译活动在对外建构本民族国家，再现和塑造民族国家形象与民族国家主体上所发挥的作用"（倪秀华，2021：26）。这无疑是研究领域的一大缺憾。

应该承认，立足于对异域文学如何通过翻译"参与本土民族国家建构以及民族国家身份认同"的研究，对我们开展外译传播中的民族形象构建研究是有帮助的。然而，对内翻译与对外翻译毕竟是方向相反的两种传播活动，虽然两者都同样是通过语言转换手段才达至源语形象构建的目的，但将异族形象译入母语、让母语读者了解或接受以母语构建的异族形象，与通过译出母语将本族形象转换成异族语言、让异语读者正确认识和接受译者方的本族形象，彼此间却存在着很大差异，具体表现在至少涉及翻译过程及其产品的三个方面：一是对源文本的理解；二是在目标文本中的表达；三是对目标形象的接受。这些差别是双向翻译中人们熟悉的一个存在：译入母语的最大难点在于对源文本的理解；译出母语的最大难点在于目标文本的表达；目标形象接受上的差异则存在真实性和潜在性两种性质不同的呈现，并且这种差异往往更多地受制于文化政治而非语言方面的影响。

　　具体而言，在"译入母语"的接受方面，译者作为目标文本母语者，能对被译形象的"接受"情况产生直接而真切的感觉或感受；而在"译出母语"的接受方面，译者作为目标语文化的非母语者，不具备目标文本母语者所具有的那种语言文化背景，并且一般不具备长期身处目标语境中的客观条件，因此对于所译形象的接受情况，只能靠译者"想象"（assuming）而非基于"真切感受"（direct perception）来做出分析和判断。除非译者具有充足经济资源支持在目标环境中开展全方位田野调查，能获得关于目标文本接受情况的第一手资料，否则译出母语者关于本族形象译入异族语言文化后是否被接受，以及如何被接受、如何不被接受等问题所做的分析与判断，通常只能是一种潜在的、想象的结果，不能或难以达到完全真实可信的程度。

　　综上所述，由于译入母语（内译传播）与译出母语（外译传播）在形象构建或重构问题上彼此间存在这样或那样的差异，而过往国际领域的翻译与形象构建研究大都集中在前者，因此近年来中国学者持续在相关话题上所做的各种研究，包括马士奎（2006；2009）和马士奎、倪秀华（2017）关于译出母语如何塑造"自我文化形象"的研究，倪秀华（2021）就"1949－1966年中国文学对外翻译"话题所做的个案研究，黄友义（2011；2017；2022）有关如何开展中国特色中译外以及如何通过"翻译中国"来推动"一带一路"建设和让世界听到中国声音的一系列论述等，对于我们当下为之踔厉奋进的外译传播研究，就显得很有参考价值了。

　　必须进一步指出，上面说到的所谓"对目标形象的接受"，其中"接受"一词的英文原始用词是"reception",而不是"acception",前者指"接收、收到",后者则更接近中文用词"接受"所承载的"接纳""认同"之意。虽然传统上将"reception theory"译为"接受理论"并无不妥,但译名中的"接受"二字却可能回译不到原文单一的"reception",而会导致两种解读:首先会被解读为"acception""accept",其次才会被解读为"reception""receive"。由于本文沿用"接受理论"的基本概念,因此在使用"接受"一词时,我们指的是"reception""receive"(即"接收"或"解读")。例如,"对目标形象的接受"一句的意思,除非根据特定上下文指"对目标形象的接纳/认同",否则仅表示"对目标形象的解读/理解",而不涉及对目标形象究竟是正向"接纳/认同",还是反向"不接纳/不认同"的问题。

"接受理论"的核心思想在于强调:任何文本(包括文学文本、电影或其他媒介作品等)只有经过受众阅读、观看和理解,才具有意义。按照文化学和传播学领域著名接受理论家霍尔(Stuart Hall,1932－2014)的解释,文本的意义并不理所当然地为文本本身所固有,而是产生于文本与受众的关系,即受众对文本的"解码"(decoding)之中。霍尔特别指出,受众在"解码"即"解读/理解"文本时,一般会出现三种不同的立场(positions)。霍尔的所谓受众解读源文本所持的三种"立场",其实是指受众对于源文本所采取的三种不同的"解读姿态"或"解读方式",即:(1)支配式解读(dominant-hegemonic position),指完全按照原作者所要表达的意思直接解读文本,这时解码者(受众/解读者/译者)和编码者(原作者/源文本出产者)具有相同的文化和价值取向,因此受众对于源文本一般不会产生有悖于原作者的意图,而是完全按原作者/源文本出产者意图来进行的理解;(2)协商式解读(negotiated position),指受众对源文本所构建的形象或所表达的意思既接受又抗拒,或者说部分接受和部分抗拒,包括总体不反对却具体不接受,而形成的一种接受姿态上的混合式折衷体;(3)对抗式解读(oppositional position),指受众对源文本所表达的表层意义及其意义内涵,虽然并非不知晓或不理解,但却要有意进行相反的解读,以折射出受众对源文本内容或形象并不认同甚至反对的姿态(Hall,[1973]2018:272－274)。

　　笔者认为，接受理论的上述"以受众反应为中心"以及区分三种受众"解读姿态"的基本思想，仍可用来有效阐释外译传播与民族形象构建的内在关系、母语形象如何在异语环境中被接受（即被解读）的问题。例如，在我们"让中国文化走出去"的努力中，将中文母语作品翻译成英文或其他外文，我们的目的是要"塑造一个可信、可爱、可敬的中国形象"，让文化"他者"认识"一个真实、立体、全面的中国"，这就要求我们在外译传播中必须重视受众对目标文本的潜在反应。此处所言，并非要求译者做到让受众在思想内容或意识形态层面完全接受（即"认同"或"赞同"）源文本所说的一切，而是要尽量做到让目标受众至少在语言文化层面不"误解"、不"曲解"源文本所呈现的内容或形象。不论采用何种翻译策略和方法，异化也好归化也罢，直译也好意译也罢，都应当将做到这一点作为母语作品外译传播的首要目标。

三、中国语境下机构外译传播的行为特质

　　前面第一节指出，由于种种原因，包括黄友义先生所言"没有足够的外国译者帮我们从事中国文化的对外翻译"（黄友义，2017：2），以及近年外译需求和任务变得愈来愈庞大等，对于当下"翻译中国"或通过翻译"让中国文化走出去"、在国际舞台构建"可信、可爱、可敬的中国形象"，并同时通过翻译助力"一带一路"建设的宏大国家叙事，我们不能指望和依靠外国译者以"译入母语"的方式来完成。简单来说，这是一个涉及"由谁译"的问题。第一节关于由"译出母语者"来担此大任的讨论，显然触及了当前解决"翻译中国"问题的一个符合中国语境的主要路径。然而，我们还必须对此路径加以拓展，尤其是对其中"译出母语者"这个核心概念进行具体阐释，才能使相关路径更具可行性。

　　从译者形态的角度看，"译出母语者"其实是一个意义较为宽泛的词汇，因为它可指"个体/个人""集体/团体"或"机构"等多种类型的"翻译主体"，而由这多类"翻译主体"构成的多类"翻译行为形态"又可区分为"自由形态"和"指定或邀约形态"。例如，"个体翻译"既包括自由译者也包括由出版社或其他权力方指定或邀约译者所做的翻译；"集体/团体翻译"既包括多人（通常指三人或以上，有时也指两人或以

上）自由组合，也包括由出版社或其他权力机构指定或邀约集体/团体译者所做的翻译；同样，"机构翻译"既包括以特定机构或实体为自由翻译主体，也包括完全受制于更高层级（权力）机构指派任务的翻译。由于本研究的关注重点是作为我国"外译传播"主体力量的"机构翻译"，而不是"个人或集体翻译"，因此余下讨论将集中于"机构翻译"及其行为特质上。

首先需要对何为"机构翻译"的问题做个界定。所谓"机构翻译"的英文对应语是"Institutional Translation"，即指由特定机构或组织作为行为主体所承担或提供的翻译。例如，以中央编译局、中国外文局、中国民族翻译局（中心）、各类报刊如《中国日报》属下的翻译部/组、隶属高等院校的翻译中心、社会上各类翻译公司等机构作为翻译行为主体所做出的翻译，即属"机构翻译"；有时，"机构翻译"也包括特定机构或组织所支持或赞助的翻译项目，如本文重点关注的国家社科基金支持下的中华学术外译项目，以及各种常设或临时性机构所组织的翻译项目；如由《中国日报》牵头的"联合课题组"于 2020 年撰写与翻译的《抗击新冠肺炎疫情的中国实践》中英双语报告等，其中的中文文本为原文，英文对照文本为译文。在上述意义上，机构翻译以及作为其行为主体的翻译机构（Translating Institution；Translational Institution）自古以来就是一个重要的翻译存在，如我国古代由玄奘组织的译场佛经翻译，西方历史上为数众多的由各个教会或权力机构组织的《圣经》翻译，如公元前 3 世纪按照埃及国王托勒密二世费拉德尔弗斯旨意而翻译的《七十子希腊文本》（*The Septuagint*）和 1611 年英国国王"授权"翻译出版的《钦定本圣经》（*The King James Bible*），以及各个国家在不同历史时期存在的许多翻译活动，包括第二次世界大战期间轴心国和同盟国各自赞助的为政治宣传目的服务的翻译活动，也都是机构翻译的典型例子。

其次，我们需要将"机构翻译"与"集体/团体翻译"区分开来。本质上，它们是含义不同的两个概念。一般情况下，机构翻译的表现形态是集体/团队翻译，虽然有时也不排除将个人翻译覆盖在内，但反过来却不能以对等方式来描述彼此之间的关系，即：在很多情况下，集体/团体翻译并不是机构翻译，个人翻译更不能被称为机构翻译。同时，机构翻译如果署名，也会以机构名义而不以具体参与者名义来标示。例如，已经出版的《毛泽东选集》《习近平谈治国理政》等著作的外文翻译属于机构翻译的成果。概言之，"机构翻译"和"集体/团体翻译"的主要区别在于，后者只是一个单纯涉及"多人合作完成""语际操作"层面的概念，前者则指以公共机构或机关名义来承担或提供的翻译，并常具"属于文化政治行为"的附加意涵。

尽管机构翻译作为一种翻译现象古已有之，但真正从理论上对它的关注却直至20世纪八九十年代才出现（Mossop，1988），而且在相关研究领域至今尚谈不上取得了很大进展。笔者提出从文化政治维度来审视机构翻译的行为特质，即是为了在研究上有所推进。立足于此种文化政治维度的重要思想是，在当前中国语境下，机构翻译不仅包括由具体机构（如编译局、外文局、民族翻译局以及各种翻译公司等）承担或提供的翻译，同时还包括由机构（如国家社科基金等）支持的大型翻译计划，如国家于2010年设立并开始运作的中华学术外译项目。虽然获得立项资助的大都为个人或集体译者，但从资助来源即国家机构、由此衍生出来的高声望来看，此类个人或集体翻译项目实际上就获得了相当于"机构外译"的文化政治待遇。也就是说，机构外译传播与国家赞助之间存在着相辅相成的紧密关系，这种关系能充分体现我国文化政治制度的特色，由国家机构出面组织自己的力量，将译出母语者作为翻译主力，在缺乏或暂时缺乏足够"外援"的情况下，承担起向外部世界传播中国文化的光荣使命。这也是标志中国有能力克服困难，将中国文化和国家形象从世界舞台的边缘逐步推向中心位置的一个有效举措。

具体到上述学术外译项目的内容，正如其资助宗旨所指出的，它"主要资助代表中国学术水准、体现中华文化精髓、反映中国学术前沿的学术精品"①，重点资助对象为我国当代哲学社会科学优秀成果、近现代以来的名家经典及国家社科基金项目优秀成果；资助文版由最初的英文、法文、西班牙文、俄文、德文等5种语言，逐年增加到目前的近20种语言，范围扩展至阿拉伯文、土耳其文、日文、韩文等不少亚洲语言，涵盖26个学科。以下表格所呈现的，是该项目自2010年开始运作至今，尤其是最近6年以来的立项信息：

---

① 参见 http://www.nopss.gov.cn/n1/2022/1116/c431031 - 32567738. html.

国家社科基金中华学术外译项目近 6 年立项

年份	立项数目	比上年增/减数	比上年增/减率
2010－2015	13〔2010〕＋40〔2011〕＋39〔2012〕＋67〔2013〕＋86〔2014〕＋113〔2015〕		
	358（＋130〔2016〕）＝488		
2016－2017	130		
2017－2018	165	＋35	＋27%
2018－2019	185	＋20	＋12%
2019－2020	154	－31	－17%
2020－2021	195	＋41	＋27%
2021－2022	237	＋42	＋18%
2022－2023	234	－3	－1%
近 6 年共计	1300 项	前 7 年共计	488 项
总计（13 年）	1658 项		

审视上述表格，我们有三个主要发现：

（1）**发展趋势**：项目运作至今已 13 年，从最初 2010－2011 年仅仅立项 13 项，到最近 2022－2023 年立项 234 项，增长足足 18 倍。从 2010－2014 年的双位数立项，到 2015－2023 年的三位数立项，尤其是 2021－2022、2022－2023 年从原来每年的 1 字头（100 多项）发展到 2021－2023 年每年 2 字头（200 多项）的立项，很明显，其呈现出一年比一年增多的总体发展趋势，形势令人鼓舞。

（2）**译什么**：立项学科覆盖中国历史、中国文学（主要指文学理论类）、哲学、宗教学、经济学（理论经济与应用经济）、社会学、法学、政治学、国际问题研究、教育学、语言学、民族问题研究、考古学、管理学、新闻学与传播学、马列研究、党史党建研究、人口学、体育学、统计学等主要领域，学科分布范围之广，课题所涉内容之多，足能在一定程度上帮助文化"他者"认识一个正在快速发展中的全面的中国。

（3）**谁来译**：项目管理机构即"全国哲学社会科学工作办公室"将有资格申请者列为："国内具备本学术领域较高专业水平和双语写作能力的科研人员"，明确地给予"译出母语者"以合资格申请获得国家赞助者的身份，去申请和承担母语作品的外译传播项目，从而通过"机构（国家机构）资助"的方式将"个人或集体翻译"转化成某种意义上的"机构翻译"。此种形态的"机构翻译"，连同既有翻译机构（包括作为国家机构的各种翻译局和民间的翻译中心、翻译公司等）所承担和完成的母语作品外译工作，即构成了在当前中国语境下服务于"翻译中国"目的的切实可行且行之有效的途径。

当然，我们在这里探讨机构翻译（尤指由国家机构主事或主导的翻译），目的所在，并不是要简单地对源文本与目标文本进行语言层面的对比分析，而是要彰显机构翻译的社会和文化政治属性。这一点也正是翻译中"文化转向"和"社会学转向"的重点关注所在。勒弗维尔（André Lefevere，1945—1996）在1992年出版的《翻译、改写以及对文学名声的制控》（*Translation*，*Rewriting*，*and the Manipulation of Literary Fame*）一书中对翻译诗学、赞助和意识形态的讨论，即已触及翻译的文化政治及其社会特质。勒弗维尔认为，"赞助机制"（patronage）指"有权力左右文本解读、书写以及改写的人或机构"，这些人和机构通常"更关心文学背后的意识形态，而非其诗学"。或者说，使此机制得以运行的可以是个人，如意大利文艺复兴时期的美第奇家族（the Medici）、古罗马时期文学艺术著名赞助者梅塞纳斯（Maecenas）的建立国家文化机构和推行国家资助制度的17世纪法国国王路易十四；也可以是团体、宗教组织、政党、社会阶层、王室、出版商；还可以是媒体机构，如报刊和影视集团等（参阅：Lefevere，2017：12）。因此，可以说，围绕"翻译机构"和"机构翻译"展开的研究，往往离不开对于翻译赞助问题的关注。活跃于我国语境的各类国家或公共翻译机构，以及上面讨论到的"中华学术外译项目"，其运行模式也无不从某种程度上反映了机构外译传播与国家赞助之间的相互关系。

需要特别强调，虽然人们普遍认为，不论是个人或集体翻译，还是机构翻译，译者的职责所在都是为了在两种语言文化群体之间扮演调停人的角色，翻译的目的就是为了调停和促进两种社会文化群体之间的交流（Tymoczko，2006：16），但就母语作品的外译传播而言，其主要目的其实不是为了促进文化之间的相互交流，而是为了"强化"源语国的文化和意识形态规范，提升源语国的民族自我形象与地位。在理论上，此种翻译或可称为"强推式翻译"（translation as imposition；Dollerup，1997：45）。如果在翻译过程中，译者甚少考虑或不考虑目标语文化的需求以及目标语文化中的读者兴趣，而只着眼于让目标语文化及受众能够"接受"（即"认可"或"接纳"）译者所"推送"的产品，因而既不顾及能否通过译本与目标受众展开有效对话，也不顾及能否在目标语文化中产生共鸣，那么这种翻译的结果很可能是：因为"对外翻译行为发生在源语社会内部，有时会与目的语社会的需求相脱节"，而导致"这种主动'送出'的译作"难以获得目标受众的真正接受或"认可"（马士奎，2006：21）。

此外，我们还须认识到，在我们所说的"外译传播"中，受众对目标文本的"潜在反应"，应该是一个动态变化、多面反应的过程，而不是静态不变、简单划一的过程。在这个过程中，受众对同一文本的解读可能出现前面提到的三种不同方式，即霍尔所定义的"支配式""协商式""反抗式"解读；也可能出现以下情况，即以同一方式解读特定文本的受众，会因时空变化而改变原有立场，转而采取新的姿态去解读相关文本。面对这种种潜在的、"想象的"（assumed）受众反应，外译传播的行为主体必须根据所处的特定语境和所要服务的特定目标来确定应当采取怎样的翻译原则、策略和方法。例如，在当下由译出母语者作为翻译主力的中国语境里，译者可能需要更多地采用不完全按一方"意图"（原作者意图）或另一方"意愿"（目标受众意愿）来进行完全的"支配式"或完全的"反抗式"翻译，而是会采取"归化式"或"归化＋异化"的"混合式"翻译策略，也就是在语言文化层面进行目标语与源语的"协商式"翻译。因为只有这样，才能使特定的外译传播项目达到能在语言文化层面被受众"正确理解"或至少"不被误解、曲解"，并让外译传播者想要传播的"母语形象"在文化政治层面被受众"认可""认同"或正向"接纳"的最终目标。

四、结语

在国际形势处于大变局的当下，在由过往"中国翻译"为中国主要翻译潮流，到当前我们既注重"中国翻译"又同时聚焦于"翻译中国"的历史性转化进程中，由于中国的总体发展离世界中心位置尚有一定距离，因此在相当程度上，我们的文化走出去战略需要依靠我们自己"译出母语"的努力，才能得以实施并达致成功。因此，"译出母语"的行为，即构成了当前"翻译中国"的重要特征，它不仅是帮助世界了解中国的不可或缺的语言行为，更是中华民族将自身文化分享给世界，并由此达到服务于"人类命运共同体"理念的重要的文化政治行为。

如何在异族语境里呈现源文本呈现的母语民族形象，这一方面是我们必须考虑的翻译原则问题，另一方面也是翻译策略和方法问题。在翻译原则上，我们有"忠实于"源文本形象、"取悦于"目标受众、既"忠实于原文"又"取悦于受众"的三种选项；在翻译策略和方法上，我们也同样有多方选项，包括"个体/个人翻译""集体/团体翻译""机构翻译""支配式解读""协商式解读""反抗式解读""归化翻译""异化翻译""意译""直译"或彼此间的各种杂糅混合式选项，如"支配＋反抗""归化＋异化""意译＋直译""机构＋团体""机构＋个人"等。在"译出母语"的实际操作中，我们究竟应遵循怎样的翻译原则，采取怎样的翻译策略和方法，这些又都无疑地取决于翻译的目的和特定的翻译语境。例如，如果我们的翻译目的所在，是将一个真实的"可信、可爱、可敬的"中国形象呈现在世界舞台，那就要求我们以包括文学、学术在内的文化"他者"容易听懂、看懂的方式，向他们讲述中国的故事；而在当下须以"译出母语者"为翻译主力的语境里，依靠国家赞助和支持下的机构翻译（实际操作层面覆盖个人和团体翻译），可被视为目前中国外译传播中能达成上述翻译目的的一种最为行之有效的策略和方法。笔者进而认为，在全球化进程不断变化，甚至不断受到挑战的新时代，依靠这样的外译传播原则、策略和方法，中国文化就能逐步而稳稳地走进世界舞台，走入它的中央。

参考文献

[1] 何畏. 加快构建国际传播的中国叙事体系 [J]. 红旗文稿, 2022 (18)：39－42.

[2] 黄友义. 中国特色中译外及其面临的挑战与对策建议——在第二届中译外高层论坛上的主旨发言 [J]. 中国翻译, 2011 (6)：5－6.

[3] 黄友义. "一带一路"和中国翻译——变革指向应用的方向 [J]. 上海翻译, 2017 (3)：1－3.

［4］黄友义. 强化国家对外翻译机制，助力国际传播能力提升［J］. 英语研究，2022
（1）：12－19.

［5］马士奎. 文学输出和意识形态输出——"文革"时期毛泽东诗词的对外翻译［J］. 中
国翻译，2006（6）：17－23.

［6］马士奎. 塑造自我文化形象——中国对外翻译研究［J］. 民族翻译，2009（3）：20
－25.

［7］马士奎，倪秀华. 塑造自我文化形象——中国对外文学翻译研究［M］. 北京：中国人
民大学出版社，2017.

［8］倪秀华. 1949－1966 年中国文学对外翻译研究［M］. 广州：广州出版社，2021.

［9］［俄］斯大林. 马克思主义和民族问题［A］. 斯大林全集（第 2 卷）［M］. 北京：人民
出版社，1953.

［10］徐迅. 民族、民族国家和民族主义［A］. 李世涛编. 知识分子立场：民族主义与转型
期中国的命运［C］. 长春：时代文艺出版社，1999：18－33.

［11］Anderson，Benedict. *Imagined Communities：Reflections on the Origin and Spread of Nationalism*
［M］. London：Verso，1983.

［12］Bhabha，Homi. *Nation and Narration*［M］. London：Routledge，1990.

［13］Brisset，Annie. *A Sociocritique of Translation：Theatre and Alterity in Québec*，1968－1988［M］.
Rosalind Gill and Roger Gannon（Trans.）. Toronto，Buffalo and London：University of Toronto
Press，1996.

［14］Delisle，Jean and Judith Woodsworth（Eds.）. *Translators Through History*［C］. Amsterdam and
Philadelphia：John Benjamins/Unesco Publishing，1995.

［15］Dollerup，Cay. Translation as Imposition vs Translation as Requisition［A］. In Mary Snell-
Hornby，Zuzana Jettmarová and Klaus Kaindl（Eds.）. *Translation as Intercultural
Communication*［C］. Amsterdam：John Benjamins，1997：45－56.

［16］Eley，Geoff and Ronald Grigo Suny（Eds.）. *Becoming National：A Reader*［C］. New York：
Oxford University Press，1996.

［17］Ellis，Roger and Liz. Oakley-Brown（Eds.）. *Translation and Nation：Towards a Cultural Politics
of Englishness*［C］. Bristol：Channel View Publications，2001.

［18］Hall，Stuart. *Modernity：An Introduction to Modern Societies*［M］. Cambridge，Mass：
Blackwell，1996.

［19］Hall，Stuart. Encoding and Decoding in the Television Discourse［A］. In David Morley.
Essential Essays，Volume 1：*Foundations of Cultural Studies*［C］. Durham：Duke University
Press.［1973］2018：257－276.

［20］Hobsbawm，Eric and Terence Ranger（Eds.）. *The Invention of Tradition*［C］. Cambridge：

Cambridge University Press,1984.

[21] Lefevere, André. *Translation, Rewriting, and the Manipulation of Literary Fame*[M]. Abingdon, Oxon; New York, NY: Routledge,2017.

[22] Mossop, Brian. Translating Institutions: A Missing Factor in Translation Theory[J]. *TTR*,1988 (2):65 – 67.

[23] Picken, Catriona(Ed.). *The Translator's Handbook*[C]. London: Aslib,1989.

[24] Pym, Anthony. Spanish Translation[A]. In Mona Baker(Ed.). *Routledge Encyclopedia of Translation Studies*[C]. London and New York: Routledge,1998:552 – 563.

[25] Venuti, Lawrence. Local Contingencies: Translation and National Identities[A]. In Sandra Bermann and Meichael Wood(Eds.). *Nation, Language and the Ethics of Translation*[C]. Princeton: Princeton University Press,2005:177 – 202.

翻译的交际属性

孙艺风①

摘要：译者的主要角色是传达者，同时也是跨文化传播者。文学翻译所传达的不仅仅是语义，还需要再现一系列文学特征。翻译的根本目的是实现交际，但由于受到多种制约因素的影响，限制了交际的可能性，而文学的不可译性也一直在危及着成功的交流。从交际的角度来看，文学翻译的目标是发展更为复杂的形式，可更好地传达和交流思想和情感，并提供情景线索，以唤起目标读者的适当反应。本文探讨了文学翻译的复杂性，不仅涵盖了语义传达，还包括文学特征的再现，同时力求捕捉相关不同语境和社群的多层次信息和情感，并从几个相互关联的方面研究这种关系，在这一过程中区分交际与传达之间的区别，后者是翻译研究中常用的动词。这对清晰文学翻译的特性和功能不无益处。

关键词：文学翻译；交际功能；不可译性；文化参照；不可约性

Title：The Communicative Properties of Translation

Abstract：The translator's main role is that of a communicator, but also that of a cross-cultural communicator. Literary translation not only conveys semantic meaning but must also reproduce a series of literary features. The fundamental aim of translation is communication, but the possibilities of communication are limited

① 作者简介：孙艺风，澳门大学人文学院翻译学讲座教授。研究方向：翻译理论、跨文化研究、世界文学。

by some constraints, and the untranslatability of literature is a constant threat to successful communication. From a communicative point of view, the goal of literary translation is to develop more complex forms to better convey and communicate ideas and emotions, and to provide situational cues to elicit appropriate responses from the target reader. This paper explores the complexity of literary translation, which involves not only semantic communication, but also the reproduction of literary features, while seeking to capture multi-layered information and emotions across different contexts and communities. The article aims to explore this relationship in several interrelated aspects, clarifying the difference between communicate and convey. The latter is a verb frequently used in Translation Studies, and not without benefit in clarifying the features and functions of literary translation.

Keywords: literary translation; communicative function; untranslatability; cultural references; irreducibility

翻译涉及两种语言之间的沟通，面向两类不同的受众。这两种语言可能相似，也可能迥异，而在后一种情况下，沟通问题会显得更为复杂。

文学翻译充当了一种网络和纽带的角色，通过向目标读者介绍外国作品，建立了语言和文化之间的联系。文学翻译通常有着多种目的，因为文学翻译从来都不是一项单一的任务，译者的目标往往会与原作者的目标不一致。跨文化交流是一项充满挑战的任务，需要进行调解、挪用和协商。由于目标读者来自不同的文学传统，以及从不同的文化、意识形态和审美角度来解读文学文本，所以翻译作品会有不同的诠释，从而导致不同的阅读体验，所有这些都会对传播的动态产生影响。对于互动性沟通的全面认识强调了文学翻译中跨文化交流的相互依存性。可接受性一直与文学翻译密切相关。

这不仅牵涉商业考量，还涉及译文在目标语言社群中的预期文学地位。文学翻译超越了语义层面的翻译，必须充分考虑文学特征的再现，因为这些特征将最终影响译文的接受和信息传达。在实现充分和可靠的跨文化交流方面，文学翻译面临另一个挑战，即其不可替代性。通常情况下，翻译被视为将原文信息传递给目标读者的过程，当翻译失败时，交流就会中断，这种情况经常发生。然而，随着语境的变化，意义会变得愈加多样化，因而增加了翻译的挑战度。文学翻译的本质与将翻译简化为单一概念的翻译功能相悖，真正的功效在于发展更复杂和成熟的形式，更好地传达和交流思想和情感，同时引发目标读者的认同和共鸣。翻译的关键在于再现文学特征和审美体验，而这些特征和体验通常由于文化差异而无法简单翻译。就跨文化交流而言，翻译需要强调在翻译研究中区分交际和传达的必要性和重要性，并探讨翻译如何改变源文本的语境和意义，为解释和交际创造新的空间。为胜任文学翻译所涵盖的跨文化层面的交流，根据语境条件不断进行跨文化调整是翻译中不可或缺的一环。文化和文学所引致的双重不可译性为重新构建源文本的文学价值和审美体验带来挑战。鉴此，笔者认为尽管翻译通常被视为跨文化或跨文化交际的手段，但翻译交际的运作方式仍需要进一步探究。

一、翻译的交际功能

翻译是一种长期的流离失所状态，其意义在这个过程中很容易变得脆弱和受损。文学翻译要把不同文化的人的生活经历传递给读者，但阅读其他文化背景下产生的文学作品，可能导致意义的混淆和交际的不完整。因此，交际的可及性和可接受性都很重要，这取决于译者传达了什么和怎么传达的。一般来说，译者要理解作者的意图，才能决定传达什么。但是，作者的意图并不容易确定，这就增加了交际的复杂性。译者传达的究竟是什么呢？狄克逊（Dixon）和博尔托卢西（Bortolussi）认为，"把文学作品的作者看作有一个单一、连贯的意图是不合理的"（Dixon and Borto Lussi，1996：406）。事实上，译者想要合理地确定作者的确切意图是不现实的，甚至是不可能的。人们普遍而错误地假设作者有一个明确的意图，这与文学的交际特点不符，因为文学的交际是由多种声音和视角的叙事话语构成的。我们需要质疑的是，译者是否存在对预期信息的刻意解读。

无论如何，交际都需要调解：如果罔顾接收方，自然难以有效传递信息，在涉及不同语言和文化时尤为如此。简单地说，译者不能盲目地指望交际无损地传达原文的所有内容。虽然译者清晰度对于交际的接收效果很重要，但在文学翻译中，却并非是唯一要考虑的因素。译者为让译文能够反映原作的文学风格，就必须建立一种能够有效沟通的机制，以传达尽可能完整的意义。从这个角度看，文化和文学的不可约性都会对同质性的假设构成挑战。译者要在文化意义的可理解性和不可约性之间找到平衡，不稳定状态的状态在所难免。故此，译者要努力协调和平衡这些相互竞争而产生的冲突。但在实践中，往往会出现两极分化的情况。有时为了达到有效的交际，"简化"的倾向便出现了（Newmark，1982：18）。实际上，事情没有那么简单，文学翻译的交际难度是由多个因素造成的，语义翻译和交际翻译的结合是对翻译简化倾向的一种补救。译者要在多方面找到平衡，包括作者、读者、目标语言和文化的规范，以及文学翻译特有的文学传统（Newmark，1982：18）。鉴于文学翻译是跨文化交际不可或缺的一部分，其成功与否取决于译者是否能制定出一个能够平衡展现文化意义各个方面的策略。

译者的目的可能是显性的或潜性的，翻译要达到这些目的，其功能会随着译者的需要而随之改变。梁启超在晚清时期专注于翻译政治小说，想借此促进政治改革（Luo，2005：125）。他认为政治比艺术更重要，说过"政治第一，艺术第二"（梁启超，2001：147）。他为了推动政治改革，对原文进行改动或删减。这是一个典型的从源语言向目标语言转变的例子，突出了交际的效果和影响。正如纽马克所言，"交际翻译总体上负责将许多思想和发现引入一种文化……"（Newmark，1982：19），文学翻译可以是一个强大的政治或意识形态工具，译者通过挑选合适的源文本并在翻译中对它们进行相应的处理，旨在传递特定的信念和价值。因此，"译者是谁？"这个问题和翻译的目的和功能有密切的关系。

此外，译者的态度和情感也会影响翻译的传递方式。不可否认，翻译可呈现不同的解释和处理方式。奈达（Eugene A. Nida）认为，在翻译的语境中，翻译中的交际要经过编码和解码的步骤（Nida，1972：310）。读者唯有积极地参与其中，才能有效地解码。由此带来的是一个翻译交际的"便捷性"问题，因为"两种语言的编码不可能完全一样"（Nida，1972：310）。译者要在翻译中把意义用目标读者能理解的方式进行传递，这是编码的前提。编码具有解释属性，而译者用目标语言重新编码时，译者自身的态度不免对其产生影响。译者的态度，无论是疏离还是积极参与，都会对信息的接收产生直接影响。同时，译者的情感也会对重新编码产生影响。译者态度、读者反应及后续的互动，则是跨文化交际是否成功的重要指标。翻译是在不同的时间用不同的语言重新编码的过程，这就导致了很多因素（包括情感因素）对翻译成品的形成产生不同的影响。译者要用语言和文化的符号系统，把所指的意义用不同的符号和表征重新呈现，这就能反映出译者的偏好和选择。译者不仅要理解和解释源文本中的所指，还要有交际的技巧，因为所选择的符号可以反映作者或译者的期望或假设。

通过文学交际，我们可以探索文学翻译背后的机制和创造力。文学翻译不只是意义的语言转换，更是一次跨文化的沟通互动。文学翻译的创造力在于，单纯的意义转换可能损失原文的艺术效果和风格。文学翻译需要我们在意义和美感之间寻求均衡，考虑到意义的不确定性和美感的多元性。文学翻译不但要保证意义的正确性，也要尊重原文的表达特色。但是文学翻译也面临着文学的不可约性的问题，这就意味着译者有必要把意义完整地表达出来，包括作者的文化和美学的视角。审美方面的内容，如规范、价值、品质和内涵，也要让目标读者体会到。文学的不可约性是文学翻译的特点，也是它和其他翻译的不同之处，这是不能忽略的。所以，译者要注意原文中有联想意义的词语，它们是文学传播的核心，也是译文的美感所在。译者要准确把握文学传播的独特性，才能采用恰当的方式，使译文在美感和文化层面都能满足目标读者的需要，从而赋予译文更多的吸引力和生命力。跨文化对话必然依赖于语境，文学翻译也受到语境的影响和限制，因此有必要深入探讨文化语境在文学翻译中的潜在功能和影响。翻译中，语境的转换或调节是不可避免的，虽然一般以为文本的移植会带来翻译的难题，但牵涉语境时情况就有所区别。语境可以让意义更清晰，但翻译涉及两种不同的语境，它们的交汇可能影响目标文本意义生成的稳定性，可能造成模糊、不明确或误解。

源语言和目标语言的语境有时相似，有时差异，有时属于同一历史阶段，有时不属于，它们可以创造和传达不同的意义。这是因为翻译要运用不同的语言、在不同的语境中、为不同的读者实施，它的效果取决于不同的意义转换，这就使得整个文化交际变得很复杂。文学翻译要有文化转换和文化对话的意识，否则很难起到作用。直译注重文化意义的传递，因为这样可以让文本的表现受到跨文化环境和审美偏好的影响。同时，根据这个新的语境,译者提出了不同的跨文化适应的方法,避免了把翻译带来的两种语境对立起来。

更准确地说,翻译不只是涉及一个语境,还涉及多个语境,有些语境可能是不可见的,或者看起来不重要。但都对特定的文学翻译文本的再现发挥着重要的作用。总的来说,翻译的语境是由一些相关或互相关联的语境构成的,首当其冲的是历史语境。源文本可能来自过去,甚至是遥远的过去,例如威廉·莎士比亚(William Shakespeare)的作品。译者用目标语言表达这样的文本时,要充分考虑到历史语境的影响,这是不能忽视的。就像德里达(Jacques Derrida)说过的:

> 显然,即使是法语,在不同的语境中也会发生变化。在德语、英语,尤其是美式英语的语境中更是如此,这些语境中,同一个词已经被赋予了完全不同的内涵、语气以及情感或情绪价值。 (Derrida, 1988a:1)

文化背景和语境的差别会影响意义的理解。语境的转换带来了不同的解读方式,也让意义的各个方面和它们与新的语境的联系有了微妙或显著的变化。这种意义建立和重建的差异为翻译文本的生成提供了机会。

新批评家们常常把文学和它的外部语境分离开来,这其实是很难做到的。如果不考虑相关的历史背景,译者的工作可能会受到影响。而且,新批评家们认为,仔细阅读文本可以给自己对文本的理解提供语境,文本自己也要创造自己的语境,这样才能形成译者的解释语境,这对意义的处理和解读很重要。文学翻译不是一个孤立的活动,而是一个社会的活动,它与译者所处的社会环境有着密切的关系。译者在选择和评价他们的"文本转换策略"时,会考虑到他们与原作者、目标读者、出版商、同行等人的交流和互动,以及他们所面临的社会政治、经济、文化等因素。这些因素都会影响译者的决策和行为,从而影响翻译文本的形成和接受(Jones, 2004:722)。总之,文学翻译的功能是由语境所决定的。宽泛的社会背景可以和文学翻译的语言和非语言的背景因素相互作用,进行更深入的分析。

读者、出版商和译者都很关心文学翻译的接受程度。这会受到各种文学接受的机构的影响，它们有不同的观点，涉及翻译活动的各个方面，这些观点是考虑翻译文学作品接受程度的外部因素的依据。我们可以肯定，糟糕的翻译会降低接受程度，损害译文的文学地位。詹姆斯·雷明顿·克劳斯（James Remington Krause）论及拉美文学在美国的接受情况时指出，版本失真（即不准确）导致翻译失败，妨碍美国读者的接受（Krause，2010：2）。可是，事实并非总是如此，只是在许多情况下是这样。为了迎合本地读者的喜好，有时对原文的歪曲和不精确的翻译在商业上会有所回报。同时，由于目标读者不用费神理解复杂的文化典故和参考资料，所以简化的译文有时会更有魅力，更值得一读。由此可以看出，缺乏可读性而不是准确性往往是糟糕的译文的特征，因为它们反映了文化内容和价值观的传达不畅。

翻译文学文本的受欢迎程度不是一个固定的或客观的标准，而是与特定的背景有关。这个背景包括了原文和译文所处的社会、文化、历史、政治等因素，以及目标读者的需要和期待。目标读者是翻译文本的最终消费者，他们对翻译文本有自己的偏好、兴趣、价值观和审美标准。为了让翻译文本能够被目标读者接受和欣赏，译者需要在翻译过程中进行一定程度的变通调整。如此可能涉及对原文的删减、增补、改写、注释等手段，目的是让译文在语言和文化上更贴近目标读者，更符合他们的认知和感受。当然，这些变通调整也要考虑到对原文的忠实度和尊重度，不能随意歪曲或篡改原文的意义和风格。翻译文学文本的受欢迎程度是由多种因素共同决定的，其中目标读者的需要和期待是不可忽视的关键因素。故此，译者对原文一定程度的变通调整是必要的：

> 翻译将过去的文本重新呈现，并成为一种自主的创造，为现在和未来产生出完全可持续的文本。同样，改编将互文性作为一种多样的创意，可生成多种形式，以适应新读者和新语境不断变化的需求。（Tsui，2012：58）

现代翻译研究已经从以源语言为主转向以目标语言为主，这凸显了满足目标读者的需要、期待及新语言环境的重要性。毕竟，所有的源文本和目标文本都是在不同的语言环境下创作和重构的，也是在不同的语言环境中阅读和使用的。此外，目标读者具有跨文化的知识和共同的阅读范式，因此必须适当地放置于特定的社会文化背景中，以提高接受效果。

语境是德里达的解构理论的核心概念。索绪尔（Ferdinand de Saussure）认为，能指与所指之间的关系是由相关语境决定的。德里达则认为，"没有任何东西超出语境"（Derrida，1988a：152）。这突出了语境的重要作用，将其看作是解释的导向原则。德里达认为"能指"与"所指"之间似乎难以调和的差距可以通过语境因素来缩小。语境与意义的产生和解释密切相关，只有在特定的参考框架中，解读才能有效进行。解构理论常常被认为与相对主义和无意义有关。如果是这样，那么翻译可能看起来是不可能的，因为无意义是无法翻译的。或者说，如果无意义被转换了，那么它可能仍然是无意义的。所以，强调语境的划分作用更有意义。语言的不确定性与语境信息的缺乏有密切关系。但要注意的是，语境也是变化的，意义的确定也可能随之改变。如果意义是不固定的，那么语境可能相对固定，或者至少不像意义那么不固定。

语境对于理解语言的意义至关重要，特别是当一个单词有多种或者相反的含义时，就需要根据语境来确定它的具体意思，没有语境就没有意义。德里达在一篇深入探讨交际问题的文章中指出，"很明显，'交际'这个含糊的领域可以通过所谓语境的约束而大大减少（我再次强调，在这里特指的交际涉及语境问题，以及确定写作与一般语境的准确关系的问题）"（Derrida，1988a：2）。语境决定了语言的意义，使得交际更有秩序、更有目的，减少了偶然性。语境可以帮助澄清模糊的意义，否则就无法进行有效的交际。此外，它还意味着在特定的语境下，一个词可以用其他的词来替换。

我们要意识到，语境的概念可能会受到更多复杂因素的影响和挑战。德里达问了一个问题："有没有一个严格而科学的语境概念？"他认为语境"永远不能确定"（Derrida，1988a：3）。语境的概念有其局限性，不能忽视其复杂性的各个层面。语境可能影响意义，但意义也可能不够明确或不够完整。克莱夫·巴尼特（Clive Barnett）认为："解构主义强调了对语境化的深刻理解，把它视为文本在无限的时空中被不断地重新阅读和理解的无限可能性。"（Barnett，1999：288）虽然这使得语境的确定性降低，但也为更多的解读可能性提供了机会，将信息转移到新的语境被认为更相关和合适。在翻译领域，强调了提高语境意识的重要性。当语境缺失或试图再现源文本相关语境不成功时，脚注或说明性翻译成为一种补救方法。然而，这可能违反了德里达的经济原则，他在绝对必要的情况下会创造新词。

语境当然并不总是恒定不变的，特别是在翻译领域，翻译会导致语境的丢失和重建。维努蒂（Lawrence Venuti）认为，翻译引起并导致了语境的丢失，因为"外来的能指链"被"拆解、重组，并最终被替换"（Venuti，2009：159）。当语境的丢失发生时，语境就发生了变化。翻译至少意味着能指和所指的暂时分离，这表明语境的丢失是短暂的，很快就会被语境的重建所取代。用芭芭拉·约翰逊（Barbara Johnson）的话说，语境的重建意味着"意义的中断和转移"（Johnson，2014：397）。在这一过程中，能指的自由发挥非常重要，它为译者提供了一个互动的创作空间。能指与所指的重新配对是翻译的基本要素，其中涉及必然的能指替换。虽然这一过程可能涉及去语境化，但语境的重建已经发生，没有语境，这种重新配对甚至是难以想象的。无论先天差异如何，去语境化都会不知不觉地被重新语境化所取代，即另一种语境，或者至少是其影响，都会不可避免地介入其中。

每种语境都有能力赋予新的意义，因此容易被新语境化。德里达称这为"无止境的语境的重建运动"（Derrida，1988a：136）。不可否认，翻译中的能指替换会影响所指的意义，而重新语境化则使这一点更加明显。当语境不稳定，更不用说发生变化时，意义就变得更加不固定或不确定。重新语境化的结果是不同的语境，尽管可能有相似之处或重新创造的相似之处，但不可避免地与原来的语境有所区别。同样，语境的变化或语境的重建为翻译中的各种情况提供了符号化和表意的互动空间。表意链倾向于根据语境的重建或由于语境的重建而进行调整。这种不断变化的特性导致了差异，而差异正是无限开放性的体现。意义的产生、分享和协商的动态性指向德里达的不确定性原则。可以说，语境的重建是解构的核心。意义的本质复杂性使得翻译更加困难，因为翻译不仅涉及一个语境，而是涉及多个语境。此外，原文的句法结构也容易被重新组织，以便通过不断调整和重新匹配能指和所指来克服字面和象征之间的不一致性。在意义协商和传播的复杂过程中，多重语境导致了多重语境的重构。在中国翻译史上，对外来事物的态度历经变化，为不同的移植和接收语境提供了机会。

众所周知，文学翻译没有不经过调整的。文学翻译是任何传递文化信息的尝试的基础，任何文学翻译都无法避免这一点。因此，必须说文学文本的翻译行为必然涉及文学文本的文化层面。必须承认目标读者对源文化的了解有限，如果忽视了缺失的联系和空白，那将是不尽责的。根据哈提姆（Hatim）的说法，"跨文化误解"通常归因于"交流中断"（Hatim，1997：157）。不可否认，文化差异和影响会导致交流的中断。如果目标读者不能或不能完全立即理解文化意义，那么文学翻译的阅读就会受到严重影响。在各种跨文化交际中，语境所包含的意义生成是文化意义在翻译中再现的基本方式。在文学翻译的语境中，文化必然被介入化，从而导致挪用的可行性，并最终实现文化融合和同化。

构成这一跨文化改写过程的干预和操纵是通过重新调整和重新组合来实现的，这些调整和重新组合代表了译者对文化差异的认识，随后可以将这些文化差异融入目标文化中。所有这一切都表明，译者的任务是跨文化交际者，为了改善交际，调解和挪用是文学翻译的重要组成部分。安东尼·J. 利迪科塔（Anthony J. Liddicoata）认为，"译者的中介作用……超出了通过语言表达意义的范围，它需要传达文本中存在的、但通过语境隐含表达的意义"（Liddicoata，2015：355）。也就是说，译者需要进行解释，以便在目标文本中清楚地表达原文中暗含的意思。调解是通过特定的跨文化语境来进行的，在这种语境中，交流是开放的，并受制于操纵性的解释和表演。文学翻译在隐晦和明显之间游走，也在包容和排斥之间游走。

翻译既是一个改写的过程，也是一个重新语境化的过程。改写和重新语境化是相互联系的。翻译必然导致某种形式的语境的重新语境化。将外来思想和实践语境化意味着在不同的文化背景下对其进行解释。跨文化对话和接触是在接受的背景下进行的。维努蒂概述了与语境的重建过程相关的各种功能，即"……通过译文并在译文中创造另一个互文关系网络，即接收互文……［以及］另一种接收背景，即翻译以宣传和营销策略为中介"（Venuti，2007：30）。接收环境的转移表明，某些变化是不可避免的。从根本上说，重新语境化的动机是对各种交际功能情况的感知，由此产生的不同的接收语境要求翻译以市场为中介。

通常情况下，目标读者并不是原作的预期读者，向他们传达原作的功能可能会有一些困难，尽管向他们传达译者期望的功能并不那么难。当译文在本土语境中被使用时，目标读者就有了解释和理解原文材料的机会。利迪科特指出，"中介从根本上说是一种解释行为"（Liddicoata，2015：354）。也许更准确的说法是，中介是以解释为基础和支撑的。译者的中介作用不容忽视，译者作为中介站在读者与作者之间，为读者改写文本，而读者并非作者想象中的读者，也不与作者想象中的读者共享语言、知识、假设等（Liddicoata，2015：356）。这表明，改写在文化上与中介有关，中介至少在一定程度上促成了改写。需要进行跨文化处理的是原文中不可共享或共享性较低的部分。由此产生的新文化背景是文学翻译的直接结果，它为重新定位不同的读者群提供了解释框架。翻译产生的文本经过改写，以适应目标受众的语境。

去语境化（decontextualization）指的是忽略与原文相关的原有语境的需要。有时这样做是为了避免译者在试图转移文化元素时所遇到的限制。当翻译过程变得过于疏离，从而阻碍交际时，重新语境化重建成为必要，这意味着原作者的语境被译者提供的语境所替代，后者不再是原文的直接语境，而是为目标文本重新构建的语境。这种失去直接性的情况通常被称为"斜译"（Vinay & Darbelnet，1995：1）。然而，重新语境化并不意味着完全取代原来的语境，而是可能会导致衍生的语境。由于陌生的语境可能代表着难以察觉的文化背景，目标语言和文化中的现有习惯和规范可能会影响语境重建的方式。这可能导致原文在母语文化环境和风格中的重新定位。另一个相关的考虑因素是，原文的语境往往是多层次的，取决于具体情况，目标系统的文化政治条件和惯例可能会简化或颠覆原文的功能，而原文的功能通常决定了一个特定的语义范围，内部可以进行解释和理解。总之，源文本的创作与目标文本的再现在语境上存在一定的差异。尽管实现严格的语义等同性的可行性很低，但在整体意义上实现动态等同性是一种强大的交际方式。

二、文学的不可译性

对不可译性的担忧可能使翻译的本质受到质疑，因为等值的概念似乎不再有效。翻译是一种跨语言和文化的视角转换，涉及多元的文化背景，传统的等值概念也因此变得模糊和无效。解构主义对等值概念提出了强烈的质疑，引发了理论上的冲突。然而，等值并非一无是处。相反，它只在特定的语境中有意义，比如德里达自己的翻译实践。菲利普·刘易斯（Philip E. Lewis）指出，当不相信等值及其不确定性时，关键在于如何弥补不可避免的缺失（Lewis，2012：227）。不信任等值及其缺失或难以捉摸性促使德里达在精心挑选相关词语时寻找最佳的词汇。但是，合适的词汇往往难以寻找，它们并非易于获取。解构主义正确地怀疑了意义能否从一个地方转移到另一个地方的可能性。事实上，翻译很少是简单的意义转移，它通常需要根据语境的变化或重新置入语境进行调整或重组。虽然翻译可能无法完全忠实于原文，但翻译仍然隐含着这一目标。

翻译理论的基础通常是主流传统中的某种对等观念。然而，德里达并没有将对等性排除在他的思考之外，相反，他似乎对对等性非常着迷。人们普遍认为"解构"一词是德里达创造的，现在该词已被收入标准法语词典，但这个词并不是他发明的，而是他借用了这个词，赋予它与马丁·海德格尔（Martin Heidegger）最初使用的"毁灭"（Destruktion）不同的新含义。在这种情况下，分歧是显而易见的，而且这两个词之间的相关性是如此之小，几乎不可能等同。但出人意料的是，德里达对对等性却非常重视，并乐于尝试。至于他将德语词 aufheben 译为 relever，德里达为了尽可能地还原原文的面貌，对翻译的构成进行了严格的把关，开始仔细地寻找能够准确而充分地表达各种语义层次的最合适的词。与此同时，传统意义上的翻译身份问题也随之产生："我的操作是翻译吗？"然后他表达了自己的疑问："我不确定它是否配得上这个词。"（Derrida，2001：196）值得称为翻译的东西是令他不安的东西。他为自己选择"seasons 和 Aufhebung 作为 relive（动词和名词）……"（Derrida，2001：198）的译名提供了三个详细的理由。但他仍不确定这是否"值得翻译之名"。当然，这里的翻译是指"严格而纯粹意义上的翻译"（Derrida，2001：198）。他始终意识到一个词的多重意义，因此会使用一系列相关的词来捕捉和呈现意义的完整性，但这在翻译中是不允许的。与此同时，翻译必须注意节俭。他从讨论中得出的一个结论是用一个词来翻译"许多其他词"（Derrida，2001：198）。然而，这或许是不可能的，也是对等性障碍常常难以逾越的主要原因。

因此，尽管德里达一再强调意义的不稳定性以及翻译的转换潜力和能力，但他似乎几乎在不知不觉中将对等性视为翻译的根本和决定性基础。他的坚持体现在对对等性的不断追求上。他始终努力优化词汇选择，尽量达到对等的效果，以保证他的译文符合翻译的标准。同样，在阅读柏拉图（Plato）的《费德鲁斯篇》时，德里达将重点放在希腊文 pharmakon 一词上，该词的意思可以是"毒药""补救"或"治愈"。在从几种相互竞争或相互冲突的意义中确定意义时，特定的语境起着至关重要的作用。正如沃尔特·布罗根（Walter Brogan）所指出的，"即使柏拉图将这个词的语境"引向"其中一个方向"，德里达认为这个词的"多义性"仍然存在于希腊文本中（Brogan，1989：8）。他进一步指出，"每一种翻译都是一种阅读，它既有封闭的风险，也有开放的风险"（Brogan，1989：8）。翻译时选定一个对等的词，就等于舍弃了其他的意思。但原文里的那个词，也许还有别的解释。

德里达敏锐地意识到，"pharmakon 一词陷入了一连串的意义之中"（Derrida，1983：95）。与 pharmakon 相关的多重和相互矛盾的含义也相应地凸显出来。因此，在他看来，由于破译和确定该词确切含义所涉及的语义复杂性，不可能重建该词的"整个意义链"（Derrida，1983：96）。文字的游戏和所有与之相关的解释可能性证明了这个词的不可定性，这超出了柏拉图的意图。德里达如此论证：

> 因此，所有作为西方形而上学的继承者和储存者的语言译本，都产生了一种分析的效果。这种分析的效果粗暴地破坏了它，通过对它的解释将其还原为简单的元素之一，这是很矛盾的，因为它本身可能是别有其表的发展。（Derrida，1981：99）

解释行为本身就是一种暴力，因此可能带来破坏。译者把这个词译成"解药"或"毒药"，就已经确定了柏拉图没有确定或需要解释的东西。所以，理解和把握 pharmakon 的意义的过程充满了矛盾。

这是一个重要的发现，突出了翻译的不确定性和复杂性。译者在选定一个特定的对应词或解释的时候，往往会忽略其他的可能性，但德里达的看法是，这种忽略并不能消弭原文中的多义性和不确定性，因为语言和文本本身就是多义和不确定的。这给译者带来了挑战，要在多义性和不确定性之间找到平衡，并在目标文本中呈现原文的复杂性。德里达的思想为翻译理论提供了一个重要的视角，即翻译不只是意义的转换，还涉及多义性、不确定性和解释的复杂性。这使得翻译成为一个具有挑战性和创造性的活动，要求译者不断考量各种可能性，并在目标文本中构建出一个新的文本，以反映原文的多维度和多义性。

三、参照性质的交际

文化引用和典故是文学翻译中的难点，它们使翻译面临着难以跨越的障碍，也影响了跨文化交流的效果。这些引用和典故看起来可能很难理解。但是，如果文学翻译者选择只是忽视这些看似不重要的元素来传递意义，后果可能会很严重。引用和典故并不是多余的，它们是有效的文学交流的关键。源文作者和目标文读者各自有自己的文化解读方式，这让翻译变得复杂。在不同的语言和文化环境中，指代功能常常有所差异。然而，虽然坚守原文的指代完整性可能会限制翻译的可能性，但译者仍需找到方法来传达指代的多层含义。指代转移可能会引发问题。强调源文意义，就显示了一种以源文为导向的倾向；不强调的话，就显示了一种以目标文为导向的倾向。但是，译者即便选择目标文为导向，也不能完全忽视参照加工。显然，翻译不能传达所有的东西，包括指代关系等多重含义的完整性。总之，当直译参照物或典故不合适时，译者似乎需要在功能对等的追求和实际传达的需求之间找到平衡。文学翻译是基于传播动态功能的，译者可以使用一系列相关策略来重现原作对目标读者的影响。

译者是在某种方式上与原作者沟通，不管原作者是否还活着，还是只是延续他们对原文的解释？在现实生活中，有些文化参照和典故似乎不那么重要，因此被认为是次要的或不太相关的。跨文化交流中的指涉性问题并不好解决。关于原文的翻译或创作，核心问题仍然是：要传达什么？特定文化的词语或文化参照是什么？文学翻译在处理指代时经常遇到困难。如果译者过于小心，最后的结果可能会显得枯燥，缺少美学魅力。成功的文学翻译需要大胆的创造力和冒险精神。同时，译者要能够辨别和区分平淡无奇和陈腐的隐喻、生动有趣和引人入胜的隐喻，需要具备多元化的指代能力。另一方面，当参照物或典故被认为缺乏美学价值或意义时，就需要对它们进行解释性处理。我们经常看到，当一个隐喻被翻译成成语时，它自然而然地会经历一些调整、修改、融合，甚至替换。在这个被称为再创作的过程中，各种形式的改变都可能发生，这是为了保障可读性，需要一定程度的灵活性和适应性，同时也展现了文学翻译的创造性层面。跨文化交际的另一个重要方面是文学翻译中符号与互文性之间的关系，其中互文性指的是源文化中的其他文本与所翻译文本之间的意义联系。在引用和典故的背后，互文性给翻译者传达源文意图带来了更大的挑战。文化和历史的差异导致互文性在翻译过程中的阅读不稳定性增加。同样重要的是，在改写过程中，作者把其他文本的元素融入源文本中，形成了互文性的改写效果。维努蒂认为，互文性是翻译创作和接受的关键要素。然而，要完整或准确地翻译大多数外部互文几乎是不可能的。"因此，它们通常会被接受语言中类似但最终略有不同的互文关系所替代。"（Venuti，2009：157）这显然是一种不可避免的有益重塑，以保证交际的可理解性。译者所处理的指涉只是多维空间中其他指涉的一部分。有时，其他指涉代表其他文本，而译者的任务就是帮助目标读者在翻译中识别互文性。

在目标文本中构建"类似的……互文关系"并不容易，因为互文性的缺乏和功能失调难以避免。维努蒂提出了一个"解决方案"，但即刻对此进行了反驳：

> 为了弥补互文性的缺失，译者可能会借助副文本的手段，如介绍性文章或注释，这些都有助于还原外国文化背景，阐明互文关系的文化意义及其语言基础。然而，在进行这些补充时，译者的工作就不再是翻译，而变成了评论。（Venuti，2009：159）

处理源文本中的互文关系问题时，确实旁注手段可能不是最佳的方式。维努蒂的担忧是合理的，这可能会导致对翻译性质的怀疑。但是，如果添加的内容使用得少而谨慎，只是以转述的形式呈现，那么译文不一定会变成注释。也许源文本中的所有内容没有完全传达，但至关重要的方面已经传达给目标读者。

翻译参考文献、典故和互文时，翻译学者需要考虑使用哪一个动词更合适，即"传达"和"交际"，来描述译文的呈现和接受方式。我们发现，在翻译研究中，这两个动词有时被用来指跨语言和文化的信息转换。然而，它们之间似乎有一些细微的差异。当我们把翻译看作一种交际形式时，有必要澄清这些差异。比如，有些研究认为翻译可以"传达"与原文相同的意思，这意味着信息从源语传递到目的语，包括信息的指称效果和语用效果。在这个意义上，它类似于转移或传送。另一方面，"交际"指的是更复杂的过程，需要更有意识的努力。它不仅是将信息传递，还强调了以目标为导向的目的。它意味着译者不仅仅是传递信息，还要确保信息以某种方式传递给目标读者，更加重视信息的可理解性和有效性。信息可以被传递，但并不一定意味着传递信息时注重了其有效性，有利于信息的可理解性。在翻译中，译者与原文交流，然后与目标读者交流，这涉及作者意图和译者意图可能不一致的情况。这是一种双向的交流过程，通常需要解释性的努力，以确保译文与现实语境的理解相符。

四、重译的交际需求

重新翻译某些文本的原因可能不一而足，但提高交际效果通常是其中一个主要原因。早期译本的过时性可能会影响或限制交流，因此需要对现有文本进行更新。早期译本可能存在意识形态和美学问题，而在不断变化的文化标准和对理想译本的不断追求下，需要对现有文本进行改进。新的译本可能不一定完美，但它代表了有意识的改进努力。此外，正如马萨迪埃－肯尼（Massardier-Kenney）所指出的，有很多方法可以改进前面的翻译，比如纠正错误的翻译、恢复被缩减或删除的段落、解决语言的过时性问题、提供对文本的新见解、澄清典故以及改进早期译本的拙劣风格等（Massardier-Kenney，2015：73）。当这些译本认为需要重新翻译时，目标文化中的交际情境通常已经发生了变化，语境也会不断演变。此外，社会环境的变化可能会导致对外来事物更加包容，目标读者更愿意接受不同文化的内容。因此，重新翻译可以提供更高的准确性和可靠性，以在新版本中呈现以前版本中可能没有包含的潜在意义。提高包容性也是重新翻译的一个有力理由。随着接受情况的改变，互文性的可能性也可以进一步探索，从而重塑目标读者的阅读体验。如维努蒂所言，互文性使翻译成为可能，但也使其变得更加复杂，翻译不再是一种无干扰的交流，而是充满了因接受文化环境而异的解释可能性。毫无疑问，接受环境已经发生了变化。跨文本的不可译性在某种程度上变得更容易翻译，或者至少不再那么难以翻译。虽然互文关系等不可译性因素无法仅仅通过直译外文中建立这种关系的词语和短语来重现，但重新翻译可以利用变化的互文关系，向目标读者打开源文本的更多维度。重新翻译有助于更好地呈现跨文化交流的丰富性和整一性。在这种背景下，经典著作更有可能被重新翻译，因为人们相信，在早期译本中，那些只是初步的、不确定的元素可以被重新翻译或发展，可能以不同的角度进行翻译，但更贴近最初的意图。此外，重新翻译也提供了更多的机会，使译者能够投入更多的共情、动机和情感，以更好地传达给目标读者。

这一切都得益于情境的变化，情境已经成为意义演变的基础。先前明示的内容变得多余。随着目标读者跨文化知识的进一步提高，新译文中可以恢复更多的隐含性和原词的更多指代特征。简而言之，先前译文一度受损的适当性可以得到恢复。苏珊娜·卡德拉（Susanne Cadera）指出，"同一文学作品的新译本可能表明目标文化中的历史、社会和文化发生了变化，导致需要一个新版本"（Cadera，2016：11）。重译者也有机会展现出更多的多重含义和细微差别，调和文化上的不相容，消除隐喻上的不协调。此外，重译者也能传达原本不可言说或不可翻译的内容，由此产生的更多解释可能性会导致更多样的操作。此外，"对同一作品的重译进行比较，可以发现由于社会和历史背景的不同，操纵的类型也不同"（Cadera，2016：14）。操纵是为了适应不同的语言和文化、克服翻译难度，而对原文进行的一些修改，使其传达的信息有所变化。重译是在操纵的基础上再次对原文进行改写，创造出不同的空间层次，以实现更有效的沟通。

五、不可约性的处理

就像希腊语中的 pharmakon 一词一样，许多其他词语也可以有不同的译法。真正的挑战在于用一个词来翻译"许多其他词"（Derrida，2001：198）。德里达的挑战是如何用一个单一的词语来表达原文的多样性和复杂性？他试图抓住文本的多层次含义，但他也知道意义是不固定的，可能导致无法确定或解释的情况。约翰·塞尔（John Searle）强调说，"与其说是完全确定的意义，不如说是能指的自由发挥，文本与文本的嫁接是在文本的文本性和互文性中进行的"（Searle，1994：637）。因此，替代同一能指的能指变得更加复杂。尽管如此，翻译的特性似乎仍然与等同性的概念相关联。德里达类似于功能主义方法，将好的翻译概括为"完成其使命的版本"，它应该是"与原文最相关的对等物"（Derrida，2001：177）。他还进一步强调，适当的翻译就是"以最适当的方式"翻译，以呈现"原文最恰当的意义"（Derrida，2001：179）。当所有这些都被证明是不可能的时候，就会出现不可译性，比如语义的不确定性和面对似乎无法确定的东西。这种适当性与充分性相关——足够充分，足以等同——而不是"准翻译"（Derrida，2001：178）。因此，对于何为翻译以及什么应该被视为翻译仍然存在着潜在的疑问，这取决于如何看待意义的多样性和文本的互文性。

　　翻译中存在一个无法回避的悖论，那就是在意义不确定的情况下进行阐释。翻译可以被视为对意义的翻译，也可以被视为对文本的阐释。阐释的结果通常是翻译的明晰化，翻译往往会使原文更加明晰，这是一种普遍的现象（Baker，1996），但这也带来了一种困境，即阐释可能导致原意的失真和简化。直译看似能保留原文的不可约性，但却可能造成读者的不理解，因此需要对原文进行分析和解释，再进行重构，但这样做可能会损失很多整体意义。而且，并不是所有的部分都能够完美地拼合在一起，更不用说像沃尔特·本雅明（Walter Benjamin）所说的那样，用"充满爱意"的方式进行重组（Benjamin，2012：1）。重组一个破碎的容器是一项艰巨的任务，而文本中的多重意义则增加了对所翻译内容进行选择性处理的复杂性。德里达认为，翻译面临的最大困难之一是成语的多重性不可约化，他承认，这是翻译"不可能性"的一部分（Derrida，1985：8）。这往往导致原文的信息量缩小和简化处理，表现为译文的明晰化倾向。实际上，多重性的不可约化是不可译性的核心，德里达称之为不可能性。但即使如此，翻译仍然是"必要的"，正如德里达所承认的那样（Derrida，1985：8）。翻译是理性现实的符号，它位于必然性和不可能性之间，这是一个深刻而无法解决的困境。在一定程度上，明晰性是必然性的结果，而不可能性和不可约性则是紧密联系的。

德里达从意义的多重性出发，探讨了翻译问题，强调语言的差别，并强调需要考虑表达方式的不可约性。在这个背景下，他也重视准确性，因为他以不懈地寻找"正确的词"而著称，这在他试图找到"相关翻译"中的正确词时表现得淋漓尽致（Derrida，2001：368）。在这个过程中，他列出了许多相关词汇，看似难懂的说法其实是有迷惑性的，作者的真正目的是进行探索的过程，找到正确的词语。找到与要求或需要相一致、相协调的正确词语，是译者在语言局限中追求的目的。德里达既追求词汇和句法上的对等，又充分考虑语言的变异性。不可约性与可理解性之间始终存在着一种冲突的、自相矛盾的关系。差异、变动性或异化性深入于翻译。它们虽然都有不可约性，但包容性也不是一个选择。从某种意义上说，翻译既是语内翻译，也是语际翻译，因为解释有时类似于语内翻译。然而，翻译惧怕的是意义的不可控制性，并表现出语义的散漫性。另一方面，翻译假定明确的阐释是不可缺少的，这对于交流十分必要，但却限制了目标读者的阐释空间。尽管如此，人们仍然默认并期望译文是可传达的。然而，在某些情况下，译文的解释可能与原文不一样。

在德里达的思想中，翻译被"转换"这一概念所取代，"转换"是"一种语言对另一种语言、一种文本对另一种文本的有规则的转换"（Derrida，1981：20）。德里达颠覆了原文与其译文之间的二元对立，为翻译理论做出了重大贡献。研究二者之间的交互有助于阐释和揭示翻译的不可约性。在阐释意义的过程中，对等效性的追求是在解释之后进行的。然而，由于在重写中所指的冲突可迭代性总是会导致变化，所以翻译离不开转换。正如将海德格尔的"毁灭"（Destruktion）翻译为"解构"所显示的那样，它不再具有"明确而单一的意义"（Derrida，1988b：1）。相反，它表现出一种复杂的、异质的意义。在不同的语言语境中，"同一个词已经被附加了非常不同的内涵、转折和情感或情绪价值"（Derrida，1988b：1）。接受意味着一定程度的转变（Wolin，1992：194）。德里达已经讨论了形而上学是如何构成单一翻译的基础（Derrida，1981：20）。基于单一性的翻译理解是有缺陷的，因为"所指工具"必须经历转变（Derrida，1981：20）。他强调翻译是一种转变，这一点意义深远。等价与转换相互矛盾地联系在一起，交织在一起，揭示了意义和语境之间的动态

名家视域

互动，并在跨文化适应中受到变化的影响。

与德里达的不可约性相呼应，艾米莉·阿普特（Emily Apter）强调了世界文学与不可约性之间的密切联系，认为这对文学翻译至关重要（2013）。尽管近年来中国翻译研究中的批判性关注转向了福柯（Foucault）和布尔迪厄（Bourdieu），翻译中的解构似乎被淡化，但其深刻的影响仍然是翻译研究的启示之源。中国对世界文学的热情日益高涨，使翻译再次成为关注的焦点。文学翻译不是简单地复制原文，而是在尊重原文的基础上，进行适当的转换、调整、补充或删减，使译文能够在目标语言和目标文化中发挥最大的效果。语境变化对文学翻译的影响导致对适当翻译的需求增加。这使得文学的不可译性成为一个更大的挑战，而文学翻译则成为一项更有价值的任务，因为它可以提高本土文学进入世界文学的机会。中国对世界文学的热情也促进了中国与世界各国之间的交流和合作，增进了相互了解和信任，推动了人类文明的进步和发展。

六、结论

翻译是连接不同世界观和文化经验之间的一种纽带，文学翻译作为实现和促进全球交流的途径之一，其有效性至关重要。成功传递优秀文学作品到目标读者手中取决于翻译的质量，这不仅包括语义翻译，还包括文学意义的核心传达。在翻译实践中，社会和政治因素也起着重要作用，因为它们与文化差异和多样性紧密联系。社会政治层面是翻译实践中固有的差异和多样性不可或缺的一部分。与其他类型的翻译不同，诗学在跨文化语境下的文学翻译中发挥着重要的作用，审美感受和审美趣味的传递至关重要。

翻译可能导致文本脱离原语境，这需要译者的语境化工作，以将文本置于特定的历史时刻，并为解释提供框架。为了更好地传达文化元素，原本的文化材料需要脱离其原有语境，然后重新融入新的语境，以便目标读者能够理解译本。解释、语境化和重新语境化涉及跨文化引用、典故和相互文本理解。虽然原始语境的恢复性和不可恢复性问题值得关注，但在将陌生或未知的元素引入目标文本以使其有意义时，适度的改写和中介是跨文化交流的重要环节。这突出了文学翻译的不可约性，同时也凸显了文学意义的不稳定性和不确定性。所有这些因素使文学翻译成为一项极为复杂和充满挑战性的任务。

参考文献

[1] 梁启超. 论小说与群治之关系 [A]. 饮冰室文集点校 [C]. 昆明：云南教育出版社，2001.

[2] Apter, E. *Against World Literature: On the Politics of Untranslatability* [M]. London & New York: Verso, 2013.

[3] Baker, M. Corpus-based Translation Studies: The Challenges that Lie Ahead [A]. In H. Somers (Eds.). *Terminology, LSP and Translation: Studies in Language Engineering in Honor of Juan C. Sager* [C]. Amsterdam and Philadelphia: John Benjamins Publishing Company, 1996: 175 – 186.

[4] Barnett, C. Deconstructing Context: Exposing Derrida [J]. *Transactions-Institute of British Geographers* [1965]. 1999, 24(3): 277 – 293.

[5] Benjamin, Walter. The Task of the Translator: An Introduction to the Translation of Baudelaire's Tableaux Parisiens [A]. H. Zohn (Trans.). In L. Venuti (Ed.). *The Translation Studies Reader* (2nd ed.) [C]. London and New York: Routledge, 2012: 15 – 25.

[6] Brogan, W. Plato's Pharmakon: Between Two Repetitions [A]. In H. J. Silverman (Eds.). *Derrida and Deconstruction* [C]. London & New York: Routledge, 1989: 7 – 23.

[7] Cadera, M. Susanne. Literary Retranslation in Context: A Historical, Social and Cultural Perspective [A]. In Susanne M. Cadera & Andrew Samuel Walsh (Eds.). *Literary Retranslation in Context* [C]. Oxford & New York: Peter Lang, 2016.

[8] Derrida, Jacques. Letter to a Japanese Friend [A]. In David Wood & Robert Bernasconi (Eds.). *Derrida and Différance*. David B. Allison (Trans.). Evanston, IL: Northwestern University Press, 1988b: 1 – 8.

[9] Derrida, Jacques. & Lawrence Venuti. What is a "Relevant" Translation? [J]. *Critical Inquiry*, 2001, 27(2): 174 – 200.

[10] Derrida, Jacques. *Dissemination* [M]. B. Johnson (Trans.). Chicago: University of Chicago Press, 1981a.

[11] Derrida, Jacques. *Positions* [M]. A. Bass (Trans.). Chicago: University of Chicago Press, 1981b.

[12] Derrida, Jacques. Des Tours de Babel [A]. In J. F. Graham (Eds.). *Difference in Translation* [C]. Ithaca, NY: Cornell University Press, 1985: 165 – 207.

[13] Derrida, Jacques. Afterword: Toward an Ethic of Discussion [A]. S. Weber (Trans.). In *Limited*

Inc[C]. Evanston,IL:Northwestern University Press,1988a.

[14] Dixon, Peter & Marisa Bortolussi. Literary Communication: Effects of Reader-narrator Cooperation[J]. *Poetics*,1996,23(6):405-430.

[15] Gutt, EA. A Theoretical Account of Translation—without a Translation Theory [J]. *Target: International Journal of Translation Studies*,1990,2(2):135-164.

[16] Menacere, Mohamed. Arabic Discourse: Overcoming Stylistic Difficulties in Translation [J]. *Babel*,1992,38(1):28-37.

[17] Gonzales,Laura & Rebecca Zantjer. Translation as a User-Localization Practice[J]. *Technical Communication*,2015,62(4):271-284.

[18] Hatim,Basil. *Communication Across Cultures: Translation Theory and Contrastive Text Linguistics* [M]. Exeter:University of Exeter Press,1997.

[19] Johnson, Barbara. Teaching Deconstructively [A]. In M. Romanska (Eds.). *The Routledge Companion to Dramaturgy*[C]. London & New York:Routledge,2014:397-402.

[20] Jones, Francis R. Ethics, Aesthetics and Décision: Literary Translating in the Wars of the Yugoslav Succession[J]. *Meta: Translators' Journal*,2004(December),49(4):711-728.

[21] Krause, James Remington. *Translation and the Reception and Influence of Latin American Literature in the United States*[D],Vanderbilt University:2010.

[22] Lewis,P. E. The Measure of Translation Effects [A]. In L. Venuti (Eds.). *The Translation Studies Reader*(3rd ed.)[C]. London & New York:Routledge,2012:220-239.

[23] Liddicoata, Anthony J. Intercultural Mediation, Intercultural Communication and Translation [J]. *Perspectives: Studies in Translatology*,2015,24(3):354-364.

[24] Luo,Xuanmin. Ideology and Literary Translation[J]. *Perspectives: Studies in Translation Theory and Practice*,2005,13(3):178-187.

[25] Massardier-Kenney, Françoise. Toward a Rethinking of Retranslation [J]. *Translation Review*, 2015,92(1):73-85.

[26] Minford, John. *The Deer and the Cauldron* [M]. John Minford (Trans.). Oxford University Press,1993.

[27] Newmark,Peter. A Further Note on Communicative and Semantic Translation[J]. *Babel*,1982, 28(1):18-20.

[28] Newmark,Peter. Communicative and Semantic Translation[J]. *Babel*,1977,23(4):163-180.

[29] Nida,Eugene A. Communication and Translation[J]. *The Bible Translator*,1972,23(3).

[30] Searle,John R. Literary Theory and Its Discontents[J]. *New Literary History*,1994,25(3): 637-667.

[31] Tsui, Cynthia S. K. The Authenticity in 'Adaptation': A Theoretical Perspective from

Translation Studies[A]. In Lawrence Raw(Eds.). *Translation, Adaptation and Transformation* [C]. London & New York: Bloomsbury Publishing, 2012.

[32] Venuti, Lawrence. Adaptation, Translation, Culture [J]. *Journal of Visual Culture*, 2007, 6 (1):25 − 44.

[33] Venuti, Lawrence. Translation, Intertextuality, Interpretation[J]. *Romance Studies: A Journal of the University of Wales*, 2009, 27(3):157 − 173.

[34] Vinay, Jean Paul & Jean Darbelnet. *Comparative Stylistics of French and English: A Methodology for Translation* [M]. Juan C. Sagar & M. J. Hamel (Trans.). Amsterdam: John Benjamins Publishing Company, 1995.

[35] Wolin, Richard. *The Terms of Cultural Critique: The Frankfurt School, Existentialism, Poststructuralism*[M]. New York: Columbia University Press, 1992.

名家视域

翻译理论探索

《翻译学刊》2024年第1辑

生命气息汉译同义语音选择论
——汉译生命气息研究之一

黄忠廉　张小川①

摘要：生命气息是原作的美学要素，主要通过蕴涵生命气息的标记彰显，而语音是生命气息的核心标记之一。外译汉时，原文语音标记的生命气息需借汉语手段加以表征，二者同则对译，异则转化，转化的原则是语义不变、语音替换，以存气息。生命气息汉译同义语音选择涉及音响、节奏、韵律、语气、声调，构成同义音响汉译选择与同义音的组合汉译选择两大类，前者反映原作生命的物理效果，后者反映原作生命的律动。

关键词：生命气息；汉译；同义语音选择

Title：On Synonymous Phonetic Selection in Chinese Translation of the Breath of Life

Abstract：The breath of life, a pivotal aesthetic component in source texts, is primarily manifested through markers, with speech sounds being one of its core representatives. In translating to Chinese, the breath of life conveyed by the

①　作者简介：黄忠廉，广东外语外贸大学翻译学研究中心教授、博士生导师，研究方向：翻译学；张小川，大庆师范学院翻译系副教授，广东外语外贸大学博士研究生，研究方向：翻译学。
　　基金项目：本文系教育部人文社会科学研究规划基金项目"文学汉译生命气息研究"（项目编号：13YJA740047）、中国高教学会"新文科视域下本科翻译专业人机合译能力构建模型研究"（项目编号：22WY0301）的阶段性成果。

翻译理论探索

original phonetic markers needs to be faithfully rendered using Chinese phonetic expressions. Direct translation is applied when parallels exist; otherwise, adaptation is used, guided by the principles of semantic preservation and phonetic substitution. Selecting synonymous speech sounds in Chinese translation involves considerations of acoustics, rhythm, prosody, tone, and intonation, broadly categorized into synonymous acoustics selection and synonymous sound assembly selection. The former reflects the physical manifestations of the breath of life, while the latter echos its vivacity.

Keywords: breath of life; Chinese translation; selection of synonymous speech sounds

英国女作家芒格斯认为文字应富有生命气息（谭旭东，2012），生命气息是原作的美学要素之一，如果言语是条奔腾不息的河流，那生命气息就是河中溅起的浪花。原作的生命气息，主要通过蕴涵生命气息的标记彰显。语音是语言的基础（Robins. 2013：7），也是生命气息的核心标记。一般而言，译作能基本延续原作的生命气息，但生命气息在译文中的生存状态并不理想，不少译作甚至扭曲了原作的生命气息（王玉红，2011）。生命气息是语言与翻译容易忽略的问题，语言表达并非万能，语音学里分析过的音素与音位也都把生命气息过滤掉了，超出机械发音之外与生命律动与情感变化对应的声、气、息，尚未得到充分描写（钱冠连，1995）。尽管困难重重，但全译的本质要求依原文特点，如实传达原文生命气息（黄忠廉，2022）。因此，外译汉时，原文生命气息需凭借汉语手段加以表征，为此，生命气息汉译同义语音选择论选取分属分析语、分析—综合语和综合语的俄、英、汉三语，旨在从语音层面讨论生命气息汉译转化中同义语音的选择问题。

一、同义音响汉译选择展现原作生命的物理效果

音响即声音产生的效果（李行健，2004：1166），语言音响指语言声音的物理效果，包括响度、音域、音色、音长等。所谓同义音响选择，指同一语义在不同语言中选取力度、深浅、缓急等不同的音响形式的行为。

具体而言，至少可分三种。

（一）音强汉译选择显示力度

音分强弱，由音振动范围的幅度大小而定。振幅大，音则强；振幅小，音则弱。原文在音强上可选强音以示坚强有力，选弱音以示柔软优美；可模仿事物或动作声音的拟声词，多数不仅拟声，且描摹声的动作，赋予语言生动、形象、逼真的效果，令人如闻其声，如临其境。请看例：

［1］ In spite of myself, I jump at the following crack of thunder. It rattles the windowpane and sends the dog scratching to get under the bed.

原译：随即响起了一声霹雳，我不禁跳了起来，雷声震得窗户格格作响，吓得狗儿三抓两爬钻到床底下。

试译：接着，"轰……"的一声霹雳，惊得我跳了起来。雷声炸得窗户格格作响，吓得狗儿三抓两爬地钻到床底下。

原译仅仅陈述雷声，只具叙述性；若能加上音响效果，使用拟声词，则更添描述性。crack/kræk/是英语拟声词，模拟碎裂声、爆裂声等，译作"轰……"，可渲染气氛，试译似乎更能传出原文的气氛，使译文生动一些。"炸"比"震"更生动，"炸"是行为，"震"是"炸"的结果。如果将第2句与第1句改为同一主体发出的行为，就能使前后动作意义相承接。

（二）音域汉译选择展示张力

音域上可选高音以示紧张，选低音以示压抑，选中音以示平稳与弹性。文学之美大致可分为壮美与优美。壮美多用奔放迸发的抒情法，语词急促，胸臆澎涌。原文可以其数字上的崇高（如滂沱大雨之巨等）与力学上的崇高（如狂风、雷电之强等）令人惊愕、崇敬，乃至敬畏，并把这种复杂的审美情感转化为读者艺术享受上的精神愉悦。壮美以其震撼的因素使读者出现一种矛盾的混合情绪活动，使读者的审美心理趋向于紧张的、冲撞的、激荡的运动状态。如：

［2］ Now the first bolt of lightning stabs the earth. It is heaven's exclamation point. The storm is here!

　　这时，第一道闪电刺向大地，是老天划的惊叹号。暴风雨来了！（柯平 译）

　　［3］Pacing through the house from window to window, I am moved to open-mouthed wonder.

　　原译：我在房里踱来踱去，从一个窗口走到另一个窗口，室外的景色使我瞠目结舌，惊叹不已。（柯平 译）

　　试译：我在房里踱来踱去，从这窗走向那窗，室外景色使我瞠目，惊叹不已。

　　例2描写闪电，多用急促的词语，如驱雷策电、风驰电卷、风驰电骋、风驱电扫、风行电掣、星驰电发、风驰电赴、驱雷掣电、风回电激、星飞电急、星旗电戟、击电奔星等，译者将 stabs 译作"刺"，很有力度；又为 exclamation point 增译其与 heaven 的施受关系词"划"，与"刺"相对应，一脉相承，表现了力学上的崇高，彰显了大自然的力量！例3，open-mouthed wonder 非常紧凑，反映了暴风雨来临前的自然节奏，整个汉译还要加快节奏，才能恰如原文的生命气息，如"从一个窗口走到另一个窗口"简为"从这窗走向那窗"，省去"一量"结构与"窗口"中的助词"口"，成语"瞠目结舌"省去"结舌"，与"使我"临时构成四字格，与其后"惊叹不已"对应。

　　与壮美相比，优美多用委婉的抒情方式，细细描写境趣、情趣等。优美以其形式的纤巧、力度的轻柔、格调的淡雅、神韵上的空灵令人留念忘返，以其表达的细腻委婉叫人缠绵悱恻。如：

　　［4］I am drawn outside while the rain still falls. All around, there is a cool and welcome feeling.

　　雨仍在淅淅沥沥地下着，我却忍不住走到室外。环境是那么清新宜人。（柯平 译）

　　优美以其和谐的因素使读者自由快活地接受，出现一种调和的混合性活动，使审美心理趋于宽松的、和谐的、安息的平静状态。如：

［5］Like the land, I am renewed, my spirit cleansed. I feel an infinite peace. For a time I have forgotten the worries and irritations I was nurturing before.

像大地一样，我也焕然一新，心灵得到了净化。我感到无比的平静，一时间全然忘掉了以往郁积在心头的烦恼与忧愁。（柯平 译）

（三） 音长汉译选择描绘舒缓

音长，指声音的长短，决定于发音体振动时间持续的久暂。振动时间长，声音就长，反之则短。音长汉译的选择所显现的风格特点最集中地体现在语言特色，譬如壮美的语言特色多得力于阳刚性词汇与短句。如：

［6］The rhythm accelerates;plink follows plunk faster and faster until the sound is a roll of drums and the individual drops become an army marching over fields and rooftops.

原译：雨加快了节奏，叮叮当当紧跟着噼噼啪啪，一阵紧似一阵，终于连成一片紧密的鼓点，颗颗雨滴也汇集成一支行进在田野和屋顶的大军。（柯平 译）

"叮叮当当"与"噼噼啪啪"的时间关系无须"紧跟着"来表明，加上它反而影响了二者之间的节奏，最后一句也因过长而拖慢了节奏。试改译为：

试译：雨的节奏加快了，叮叮当当，噼噼啪啪，一阵紧似一阵，终于汇成了紧密的鼓点，雨点纷飞，恰似一支大军开过田野与屋顶。

"雨的节奏加快了"是前奏，是语境交待，如何加快，加快得如何，先是"叮叮当当"，dingdang 音较长，为两个后鼻音，再叠用，显得气势大而长久；而"噼噼啪啪"，pipa 音较短，含两个单元音，虽然叠用，与dingdang 相比，却显得气势短而促，正好反映下一句"一阵紧似一阵"的评价语，更有了"恰似一支大军开过田野与屋顶"的气势。

（四） 音色汉译选择映射情感的浓淡

音色上可据原文的个性特色利用气息的深浅、粗细、顺逆，表达纷繁的情感。比方说，童言童语，常显童趣。童眼看世界，清新独到。柳条爆绿似"树在长牙"，日隐树后似"树叉太阳"。少儿出语，清新逗人。神童作诗，语出惊人。小诗人，大诗作，唐代8岁韩偓以即席"小人"诗超越父辈"大人"诗，乃所谓"神童诗"。李商隐赞其"雏凤清于老凤声"，道出童诗共性：气清、思纯、趣妙！神童诗多咏物记事，少言志说理；意象生动，诗意盎然，如小荷尖尖，稚嫩俏皮，清新雅致。

童眼童心，尽露童真。真实世界真感受，强在奇妙与鲜度，不在深度与广度。童言无忌，脱口吐秀，天真道出，直关性灵，天然去雕饰，清水出芙蓉。如：

［7］ The birds also gathered together to discuss what the elephants were up to. The pelicans and the flamingos, the ducks and the ibis and even the smaller birds all twittered, chirruped and quacked, and the parrots enthusiastically kept repeating:"Come and see Celesteville, the most beautiful of all cities!"

原译：鸟儿们也聚集在一起，讨论大象们到底在忙什么。鹈鹕和火烈鸟、鸭子和朱鹭，还有一些较小的鸟儿，它们在叽叽喳喳地叫着，喊喊啾啾地说着，嘎嘎嘎地喊着。鹦鹉一个劲儿地喊道："来呀！来看莎莉丝特城呀！世界上最美丽的城！来呀！来看莎莉丝特城呀！世界上最美丽的城！"（叶红婷 译）

试译：鸟儿聚在一起，聊着大象在忙些什么。鹈鹕和朱鹭，火烈鸟和鸭子，还有那些小小鸟儿，都在咕咕哝哝，呱呱嘎嘎，叽叽啾啾；而鹦鹉一个劲儿地喊道："来呀！快来看莎莉丝特城啊！世上最美丽的城！来呀！快来看莎莉丝特城啊！世上最美丽的城！"

原文中本来只有一句"Come and see Celesteville, the most beautiful of all cities!"但前面有一句 kept repeating，根据文意，译者决定重复人物会

话，且尽量用短小精悍的句子，于是将"Come and see Celesteville"分成两个小短句"来呀""来看莎莉丝特城呀"，其中"来"字循回出现，整个句子重复两遍，像极了儿童读者耳熟能详的"号外，号外！"如此，将鹦鹉重复学舌、话多的特点展现得如在眼前。加上"呀"语气助词发音轻快，更传递了鹦鹉兴高采烈的情绪，读者的心情也会受到感染。

二、同义音的组合汉译选择再现原作生命的动感

原文或原话是音的组合，其成品涉及节奏、韵律、语气、声调等。汉译考虑这些因素，将有助于动态地描绘原作的生命，赋予汉译以动感。

（一）同义节奏汉译选择彰显原作的律动

节奏指声音均匀、有规律的进程。语言节奏是在言语中由突显要素有规则地间断出现所产生的知觉模式（Trask，2000：229）。所谓同义节奏选择，指同一语义在不同语言中选取不同的节奏的行为。节奏是诗的典型特征，散文的节奏虽不如诗，但有不同程度的表现，都是生命气息的重要表现。诗歌的韵律可以组织起诗句，诗歌对节奏要求很精确，译其节奏比译其韵律容易。译诗若不能再现原作的格律，则改换格律，换以相应的格律，但求总体美学功能相似。现以散文翻译为例。如：

[8] They plink on the vent pipe and plunk on the patio roof.
雨点把排气管敲得叮叮当当，把露台顶棚打得噼噼啪啪。（柯平 译）

"把"字句是一种特殊的单句句式，将宾语提到谓语动词前边，表示一种处置的结果。原译若能换用一般动词谓语，突出动词的含义，便能更好地显示粗大的雨点来时的节奏。试译为：

雨点叮叮当当敲着排气管，噼噼啪啪打着露台顶棚。

两相比较，不难发现，改译后的译文句式对仗、紧凑，透出一种逼人的气势，较好地反映了原文的节奏感。又如：

[9] Babar tells each one what he should do...All the elephants are as happy as he is. They drive nails, draw logs, pull and push, dig, fetch and carry...

原译：巴巴告诉每头大象应该做什么工作……所有大象都和他一样快乐。他们钉钉子、拉木料。他们推拉东西，挖沟，取送东西……（叶红婷 译）

改译：……他们钉钉子的钉钉子，拉木料的拉木料，推的推拉的拉，挖沟的挖沟，跑来跑去地拿东西，取的取送的送……

从语法结构来看，"They drive nails, draw logs, pull and push, dig, fetch and carry"只有一个主语 they，后面的动词都是谓语。原译"他们钉钉子、拉木料。他们推拉东西，挖沟，取送东西……"是直译，虽然忠实原文，但读起来语义生硬，缺乏节奏感，也无画面感。改译根据内涵意思加以整合，将英语多谓语的简单句变成了汉语的一个个小短句"他们钉钉子的钉钉子，拉木料的拉木料，推的推拉的拉，挖沟的挖沟，跑来跑去地拿东西，取的取送的送……"，更形成了排比的修辞现象。措辞上将简短的谓语动词叠用，表反复，表常态，形成了余音环绕往复的效果，即"钉钉子的钉钉子""拉木料的拉木料""推的推拉的拉""挖沟的挖沟""取的取送的送"，做到字数对应，形式规整。整体读起来绵绵不绝，抑扬顿挫，韵律感很强，营造出所有大象兴致勃勃、忙忙碌碌的画面感，译文情趣增倍，意境顿生。

不过，上述叠用不仅有"VP 的 VP"结构，还有"V 的 V"结构，若能均用"V 的 V"结构，节奏更加一致，可试译为：

试译：巴巴告诉每头大象该做什么……大象和他一样快乐。他们钉钉子，拉木料，推的推，拉的拉，挖的挖，取的取，送的送……

（二）同义韵律汉译选择突显原作的节奏

韵律指音节中"韵"的规律性出现。英语与俄语中"韵"是音节的组成单位，包括非辅音音段的韵核与辅音音段的韵尾（Crystal，2008：417），韵律则指韵核与韵尾的规律性出现。汉语中"韵"指韵母，汉语的韵律即韵母的规律性出现。所谓同义韵律选择，指同一语义在不同语言中选取不同的韵律的行为。诗歌，讲押韵，富于节奏，声韵和谐，朗朗上口，韵味无穷。原诗的音乐美，可经反复朗读，由其节奏与韵律激起情感，再选择相应的汉语韵律，再现原诗的音乐美。

翻译因难见巧，译文学难，译诗尤难，成年人译童诗是否更难？诗人若能以诗译诗自是最佳选择，若因外语水平所限，诗人也会手拙，译诗难以逾越作诗；而冰心、卞之琳等诗人兼译家，其诗歌自译实属再创，常常对自己的诗有所改造，有译有改有重写。又如：

［10］ **Autumn**

The morns are meeker than they were,

The nuts are getting brown；

The berry's cheek is plumper,

The rose is out of town.

The maple wears a gayer scarf,

The field a scarlet gown.

Lest I should be old-fashioned,

I'll put a trinket on.

秋

黎明比以前柔爽，

坚果在向棕褐色转变；

浆果的面颊更丰满，

玫瑰在市镇里已不见。

枫树披上的围巾更漂亮，

田野穿上绯红色的袍裳。

我惟恐不合时尚，

我决定佩戴小饰品一样。（秦希廉 译）

本诗为 E. Dickinson 所写。译文末尾的"一（样）"本是修饰"小饰品"，宜置其前，若是译作"我决定佩戴一件小饰品"，除非调换"小饰品"，以保证与前押韵；或者保留"小饰品"，改变上面的韵。但是，译者为了与上面的"爽、满、亮、裳"押韵，添加"一样"，特地后置于"小饰品"，居于诗行末尾。改变语序，作出这种选择，不知译者是否受了杜甫《秋兴八首》的第八首里"香稻啄余鹦鹉粒，碧梧栖老凤凰枝"的启发。再如：

[11] Poetry is what gets lost in translation。

原译：诗歌就是翻译中所失去的东西。（区鉷，2009：165）

试译：诗即译中所失。

这是美国"非正式桂冠诗人"罗伯特·弗罗斯特的名句。原作虽说无内在节奏，也无韵律，但汉译却能首字与尾字押韵。原文以思想取胜，原译显得散，试译简洁，不仅如原义，且在语音上胜过原文。而巴斯奈特反正道而言之："诗者，译之非所失也；诗者，恰为译之所得也。"（"Poetry is not what is lost in translation, it is rather what we gain through translation and translators"）（同上：216）

科普讲究可读性，若能顾及语言的生命气息，定能获得优胜的译文。综合科普著作的特点，郭建中（2007）给科普翻译定下了三个标准："1）忠于原意，传达知识准确；2）文从字顺，行文兼具文采；3）通俗易懂，遣词造句符合习惯。"后二者为译者留下了创造空间：或保留原作的文学性，或以译语文学性手段替换原作的文学性手段，或是原作文学性并不强而受译语影响充分发挥译语文学性手段，以增强汉译的可读性。如：

[12] Don't take the low-fat label as a license to eat.

原译：不能因为食品标明低脂肪，而敞开食用。

改译：别把标有"低脂肪"的标签看成是可"敞开食用"的许可证。

试译：别拿"脂肪低"标签当"敞开吃"标准。

例中，label 与 license 的使用精彩诙谐，幽默风趣，更具头韵之美，是全句的重点，但原译与改译都没有再现精彩的头韵。改译仿佛是对原文作解释，不简洁。艺术性表达手段有些可以保留，有些可以替换，原文头韵不能再现，就尝试用汉语尾韵替换，用"低""吃"压尾韵，用"标准"对应"标签"，不仅再现了原文的音韵美，还体现了原句诙谐幽默的口吻。

（三） 同义语气汉译选择明确原作的态度

语气指通过语调和语气词表示的说话人对所述事物、动作行为的主观态度，包括陈述、疑问、祈使与感叹。汉语用语调和语气词表示各种语气："这是一首很好的诗。"是陈述语气；"谁写的?"是疑问语气；"你先念一遍吧。"是祈使语气；"这首诗写得真不错!"是感叹语气。又如俄语用动词的屈折形式来表示语气："Я читаю газету."（我在读报。）是陈述语气，"Читай газету!"（读报吧!）是祈使语气。

汉语中，语气是句子语用目的或用途表达的外在体现，语气通过语调或语气助词等手段得以表现。人们的语言交际总是有一定的语用目的，这种语用目的就是句子的用途，如陈述一件事、询问一个问题、表示一个请求或命令、抒发一种感情等（张斌，2004：327）。所谓同义语气选择，指同一语义在不同语言中选取不同语气的行为。语言有四种语气，翻译一般是如实地传达原文的语气，若是原文语气标示有问题，自然可以更正，不能以错就错。可是，也常有变更原文语气的情形。如：

[13] Of that colossal wreck, boundless and bare,
The lone and level sands stretch far away.

最初李锡胤（1983）译成：

简直是什么也未曾留下，
除了那一望无际的莽莽黄沙！

雪莱的十四行诗《奥西曼狄亚斯》早已脍炙人口。十四行诗在内容上也要求有完整的结构。照早先的规矩，前八行诗提出论题，或者说构成一种"紧张情绪";后六行诗解答论题，或者说解除"紧张"。英国伊丽莎白式更要求最后两行是警句，总括全诗的中心思想。本例即选自最后两行，是全诗的点睛所在。搁笔后，译者重读几遍，觉得太平淡，或是因为中国诗中这类表达方式太常见，成了吊古伤今的滥调，于是他大胆地改为反诘句：

> 请问还留下什么属万岁陛下，
> 莫非那普天之下的莽莽黄沙？

"万岁陛下""普天之下"用字大气，语势不轻；前一句用"请问"做铺垫，后一句用"莫非"，疑问、反问的语气陡然提升，将原文的感叹句改为疑问句，语势再次得以强化，更能突出雪莱反暴君的所谓"公民激情"。

有时可以通过代词的重读来强调原文的语气，如：

[14] It was the Welshman, Davo, who said that. They went along together because he knew the way.

> 那话是那个威尔士人达沃说的，当时他们正搭伴一块儿往前走，因为他认识路。（柯平 译）

从原文上下语境了解到，失望的少女来到岸边，蓝天水色，行人街道都因心情而变得灰色。静坐在江边的座椅上，她无奈地摩挲着横木，忆起拔牙的痛楚，想起临时伴行者的话。"那话是那个威尔士人达沃说"，达沃是谁，怎么半路上杀出个程咬金？原作前半部分情节是平淡的，此处来了个小小的波折，人物的形象开始峰回壁转。译者把握这一脉络，领会了原作的强调意图，采用了两个"那"字，"那话"有下文，"那人"有后指。译者从语篇的高度，顺着情节的发展态势，没有将前指代词 that 内容提前，而保持了叙述者与故事中人物的距离，让人物一（达沃）与人物二（女牙医）的对话前后相随，形成情节发展的上升缓坡，使主人公的心理活动与主题得到最充分最集中的展示。随后，不太冲突的矛盾——好与糟的心情——转化了，主人公的心情由阴转晴。

（四） 同义声调汉译选择分辨原作的语义

根据声调能否区别意义，世界语言分为非声调语言与声调语言两类。英语、俄语属非声调语言，非声调语言的声调主要用来表达语气功能。汉语属声调语言，声调语言中声调承担辨义功能。所谓同义声调选择，指同一语义在不同语言中选取不同声调的行为。声调为汉语音节所固有，可区别意义的声音高低与升降。声调把握可凭乐感，普通话有四个声调：阴平、阳平、上声、去声。如：

[15] "You can always come back" the woman dentist said. "Don't be in pain."

"你什么时候都可以过来，"那个女牙医说，"别强忍着痛。"（柯平译）

be in pain 为常用短语，意即"苦恼着"，译者据语境将类似于汉语去声的英文降调 Don't be in pain 译为"别强忍着痛"，极是成功，尤其是变去声为上声的"强（qiǎng）忍着"译得"到味"，"强"在此即为"勉强"，如"强不知以为知""强笑"等。医生劝病人不要勉强忍受病痛，它把医生对病人的体贴入微反映得更为真切，更加细腻。全文至此，主人公的心情由阴转晴的根本原因全然释出，达至巅峰。

为了配上原曲的节奏，歌曲的歌词译配常常需要选择不同声调的汉字或词，以合旋律。如：

[16] **Катюша 卡秋莎**

6·7 | 1 ·6 | 1 1 7 6 | 7 3 0 |

Рас- цве- та- ли яб- ло- ни- и гру- ши

正 当 梨 花 开 遍 了 天 涯，

7 ·1 | 2 ·7 | 2 2 1 7 | 6 − |

По- плы- ли ту- ма- ны над ре- кой.

河 上 飘 着 柔 漫 的 轻 纱；

‖: 3 6 | 5 65 | 4 4 3 2 | 3 6 |

Вы- хо- ди- ла на бе- рег Ка- тю- ша

喀 秋 莎 站 在 峻 峭 的 岸 上,

0 4 2 | 3 · 1 | 7 3 1 7 | 6 - :‖

На вы- со- кий бе-рег на кру- той

歌 声 好 象 明 媚 的 春 光。

本例为苏联名歌《卡秋莎》,第三句的 выходила 为动态意象,改译为静态意象"站在",这是因为原词 выходила 的重音落在 - ди - 上,正对原曲的音符"5",若译作"来到",会形成倒字,即字调的抑扬顿挫与曲调的高低升降不相配,唱起来别扭(薛范,2002)。

词是最小的风格单位,它最富有同义成分,翻译时的选择关系具有明显的风格色彩,双音节词的词重音往往落在第一汉字上,汉译时可以考虑这一语音特点。如:

[17] The sun is warm now, the water of the river undisturbed.
阳光正暖,江面水波不兴。(柯平 译)

原文普普通通,语言简约,未见出诗意画境,宛如一幅素描。仅 warm 一词,译者可选的词阈有:暖和、和暖、和煦、煦和、温煦、晴和、融融、温暖、温和、暖烘烘、暖洋洋、和风日暖等;受 undisturbed 的语义限定,waves 可选的词阈有:涟漪、漪澜、鳞波、碧波、波光等;undisturbed 可选的词阈也有:安静、恬静、宁静、背静、清静、沉静、寂静、寂然、岑静、静谧、静悄悄、悄然无声、悄无声息等。三组词阈有双音节、三音节、四音节等,若能相互排列,该要生成多少组描写秋江水色的句子,然而译者没有追求景致的描绘,他把握了原作的风格,也采用了相应的字词,素描这一秋江水波,用词朴实,凝练。单说那个"不"字,细品之下,便觉得与前缀 un - 对得恰如其分,"兴"字也与 disturbed 应对,很是巧妙,浑然天成,可作译味的典范。最重要的是译者均选取了双音节,形成了节奏:阳光/正暖,江面//水波/不兴,前重后轻,原文是五七音节前后相随，汉语也是四六音节相配。

三、结论

生命气息指运用语音、语汇、语法与修辞手段，灵活、准确、生动描述生物体活力的表述方式，可引申为作品的情趣与风格。生命气息是原作的美学要素，汉译生命气息是汉译时所再现的原文情趣与风格，由原语生命气息与译语生命气息表达手段共同造就。语音是生命气息表征的重要手段，汉译通过语音手段所构成的原作生命气息，须力求保留保全，外汉生命气息表征相同则对译，表征相异则语义保留、语音转化，催生同义语音选择。真正的语言艺术都会向音乐靠拢，同义语音汉译选择涉及音响、节奏、韵律、语气、声调的选择，为原文选取不同的汉语音响、节奏、韵律、语气、声调等，以充分传达原作的感情色彩、语流律动与鲜明的风格，最终有效地展示原文的生命气息。

参考文献

[1] 郭建中. 科普翻译的标准和译者的修养 [J]. 中国翻译，2007（6）：85-86.

[2] 黄忠廉. 汉译地道活用标点论——汉译语文研究之一 [J]. 语言教育，2022（1）：88-96.

[3] 李行健. 现代汉语规范词典 [M]. 北京：外语教学与研究出版社，2004.

[4] 钱冠连. 语言功能不完备原则的启示 [J]. 外语学刊，1995（1）：23-26.

[5] 区鉷. 珠水诗心共悠悠：第二届珠江国际诗会暨学术研讨会论文集 [C]. 广州：中山大学出版社，2009.

[6] 谭旭东. 让文字富有生命气息 [N]. 贵州民族报，2012-02-03（B1）.

[7] 王玉红. 汉译小句的生命气息考察——以叹词 well 的汉译为例 [J]. 汉语学报，2011（1）：86-94.

[8] 薛范. 歌曲翻译探索与实践 [M]. 武汉：湖北教育出版社，2002.

[9] 张斌. 简明现代汉语 [M]. 上海：复旦大学出版社，2004.

[10] Crystal, David. *A Dictionary of Linguistics and Phonetic* [M]. Oxford：Blackwell Publishing,2008.

[11] Robins,R. H. *General Linquistics*[M]. New York：Routledg,2013.

[12] Trask,R. L. *A Dictionary of Phonetics and Phonology*[M].北京：语文出版社,2000.

中国翻译史新论

〈 翻 译 学 刊 〉 2 0 2 4 年 第 1 辑

洋务运动时期国家与地方的翻译实践互动

韩淑芹①

摘要：国家在特定历史时期所处的政治文化场域决定了国家的国际地位与国家性质，形塑了国家的文化取向与文化战略。晚清洋务运动时期二元对立的政治场域与新旧并存的文化场域，构成该时期官办机构翻译实践场域的二元性特征。清政府在"理学经世""西体中用"双重意识形态左右之下，设立多元协同的层级化官办翻译机构，通过"人""财"赞助形式操控国家—地方机构翻译行为，促成了国家—地方翻译实践的互动互补，主要表现在原文本选择注重对外与对内需求的互补、译者赞助强化经济与社会要素的互促、译本功用注重举政与资治的互动三个维度。

关键词：洋务运动；场域；国家-地方翻译实践

Title：State-Local Translation Program during the Westernization Movement in the Late Qing Dynasty

Abstract：The political and cultural field of a state in a specific historical period determines its international status and national nature，shapes its cultural

① 作者简介：韩淑芹，中国石油大学（华东）外国语学院教授，硕士生导师。研究方向：翻译史研究、翻译教育。

基金项目：本文系中央高校自主创新基金项目"国家翻译实践视域下中国科学翻译史书写研究"（项目编号：21CX04005B）、中国石油大学（华东）研究生教育教学改革重点项目"生态位视域下翻译硕士职业胜任力模型构建与实践应用"（项目编号：YJG2022012）的阶段性成果。

orientation and strategy. During the Westernization Movement in the Late Qing Dynasty, what positioned the "state" is the contradicting dual inbound-outbound political field and the co-existing old-new cultural field. The State, shaped by the particular field and maneuvered by the dual ideological thoughts, intended to establish diversified multi-layered official translation agencies and sponsor those agencies via human resources and capital resources to fulfill its dual ideologies. As a result, an interactive state-local translation programming mode was shaped, which constituted three dimensions of complementarity of outbound and inbound demands for source texts, promotion of social-economic sponsorship for translators, and interaction between sustaining government power and governance by target texts.

Keywords: the Self-Strengthening Movement; field; state-local translation program

"翻译自在中国发轫之日起，就具有出自文化战略的考量，而且，可以说作为一种历史文化现象，翻译在中国从来就是一种'顺时序之变而变'的文化战略手段。"（刘宓庆，2015：14）中国历史上最为突出、也最复杂的"时序之变"莫过于清末的大变局时期，正如李鸿章所言"今则东南海疆万余里，各国通商传教，来往自如，麇集京师及各省腹地，阳托和好之名，阴怀吞噬之计，一国生事，数国构煽，实为数千年未有之变局！"（梁启超，2014：44）由李鸿章的"数千年未有之变局"可知"变"的是中国与世界其他各国的关系，"通商传教""来往自如""和好""吞噬""生事"，这些变幻莫测的客观关系构成了特定的社会空间网络或形构，即法国社会学家布迪厄所界定的"场域"。在布迪厄看来，有多少种场域，就有多少种利益，利益既是场域运作的条件，也是场域运作方式的结果（宫留记，2007：29）。自1861至1894年30余年间的洋务运动期间，有规划、有组织的翻译活动同构出国家—地方翻译实践的全景图。在中央以满族宗亲贵族官员恭亲王奕䜣、文祥为代表，在地方则以掌握地方实权的总督、巡抚等汉族官员为代表，如曾国藩、李鸿章，更为重要的是洋务派的行动得到当时清廷实际当权者慈禧太后的默许；就适用权限而言，当时的清政府处于内忧外患的紧急状态之下；就行为特征而言，翻译活动的目标在于"师夷长技以自强",通过翻译西方科学方面的书籍普及西方科技知识、开启民智、安抚民心,借此巩固清政府的统治地位。洋务运动时期的翻译活动所处特殊的国家政治文化场域,政府对于翻译活动采取直接或间接操控方式,经由国家—地方的双重互动实现制度化翻译,从而通过"中体西用"实现以译救国之目的。

一、洋务运动时期二元并存的场域特征

"我们在从社会学视角对翻译研究进行考察的时候应该将翻译实践与更大的权力场域结合起来,而这个所谓的更大场域绝不是直接从事翻译实践的机构,而是机构背后的权力操纵者——国家政治文化场域。"(任东升,高玉霞,2015:19)洋务运动时期的晚清政府所处的国际—国家场域发生了重大变化。就国际场域而言,19世纪60年代资本主义国家开始了重新洗牌,而对中国的侵略也成为各国分割世界领土的"殖民"大高潮的重要组成部分。就国家场域而言,积贫积弱的清政府遭受太平天国革命及联军入侵的双重压力,面临着"变落后为先进、变封建主义为资本主义、变贫弱为富强的变革思潮"(夏东元,1992:1)。

(一)二元对立的政治场域

从国际政治环境而言,西方部分发达国家在17、18世纪先后爆发资产阶级革命,走上了资本主义道路,也加快了殖民扩张的步伐。如果说资本主义扩张的本质是西方入侵中国的外因,那么闭关锁国却又处于对外贸易顺差之下的"天朝上国"因其政治腐败、军事冗乱而必然成为西方列强的必争之地。1842年签订第一个不平等条约中英《南京条约》,1844年签订中美《望厦条约》、中法《黄埔条约》,1860年签订《天津条约》《北京条约》,1858年签订中俄《瑷珲条约》,1885年签订《中法新约》,1894年签订《马关条约》,在半殖民地半封建的政权之下,中国的大门已经向国外打开,海关、税务、司法等国家主权渐渐丧失,外国公使得以入驻北京,中国虽名为独立的主权国家,但清政府在很多权利上已经丧失了事实话语权及决定权,沦为"洋人的朝廷"。

从国内政治体制而言,彼时的中国是清政府统治之下的封建主义社

会，政权由以满族贵族为主体的满汉官僚联合执政，采取闭关锁国的政策，自诩"天朝上国"。1840—1842 年鸦片战争的失败，标志着中国近代史的开端，割地赔款、商定关税的丧权辱国条约，使得中国开始沦为半殖民地半封建社会。咸丰十一年（1861）慈禧太后联合恭亲王奕䜣发动史称"辛酉政变"的宫廷政变，开始长达 47 年之久的垂帘听政，成为掌握清政府最高权力的实质性统治者。同年恭亲王奕䜣会同桂良、文祥上奏《通筹夷务全局酌拟章程六条》，正式开启洋务运动（又称"自强运动"）。此时的国内政治场域带有典型的"异质""他者"特征，清朝政府作为中国历史上为数不多的非汉族士人政权，带有特定的部族专制政权特征，政府官员既有满族皇族成员也有汉族官僚阶级；与此同时，统治集团内部自 60 年代洋务运动起就分裂为洋务派和顽固派两大派别，洋务派主张"师夷长技"而顽固派则视洋务为"洪水猛兽"。

（二） 新旧共存的文化场域

清初的教育制度沿用明朝制度，国子监作为最高教育机构，以培养士绅官僚为目标。教学内容注重儒家经史义理，涉猎水利、算法等实学教学内容，但自然科学知识传授较少；有专为满人开设的学校如觉罗学、旗学等，带有明显的教育压迫倾向；目的则以考科举求功名而非真才实学。鸦片战争爆发后，一部分先进的知识分子深感学习西方先进科学技术之必要，提出"师夷长技以制夷"的思想，但清朝固有的教育制度未能改观，反倒是外国传教士开始在中国设立教会学校，以培养为外国人服务的中国人，输入本国的宗教和文化，同时也引入了西方先进的教育思想，加速了西学东渐的进程。及至洋务运动时期，洋务派开始兴办洋务教师，开设官办新式学堂：培养翻译人才以适应外交需求的外语学堂；培养新型军事人才的军事学堂；培养技术人才的技术学堂；同时派遣留学生到欧美各国学习科学及军事技术。然而，在"中学为体，西学为用"思想指导下的教育改革并未触动腐败的科举制度，而是开辟了一条与科举取士所不同的人才擢拔途径，新式学堂与旧式科举并存。"只有靠由不同地位所展现出来的不同实际力量之间的对比，场域才作为一个现实的关系网络而存在"（高宣扬，2017：853），洋务运动时期，政治场域中满族皇族与汉族官僚、洋务派与顽固派之间的二元对立，国际西方列强与清政府统治下的中国之间的二元对立，文化场域中儒家理学与科技知识共存、教会学校与新式学堂共存、以才用人与旧式科举并存、外来传教士与自育译才共存。

二、洋务运动时期上下共谋的政府操控

"翻译场域是国家文化场域的一个部分，作为拥有文化资本最多的国家权力机关在这个场域中仍然拥有最充足的文化资本，是场域中的操控力量。"（陈秀，2016：117）国家翻译实践则集中体现了国家这一权力机关在翻译场域的操控力量，而国家操控对象集中在意识形态领域，正如白文刚所言："尤其在社会面临挑战，发生剧烈动荡的时代，由于国家的社会控制力减弱，统治阶级的意识形态能否占到统治地位或主导地位，关键在于这种意识形态能否及时调整，从而能够有效地整合变动的社会阶级，为社会的发展提供蓝图和希望。"（白文刚，2005：25）而依据勒弗维尔对意识形态的划分，国家翻译实践的意识形态介入是"通过某种赞助形式方强加给译者的意识形态"（Lefevere，1992：41），洋务运动时期所设立的不同层级官办翻译机构，作为一种赞助实体，操控着翻译行为。

（一）二重变奏的官方意识

"意识形态涉及作者、译者、读者群、赞助人等一切与翻译过程相关的因素，既指源语文化和目的语文化的主流意识形态，又指原作者和译者的个人意识形态，或者读者群的意识形态，还指赞助人的个人意识形态或群体意识形态，等等。"（卢小军，2018：83）就国家翻译实践而言，意识形态则具体指向国家权力机关这一"高位"赞助人所代表的主流的、群体的而且是官方的意识形态。"翻译已不是一种中性的，远离政治以及意识形态纷争和利益冲突的行为"（刘禾，1999：36），而是表现出浓厚的政治色彩，反映出官方的意识形态。

清末官方意识形态面临挑战和危机，腐败的政府、外来意识形态的冲击都使得清王朝的官方意识形态处于风雨飘摇之中，亟须巩固其意识形态的统治地位以确保清王朝执政的合法性。同治元年（1862）三月十九日清廷颁发一道上谕：

于风俗人心大有关系。各直省学政等躬司牖迪，凡校阅试艺我朝崇儒重道，正学昌明。士子循诵习传，咸知宗尚程朱以阐圣教。惟沿习既久，徒骛道学之虚名，而于天理民彝之实际未能研求，势且误入歧途。固以恪遵功令，悉以程朱讲义为宗，尤应将性理诸书随时阐扬，使躬列胶庠者咸知探濂洛关闽之渊源。以格致正心为本务，身体力行务求实践，不徒以空语灵明流为伪学。（刘锦藻，1936：8570）

"理学经世"作为社会思潮不仅在朝廷大员身上得到了普遍的体现，而且受到了清廷的公开支持，成了不折不扣的官方意识形态。"理学"强调"格物穷理"逐渐走向格致之学，所谓"格致"即 science 一词的汉译，西方的天文地理、数学历算、军工制造、声光化电等均统称为"格致之学"。"经世"则强调"经世致用""经世治国"，关注社会现实。而洋务派所发起的洋务运动萌发了"中体西用""求强求富"的思想，逐渐成为官方意识形态的另一分支。这一思想之滥觞见冯桂芬《采西学议》："如以中国之伦常名教为原本，辅以诸国富强之术，不更善之善者哉？"（冯桂芬，1884/1994：84）

京师同文馆作为清政府外交机构总理衙门的直属译馆，其服务于政府政治及外交的特征尤为明显，从其所译书籍中政治、法律类所占比例可见一斑；江南制造局翻译馆作为洋务派地方官僚创办的"地方性"官办译馆，所译书籍偏重于科技、军工等实务风格。然而，所有官办译馆的译书目的都是围绕国家需求，正如孔慧怡所言"属于政府架构之内的江南制造局和同文馆，其译书目的都是为了应付政府视野中的国家需要，而不是推广西学"（孔慧怡，2005：161）。

（二）多元协同的翻译机构

尽管清末最早出现的翻译机构是西方传教士组织的编译机构，"最能代表同光年间的译书成绩的为官局，即政府所设立的编译机构"（郭廷以，2012：42）。此类政府机构具有多元性特征，包括隶属于政府外交机构的京师同文馆、地处地方但隶属朝廷军工厂江南制造总局的翻译馆及由地方官员组建的地方性官办编译馆。

在北京设立的京师同文馆隶属于 1861 年清政府设立的"总理各国事

务衙门"，成为我国第一个专司外交的机构，位于六部之上，其地位超然，等同于军机处。1861 年前，清政府处理涉外事务的机构主要是理藩院和礼部。机构名称的变更体现了政治场域中国际关系的变化，原"礼部"隶属六部；"理藩院"中的"藩"指属国或属地，从管理蒙古、西藏、新疆等民族事务，扩展到藩属国如朝鲜、越南、琉球、暹罗等，甚至中俄外交事务，理藩院设有蒙古学、外馆、俄罗斯学等分司。新成立的总理各国事务衙门中"各国"一词将清政府统治下的中国与世界其他国家置于同等地位。机构设置的变化，包括机构名称的变更，都反映出权力场域的变化。京师同文馆先后设英文馆、法文馆、俄文馆、德文馆、日文馆，上述语言类别的设定与清政府所处的国际政治场域密切相关。

京师同文馆兼具翻译及学堂的双重属性，支撑政府机构的外交之需，而 1865 年附设于江南制造局的翻译馆，则隶属于洋务派所成立的近代军事工业产业江南机器制造局（又称上海制造局），旨在引进西方先进科学技术。此外，还有多个地方性的官办编译馆，包括 1864 年曾国藩在南京组建的金陵官书局、1864 年马新贻在杭州设立的浙江官书局、1865 年李鸿章在苏州创建的江苏官书局等 20 多个地方官书局，上述官书局主要由地方巡抚管辖，以编译刊印出版西方科技著作及教科书为主，起到推广宣传西学的助力作用。

这些"官局"究其脉络均离不开清政府的政策及财力支持，无论是中央直属还是地方机构，均与政府架构、政府官员大臣间有着千丝万缕的联系。清政府设立总理衙门的同时设置南洋、北洋通商大臣，后南洋通商大臣由两江总督兼任，北洋通商大臣由直隶总督兼任，而曾国藩、李鸿章二人分任两江、直隶总督多年，由此可见官办译馆的倡议者及管理者之间错综复杂的政治关联。主管总理各国事务衙门的恭亲王奕䜣在奏疏中亦曾称："与曾国藩、李鸿章、左宗棠、英桂、郭嵩焘、蒋益澧等往返函商，佥谓制造巧法，必由算学入手，其议论皆精凿有据。"（朱有瓛，1983：554）

三、洋务运动时期互动互补的翻译实践

"奕䜣与曾国藩，刚好分别代表了晚清开明官员转向西学的两种不同

路径：与异域文化的接触和对本土文化的重估。"（徐婷，2017：26）殊途同归，清朝时期的官办译馆，无论是与西方列强的弱势外交中不得不转向西学的恭亲王奕䜣，还是在重新审视清王朝状况而立志"自强御侮"的曾国藩及其幕府成员李鸿章、左宗棠等人，同属于清政府的皇族重臣，他们的历史抉择在很大程度上代表并影响着清政府的政策选择及走向。

任东升指出，"国家并不直接实施翻译行为，而是通过委托相关国家组织机构的形式实现。因而，国家在国家翻译实践中承担名义主体和法律主体地位。国家授权的翻译机构、组织作为国家翻译实践的落实者，属于中位主体。国家翻译实践的低位主体包括国家或以国家授权机构聘任的译者、作者、读者等个体"（任东升，2019：69）。由此可知，国家翻译实践的实现路径是国家/政府——翻译机构——译者，反向推断可知尽管翻译行为的最终实施主体是译者（群），但翻译机构是组织落实翻译活动的主体，决定着翻译选材、译者管理及译本传播。值得一提的是，1869年总理各国事务衙门因东北"各将军、大臣来文往往只用清书（满文）"，便以"收到时须先将清书汉译，不能立时即办，每至耽延时日，或有泄露舛错，关系匪轻"为由，要求"径用汉字"，"倘因原呈文系清文，希即先由贵处译汉，再咨本衙门核办，以免延误"（叶高树，2017：2）。这与清政府之前广泛使用满文、将清字译汉的做法截然不同。究其原因，与总理各国事务衙门职能角色的转变相关，该机构以处理清廷与他国的外交事宜为主，并未设专司满、汉翻译的机构及人员有关。而由此例亦可管窥国家所设立的机构对翻译行为所产生的决定性影响。

（一）原文本选择：对外与对内需求的互补

马建忠于1894年所撰写的《拟设翻译书院议》中提到，翻译的西书分为三类：第一，"各国之时政"，如"上下议院之立言，各国交涉之件，如各国外部往来信札，新议条款、信使公会之议"；第二，"居官者考订之书，如行政、治军、生财、交邻诸大端所必需者也"；第三，"外洋学馆应读之书，如万国史乘、历代兴废政教相涉之源，又算法、几何、八线、重学、热、光、声、电，与夫飞潜、动植、金石之学，性理、格致之书"（马建忠，1894/1994：228－229）。1894年甲午海战失利预示着洋务运动的终结，马建忠的《拟设翻译书院议》可谓是对洋务运动翻译的总结与反思，若从各官办译馆的译书成果来看，基本可纳入上述三个类别，见表1所示：

表1　洋务运动时期官办译馆译书类别表

官办译馆	译书类别	代表性译作
京师同文馆	共译西书26种，主要分为国际知识、科学知识、外文工具书三大类别	《万国公法》《各国史略》《格物入门》《化学阐原》《富国策》《汉法字汇》《英文举隅》
江南制造局翻译馆	翻译180种西书，其中社会科学21种，自然科学37种，医学与农学23种，工艺制造28种，军事科学41种，船政、工程、矿学等30种	《代数术》《微积溯源》《物理学》《电学》《声学》《光学》《化学鉴原》《谈天》《测候丛谈》《地学浅释》《金石识别》《儒门医学》《西药大成》《西艺新知》《制火药法》《航海通书》《佐治刍言》《列国岁计政要》《四裔编年表》《各国交涉公法论》《防海新论》《西国近事汇编》《开煤要法》《冶金录》《农务全书》

说明：本表根据熊月之《西学东渐与晚清社会》、黎难秋《中国科学翻译史》、王建朗与黄克武《两岸新编中国近代史》等资料整理而成。

除海关总税务司署这一基于赫德个人偏好选择译书的特殊机构之外，所有官办译馆尽管各有偏好，但清政府所推崇的"格物致知"的科学知识，"经世致用"的国际、外交及社会学知识，"富强之术"的兵政军工、探矿冶金、农工知识成为译书之优选。然而根据傅兰雅所言，"后经中国大宪谕下，欲馆内特译紧用之书……平常选书法，为西人与华士择其合己所紧用者，不论其书与他书配否……另有他书虽不甚关格致，然于水陆兵勇武备等事有关，故较他书先为讲求"（傅兰雅，1880/2020：168）。由此可知，所谓"紧用之书"指符合政府意识形态且当下所亟须之书，同构出"致知致用"的翻译取向，面向对外的外交之需与对内的自强之用。

（二）译者赞助：社会与经济要素的互促

各官办译馆的译者群均由中外译者组合而成。处于京畿之地的京师同文馆，其政治机构属性明显，最初设定为"语言学校"性质的学堂，旨在培养认识外国文字、通晓外国语言、可胜任国际交涉的人员。1866年奕䜣呈送奏折"迄今几及五载,各馆学生于洋文洋话,尚能领略;惟年幼学浅,于汉文文义,尚难贯串。现仍督令该学生等,将洋文翻译汉文,以冀精进"(中华书局编辑部,2008:933)。京师同文馆"先后聘请过54名外国人,担任英文、法文、德文、日文、化学、天文、医学教习;聘请过32名中国学者,担任中文和算学教习。这些教习的产生,或由外国驻华使馆推荐,或由各省督抚举荐,或由总税务司赫德待聘"(熊月之,2011:364)。其中外来译者丁韪良、欧礼斐曾任总教习,外国学者中著名者还有毕利干、德贞,中国学者著名者有汪凤藻、席淦。江南制造局翻译馆地处通商口岸上海,"上海自1843年开埠以后,西人、西物、西书源源而来,逐渐成为西学在中国的传播中心"(熊月之,2011:569),上海汇聚了通晓中西学的中外学者。江南制造总局翻译馆"译员确切可考的有59人,其中外国学者9人著名者为傅兰雅、林乐知、金楷理,中国学者50人著名者为徐寿、华蘅芳、徐建寅、舒高第、赵元益"(王建朗,黄克武,2016:1113)。

根据勒菲弗尔的定义,赞助机制的三要素中除了意识形态要素外,还包括"赞助方要确保作家和译者维持生活的经济要素""要帮助作家和译者获得社会地位的要素"(Lefevere,1992:16-17)。换言之,译者通过译书能够获得经济资本及社会资本,可资考据的官办译馆对制定具体资助及奖惩制度,具体见表2。

表2　洋务运动时期官办译馆的赞助举措

官办译馆	经济要素	社会地位要素
京师同文馆	①高薪聘用:"敕各省督抚挑选"专习英法美的广东、上海商人作为教习,携带书籍进京,"厚其薪水" ②经济补贴:于八旗中挑选天资聪慧的学员,年在十三四以下者各四五人,"俾资学习" ③奖励机制:设定月课、季考、岁试、大考一整套完备的考试制度,由教习与同文馆主管根据考试优劣决定奖惩,"赏以银两花红"	①加官晋爵:考试中"大考优者保奏官职";恭亲王奕䜣奏请京师同文馆的学生出国考察,并为他们申请加官晋爵 ②就业有道:毕业生主要供职于外交界,91名毕业生,40人任职于外交或涉外部门,27人任军政职务

官办译馆	经济要素	社会地位要素
江南制造局翻译馆	高薪聘用国外译者，给出傅兰雅每年800英镑的年俸	①身份认可：在清朝重臣曾国藩、李鸿章的直接授意下网罗深谙汉学的西方名士及具有科学背景的中方科学家，意味着具有入馆资治本身就是一种资本②加官晋爵：对专职译员加官晋爵，根据译书成就享有钦赐头衔

说明：本表根据熊月之《西学东渐与晚清社会》、黎难秋《中国科学翻译史》、王建朗与黄克武《两岸新编中国近代史》、桑兵《历史的本色——晚清民国的政治、社会与文化》等资料整理而成。

各官办译馆均采取特定的赞助手段以支持译员及翻译活动，赞助的形式不外乎经济资助与社会影响力提升，而译馆及其隶属机构自身的地位决定了赞助程度的大小。对比上述两大翻译机构，其赞助方式均不外乎经济资本与社会资本两大类别；但相比之下，隶属于清政府中央直属机构总理各国事务衙门的京师同文馆，通过"敕""厚薪水""俾资学习""赏""保奏"等方式，确保其译者获得充足的经济资助及稳定的官职地位，其赞助形式更具有鲜明的"政府"烙印；而江南制造局翻译馆的译者原则上享有获得赞助的机会，但事实上只有达到一定级别、需经由下至上的层级化管理方可享有"钦赐"头衔。

（三）译本功用：举政与资治的互动

官办译馆作为直接服务国家的翻译机构，其译书的刊印、出版、发行、传播得到政府机构的财力、影响力的支持，呈现出非"市场化"、非"盈利性"的特征。同文馆丁韪良译《万国公法》时得到驻华公使蒲安臣、总税务司赫德的支持，同时也得到总理衙门的帮助。出版后丁韪良将译本上呈清廷。"1864 年，普鲁士在中国领海内，截获丹麦商船，发生争执，总理衙门援引《万国公法》中有关则例，据理力争，终使普鲁士将所截获船只移交中国。……于是由总理衙门刊印三百部，颁发各省督抚备用。"（熊月之，2011：364）此书更是成为清政府处理外交事务的必备援引之书。京师同文馆作为中央直属的翻译机构，能够更直接地了解政府对翻译的需求，以需求指引供给，进而提升翻译的针对性和实用性，其译本作为

"举政"之文本，成为清政府巩固其政权统治的重要手段。而作为地方翻译机构的江南制造总局翻译馆，译书流通渠道自下而上、流通范围涉及更广。"此翻译馆已设数年，所有费用皆资国帑，可见此举必有益于中国者也。……局内已刊之书，有数种载北京同文馆用之，载耶稣教中大书馆内亦有用之者。……局内之书，为官绅文士购存者多，又上海、厦门、烟台之公书院中亦各购存。"（傅兰雅，1880/2020：170）制造局翻译馆出版之书，经筛选后部分书籍寄呈南洋大臣与总理衙门，所呈送书籍主要关涉国际知识、洋务西学、兵事机械、天文算学。江南制造总局翻译馆的译本内容丰富，成为官绅文士的必读之书，作为"上呈"文本以资治理之用，成为清政府治理外交、内务、民智等的重要文本选择，最终有助于"政举"。

四、结语

"中西翻译史上有重大影响的翻译事件，大多体现出国家层面翻译实践的特征，甚至被上升为一种国家行为。"（任东升，2016：1）洋务运动时期的官办译馆翻译，翻译为表，西学为本，以翻译求西学，以西学求强国，体现"国家""翻译""实践"的三位一体。而国家翻译实践是国家作为名义主体的翻译行为，该翻译行为的达成则经由事实施事主体方能实现。洋务运动时期特殊的社会历史背景，造就了二元性的政治文化场域特征，由此形成国家—地方翻译机构互动互补的翻译图景。

参考文献

[1] 白文刚. 清末新政时期的意识形态控制 [D]. 北京：中国人民大学，2005.

[2] 陈秀. 翻译研究的社会学途径——以布迪厄的社会学理论为指导 [M]. 杭州：浙江大学出版社，2016.

[3] 冯桂芬. 采西学议（1884）[A]. 张岱年主编. 采西学议——冯桂芬、马建忠集 [C]. 沈阳：辽宁人民出版社，1994.

[4] 傅兰雅. 江南制造总局翻译西书事略（1880）[A]. 朱志瑜，张旭，黄立波. 中国传统译论文献汇编 [C]. 北京：商务印书馆，2020.

[5] 高宣扬. 当代社会理论（下）（第2版）[M]. 北京：中国人民大学出版社，2017.

[6] 宫留记. 布迪厄的社会实践理论 [D]. 南京：南京师范大学，2007.

[7] 郭廷以. 近代中国的变局 [M]. 北京：九州出版社，2012.

[8] 孔慧怡. 重写翻译史 [M]. 香港: 香港中文大学翻译研究中心, 2005.

[9] 刘禾. 语际书写——现代思想史写作批判纲要 [M]. 上海: 生活·读书·新知三联书店, 1999.

[10] 刘锦藻. 清朝续文献通考 (97) [Z]. 上海: 商务印书馆, 1936.

[11] 刘宓庆. 中西翻译思想比较研究 [M]. 北京: 中国对外翻译出版公司, 2005.

[12] 梁启超. 李鸿章传 [M]. 北京: 中国言实出版社, 2014.

[13] 卢小军. 从 "台湾问题" 的英译看意识形态对翻译的操纵 [J]. 当代外语研究, 2018 (1): 82-85.

[14] 马建忠. 拟设翻译书院议 (1894) [A]. 张岱年主编. 采西学议——冯桂芬、马建忠集 [C]. 沈阳: 辽宁人民出版社, 1994.

[15] 任东升, 高玉霞. 翻译制度化与制度化翻译 [J]. 中国翻译, 2015 (1): 18-23.

[16] 任东升. 国家翻译实践史书写的初步探索——国家翻译实践中的 "外来译家" 研究综述 [J]. 上海翻译, 2016 (5): 1-5.

[17] 任东升. 国家翻译实践概念体系构建 [J]. 外语研究, 2019 (4): 68-73.

[18] 桑兵. 历史的本色——晚清民国的政治、社会与文化 [M]. 桂林: 广西师范大学出版社, 2016.

[19] 王建朗, 黄克武. 两岸新编中国近代史 (晚清卷) [M]. 北京: 社会科学文献出版社, 2016.

[20] 夏东元. 洋务运动史 [M]. 上海: 华东师范大学出版社, 1992.

[21] 熊月之. 西学东渐与晚清社会 (修订版) [M]. 北京: 中国人民大学出版社, 2010.

[22] 徐婷. 晚清官方对西方知识的接受与京师同文馆的西学翻译 [J]. 东方翻译, 2017 (1): 23-28.

[23] 叶高树. 清朝部院衙门的翻译考试 [A]. 王宏志编. 翻译史研究 [C]. 上海: 复旦大学出版社, 2017.

[24] 中华书局编辑部. 筹办夷务始末·同治朝 [Z]. 北京: 中华书局, 2008.

[25] 朱有瓛. 中国近代学制史料 (第一辑, 上) [G]. 上海: 华东师范大学出版社, 1983.

[26] Lefevere, André. *Translation, Rewriting and Manipulation of Literary Fame* [M]. London & New York: Routledge, 1992.

翻译学刊

·2024年第1辑·

078

席勒美育思想在中国的译介与接受

莫光华　洪雨涛①

摘要：席勒是德国伟大的诗人、戏剧家和美学家，其美育思想于20世纪初传入我国，产生了不容忽视的影响，有关著述的译介史至今已逾百年，先后历经"书其传""引其论""译其文"三个阶段。本文旨在较为全面系统地梳理并阐述席勒美育思想在中国的译介史脉，探析各阶段的汉译特征与成因，把握美学家席勒在汉语学界的研究趋势及其美育思想在大众读者中的接受情况。

关键词：席勒；美育思想；汉译；接受

Title：Translation and Reception of Schiller's Aesthetic Education Thoughts in China

Abstract：As an eminent German poet, dramatist and aesthetician, Schiller's thoughts on aesthetic education were introduced into China at the beginning of the 20th century, which wielded a significant and enduring influence. The history of translations and introductions of his works spans over a century, traversing three distinct phases: "biographical accounts," "theoretical citations," and "textual translations." This research aims to systematically present the translation history

---

① 莫光华，西南交通大学外国语学院德语系教授、博士生导师，研究方向：德语文学与文化及译介学研究；洪雨涛，西南交通大学外国语学院德语系硕士研究生，研究方向：德语文学和译介学研究。

of Schiller's aesthetic education thoughts in China, analyze its characteristics along with causes within each stage, and track the research trends of aesthetician Schiller in Chinese academia as well as the reception situation of his aesthetic education thoughts among the general readership.

Keywords: Schiller; aesthetic education thoughts; translation; reception

在西方美学史上，德国诗人席勒（1795）首次创造性地提出了"美育"概念，由此就将审美教育拔高到哲学维度，丰富了德国古典美学的内涵。席勒美育思想于20世纪初由王国维、蔡元培等人引入中国，历经百余年译介、研究与接受，激发了我国美育思潮的产生，极大地推动了我国美学学科的发展，至今仍具有强烈的现实意义。然而，国内对于席勒美育思想的译介和接受尚缺乏足够的关注，即使有，对二者的论述也往往处于割裂状态。

就国内的席勒研究现状而言，有研究者梳理介绍了1840—2008年间席勒其人其作的"中国化"进程（丁敏，2009）。有的学者则考察了席勒美育思想的代表论著《美育书简》的汉译脉络（赖勤芳，2014），也有论者探究《美育书简》在不同阶段的译介特点与现实意义（冷金泽，2022）。此外，另有研究者探寻席勒美育思想在中国循序渐进的接受过程（张艳，2007），或者考究我国20世纪上半叶的美学家对席勒的接受情况，进而发掘并审视这一阶段汉语学界的接受倾向（莫小红，2014）。

但上述研究要么对席勒美育思想在我国的译介与研究着墨较少，要么仅仅着眼于《美育书简》，未能顾及席勒的其他美育著作和论述，或者偏重于接受个案研究，而忽略从宏观层面把握席勒美育思想在中国的接受史脉，同时也缺乏对译介史、研究史和接受史的综合考量。有鉴于此，本文试图基于现有研究成果尽可能周详地展现席勒美育思想百余年来在中国的译介历程、研究趋势及接受情况。

一、席勒美育思想译介史述

在19世纪末西学东渐的大背景下，包括席勒在内的诸多欧美学人的著述被译介到中国。席勒不仅以其戏剧、诗歌和历史论著闻名于世，还在西方美学史上享有盛誉，因此，席勒走进国人视野之初，许多学者便注意到他除史学家和文学家之外的身份，并第一时间将其作为美学家和教育家，连同其审美教育理论和代表作品介绍到我国。那么，席勒有哪些体现其美育思想的作品呢？

（一）席勒美育思想的文本界定

1795年，席勒在自己创办的文学刊物《季节女神》上发表了他于1792年写给丹麦王子奥古斯腾堡的27封信，后人将其集结为《美育书简》出版。此书"在理论上系统全面论述审美教育并且正式确立审美教育这个名称"（张玉能，2015：474），是我国学界认知、研究席勒美育思想最重要的文本基础。也正因为如此，国内席勒美育思想译介与接受研究的对象几乎大都局限于此书。既然正如有学者指出，"席勒的近二十篇（部）美学论著，尽管题目各异，但其核心论题却是'美育'。其他论著均围绕这一论题在《美育书简》的统领下展开"（曾繁仁，2005：33），因此可以说，席勒的美学著作皆可视为其美育思想的表现和拓展。

我们知道，席勒创作《美育书简》并极力推崇审美教育的动机主要是1789年爆发的法国大革命。他将大革命的失败归因于近代人在道德上的人格缺失。与古希腊人相比，近代人为何会退化到这一地步呢？在席勒看来，一方面是科技进步带来的劳动分工精密化，另一方面是庞杂的国家机器造成职业间巨大的等级差异，"从而使人性发生分裂，人失去了内心的和谐和完整性"（蒋孔阳，2014：205）。于是，他将人性的改革，即对人施以审美教育，视为改造社会的不二法门，最终效果便是"克服人性的片面发展"（同上：211）。针对席勒的美学体系，已有学者给出定义与阐述，称它是一个人性美学体系，其出发点是近代资本主义社会中人堕落与异化的现实，以美和艺术的审美教育为必要手段来恢复古希腊时代人性的完整（张玉能，2015：6-23）。从这个角度来看，席勒所写的十余篇论述美和崇高及其他美的范畴的文章"实际上就是要论证审美教育的可能性和现实性"（同上：475）。换句话说，席勒的诗歌美学思想、戏剧美学思想和崇高论都是以人的自我完善作为根本基础，为审美教育提供思想观点、立场和方法，进而培养和造就出全面与自由发展的人。

事实上，除著名的《美育书简》外，席勒的美育思想还广泛存于其诸多理论著述中，可是这些部分往往被研究者忽视了。因此，我们在讨论作为美育思想家的席勒时，只有将其（文艺）美学论述一并纳入视野，才能避免研究的片面性。为此，朱光潜曾在《席勒的美学思想》一文中首次系统地指明了席勒美学论文的范围：

> 席勒的主要的美学著作大致可分三类：第一类关于美的本质和功用，包括《给克尔纳论美的信》七篇，给一位丹麦亲王的《审美教育书简》二十七篇；第二类关于古代诗和近代诗，亦即古典主义诗和浪漫主义诗，在精神实质上的分别，主要的是《论素朴的诗与感伤的诗》；第三类关于悲剧，包括《论悲剧题材产生快感的原因》《论激情》《论崇高》以及《论合唱队在悲剧中的用途》（朱光潜，1963：4）。

显然，他不仅指出了范围，而且还根据其要义和性质对席勒的美学著述进行了分类，这对于本文界定席勒美育思想文本的范围具有很好的指导作用。在此基础上，笔者将席勒的 16 种美育思想著作整理如下：

表 1　席勒的美育著作①

序号	发表时间	著述
1	1803	Über den Gebrauch des Chors in der Tragödie
		《论悲剧中合唱队的运用》
2	1796	Über das Erhabene
		《论崇高》（Ⅱ）
3	1796	Über den moralischen Nutzen ästhetischer Sitten
		《论审美习俗的道德效用》
4	1794－1796	Über naive und sentimentalische Dichtung
		《论朴素的诗与感伤的诗》

---

① 文本中的表格均为笔者基于相关材料制作。

续表

序号	发表时间	著述
5	1795	Über die ästhetische Erziehung des Menschen 《审美教育书简》
6	1795	Über die nothwendigen Grenzen beim Gebrauch schöner Formen 《论运用美的形式的必然界限》
7	1793	Vom Erhabenen 《论崇高（Ⅰ）——对康德某些思想的进一步发挥》
8	1793	Kallias-Briefe 《论美书简》
9	1793	Über das Pathetische 《论激情》
10	1793	Über Anmut und Würde 《秀美与尊严》
11	1793	Zerstreute Betrachtungen über verschiedene ästhetische Gegenstände 《关于各种审美对象的断想》
12	1792	Über den Grund des Vergnügens an tragischen Gegenständen 《论悲剧题材产生快感的原因》
13	1792	Über die tragische Kunst 《悲剧艺术》
14	1791	Über Bürgers Gedichte 《论毕尔格的诗》
15	1784	Was kann eine gute stehende Schaubühne eigentlich wirken? 《好的常设剧院究竟能够起什么作用（论作为一种道德机构的剧院）》
16	1782	Über das gegenwärtige deutsche Theater 《论当代德国戏剧》

（二）国内传记材料中 "主张美育" 的席勒

早在20世纪初西学东渐的大背景下，席勒及其美育思想便随王国维、蔡元培等人的引介为国内学界所知。此后，以张君劢、宗白华、冯至为代表的一大批学者相继投入到汉译席勒美育论的工作中，大抵分为 "书其传""引其论""译其文"三个阶段。历经逾百年的译介和数代学人的传承与发展，席勒美育思想如今已有完整而系统的汉译。

作为一个抽象的思想理论，国人接触席勒的美育观点的最初途径便是阅读其传记或生平材料。自古以来，"传（记）"作为一种文体便有着承载与流传文化信息的功能。到了近代，人物传记的文化传播属性愈加突出，即"通过介绍传主的生平事迹和褒扬传主的处世行为，以突出传主的伟大人格，进而起到宣传进步思想、感化普通民众的教育作用"（赖勤芳，2014：34）。1903 年，上海作新社印发了《德意志文豪六大家传》，该书由日本人大桥新太郎编写、中国学者赵必振汉译。其中有一章专门介绍席勒的生平即其著作（韩世钟，王克澄，1986：22）。这应当是席勒第一次以传主身份正式步入我国公众视线。此后，中国人也开始为席勒立传，其势头如雨后春笋。

这一阶段对席勒及其美育思想译介贡献最大的当属王国维。1906 年，王国维在《教育世界》第 118 号刊的传记专栏上发表《教育家希尔列尔》一文。这是国人首次介绍与评析教育家席勒及其美育思想。王国维在文中为席勒献上了大量赞誉之辞，称其为"教育史上之伟人"和"由人道之发展上而主张美育"的"世界大诗人"（王国维，1997：369）。同时，他还在文中提及席勒的代表作《美育书简》："一千七百九十三年即其三十四岁曾以书简之体裁著一美育论。其书大旨谓不施美育则德育无自完全"（同上：370）。尽管该文篇幅短小，内容也相对粗略，但是一个在美学及教育学领域贡献颇丰的席勒形象由此在中国得以树立。同时，王国维此文也算开创了我国学人进一步介绍、引述席勒美育理论之先河。近代翻译家樊炳清在其编著的《哲学辞典》中也通过传略简述了席勒的生平及美学成就："病愈后，兼研究康德之哲学，就中于伦理学及美学方面，致力尤深。以此成美育书简集、优美及威严诸书。"（樊炳清，1926：474）

总而言之，"书其传"是 20 世纪初中国学人引入席勒及其美育思想的主要途径。这符合我国"笃其实而艺者书之，美则爱，爱则传"（周敦颐，2016：13）的传统文艺传布思想。同时，受制于近代中国在经济文化、对外交流上的落后与闭塞，学界对外来思想理论的完整引入和译介需要一个漫长的周期。少则十余字，多不过数百字的人物传略便是这一周期的起点。然而，这一方式存在着"知人而不论世"（汝信，王德胜，2000：387）的局限，即认知某种观念时忽视其时代背景与知识系统。从这一角度来看，"书其传"的译介方式在内容上不够周全，并且未将传主席勒与之所处时代相结合，导致其人物形象偏平，缺乏历史语境的支撑。但从历史维度上看，书席勒其"传"具有启蒙与进步意义，是席勒美育思想汉译历程的起点和重要阶段。

（三） 席勒美育理论的引介

席勒与其挚友歌德被称为德国文化史上的双子星座，二人都是通才式人物。席勒更是集文学家、戏剧家、诗人、哲学家、美学家和历史学家于一身。在 20 世纪初中国内忧外患的历史背景下，席勒饱含民族性与革命性的戏剧和诗歌满足了中华民族救亡图存的时代需求。在这一浪潮中，中国的知识分子和有识之士自然将目光投向了文学家、戏剧家席勒及其有关作品。上文述及，得益于王国维的文章《教育家希尔列尔》，席勒在美育方面的成就才为国人所悉。此后，王国维、蔡元培、宗白华和朱光潜等人相继在其文章或论著中通过节译、简述、评价等方式引介席勒的美育理论。经笔者梳理，本阶段席勒美育思想译介的代表性成果如下表所示：

表2　"引其论"阶段席勒美育思想汉译成果

序号	年份	作者	产出数	标题/书名	Schiller 译名	期刊/出版社
1	1903	王国维	6	《论教育之宗旨》	希尔列尔	《教育世界》第 56 号
2	1904			《叔本华之遗传说》	希尔列尔	《静庵文集》
3	1904			《孔子之美育主义》	希尔列尔	《教育世界》第 69 号
4	1905			《哥罗宰氏之游戏论》	希尔列尔	《教育世界》第 104—106、110、115、116 号
5	1906			《述近世教育思想与哲学关系》	希尔列尔	《教育世界》第 129 号
6	1907			《人间嗜好之研究》	希尔列尔	《静庵文集续编》
7	1913	余箴（樊炳清）	1	《美育论》	歇勒	《教育杂志》第五卷第六期
8	1917	萧公弼	2	《美育——美学之发达及学说》	喜拉氏	《寸心》第三期
9	1917			《美育——发生的生物学的美学》	喜拉氏	《寸心》第四期

序号	年份	作者	产出数	标题/书名	Schiller 译名	期刊/出版社
10	1917	蔡元培	7	《以美育代宗教说》		《学艺》第 1 卷第 2 期
11	1921			《美学的进化》	希洛	《北京大学日刊》
12	1921			《美学讲稿》	希雷尔	《蔡元培手稿》
13	1921			《美学的趋向》	Schiller	《蔡元培手稿》
14	1924			《简易哲学纲要》	失勒	商务印书馆
15	1930			《教育大辞书（上册）》	席勒尔	商务印书馆
16	1931			《二十五年来中国之美育》		《环球中国学生会二十五周年纪念册》
17	1921	陈望道	1	《游戏在教育上的价值》	息尔罗	时事新报·学灯
18	1922	天民（李石岑）	1	《艺术教育学的思潮及批判》	希尔列尔	《教育杂志》第 13 卷第 1 期
19	1922	张君劢	1	《德国文学家雪雷之〈美育论〉》	雷雪	时事新报·学灯
20	1922	黄公觉	1	《嘉木氏之美育论》	许勒	《教育杂志》第 14 卷第 9 期
21	1924	黄忏华	1	《美学略史》	西略尔	商务印书馆
22	1925	沈建平	1	《近代各派艺术教育说之批判》	希雷尔	《教育世界》第 17 卷第 4 期
23	1935	宗白华	1	《释勒的人文思想》	释勒	《中央日报》1 月刊
24	1963	朱光潜	1	《席勒的美学思想》	席勒	《北京大学学报（哲学社会科学版)》第 1 期

　　根据表 2 并结合当时中国的历史文化语境，可以看出，这一阶段席勒美育思想译介呈现出三个显著特征：第一，译介成果在时间上分布较为均衡。20 世纪头三十年是学界评述席勒美育思想的高潮期，每两至三年便有相关文章发表，形成中西审美教育沟通交流的重要增长点。这反映出，该时期汉语学界为满足"拯救国家危亡"和"改造国民性"的时代内需而在席勒美育思想领域持续深耕。

　　第二，译介过程突出中西对比与结合。部分被引介的席勒美育理论引起了国内美学研究者将之与中国传统教育思想相比较的热潮。张君劢在《德国文学家雪雷之〈美育论〉》中发现了席勒"游戏说"与孔子"以游艺转助学问上之理智，道德上之理性"（张君劢，2005：579）教育思想间的契合之处。以王国维、蔡元培为代表的学者更是在翻译过程中接续了我国古已有之的美学与教育传统。这尤其体现在席勒的"游戏说"与"感性和精神的整体"理论上。有学者曾指出，王国维在哲学与美学层面阐释庄子"无用之用""无用之大用"（姚文放，2010：118）的道理，从而揭示美育的重要作用，是对西方美育思想进行移植的一次有益尝试。

第三，译介目的在一定程度上表现出"他治主义"（薛富兴，1999：3）的功利性审美观，即强调人类审美活动对其他活动的辅助功能与依附关系。在救亡图存的时代背景下，上述美学家们几乎都将席勒美育思想当作开发民智、健全人格的启蒙工具，而忽略了其学术价值和内在规律。在《以美育代宗教说》一文中，蔡元培将美育视为批判愚昧、封建，实现民主、科学启蒙的具体途径与工具（蔡元培，2016：245－251）。宗白华更是把自由、幸福的理想化社会寄托于全人类的"美的教育"（宗白华，1994：113－115）。这也是该阶段大部分席勒美育思想汉译成果在学术层面缺乏一定整体性与客观性的一大原因。

尽管如此，不难看出，从王国维到蔡元培再到宗白华，席勒美育思想在中国的译介于20世纪头三十余年间取得了较大的突破与进展，喻示着"美育"这一术语完全融入20世纪早期我国的美学话语体系。然而，随着1937年全面抗日战争的爆发以及抗战胜利后接踵而至的解放战争，席勒美育思想汉译进入了漫长的停滞期，几乎没有任何产出，直到1963年朱光潜刊登题为《席勒的美学思想》的长文。相较于前人的成果，该文详细介绍了席勒美学思想的演进过程和理论结构，亦是中华人民共和国成立以来本土学界对席勒美学思想的首次专题引述。

（四）　席勒美育著述的译介

至20世纪30年代，席勒美育思想的许多观点逐渐被中国大众知晓，但其美育著述的译介成果却姗姗来迟。1934年，中德学会在北京举办席勒175周年诞辰纪念展览会。根据《释勒展览说明书》的记载，张君劢曾汉译《人类美术教育》，可惜其译作最终未能与读者谋面（丁敏，2009：15）。经过漫长的间歇，直到20世纪后半期，汉语学界才陆续推出席勒美育思想的译文、译著，其中的典型译作（本文仅统计初版译作，再版书籍不在统计范围之内），如表 3 所示：

表 3　"译其文"阶段席勒美育思想汉译成果

著述	译名	出处	译者	出版年份	出版社
Über die ästhetische Erziehung des Menschen	《美育书简》（选）	《古典文艺理论丛》（第 5 册）	曹葆华	1963	人民文学出版社
	《美育书简》	《美育书简》	徐恒醇	1984	中国文联出版公司
	《审美教育书简》	《审美教育书简》	冯志 范大灿	1985	北京大学出版社
	《美育书简》	《缪灵珠美学译文集》（第 2 卷）	缪灵珠	1987	中国人民大学出版社
	《审美教育书简》	《席勒散文选》	张玉能	1997	百花文艺出版社
	《人的美学教育书简》	《席勒文集（6）·理论卷》《席勒文集（6）·理论卷》	张佳珏	2005	人民文学出版社
	《美育书简》	《大师谈美》	李光荣	2008	重庆出版社
	《席勒美学信简》	《席勒美学信简》	高燕、李金伟	2010	金城出版社
	《美育书简》	《〈美育书简〉——席勒论美育人性》	谢宛真	2018	商周出版公司
Über naive und sentimentalische Dichtung	《论朴素的诗与感伤的诗》（节译）	《古典文艺理论丛》（第 2 册）	曹葆华	1961	人民文学出版社
	《论朴素诗与感伤诗》	《缪灵珠美学译文集》（第 2 卷）	缪灵珠	1987	中国人民大学出版社
	《论朴素的诗与感伤的诗》（1794－1796）	《秀美与尊严：席勒艺术和美学文集》	张玉能	1996	文化艺术出版社
	《论天真的诗和感伤的诗》	《席勒文集（6）·理论卷》	张佳珏	2005	人民文学出版社
	《论质朴的和多情的文学》	《席勒经典美学文论》	范大灿	2015	生活·读书·新知三联书店

著述	译名	出处	译者	出版年份	出版社
Über das Erhabene	《论崇高》	《审美教育书简》	冯志 范大灿	1985	北京大学出版社
	《论崇高》（Ⅱ）	《秀美与尊严：席勒艺术和美学文集》	张玉能	1996	文化艺术出版社
	《论崇高》	《席勒美学信简》	高燕、李金伟	2010	金城出版社
Vom Erhabenen	《论崇高（Ⅰ）——对康德某些思想的进一步发挥》	《秀美与尊严：席勒艺术和美学文集》	张玉能	1996	文化艺术出版社
Kallias-Briefe	《论美》	《美学述林》（第一辑）	张玉能	1983	武汉大学出版社
	《论美书简——致克尔纳论美的信》	《美育书简》	徐恒醇	1984	中国文联出版公司
	《卡里亚斯，或论美》	《席勒经典美学文论》	范大灿	2015	生活·读书·新知三联书店
Über das Pathetische	《论激情》	《秀美与尊严：席勒艺术和美学文集》	张玉能	1996	文化艺术出版社
	《论激情》	《席勒文集（6）·理论卷》	张玉书	2005	人民文学出版社
Über Anmut und Würde	《秀美与尊严》	《秀美与尊严：席勒艺术和美学文集》	张玉能	1996	文化艺术出版社
	《秀美与尊严》	《席勒经典美学文论》	范大灿	2015	生活·读书·新知三联书店
Zerstreute Betrachtungen über verschiedene ästhetische Gegenstände	《关于各种审美对象的断想》	《秀美与尊严：席勒艺术和美学文集》	张玉能	1996	文化艺术出版社
	《美学断想》	《席勒美学信简》	高燕、李金伟	2010	金城出版社
Über die nothwendigen Grenzen beim Gebrauch schöner Formen	《论运用美的形式的必然界限》	《秀美与尊严：席勒艺术和美学文集》	张玉能	1996	文化艺术出版社
	《美的界限》	《席勒美学信简》	高燕、李金伟	2010	金城出版社

著述	译名	出处	译者	出版年份	出版社
Über den moralischen Nutzen ästhetischer Sitten	《论审美习俗的道德效用》	《秀美与尊严：席勒艺术和美学文集》	张玉能	1996	文化艺术出版社
	《审美习俗》	《席勒美学信简》	高燕、李金伟	2010	金城出版社
Über den Gebrauch des Chors in der Tragödie	《论悲剧中合唱队的运用》	《秀美与尊严：席勒艺术和美学文集》	张玉能	1996	文化艺术出版社
Über den Grund des Vergnügens an tragischen Gegenständen	《论悲剧题材产生快感的原因》	《席勒文集（6）·理论卷》	孙凤城 张玉书	2005	人民文学出版社
Über die tragische Kunst	《悲剧艺术》	《席勒文集（6）·理论卷》	张玉书	2005	人民文学出版社
Über Bürgers Gedichte	《论毕尔格的诗》	《秀美与尊严：席勒艺术和美学文集》	张玉能	1996	文化艺术出版社
	《论毕尔格的诗》	《席勒经典美学文论》	范大灿	2015	生活·读书·新知三联书店
Was kann eine gute stehende Schaubühne eigentlich wirken?	《好的常设剧院究竟能够起什么作用（论作为一种道德机构的剧院）》	《秀美与尊严：席勒艺术和美学文集》	张玉能	1996	文化艺术出版社
	《论剧院作为一种道德的机关》	《席勒文集（6）·理论卷》	张玉书	2005	人民文学出版社
Über das gegenwärtige deutsche Theater	《论当代德国戏剧》	《秀美与尊严：席勒艺术和美学文集》	张玉能	1996	文化艺术出版社

对比表2、表3可知，席勒美育思想汉译的后两个阶段在时间上间隔较大，因为中间有近三十年的空白期（1936－1962），未能形成连续的发展脉络。以席勒的《美育书简》为例，该书从首次为国人所知到中文全译本出版，中间间隔了60余年。其次，"译其文"阶段的汉译成果在时间上

分布不均，集中于 20 世纪 80 年代至 21 世纪头十年这一时段。此外，与席勒文学作品的汉译情况相比，则能明显看出，席勒美育著述的译介具有滞后性：席勒的戏剧《威廉·退尔》于 1915 年便经马君武翻译，分六期连载于《大中华杂志》上（马祖毅，2006：302）。针对上述特征，笔者拟从译介对象、译者主体和外部环境三方面考究其原因。

首先是译介对象的翻译难度，这可能在很大程度上迟滞了席勒美育思想的汉译进展。从冯至为《美育书简》所作的序言便能管窥一二。他指出，内容上，由于席勒的美学思想与康德哲学联系紧密，原文抽象枯燥，导致"译时困难丛生，仿佛也感到原作者为他思考的问题在痛苦地绞着脑汁"（冯至，1985：1）。就翻译策略而言，译者也很难为席勒当时给出的那些前无古人的术语找到恰当的汉语表达，例如 Spiel（游戏）、Form（形式）、Schein（假象）等德语中的常见语汇，因为它们都被原作者赋予了更加高深乃至与日常理解相差甚远的含义。其次，当时的汉语学界缺乏足够既对西方美学和哲学如数家珍又精通日耳曼文学的译者，这都在某种程度上影响了席勒美育思想的汉译工作，使其长期停留在粗略介绍的阶段。同时，译者对翻译质量精益求精的严谨态度则是席勒美育论著译本迟迟未能问世的直接原因。冯至在 1942 年便投入大量时间与精力翻译席勒的《审美教育书简》，并在同年译完了 27 封信简。然而，他却自认"这是一项失败的工作"（同上），便将译稿束之高阁长达四十多年。直到 1985 年，经他与范大灿通力合作，席勒这一美育著作的中译本才最终得以成为国人的案头之书。

除译介对象与译者主体外，时代背景、社会意识形态和国家政策等外部条件也是影响席勒美育著述汉译发展的重要因素。20 世纪 20 年代以来，国内革命运动风起云涌，在"国家独立富强，人民吃饱穿暖，不再受外国侵略者的欺压侮辱，这个头号主旋律总是那样地刺激人心，萦绕人耳"（李泽厚，1999：850）的时代背景下，极少有人能静心研究抽象枯燥的席勒美学。特别是到 1937 年 7 月 7 日卢沟桥事变，全面抗战爆发之后，国内学界对席勒作品的关注点更是彻底转向，其更具国族性和战斗性的历史剧和诗歌受到更多的青睐。

中华人民共和国成立后，外国文艺思想的翻译工作与意识形态斗争关系密切，阶级立场成为选择译介对象的首要标准。席勒蕴含革命精神与人民性思想的作品自然成了当时中国文艺工作者翻译与研究的重点。然而，"意识形态斗争，特别是'左'的思潮干扰美学争论，常常使其变成一种政治批判"（汝信，王德胜，2000：200）。例如，田汉曾于1959年在纪念席勒诞辰200周年纪念大会上指出："唯心主义的美学观曾经一度使诗人减弱了对人民力量的信任和对革命的向往。他对社会疾苦的医疗法一度想避开铁与火，而依靠所谓'美感教育'"（田汉，1959：9）。可以想象，这类批判在当时必定会阻碍席勒美育思想的进一步汉译。在整个60年代之前，国内学界都罕见席勒美育译文更遑论译著，这与席勒文学作品的汉化情况极不相称。1966年爆发的"文化大革命"则使席勒的译介进入空白期，没有任何译本面世。直到1978年，我国文艺工作迎来新的春天之后，席勒美育思想的汉译才进入了快车道。1980—2010这三十年间，席勒的美育译作呈井喷式增长。这也离不开改革开放以来日渐宽松活跃的学术氛围。

1984年，恰逢席勒225周年诞辰，中国德语文学研究会在北京召开了为期两天的席勒学术讨论会。时任中国外国文学学会会长、中国德语文学研究会会长的冯至在开幕致辞时特别提及了席勒的美育思想及其对蔡元培的影响（丁敏，2009：44）。仅半年后，即1985年3月，"席勒与中国·中国与席勒"国际学术讨论会在重庆四川外语学院举行，"吸引来了以联邦德国席勒协会秘书长泽勒教授（B·Zeller）为首的一批席勒研究权威"（杨武能，1989：3）。会议收到相关论文近30篇，并于会后由杨武能选编成《席勒与中国》结集出版。其中张玉能的论文《席勒的崇高论》详细阐述了席勒美学思想体系中的"崇高"这一范畴并介绍了《论崇高Ⅰ》和《论崇高Ⅱ》两篇文章（同上：377－403）。

当时，国家也愈发认识到美育在国民素质教育中扮演的重要角色。1999年，中共中央国务院颁布了《关于深化教育改革全面推进素质教育的决定》，正式将美育写入教育方针，定为我国重要的教育目标。如何界定美学与美育间的关系，如何厘清美育思想的渊源，如何实现中国式审美教育？这一系列既具学术性又有紧迫现实性的问题都促使我国美学研究者走进席勒，阅读席勒，阐释席勒。随着席勒美育思想与我国美学学科的逐步融合，其旁涉的美学理论也必然得到关注。于是，席勒美育思想的译介开始趋于系统化和整体化。

这方面，张玉能的贡献最为突出，他汉译了席勒绝大部分的美学著述并结集出版。上述趋势在《审美教育书简》的译介上尤为突出，即译者在译本中额外补充席勒其他美学著述，以弥补书简中没有被完全表达出的美育思想。此外，深度翻译策略即所谓"学者型翻译"或"厚译"也广泛应用于该阶段的译介工作，如冯至、范大灿在其译著《审美教育书简》中添加了席勒美育思想的时代背景与历史渊源，同时在每篇信简前都对其内容进行提炼与概括。这些副文本有效减少了读者误读或曲解原文内容的几率，有助于席勒美育思想在中国的深度接受。

二、席勒美育思想在中国的接受

接受理论的代表人物姚斯认为："在这个作者、作品和大众的三角形之中，大众并不是被动的部分，并不仅仅作为一种反应，相反，它自身就是历史的一个能动的构成。"（Jauss，1987：24）在此意义上，百余年来，受惠于上文论及的王国维、樊炳清、蔡元培、张君劢、宗白华、朱光潜、冯至、范大灿、张玉书、张玉能等一大批在中国学术史、思想史、美学史及中国日耳曼学界具有重要影响的人物参与，席勒美育思想在中国的接受及其本土化实践，在很大程度上推进了中国美学和美育历史能动地发展。而这种发展，正是一种深度接受的具体表现。为此，本文着眼于学术研究者和大众读者两个群体，基于席勒美育著述在中国的研究、馆藏、引用和评价情况，考察席勒美育思想对本土美学话语的影响程度及在普通受众中的传播与接受效果。

（一）学界接受情况

中国学界对席勒美育思想的研究几乎与译介同时起步。若以1984年席勒《美育书简》首个全译本发行为界，可将其研究历程划为两个阶段，第一阶段早在20世纪初便已开始。上文已提到，在西学东渐的大背景下，汉语学界以不同的语言途径和信息获取渠道接触到席勒的部分美育思想。王国维谙熟日文与英文。留日期间，他借助桑木严翼的《哲学概论》和文德尔班的《哲学史教程》等书籍接受了席勒"完整的人性"和"诗歌描写人生"等美育观点（康建伟，2018：19），进而撰文传译、介绍和探析其美育思想。在《人间嗜好之研究》一文中，他阐释了席勒"游戏说"的内涵——"吾人之势力所不能于实际表出者，得以游戏表出之是也"（王国维，1997：30）。同时，他还在《论教育之宗旨》中探寻其美育的性质和目的，即"一面使人之感情发达，以达完美之域；一面又为德育与智育之手段"（同上：58）。而有过留德经历的蔡元培则多直接从德文书籍中获取信息，其对席勒美育理论的解读十分准确。在《简易哲学纲要》中，他认识到了康德与席勒在哲学与美学上的传承关系，称席勒是康德的"大弟子"，"以'在现象中的自由'为出发点"（蔡元培，2016：105）。对于"游戏说"理论，蔡元培也给出了自己的理解："美的游戏，就是把最深最高的实际生活，映照在对面。因而一切美术，就是以游戏的作用，自行表现。"（同上：109）尽管王、蔡二人对席勒美育理论的研究仅限于对其个别观点的解读，但这打开了中国美学家们研究席勒美育思想的大门。

此后，席勒美育思想研究趋于体系化。张君劢在《德国文学家雪雷之〈美育论〉》一文中首次详细介绍了席勒《美育书简》的背景、由来、内容并将之与孔子学说比较。文末，作者还附上了自己对美育的意见——"若夫人格之养成，必求其可以贯彻一人之全身者，是为美，是为美育"（张君劢，2005：582）。朱光潜则是首位大体勾勒出席勒完整的美学思想系统的学者。他将《论朴素诗和感伤诗》视为席勒最成熟的美学作品，还指出其美学思想的内在矛盾性以及由此产生的一条崭新的研究路线——席勒《美育书简》和马克思《经济学哲学手稿》的对比（朱光潜，1963：16）。可以说，席勒美育思想在国内的研究在此时段经历了由"点"（部分理论）到"线"（单一论著）再到"面"（思想体系）的发展轨迹。但受制于当时相关汉译成果的贫乏，研究者仅局限为几位美学名家，相关学术论文更是凤毛麟角，其研究内容也多停留在理论介绍。

这一局面直到20世纪80年代才出现改观。随着席勒各类美学著述译本的井喷式出现和国家鼓励美育的方针政策出台，席勒美育思想研究大有后来居上之势。截至目前，国内相关研究文献已达百余篇，包括席勒美育思想研究专著、期刊论文和硕博士学位论文，结合上文的译介情况统计，大致如下图所示：

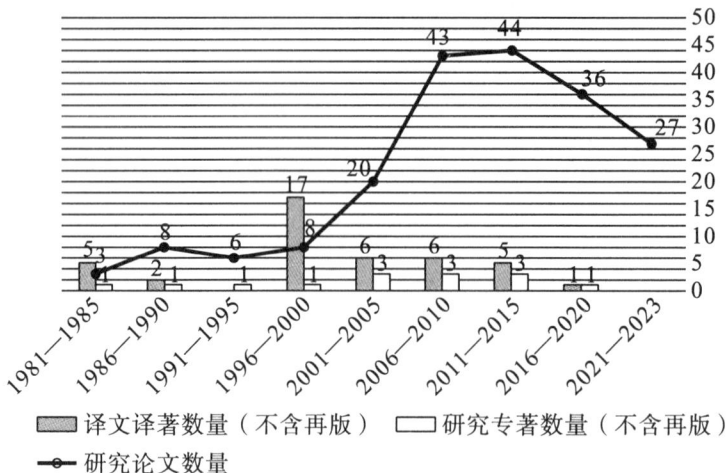

图 1　1981—2023 席勒美育著述译介与研究情况对比

　　观察专著和论文数量的变化趋势可以发现，席勒美育思想在 21 世纪迅速成为汉语美学界的热点议题，平均每年产出成果 7.8 篇/部。席勒美育思想译介的深化与体系化应当是这一研究热潮得以出现的直接原因。2000 年前，席勒的美育著述大都得以汉译，其最具代表性的《美育书简》和《论朴素的诗和感伤的诗》还出现了多个译本，其译者包括国内美学研究者和日耳曼学者。这些具有不同学科视角与个人特色的译作扩大了席勒美育研究文本的选择范围。其次，当时的译者大都在其译著中添加如席勒美育思想的历史渊源、正文的内容摘要、席勒美学体系概述等副文本。这一翻译策略降低了研究者阅读文献的难度，使得席勒美育思想探究不再只限于学术精英的"小圈子"，越来越多的高校研究生也将其作为自己学位论文的研究对象。此外，国家持续推行重视美育的方针政策极大提高了席勒美育思想在我国美学界与教育界的地位。国务院先后于 1999 年和 2010 年颁布的《关于深化教育改革，全面推进素质教育的决定》和《国家中长期教育改革和发展规划纲要（2010—2020）》都要求加强美育（莫小红，2014：2—3），将其视为国家性的教育目标。这促使学界将席勒美育思想应用于当代中国的美学建设中，对其美育理论的关注与研究自然水涨船高。

　　从学界产出的科研成果来看，20 世纪 80 年代以来，我国对席勒美育思想研究的侧重点也在随时代的发展而不断转变。第一个转变是全新研究视角的出现。受限于文献资源的匮乏和传播途径的落后，80年代初席勒美育思想在我国美学界仍属小众，亟待普及与推广。所以对其思想内涵、理论观点以及价值意义的介绍与评述便是当时学术界的研究重点。随着英语的普及和中外学术交流活动的频繁，我国学人对西方美学的认知不断深化，开始用全新的眼光来考察席勒的美学著述，其美育思想成为哲学、政治学、教育学、传播学等其他领域的学术关注点。在本土美学与国际美学前沿不断接轨的背景下，当下席勒美育研究呈现出跨学科、跨边界的特点。

第二个转变则是研究方法更具自主意识和批判意识。由于席勒美育思想译介走向体系化、全面化，国内学者在接触其完整的审美教育观念的同时，对其理论加以区分、选择乃至批判的自觉意识也在萌芽。以往"读到什么便研究什么"的做法显然与潮流相悖，于是研究者逐步将席勒美育思想置于我国美学的现实语境，抱着"为我所用"的本土意识和文化自信来甄别、吸纳其中的美学资源。简言之，经由汉语学界的选择性过滤和创造性转化，席勒的美育思想已深刻参与到我国美学与教育学理论的重构中。

（二）大众接受情况

与专业研究者不同，广大群众接触西方思想理论的主要手段为阅读相关译作，公共图书馆则是书籍借阅的重要平台。可以说，书籍的馆藏量在一定程度上反映出其可接触面的宽窄。而在读书网站上留下的阅读感受和书籍评价便成了探析大众接受效果的重要参考。通过检索读秀知识库，笔者统计了席勒代表性美育译著以及收录其美育译文文集（含再版）的纸本馆藏情况和被引次数，检索结果如下表所示：

表4　席勒美育译文译著在国内的馆藏情况及被引次数

序号	书目	馆藏数	总被引	按图书引
1	《美学述林（第一辑）》（1983）	251	36	31
2	《美育书简》（1984）	614	6789	3027
3	《审美教育书简》（1985）	523	2211	15
4	《缪灵珠美学译文集（第2卷）》（1987）	210	290	127

序号	书目	馆藏数	总被引	按图书引
5	《秀美与尊严 席勒艺术和美学文集》（1996）	376	353	0
6	《席勒散文选》（1997）	71	122	0
7	《缪灵珠美学译文集（第2卷）》（1998）	216	282	114
8	《〈美育书简〉导读》（2002）	165	90	8
9	《审美教育书简》（2003）	158	487	260
10	《席勒散文选》（2005）	637	153	61
11	《大师谈美》（2008）	193	12	9
12	《审美教育书简》（2009）	266	2344	1512
13	《席勒美学信简》（2010）	232	40	0
14	《审美教育书简》（2012）	256	308	0
15	《席勒经典美学文论（注释本）》（2015）	294	54	4
16	《席勒文集（6）·理论卷》	20	0	0
17	《美育书简 中德双语 典藏版》（2016）	270	1	0
18	《审美教育书简》（2022）（人民文学出版社）	91	5	0
19	《审美教育书简》（2022）（上海人民出版社）	119	17	0

结合分析上表数据与读秀网站提供的馆藏分布情况，首先能够看出，席勒的美育著述经译介后，广泛收存于我国各高校图书馆、省市一级公共图书馆，甚至在科研机构和事业单位的图书馆中也能找到部分席勒美育译作。这表现出席勒美育思想在我国的受众愈加普及和多元，并非只在高校的专业研究者间流传。其次，表4中较高的引用次数也说明，馆藏数量庞大的译本为国内高校科研人员提供了重要的文本基础，同时印证了席勒美育思想研究已走出过去的狭小天地，成为当代中国各高校本科生、研究生的热门探索课题。除译本馆藏量与引用次数外，广大读者的评价信息亦是考察席勒美育思想大众接受情况的重要依据。豆瓣读书是目前国内信息完备、用户基数庞大且活跃度较高的书籍阅读、交流网站，不仅能为浏览者提供翔实的书籍信息，还有权威、优质的打分及书评供人参考。笔者将豆瓣上参与评价人数较多的席勒美育思想译著的星级占比加以统计与整合，得出图2：

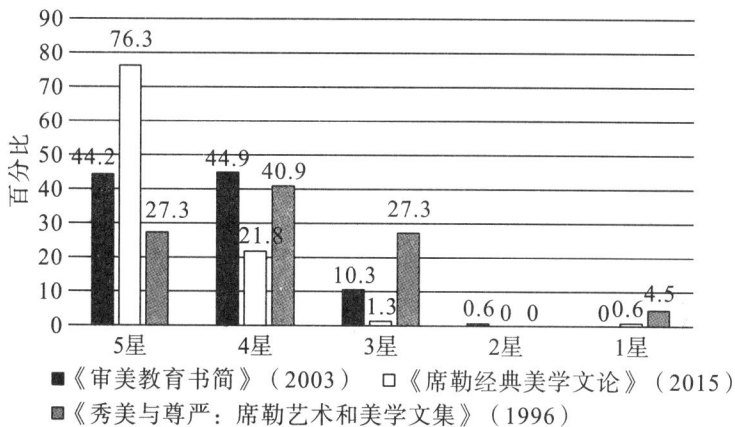

图2 豆瓣读书网站席勒部分美育译著评分情况

如图 2 所示，三部代表性译本普遍受到好评，超六成读者给它们打出四星及以上的评价。这不难看出，席勒美育思想在大众视域下接受效果较好。根据他们的评论，还可以得出一些有趣的结论。

首先是对审美教育的探讨。有人对席勒美育思想的动机给出了自己的见解，认为"席勒提出的美育问题首先是政治问题"；还有人将席勒的"美"与中国儒家的"礼"进行比较。此外，席勒美育理论中最为著名的"游戏说"也引发了读者对其内涵的深刻思考，可总结为何谓席勒之游戏？此游戏为何？

其次是对原著作者和译者的高度评价。一部出色的译著当然离不开优秀的原作，而译者在译介过程中的"创造性叛逆"，即"文学翻译使一件作品在一个新的语言、民族、社会、历史环境里获得了新的生命"（谢天振，1999：134）也是其广为目标语受众接受的重要条件。多数读者都赞扬了冯至和范大灿为正文补充内容摘要与详尽注释的翻译策略。两位译者还把席勒的《论崇高》附在信简之后，这种做法也"使我们对审美能有更全面的认识"。在美育思想译介的推动下，民众对美学家席勒有了更深刻的认识，认为他"善于找中和，时刻警惕逼近两极"；"康德晦涩难懂的理论终于在席勒的叙说中发挥出了鼓动人心的力量"。

然而，毋庸讳言，由于不同文明间的差异性，再加之普罗大众的文艺理解和鉴赏能力参差不齐，西方译作在中国的传播与接受过程中难免出现争议，因此在席勒美育译著的书评中，也不免出现负面评价：席勒的美育论不过是一种"文人理性"，很难真的实现；在翻译上"还是有很多容易引起误解的点，主要是从句处理不妥，导致中文句子主语混乱"。相较之下，大众读者的评价更具主观性和随意性，对席勒美育思想的认识多从自身情况出发，而专业学者的考量与研究则主要基于特定的文献基础和自身的学术眼光。

三、结语

综观席勒美育思想的汉语译介史脉、研究概况与接受效果，早期席勒美育思想的汉译多以概译或转译形式，散见于席勒传记或教育学论稿中。相较于以学术研究为导向的美学译著，此时的"美育论"更多充当了中国知识分子与有识之士们"改造国民性，实现救亡图存"的宣传工具与理论依据。这一具有功利性与政治性的译介取向一直延续到中华人民共和国成立初期。尽管如此，诸般译介成果敲开了美育研究的大门，我国学人将之转化、吸收并创造出蕴含中国传统教育思想的审美教育理论，个中价值不可忽视。改革开放后，席勒美育著述的全译本迭出，兼具学术研究广度与深度的专著、论文亦相伴产生。并且对其美育思想的研究关注面愈发广阔，不再囿于评述其理论的内容与价值，美育研究的跨学科性与跨边界性得到进一步提高。这一趋势转向一方面深化了本土学者对美育这一术语的认知，另一方面又将它扩展到诸多与之相关的领域，如政治学、艺术学、教育学等。这一过程彰显了汉语学界在中西文化碰撞交融时以我为主，为我所用的接受倾向，即带着批判眼光与自主意识去甄别、选择席勒的美育理论，最后将之用于重塑本国的美学话语体系，解决社会演进发展中的现实问题。当下，席勒美育思想在我国仍表现出强大的生命力，庞大的译本馆藏量和引用次数喻示其接受面由窄变宽，趋向大众化。如何提升译作的通俗性与可读性，而又不失其学术价值与文化烙印，将成为新时期西方美学译介与本土美学构建的重要命题。

参考文献

［1］蔡元培. 简易哲学纲要［M］. 北京：北京出版社，2016.

［2］丁敏. 席勒在中国：1840－2008［D］. 上海：上海外国语大学，2009.

［3］樊炳清. 哲学辞典［M］. 上海：商务印书馆，1926.

［4］［德］弗里德里希·席勒. 审美教育书简［M］. 冯至，范大灿译. 北京：北京大学出版社，1985.

［5］［德］弗里德里希·席勒. 席勒美学信简［M］. 高燕，李金伟译. 北京：金城出版社，2010.

［6］［德］弗里德里希·席勒. 美育书简［M］. 徐恒醇译. 北京：中国文联出版公司，1984.

［7］［德］弗里德里希·席勒. 席勒经典美学文论（注释本）［M］. 范大灿等译，范大灿注. 北京：生活·读书·新知三联书店，2015.

［8］［德］弗里德里希·席勒. 席勒散文选（第5辑）［M］. 张玉能译. 天津：百花文艺出版社，1997.

［9］［德］弗里德里希·席勒. 秀美与尊严——席勒艺术和美学文集［M］. 张玉能译. 北京：文化艺术出版社，1996.

［10］［德］弗里德里希·席勒. 席勒文集（6）·理论卷［M］. 张玉书等译，张玉书选编. 北京：人民文学出版社，2005.

［11］韩世钟，王克澄. 席勒的作品在中国［J］. 外国语文，1986（1）：22－26.

［12］黄忤华. 美学史略 外一种：美学概论［M］. 长沙：岳麓书社，2013.

［13］贾植芳，陈思和主编. 中外文学关系史资料汇编（1897－1973）下［M］. 广西：广西师范大学出版社，2005.

［14］蒋孔阳. 德国古典美学［M］. 北京：商务印书馆，2014.

［15］康建伟. 王国维对席勒"描写人生"的接受——以桑木严翼《哲学概论》与文德尔班《哲学史教程》为中心［J］. 兰州大学学报（社会科学版），2018（5）：19－25.

［16］赖勤芳. 席勒《美育书简》的汉译［J］. 美育学刊，2014（2）：33－41.

［17］冷金泽. 席勒《审美教育书简》的译介史研究［D］. 长春：东北师范大学，2022.

［18］李敖主编. 周子通书·张载集·二程集［M］. 天津：天津古籍出版社，2016.

［19］李泽厚. 中国思想史论（下）中国现代思想史论［M］. 合肥：安徽文艺出版社，1999.

［20］马祖毅等. 中国翻译通史（第2卷）·现当代部分［M］. 武汉：湖北教育出版社，2006.

［21］缪灵珠. 缪灵珠美学译文集（第2卷）［M］. 章安祺编. 北京：中国人民大学出版社，1987.

［22］莫小红. 席勒与20世纪上半叶中国美育思潮［D］. 长沙：湖南师范大学，2014.

［23］莫小红. 席勒在近现代中国的接受［J］. 安徽大学学报（哲学社会科学版），2014
　　　（5）：65－71.

［24］汝信，王德胜主编. 美学的历史：20世纪中国美学学术进程［M］. 合肥：安徽教育出
　　　版社，2000.

［25］田汉. 席勒，民主与民族自由的战士——在首都纪念席勒诞辰二百周年大会上的讲话
　　　［J］. 中国戏剧，1959（22）：8－10.

［26］王国维. 王国维文集（第3卷）　［M］. 姚淦铭，王燕编. 北京：中国文史出版
　　　社，1997.

［27］谢天振. 译介学［M］. 上海：上海外语教育出版社，1999.

［28］薛富兴. 自治与他治：中国现代美学的现实道路［J］. 文艺研究，1999（2）：30－38.

［29］杨武能编. 席勒与中国：“席勒与中国·中国与席勒”国际学术讨论会论文集［C］.
　　　成都：四川文艺出版社，1989.

［30］［德］姚斯，霍拉勃. 接受美学与接受理论［M］. 周宁，金元浦译. 沈阳：辽宁人民
　　　出版社，1987.

［31］姚文放. 王国维的美育四解及其学术意义［J］. 文艺理论研究，2010（6）：116－124.

［32］曾繁仁. 论席勒美育理论的划时代意义——纪念席勒逝世二百周年［J］. 文艺研究，
　　　2005（6）：33－39＋158－159.

［33］张艳. 席勒美育思想在中国的接受史研究［D］. 天津：南开大学，2007.

［34］张玉能. 席勒美学引论［M］. 天津：天津教育出版社，2015.

［35］朱光潜. 席勒的美学思想［J］. 北京大学学报（哲学社会科学版），1963（1）：3
　　　－16.

［36］宗白华. 宗白华全集（第2卷）［M］. 合肥：安徽教育出版社，1994.

［37］Schiller, Friedrisch. *Theoretische Schriften Schiller*［M］. Berlin：Deutscher Klassiker
　　　Verlag，2008.

［38］Schiller, Friedrisch. *Über die ästhetische Erziehung des Menschen in einer Reihe von Briefen*
　　　［M］. Berlin&Boston：Walter de Gruyter GmbH，2019.

翻译史研究的脉络化策略与动态化阐释

黄若泽①

摘要：方兴未艾的翻译史研究致力于突破文本的局限，实现文本分析与语境分析的紧密结合，由此区别于以文本细读为主要特征的传统翻译研究。尽管如此，翻译史研究依然面临着历史背景单一、僵化的潜在风险，可能导致文本与语境的断裂。本文尝试将传统意义上的"语境"或"背景"转化为更具活力的"脉络"概念，把文本、事件和人物重新置于真实的历史环境之中。在此基础上，翻译史研究可从翻译的生成脉络考察处于关联中的文本，从翻译的生产脉络考察出版中的事件，从翻译的社会脉络考察网络中的个体，从而以一种动态化的视角阐释历史上的翻译现象。

关键词：翻译史；脉络；动态；郑振铎

Title：The Contextualization Strategies and Dynamic Interpretations in the Study of Translation History

Abstract：The emerging study of translation history seeks to move beyond the limit of texts and closely combines textual analysis and contextual analysis, which distinguishes itself from traditional translation studies characterized by text-based close reading. In spite of this, the study of translation history still faces the

① 作者简介：黄若泽，厦门大学外文学院英语系副教授，研究方向：中国翻译史与比较文学。
　　基金项目：本文系教育部人文社科基金青年项目"社会话语重构视阈下郑振铎文学翻译研究"（项目编号：21YJC740019）的阶段性成果。

potential risk of having a simplified, mechanical historical background, which may result in the disconnection between the text and the context. This paper attempts to transform the conventional understanding of the context from the "environment" or "background" to be the "genealogy", a more dynamic concept, and to relocate texts, events and people within their real historical environments. Based on this, the study of translation history is likely to investigate a relational text from its genetic context, a publication event from its productive context, and an individual person within a web from its sociological context, all of which can interpret translation phenomena in history from a more dynamic perspective.

Keywords: Translation History; Context; Dynamic; Zheng Zhenduo

21 世纪以来，方兴未艾的翻译史研究从已有的翻译研究中脱颖而出，成为一个兼具外语专业传统和跨学科潜力的研究方向。特别是最近几年，国内外学者基于丰富的个案研究和实践经验，从档案收集、译者分析、事件背景、微观聚焦与全球联系等不同角度总结翻译史研究的切入视角和分析方法，进一步表明这一方向日臻成熟的理论化和学科化趋势①。众所周知，翻译史研究有别于外国文学研究中以文本细读和美学分析为主的传统方法，试图克服文本的重重限制，并走向历史的纵深地带。但这种"克服"并不是文本与背景的简单相加，而是努力实现翻译分析与历史分析的真正融合。可以说，这项工作既是翻译史研究的创新动力，也构成其发展道路上的一大挑战。本文拟以中国现代文学史上的翻译家郑振铎及其相关翻译活动为例，探讨历史视角下的翻译研究路径，并提出三种不同的"脉络化"策略，进而总结翻译史的动态化阐释方法。

---

① 就笔者目力所及，英文图书有：Anthony Pym. *Method in Translation History*. London and New York：Routledge, 1998；Andrea Rizzi, Birgit Lang and Anthony Pym（Eds.）. *What Is Translation History? A Trust-Based Approach*. Cham：Palgrave MacMillan, 2019；Christopher Rundle（Ed.）. *The Routledge Handbook of Translation History*. London and New York：Routledge, 2022；Theo Hermans. *Translation and History*：*A Textbook*. London and New York：Routledge, 2022。中文图书有：谭载喜：《西方翻译史研究》，北京：外语教学与研究出版社，2021 年；谢天振编：《重写翻译史》，杭州：浙江大学出版社，2021 年。其他单篇论文概不枚举。

一、从文本到脉络：翻译史研究的挑战与路径

从某种意义上说，"文化转向"以来的人文翻译理论在不同程度上提出并回应翻译研究如何从文本走向语境的问题。早在1990年，苏珊·巴斯奈特和安德烈·勒菲弗尔就已指出："翻译研究的发展表明，翻译像一切写作或改写一样，绝不是一种纯粹的语言文字行为。翻译始终是在一个脉络（context）中发生，也总是从一段历史中出现，并移植到另一段历史中去。"（Bassnett，Lefevere，1990：11）随着文化转向的影响日益扩大，巴斯奈特和勒菲弗尔的这篇序言往往被视为文化学派翻译理论的一篇开山之作。不过，在后来者的使用中，对"context"一词的中文翻译与阐释颇为模糊，缺乏统一，以至于不少研究直接将"text"与"context"的对应关系简化为"文本"与"背景"的对照①。诚如王宏志在对早期翻译史书写的批评中所指出，第一代文学翻译史著作往往只是铺排何时何地何人翻译出版何作品，这种做法"只能交代翻译现象的表面状况"，其主要成绩止步于罗列和汇编资料，"不容易展现作者作为学术研究者的视野、功力和独特的见解"（王宏志，2014：4）。

如何区分"脉络"与"背景"这两个概念呢？海外华人学者李欧梵在其新近出版的个人回忆录中指出，"脉络"一词的含义更加复杂，"指涉的不仅是历史背景，还有和同时代的其他文本的关系，这个字本来就有文本连结和互涉（con-text）的意思"（李欧梵，2023：206）。在本文的讨论中，笔者尝试用中文里的"脉络"而不是"语境"指代英文里的"context"一词，因为"语境"常常让人误以为文本的背后是一片静态的背景，而"脉络"则更醒目地提示文本之外是一个变动不居的世界，对文

---

① 2001年，巴斯奈特新撰《文化研究的翻译转向》（*The Translation Turn in Cultural Studies*）一文，回顾了1990年与勒菲弗尔合写的论文集序言，其中提道："1990年，勒菲弗尔和我编了一本名为'翻译、历史和文化'的论文集。我们合写了该书的导言，希望以此说明我们所观察到的翻译研究重点所发生的主要变化。我们试图论证，对翻译实践的研究已经超越了形式主义的阶段，并开始考虑有关语境（context）、历史（history）和传统（convention）这样更广泛的问题。"（转引自谢天振，2008：284）此处并没有专门区分"背景"与"语境"的不同。

本的追踪和分析有必要进入一个动态而不断延展的网络里去。

事实上，在中文世界的翻译史研究实践中，对"context"的语义辨析历来是值得注意的一个理论前提，由此反映不同研究者的自觉意识。台湾学者单德兴曾提出"双重脉络化"（dual contextualization）的概念，这个说法强调"文本，尤其是文学文本，是历史和文化的产物，自有其脉络，在透过翻译进入另一个语言与文化的脉络之后，除了原意之外，还会产生新意"（单德兴，2013：314），而在每一重脉络中，又必须兼顾 siting/citing translation，即以"citing"讨论文本内部的字句，以"siting"将翻译"落实于特定的时空脉络来探讨，方能显现其历史与文化特殊性"（同上：333）①。从这段阐述来看，单德兴对西方理论的借用有助于在研究中平衡文本内外的双重状况，因为文本和脉络并不是彼此隔绝的，而是一个文本不断走向脉络、不断变化与发展的动态过程。

那么，如何推动翻译史研究的视野发生"过程化"的转变呢？谢天振在2013年《译介学（增订本）》自序中指出，仅就翻译文学史而言，便可以从作家、作品和事件这三个基本要素入手，考察翻译与脉络的深层互动：

> 严格意义上的翻译文学史也应该包括这样三个基本要素：作家（翻译家和原作家）、作品（译作）和事件（不仅是文学翻译事件，还有翻译文学作品在译入国的传播、接受和影响的事件）。这三者是翻译文学史的核心对象，而由此核心所展开的历史叙述和分析就是翻译文学史的任务，即不仅要描述文学翻译的基本面貌、发展历程和特点，还要在译入语文学自身发展的图景中对翻译文学的形成和意义作出明确的界定和阐释。（谢天振，2013：8）

上述引文提到的研究对象十分多元，研究者可尝试将它们从静态的事

---

① 单德兴的"双重脉络化"策略大致借鉴爱德华·萨义德（Edward W. Said）的"理论旅行"（traveling theory）、J. 希利斯·米勒（J. Hillis Miller）的"理论翻译"（translating theory）和特贾斯维莉·尼南贾纳（Tejaswini Niranjana）的"定位翻译"（siting translation）等西方学者的理论主张。

物转化成活动中的主体，或者说，翻译史研究有可能将这些对象放在一个动态的历史关系中加以考察。在下文中，笔者尝试沿循这一思路，重新思考郑振铎的翻译活动。众所周知，郑振铎是中国文学史上的一个重要人物，但以往的翻译史论述常常有所忽略。作为文学研究会主要创办人、《小说月报》主编，以及中华人民共和国成立后国家文化部门的领导，郑振铎也参与了世界文学作品的翻译实践和世界文学话语的本土建构。在文学翻译实践中，郑振铎面对和处理的文本不只是孤立的事物，而是一系列处于关系中的文本，这些文本始终处在其自身与其他文本的关联之中。郑振铎所翻译的作品不是静态的结果，它们不是终端产品，而是出版传播链中的一个个重要事件，对生产者和接受者产生实质性的影响。作为译者，郑振铎本人也始终处于人际交往的社会网络之中，他所从事的翻译活动不是闭门造车式的文艺冥想，而是发生在真实空间中的行为和活动。翻译史的任务就是在历史的脉络中对郑振铎的文学翻译提出动态化的阐释。

二、关联中的文本：翻译的生成脉络

以往的翻译研究多以译本为中心，关注文本中体现的翻译策略，这种做法容易陷入焦点过于集中且单一的局面。如果回到真实的历史语境，作为研究对象的翻译文本绝不是孤立存在的，翻译文本的生成在很大程度上起源于译者的教育背景、求学过程和个人经历，在本质上反映了历史人物的知识源流及其所受的影响。这一点并不局限于严复、林纾等翻译名家，而是翻译工作的普遍特征，只不过往往被研究者所忽略。近年来，有学者从阅读的角度重新揭示译者的知识来源与知识输出（崔文东，2020；刘韵柔，2022），从而把翻译置于更加丰富多元的网络中考察其关系。

1924年，初登文坛不久的郑振铎翻译了古希腊神话中的《阿波罗与达芬》这个故事。他在翻译时曾表示，他对古希腊神话的关注主要出自文学本身的兴趣，而不是像同时代的周作人那样出于人类学的关怀。关于这一点，除了郑振铎本人的表述，我们还可以从他开列的参考书单见出端倪。在译文之后，郑振铎开列十一本参考书，其中有九本属于文学研究而非人类学著作，颇能说明译者并不是在人类学的主题下网罗前作，而是在文学范畴下重新翻译希腊神话。进一步考察这批参考书还可发现，郑振铎的阅读范围主要是基于 19 世纪至 20 世纪初的英译本而展开（黄若泽，2022：229－231）。当代研究者当然有权不满于历史人物的知识局限，如批评郑振铎不识西方古典语言，只好取道现代英语转译本，但更有价值的讨论或许是追踪译者由此受到的英语影响。以书单中的第一部参考书《寓言时代》（*The Age of Fable；or，Stories of Gods and Heroes*）为例，作者托马斯·蒲尔芬契（Thomas Bulfinch）是美国人，虽然毕业于哈佛大学，但一生任职于波士顿银行，文学创作只是他的副业。当时就有学者评论，蒲尔芬契的写作打破了学院研究者对古典文化的垄断，"使普通读者接触到古典神话知识，在某种意义上预见了 20 世纪大众教育的趋势"（Schein，2009：79）。也正是在蒲尔芬契面向大众读者的写作中，郑振铎找到了为中国读者翻译的合法性所在，他的翻译对象乃是社会大众而不是知识精英。我们可以从这个角度出发，进一步分析他的具体翻译策略。

把译文置于更加丰富的关系网中加以考察，关注译者的阅读文本，或许是翻译史研究的一个新思路。事实上，阅读史本是 20 世纪新文化史（New Cultural History）的重要分支，在西方史学界已有比较深入的梳理和讨论。从阅读发生的顺序来说，人类阅读活动大致包括阅读之前的准备、阅读行为本身和阅读的影响这三个阶段（韦胤宗，2018：111）。历史学家罗伯特·达恩顿（Robert Darnton）早已指出，阅读史研究的基本范畴包括"是谁""读什么""在哪里""什么时候""为什么""如何做到"等问题，但他同时也提议，除了这些外部要素，研究者也可以进入读者反应领域，进一步分析阅读中的认知和情感等元素（Darnton，1986：7）。只不过，历史学家往往因缺乏资料之故，较难进入阅读者的意识世界，分析其情感反应。但翻译研究者可以借鉴阅读史的方法，以译者为中心，探索其翻译生产的知识来源。这一视角有助于扩大翻译研究的文本范围，译者所阅读的文本也成为一种可能对翻译产生影响的"关系中的文本"。

1927 年 5 月下旬，郑振铎因受"四一二"政变牵连，在亲友的劝告下赴欧避难。从 1928 年 1 月起，上海《小说月报》连载郑振铎定期寄回的希腊神话译文，至 1929 年 3 月率先集结成《恋爱的故事》单行本，作为"希腊罗马的神话与传说"丛书计划之一，由商务印书馆出版。尽管另两部译作《神谱》和《英雄传说》的预告也已发布，但由于日军轰炸上海，藏有这两部译稿的商务印书馆毁于一旦，郑振铎迟至1935年2月才在上海生活书店推出其编译的《希腊神话》两册。我们可以借助阅读视角分析其翻译特点的来源。

在反映个人旅欧见闻的《欧行日记》中，郑振铎扼要而清晰地记录了自己在大英博物馆中经眼的古希腊故事书单。在《恋爱的故事》译序之内或正文之后，他也详细列出翻译所据的底本信息。甚至晚至1937年，在一篇探讨书目文献学方法的经验谈中，他还不忘翻译古希腊神话的资料来源："我自己有一个时间，曾对于希腊神话发生了很浓厚的兴趣。我用了Loeb Library 本的 Appolodorus 的 *The Library*，用了 Pausanias 的 *The Description of Greece*，用了 Homer、Virgil 和 Ovid 的著作，每本书的后面，都有很详细的'索引'，一个人名，一个故事的线索，便可以很不费力气地得到互相参证的作用。"（郑振铎，1941：155－167）平心而论，郑振铎在旅居海外期间生活动荡，四处搬迁，但他始终没有停下对希腊神话的翻译。这批译作的特点是跨时很长，数量庞大，同时编目系统，体系完整，具有一种接近于学术研究的特质。可以说，郑振铎的阅读和他的翻译呈现出非常相近的特征。也正是基于这批翔实的学术文献，我们得以进一步分析郑振铎的译文在内容、风格和感情色彩等方面与底本的异同。例如，他把索福克勒斯的戏剧名著《安提戈涅》改写为讨论国家法则问题的散文小说，娴熟地增删段落、嫁接情节，灵活地改写歌队合唱的用意，并频频在"法律""正义"等关键词上大做文章（黄若泽，2020：182－195）。通过细微的文本差异和文类差异，我们发现译作中的批评者之声不断向学者之声发起冲击，郑振铎也在学者与抗争者之间不断切换自己的身份。

可以想见，在现实的翻译工作中，原文只是译者需要考虑的诸多事项之一。对翻译研究而言，译文与原文的比较向来是分析任务中的核心环节，而在译文与原文之间建立实质性关联并加以比较，这种做法本身已经在某种程度上建构起一组"关系中的文本"。特别是针对鲁迅、理雅各（James Legge）、霍克思（David Hawkes）等更加成熟的翻译大家，我们甚至有必要同时研究在译者之前就已存在的前人译本、译者在翻译过程中阅读的参考本、中介语的转译本，乃至将译者的翻译文本与创作文本、公开文字与私人写作等不同类型的文本纳入整体考虑，由此构成复数的文本群，才能展开更加完整而全面的关联分析。

三、出版中的事件：翻译的生产脉络

第二种策略是把翻译解读为出版中的事件。以往的翻译研究倾向于直接分析某一篇译文或某一部译著，由此揭示翻译家的翻译策略、文学风格、忠实或改写等文本特征。然而，我们只要扩大考察视野，不只是停留于文本之内，而是从出版传播的角度加以考察，就可以发现一篇译文或一部译著绝不意味着文本生产的终端产品。相反，在译著诞生之前，就已存在极为复杂的阅读、翻译、沟通和出版的过程，而在译著诞生之后，翻译作品依然需要经历发行、接受、再阅读和再阐释等传播过程的持续影响。从这个意义上说，翻译的诞生不是文本生产的完结，而是整个出版传播链条中的一个环节。一旦把翻译确立为"事件"，我们的研究视角就可以从平面的语言分析推进到立体的译者行为和社会交往分析①。

正如中国现代文学史上的许多人物一样，郑振铎不仅是文学翻译的实践者，也广泛参与一系列重要翻译著作或翻译丛书的出版策划，如他在青年时期参与发起的"共学社丛书"，文学研究会时期主持的"文学研究会丛书"和"文学研究会世界名著丛书"，20世纪30年代发起的"世界文库"，以及抗战胜利后主持的"美国文学丛书计划"等。在这一系列翻译丛书的出版过程中，郑振铎不只是某一部具体作品的翻译者，其更重要的身份是整个项目的策划者和牵头人。在每一个个案中，我们都可以考察翻译出版的各个方面，比如译者的选材、出版商的角色、译者与出版商的沟通、赞助人的介入与影响等。由此，我们可以把传统上不属于翻译文本分析的要素纳入这种立体的事件考察之中。

---

① 西方学者对翻译与出版关系的研究也有比较充分的基础：Gisèle Sapiro，"Translation and the Field of Publishing：A Commentary on Pierre Bourdieu's 'A Conservative Revolution in Publishing'" *Translation Studies*，vol. 1，no. 2，2008，pp. 154 - 166；Norbert Bachleitner，"A Proposal to Include Book History in Translation Studies Illustrated with German Translations of Scott and Flaubert"，*Arcadia* vol. 44，no. 2，2010，pp. 420 - 440；Alice Colombo，"Intersections between Translation and Book History：Reflections and New Directions"，*Comparative Critical Studies* vol. 16，no. 2 - 3，2010，pp. 147 - 160.

以 30 年代中期影响广泛的"世界文库"丛书为例。从 1935 年 5 月至 1936 年 4 月，郑振铎主持的"世界文库"由上海生活书店出版，每月一册，共出 12 册。1936 年 9 月起，这一计划改为单行本出版，共出 15 种，另有《世界文库月报》共 5 期（1936 年 8 月至 1937 年 3 月）随书奉送。丛书分甲、乙两种规格印制：甲种本布面精装烫金，全书用上等乳黄玉书纸印刷；即使是乙种本封面也用硬纸精装，正文用厚报纸印刷。作为翻译项目的组织者，郑振铎充分利用其横跨文学界、学术界、出版界和革命界的多重身份，调动各方人马，完成这样一项规模宏大、涉及面广的翻译工程。1935 年，《世界知识》第 5 期彩色套印广告上列出 36 位编委名单，虽然带有商业宣传、招徕读者的用意，但蔡元培、鲁迅、胡适、周作人、钱玄同等新文化运动领袖一并支持，茅盾、郁达夫、巴金和谢冰心等著名作家同列其中，还有胡愈之与傅东华亲笔致信祝贺，无不说明郑振铎试图超越身份界限、网罗进步作家、组建文坛团队的不懈努力。

就译者群体而言，在《世界文库》上发表译作的共有 25 人，郑振铎与他们的社交关系可以分为以下四类：第一类是文学研究会成员，代表人物包括傅东华、梁宗岱、徐霞村等。以傅东华为例，作为文学研究会的第 29 号会员，傅东华早已结识郑振铎，随后担任商务印书馆编辑，二人在出版界的交往更加频繁而密切。他在回忆自己翻译《堂吉诃德》的契机时提及："这回郑振铎先生主编《世界文库》，一时调兵遣将，好不热闹，我也被派到一项差使，就是替吉诃德先生去当翻译，这才有机会去和他见面。"（傅东华，1935）第二类是郑振铎的高校师友圈。如六次连载法国作家司汤达（Stendhal）作品译文的李健吾，早在 1925 年就由王统照介绍加入文学研究会，但与郑振铎尚无深交。1930 年，李健吾从清华大学毕业，1934 年协助郑振铎创办《文学季刊》《水星》等刊物，并发表译作《包法利夫人》。1935 年春，郑振铎出任上海国立暨南大学文学院院长兼中文系主任，便邀请李健吾同往任职（李维音，2017：67）。另一位译者曹葆华于 1927 年考取清华大学外国文学系，1931 年升入清华研究院，1935 年毕业。在 1934-1935 年郑振铎主持《文学季刊》出版期间，曹葆华便是该刊的投稿者。第三类是出版界同仁，如翻译《美狄亚》的赵家璧，在 1935 年约请郑振铎主编《中国新文学大系》第二集"文学论争集"。又如翻译华盛顿·欧文（Washington Irving）、爱伦·坡（Edgar Allan Poe）和纳撒尼尔·霍桑（Nathaniel Hawthorne）等美国文学家作品的塞先艾，既是文学研究会成员，也长期担任北京松坡图书馆编辑部主任。再如翻译法国作家皮埃尔·洛蒂（Pierre Loti）作品《冰岛渔夫》和莫泊桑（Guy de Maupassant）文论的黎烈文，曾在1919年和1922年两次入职商务印书馆，1932－1934年主持《申报·自由谈》，因受国民党压迫而辞职，后任《译文》主编。第四类是左翼作家，特别是深入参与"左联"事务的鲁迅。在30年代初期，郑振铎与鲁迅通力合作，陆续推出《北平笺谱》等美术选集，在北平出版。鲁迅为《世界文库》着手俄国名著《死魂灵》的翻译。另一位革命家译者是瞿秋白。作为中国共产党的早期领导人，瞿秋白本人于1935年6月牺牲，他所翻译的高尔基作品《马尔华》在当年9月20日的《世界文库》第5期上刊出。由此可见，郑振铎打破以文学研究会为限的文艺小圈子，促成了中国现代文坛不同阵营的重新聚合，也在社会层面扩大了世界文学的本土影响。作为一个出版事件，"世界文库"展现了这套丛书的生产脉络和社交网络。

抗战胜利后，郑振铎出任中国文协总会上海分会理事，也是中国民主促进会的主要发起人，在国内文艺界拥有巨大的号召力。他几乎在同一时期深入参与"美国文学丛书"和"中国翻译计划"（the China Translation Project）的启动、设计和实施。"美国文学丛书"由时任美国驻华文化大使馆文化参赞费正清（John K. Fairbank）提议，以郑振铎为主持人，先后邀请十余位中国译者加入，一直到中华人民共和国成立初期仍有分册出版。"中国翻译计划"由美国洛克菲勒基金会与中国福利基金会共同发起，委托中国文协召集译者参加，郑振铎被推举为翻译委员会主席。这两个项目的复杂性在于，郑振铎除了介入译者招募、书目选定和出版安排等具体工作，还需要应对中美文化冷战的新局面及其对翻译工作的直接影响。无论是美国政府部门还是私人基金会，都欲借文学之名，隐蔽地影响战后中国文学的走向，实现美国官方的意识形态意图，而包括郑振铎在内的中国参与者屡次扭转美方的目标，促使文学翻译实践不断纳入中国政治话语和文化体系的建构之中（黄若泽，2023：44）。

总体而言，关注翻译的出版方面，可以提醒我们注意那些在以往的翻译研究中容易忽略的盲点：其一是翻译的物质属性，包括翻译的技术手段、生成过程和出版流程；其二是翻译出版的社会属性，因为出版涉及不同参与者的分工与合作，对出版的考察须涵盖各方围绕翻译活动的交往状况；其三，即使继续考察译作中的思想，我们也可以延长考察的视野，分析思想的辐射，追踪思想如何被传播、解读和接受，亦即在新语境中与新思想碰撞的效果。

四、网络中的个体：翻译的社会脉络

第三种策略是把个体放在动态的社会网络之中，视其为网络中的个体。此处的个体既可以指文本，也可以指人物，而人物既可以是翻译者，也可以是翻译生产过程中的其他参与者。这种"以小见大"的视角自然可以追溯到 20 世纪中后期西方微观史学的兴起。按照彼得·伯克（Peter Burke）的总结，微观史学者"并不妄求从一沙一尘中揭示整个世界"，但研究目标"要从地方素材中概括出整体性的结论"，这一思路一方面来自对早前计量史学的不满与反拨，另一方面受到传播研究、城市研究和社会人类学等学科对于社会网络分析的正面影响，最终推动当代史学的研究视角从"望远镜"到"显微镜"的转换（伯克，2019：65 - 67）。我们可以借鉴这种思路，考察庞大的社会脉络如何影响那些与翻译活动相关的文本、人物和事件。针对微观个体与宏观结构的关系，另一些考虑更加周全的学者注重二者的平衡，如人类学家马歇尔·萨林斯（Marshall Sahlins）和社会学家安东尼·吉登斯（Anthony Gideons）便倾向于认为，"结构是社会行动的结果和来源，有促动力也有约束力，且最重要的是，它可以被人类的社会实践所改变"（休厄尔，2021：201）。这一辩证思维颇为适用于分析郑振铎自抗战胜利到中华人民共和国成立初期的翻译活动，这是因为他担任各类文学社团和国家机构的负责人，同时继续主导或影响着文学翻译事业的发展。郑振铎不断穿梭在不同的地域、行业、部门之间，翻译与国家话语、文艺制度和外交政策的关系也日益密切，展现出一体两面、互为表里的特征。

1946 年，郑振铎在上海创办并主持影响甚广的《文艺复兴》刊物，继续从不同国家的文学中选译优秀作品。同年，《文艺复兴》与《周报》《活时代》杂志合并，成立上海出版公司，郑振铎担任股东和监理，在出版事务上享有巨大的话语权和决定权。这个阶段一直延续到中华人民共和国成立以后，此时郑振铎担任文化部副部长、文物局局长，并兼任中国科学院考古研究所所长，直到1958年10月在出访途中因飞机失事遇难，尽管他不再像过去那样从事大量文学翻译实践，但仍以不同方式介入翻译活动。1955年底，上海出版公司最终并入由多家私营企业重组而成的上海新文艺出版社。由于郑振铎的个人角色发生转变，他对上海出版公司翻译事务的影响更直接地反映了国家话语的形塑之力。

在宏观政策方面，郑振铎见证了中华人民共和国成立初期文学翻译事业由欧美向苏俄的"一边倒"转向。最直观的反映是1951年11月第一届全国翻译工作会议公布的数据：从1919年至1949年，国人从英美文学和苏俄文学品译成中文的比例分别为67%和9.5%，而在中华人民共和国成立后的短短两年内，这一比例便扭转为20.5%和77.5%（沈志远，2004：395）。对于这次具有风向标意义的会议，上海出版公司派出李健吾以上海市人民政府新闻处代表的身份参加。身在北京的郑振铎则委托上海的刘哲民处理上海出版公司的具体事务，包括筹划李健吾翻译七卷本高尔基戏剧集，延请巴金、汝龙等俄语翻译家引介以苏俄文学为主体的"世界文学丛书"，并先后酝酿"世界短篇小说集"和"今日的苏联"等不同专题的大型出版物。在这些措施的有效推动下，作为私营企业的上海出版公司迅速成长为我国俄语翻译界的一支重要力量。

在出版规划方面，郑振铎依然与叶圣陶、胡愈之等二三十年代出版界的老友、新中国出版总署的新领导保持密切的私人交往和工作联系，因而在第一时间接触到国家出版政策和要求。事实上，作为上海开明书店的股东兼董事，郑振铎在中华人民共和国初期率先参与该社的调整与改制，包括社址迁京、延聘编辑和公私合营等。1950年2月16日，开明书店正式向出版总署申请公私合营，郑振铎是署名的十四位董事之一，并在日后的合并中被委任为筹备委员（邱雪松，2022：176）。郑振铎虽然目睹并介入开明书店的重组过程，但在上海出版公司的公私合营问题上仍然一度举棋不定。他起初直言上海出版公司不宜与其他机构合并，后表示合并仅为个人意见，实为出版政策调整之下的权宜之计。直到1953年，他才最终下定决心，明确指示刘哲民："上海出版公司应该是向这条路走。或作为'国营'某社的分支，或径行结束，而将人力和出版物交给国营出版社。这是必须事前有个精神准备的。"（郑振铎，1984：165）在技术方面，他早早注意到申记珂罗版印刷所的技术力量，积极促成该所的工人、设备和办公地点整体迁京，同时安排其承印由上海出版公司推出的《伟大的艺术传统图录》12辑（叶康宁，2019：14-22）。在对外交流方面，郑振铎按照政务院文化教育委员会向对外联络事务局发出的指示，交代上海出版公司翻译《图录》英文版500部，作为新中国外交活动的国礼赠予其他国家（黄若泽，2021：230）。可以说，正是经由郑振铎与上海出版公司的联络，新中国的翻译政策以不同的方式贯彻到地方机构和个人层面。

归根结底，以郑振铎为代表的个体人物及其社会活动有助于探索一系列以翻译为中心的历史课题。尤其是就人物研究而言，在一个由纪传体所开创的中国史学传统中，这种由"一人一事"达致"知人论世"的理念依然历久弥新（黄克武，2010：1）。由此观照上海出版公司的个案，我们可以看到：在选材方面，中华人民共和国成立后的翻译事业也像外交政策一样，出现"一边倒""苏联化""东风压倒西风"的局面，促使以翻译英美文学起家的上海出版公司迅速转向翻译苏俄文学和社会纪实作品。在译者招募方面，上海出版公司起初并不具备相应的俄语翻译人才，但通过接洽相关翻译家，或通过其他语种转译的方式，迅速跻身俄文翻译领域，并成为新中国与社会主义阵营文化交流的重要参与者。在这个国家建构的话语网络中，郑振铎恰恰是一个枢纽式的人物：他不仅亲身从事新中国的文化出版工作，同时把国家层面的文化政策和出版政策传递给位于上海的这家私营机构，我们也正是通过郑振铎的视角，在这个动态的环境中观察新中国的翻译生产机制。那么，如何去重构、追踪这种动态的网络呢？我们可以借助不同类型的资料，比如当事人的日记，他和其他当事人之间的往来书信，以及政府机构的公函电文、规章制度和档案文件。研究者不仅可以在这个网络里重构各个结点之间的纽带，还可以通过比对不同性质的材料，发掘个体的翻译行为与翻译制度的互动情况。

五、结语

本文围绕近年来笔者从事的郑振铎文学翻译研究，从文本关系、出版事件和社会网络等方面提出翻译史研究的三种"脉络化"路径，其目的是将文本、人物、事件放在动态的历史情境中加以考察。当然，推动翻译研究从文本走向历史纵深的方法不限于此，关键在于自觉地把翻译视为以人为主体的行动而不是静态的语言文字。在外语学科中，这种"以动制静"的思路也可以在英国语言学家 J·L·奥斯汀（J. L. Austin）的语言哲学中找到回响，后者从传统语言观念的"记述话语"（constative utterance）中区分出"施行话语"（performative utterance），表明"发出话语就是实施一个行为"（奥斯汀，2013：10），从而揭示语言之于现实世界的施行意义，而不只是文本或语言内部的效果。

事实上，奥斯汀的主张首先影响了另一位英国学者昆廷·斯金纳（Quentin Skinner）的政治思想史研究，后者提出了针对政治思想家研究的一般方法："要理解某一论断，我们不仅需要掌握作者言说的意涵，而且同时要把握这一言说的意欲效应（intended force）。也就是说，我们不仅要了解人们的言说（saying），而且要知道他们在言说时的行为（doing）。"（斯金纳，2006：127）这就为翻译史研究摆脱以文本为中心的"新批评"传统提供了可资借鉴的启示，因为对译者意图、动机和行为的考察往往构成阐释文本内涵的先决条件。一旦把文本视为行为而不是文字，翻译史研究的视野便可从文本自身拓展到社会辐射的范围之中。借用斯金纳研究马基雅维利政治思想的心得来说，"马基雅维利并不只是在陈述自己的信念，他同时也在引用（西塞罗）、提醒（读者）、质疑与讽刺（传统的主张）、反驳（人文主义政治理论的标准观点），从而使我们重新理解政治德性这一概念"，对文本的行为化解读最有成效之处"不是专注于作者确认了什么信念，而是把作者看作是在介入不断进行的社会辩论之中"（斯金纳，2018：5－6）。

翻译史的关注对象既包括文本的语义内涵，也应当包括文本作为译者行为和社会活动的产物这一层面的意味。从某种意义上说，翻译史研究力图捕捉的对象处在不断变化的动态关系之中，犹如射击运动中的移动靶，又或是沉入深海的探测器。对这些事物的研究不应止步于对象背后那片静止的幕布，而应继续追踪标靶滑行所留下的漫长轨迹，勾勒出探灯发光所照亮的整片海域。

参考文献

［1］［英］彼得·伯克. 历史学与社会理论［M］. 李康译. 上海：上海人民出版社，2019.

［2］崔文东. 青年鲁迅与德语"世界文学"——《域外小说集》材源考［J］. 文学评论，2020（6）：191－200.

［3］傅东华. 我怎样和吉诃德先生初次见面［J］. 中学生，1935（6）：81－85.

［4］黄克武. 惟适之安：严复与近代中国的文化转型［M］. 台北：联经出版事业股份有限公司，2010.

［5］黄若泽. 古典的现代诠释——郑振铎对希腊神话的三次翻译［J］. 中国比较文学，2020（4）：182－195.

［6］黄若泽. 走向社会主义的世界主义：新中国成立初期郑振铎与上海出版公司的翻译活动［J］. 中国现代文学研究丛刊，2021（4）：223－234.

［7］黄若泽. 发现"社会"：郑振铎文学翻译与社会思潮的演进［M］. 厦门：厦门大学出版社，2022.

［8］黄若泽. 翻译的政治：冷战初期洛克菲勒基金会与中国文协翻译计划［J］. 世界历史2023（2）：32－46.

［9］［英］J·L·奥斯汀. 如何以言行事［M］. 杨玉成，赵京超译. 北京：商务印书馆，2013.

［10］［英］昆廷·斯金纳. 观念史中的意涵与理解［A］. 任军锋译. 丁耘编. 什么是思想史［C］. 上海：上海人民出版社，2006.

［11］［英］昆廷·斯金纳. 国家与自由：斯金纳访华讲演录［C］. 李强，张新刚编. 北京：北京大学出版社，2018.

［12］李维音. 李健吾年谱［M］. 太原：北岳文艺出版社，2017.

［13］李欧梵. 我的二十世纪［M］. 香港：香港中文大学出版社，2023.

［14］刘韵柔. 阅读与翻译——黄思骋的阅读史与香港《人人文学》的翻译选材［J］. 翻译学报，2022（1）：115－145.

［15］邱雪松. 启蒙·生意·政治：开明书店史论（1926－1953）［M］. 北京：中华书局，2022.

［16］沈志远. 为翻译工作的计划化和提高质量而奋斗［A］. 中国出版科学研究所编. 中华

人民共和国出版史料（第 3 册）（C）. 北京：中国书籍出版社，2004.

［17］单德兴. 翻译与脉络［M］. 台北：书林出版有限公司，2013.

［18］王宏志. 翻译与近代中国［C］. 上海：复旦大学出版社，2014.

［19］韦胤宗. 阅读史：材料与方法［J］. 史学理论与方法，2018（3）：109 - 117.

［20］［美］小威廉·休厄尔. 历史的逻辑：社会理论与社会转型［M］. 朱联璧，费滢译.
上海：上海人民出版社，2021.

［21］谢天振编. 当代国外翻译理论导读［C］. 天津：南开大学出版社，2008.

［22］谢天振. 译介学（增订本）［M］. 南京：译林出版社，2013.

［23］叶康宁. 郑振铎与申记珂罗版印刷所［J］. 新文学史料，2019（4）：14 - 22.

［24］郑振铎. 困学集［C］. 上海：商务印书馆，1941.

［25］郑振铎. 郑振铎书简［C］. 刘哲民编. 上海：学林出版社，1984.

［26］Bassnett, Susan & André Lefevere(Eds.). *Translation, History and Culture*[C]. London: Pinter Publishers, 1990.

［27］Darnton, Robert. First Steps Toward a History of Reading[J]. *Australian Journal of French Studies*, 1986, 23(1): 5 - 30.

［28］Schein, Seth L. Greek Mythology in the Works of Thomas Bulfinch and Gustav Schwab[J]. *The Classical Bulletin*, 2009, 84(1): 74 - 80.

翻译专职化与译者单位化
——文学翻译家在当代（1949-1966 年）

操乐鹏①

摘要：中华人民共和国成立后，翻译专职化与译者单位化构成了当代翻译制度建构的醒豁症候。自文学译家群观之，文学翻译群体的绝大部分均被逐渐吸纳入单位体制之中；极少数边缘译者如张友松等，则于译业上步履维艰。在诸译家或主动适应、或被动接受的进程中，罗念生、叶恭绰、周作人等更基于对翻译的功能认知以及对翻译家身份转型之敏感，提出"文学翻译所""译学馆""国立编译机关"等制度构想，为当代译者的生存方式拟构出多样化的可能路径。凡此，无不内蕴着对翻译专职化的理性诉求和个体化的单位想象，亦彰显出对共和国文学译场单位化建制的反思、批评以至抗拒。

关键词：翻译家；单位化；专职化；翻译制度

Title：Professionalization of Translation and the Institutionalization of Translators：Literary Translators in the Contemporary Era（1949 - 1966）

Abstract：After the establishment of the People's Republic of China，the

---

① 作者简介：操乐鹏，浙江财经大学人文与传播学院副教授，研究方向：现当代文学翻译史、出版史等。

基金项目：本文系国家社科基金青年项目"翻译文学批评与中国当代文学制度建构研究（1949—1966）"（项目编号：21CZW046）的阶段性成果。

翻译学刊

·2024年第1辑·

118

professionalization of translation and the institutionalization of translators have become prominent symptoms in the construction of contemporary translation systems. From the perspective of literary translators, the vast majority of literary translation groups have gradually been absorbed into the unit system; A very few marginal translators, such as Zhang Yousong, are struggling in the translation industry. In the process of active adaptation or passive acceptance by various translators, such as Luo Niansheng, Ye Gongchuo, Zhou Zuoren, etc., based on their understanding of translation functions and sensitivity to the transformation of their own way of life, they proposed institutional ideas such as " Literary Translation Institute", "Translation Studies Institute", "National Compilation and Translation Agency", all of which contain a rational demand for specialized translation and an individual unit imagination, It also demonstrates a reflection, criticism, and even resistance towards the establishment of a unified literary translation system in the Republic.

Keywords: Translator; Unit system; Specialization; Translation system

1957 年，在文化部召开的文艺作家座谈会上，张友松就文学翻译者的地位问题有如是发言："翻译工作者，几年来成为文艺界的孤儿"，"派出所把职业翻译工作者当作无业游民，当作可疑的人"（文化部召开文艺作家座谈会纪要，2004：166）。一向敢说敢言的张友松，在这番话里颇有些无奈和苦楚。张友松曾自陈"我是个翻译工作者，经济负担较重，又无固定收入"（张友松，1957：14）。这里所说的"职业""专业"，其实仅仅是指进行文学翻译以维持生计的个人译介行为，张友松本人并不隶属于任何单位，因此派出所才会视他为无"业"游民。同样烦闷的还有傅雷。中华人民共和国成立后的傅雷曾有过各类兼差，如上海作家协会理事、上海市政协委员等，但唯独缺少了与文学翻译相对应的职业或单位。由于作协会员也没有会员证，实际生活中常常遇到困难，傅雷感慨道："无实际行政工作的作家，仿佛是无组织无单位的个体，在日常生活中尤其是往外埠时，常感苦闷。"（傅雷，2016a：261）

不难看出，民国时期的个体自由职业在进入 1949 年后已然失去了继续存在的土壤，单位体制成为"十七年"间（1949－1966年）个人安身立命的依存空间。文学翻译家亦不外如是。中华人民共和国成立以后，文学翻译群体的绝大部分均被逐渐吸纳、收拢进单位体制网络之中；极少数体制之外的边缘译者如张友松、傅雷等则于译业上步履维艰。翻译家的单位化进程也与当代出版格局的变动密不可分。在1949年至1956年出版社公私并存阶段，翻译家尚能有所选择，或进入单位，成为体制中人；或因袭民国向例，依托私营出版社，继续做自由著译者。1956年之后，伴随着私营出版社的全部取消以及部分政治运动的展开，译者被纳入了全方位的单位化整合。与此同时，译者基于对知识分子的角色认知、对文学翻译的孜孜求索以及对生存方式转变的敏感，在或主动适应、或被迫应对的个体选择中，往往别有蕴蓄着自身希冀和诉求的个性化单位想象，以及对文学译场单位化建制的反思、批评以至拒绝和抵抗。

一、中华人民共和国成立初期文学翻译家的境遇、希冀及其单位想象

中华人民共和国成立伊始，翻译家们对翻译事业的再出发满怀期待，金人理想中的译者心有所安、业有所归似乎并不遥远。董秋斯断言，中华人民共和国成立后每位译者都可以"一心一意地从事翻译、研究，或有关翻译的行政工作。他们不再受政治的迫害，不再受书商的剥削，也可以不再为了衣食的缘故而粗制滥造"（董秋斯，1951：5）。张锡俦也认为，今日的翻译职业决不会有失业问题的发生。翻译家不仅把翻译看作一种工作与职业，更将翻译视为与自身生命熔为一炉的志业。因此，翻译专职化是其重要的诉求之一。正如"唐人"所说："翻译工作同所有其他文化工作一样，应该要专业化，就是要把翻译认作是专门的职业，穷毕生之力从事这一个职业，这样才能有好的翻译工作者，也才能有好的翻译。"（唐人，1950：35）所谓的翻译专职化，即是使译者"能够确确实实倚靠翻译工作，求取他的生活资料"（杨彦劬，1950：39）。徐运生在《翻译工作专门化》中就翻译专职化提出建议："（一）现在从事翻译工作的人，为了提高能力，获得更大的成就，要把今后工作的方向确定一下；能把你所学的学

科和现在岗位工作统一起来是最理想的，不可能时，也要选择一种接近的门类，集中力量，从事类的钻研"，"（二）政府机关、团体在组织、领导和调配工作上要照顾专门化的方向，尽可能作到因才施用……而对于他们的生活问题加以适当的照顾，使他们安心地、专一地从事翻译工作"（徐运生，1950：35）。

　　然而实际情况并不这么乐观。翻译家要么无法纯粹以翻译为专职，要么翻译活动受到其他工作或事务的侵扰。中华人民共和国成立后，不少文学翻译家在出版、研究和教学方面担负着职务，不仅翻译时间难以保证，甚至还得不到所在工作单位的支持。彭慧认为自己的困难在于"现在是教书兼作翻译工作一时间有限、精力有限"；穆木天也是如此："教书妨碍翻译，尤其是对于我，因为我身体不够健壮。最好能解除教职，专事翻译"，并"希望最近能离开教书生活，专译书"；孙大雨则是因开会太忙，时间分散（翻译工作笔谈会，1950：37-38）。巴金作为平明出版社的负责人和审校者，在致杨苡信中曾对她的译作委婉地表达过批评："我希望你好好地工作，不要马马虎虎地搞一下了事，你要是认真地严肃地工作，我相信你可以搞得好。但已出的两本书都差。我这个意见不会使你见怪吗？"而杨苡后来的解释是："那时由于经济困难，我又当了语文教师，家里有三个孩子，在忙碌中译书只求快，因此也给巴金与汝龙添了麻烦。"可见当代职业女性在家庭与教职及译业间的生存之艰（巴金，2010：64-66）。巫宁坤也是一边在南开大学教书，一边为平明出版社译书，被搅得疲惫不堪，由此得到教训，"一边教书，一边弄赶时间的翻译是吃力不讨好"（陈思和，李光存，2008：67）。"社会活动与学术研究真有冲突，鱼与熊掌不可得而兼，哀哉哀哉"（傅雷，2016b：375），这想必正是傅雷选择不出户、不入市、闭门伏案译书的原因之一吧。众多译者都有忙于杂务无法专心译书的抱怨，不得不说，"今日如果不能使翻译工作专业化，这大批人才在其他工作的压力下，势必无可奈何地离开翻译工作的岗位而去"（移模，1950：9）。

　　针对中华人民共和国成立初期翻译界的真实景况和翻译家的切身处境，诸多译家提出了译者专职化的种种设计方案，可谓是个性化的单位想象。周作人认为需使翻译同时作为职业和事业结合在一起，设想成立"国立的编译机关"，有计划、有组织地翻译古今各国作品，既"完全为中国和文化着想，离开营业打算"，又要"收罗人才，分配工作，务使各尽所能"（周作人，1988：95）。除翻译部门而外，仍需设置校阅部门和参考部门。叶恭绰的主张是由出版总署设立"译学馆"专办译述工作。其译员应分四类："1、最高级译员。专从事翻译各国有名专著，侧重于高深学术。……其生活费用及职务所需材料均由公家供给，不定期限，务期精善。其有私家译成之书特别完美者亦可高价收购。2、高级译员。从事较高深译述，侧重自然科学。给予定薪或按成绩计酬。亦可收购私人译本。3、普通译员。从事译述报章、课本等类。给予定薪或按件计酬。4、练习译员。"（按：省略号由引者所加）（叶恭绰，1951：52）叶氏尤其留心译者性情与翻译工作之关联，"缘译事亦系一种专门工作，需其人性格兴趣志向原合乎此道方易发展，不止精通外文而已。或者其技能合用而志在作外交家则可令归外交方面服务，或者其人沉静好学，喜于伏案深思，则可令任译事。此在训练培养及试用时即须量材分配"（叶恭绰，1951：52）。

国立编译机关和译学馆的构想，是对囊括文学翻译在内的翻译事业的通盘考量，而罗念生和胡风的建议，则以文学翻译为着眼点。20世纪50年代初，罗念生向中国作协提议成立文学翻译所，"所内的翻译工作者可以自食其力（主要靠稿费生活），国家不必花费巨大的财力"（罗念生，1957：15）。当时部分作协领导认为时机未成熟，此事也就不了了之。胡风同样多有关涉文学翻译及翻译刊物的建言，他提出的"一个步骤"是"有领导地取消现在的所谓'国家刊物'或'领导刊物'或'机关刊物'的《文艺报》《人民文学》《文艺学习》《剧本》；《译文》保留；《新观察》研究后加以调整"（胡风，2003：354－355），值得留意的是胡风单单愿意保留《译文》杂志。在"劳动合作单位"的方式上，胡风希望"每一个刊物包容一两名外国文学研究者兼翻译者，他们是刊物的基本编辑成员，但除担负一定的任务外，基本上是做他们愿意做的研究翻译工作"（胡风，2003：357－358）。

二、体制内外：文学翻译家的当代生存形式

应当说，周作人、罗念生、叶恭绰、胡风等人的单位想象，既涉及翻

译者的经济待遇、职业发展、翻译水平的培养与提升，又涵盖对文学翻译事业的整体规划：确乎为当代译者的生存方式提供了多样化的可能路径。胡风的遭际自不待言，历史的进程也并没有参照上述任何一家的单位想象。究其实，各家的单位想象在与以公有制经济为基础的单位体制颇多抵牾。

伴随着单位体制的全面推进，译者大都被纳入作协等机关、出版社、大学、研究机构等，进而获得单位身份。翻译专职化一时难以实现，出版总署署长胡愈之就该问题曾向文教委员会和周恩来做书面报告："目前著作翻译力量十分薄弱，几大部分有著译能力的，忙于行政工作或其他业务，致使稿件缺乏，出版质量难以提高。为此希望各机关团体学校领导部门协助组织著作翻译力量，对于工作人员中有著译能力的，鼓励其写作翻译，担任书刊审校及评介工作，并在时间上予以一切便利。"（出版总署署长胡愈之关于召开第二届全国出版行政会议经过向文委并周总理的报告，1998：321）此外，出版总署还试图纠正国营出版社的关门主义倾向和处理稿件上不负责任的态度，要求"掘发社会各方面还有没有闲散的著作翻译力量"（出版总署要求各出版社、书店、印刷厂召开座谈会征求意见的通知，1998：117），"大力组织机关、团体、学校、企业中的力量，如教授、专家、工程师、翻译等，利用业余时间进行著译"（出版总署关于全国出版事业的状况和今后方针计划给文教委员会的报告，1998：208）。1952年，在全国出版事业五年建设大纲中，出版总署将出版社主动且固定地联系一定数量的著译者作为一项制度确立起来，并对译者的译著提供保障。"每个中央级的国营出版社至少固定地联系50个作家和翻译家，每个地方国营出版社及公私合营出版社至少联系30个。出版社要与作家和翻译家订立撰稿合同或译稿合同，要求他们每人在一定的时期内至少著作或翻译处一本书"，"这份联系名单应该分别报告中央人民政府和地方人民政府的领导机关，必要时可请求他们通知各机关、团体、学校、企业，让这些著作翻译人才，腾出一部分业务时间乃至完全摆脱行政事务，从事著译工作"（为进一步地实现出版工作的计划化而奋斗——胡愈之署长在第二届全国出版行政会议上的报告，1998：283）。不得不说，这项政策并未得到认真落实。直至20世纪60年代初，文化部还在各类文件中重申着出版社必须密切联系著译者的话题。该政策的实际效果可想而知。

除了进入体制，成为"单位人"，仍有极少数当代译家居于体制之外。究其缘由，既有主动选择的成分，也不乏被迫之无奈。体制之外的当代边缘译者群体大致有三类：一是如周作人、钱稻孙等因历史问题无法担任公职只能从事译书的翻译家。二是如人民文学出版社的社外/编外译者群体，主要有傅雷、张友松、邵洵美、汝龙、钱春绮等。他们与人民文学出版社订立翻译合同或契约，完成译稿后交由人民文学出版社出版；人民文学出版社付给翻译稿酬或每月发送生活费，如周作人和钱稻孙便同为人民文学出版社的特约译者。三是在各类政治运动中"罹难"的著译者，如部分"胡风分子"。政治运动或历史问题，是译家本人无法掌控的因素；自甘于单位体制之外，则往往是翻译家的主动选择，却也不无流泄着两害相权取其轻的无可奈何。兹以几位当代译家的生平遭际为例。

傅雷孤高耿介，绝不与时俗妥协，潜心书斋，只身与翻译为伴。傅雷不止一次在钱锺书和杨绛面前自比为"墙洞里的小老鼠"，"他知道自己不善于在世途上周转圆旋，他可以安神的'洞穴'，只有自己的书斋；他也像老鼠那样，只在洞口窥望外面的大世界"（杨绛，2006：12）。从1949年到1952年，在担任平明出版社编辑的同时，作为苏州人的汝龙先后任职于江苏无锡中国文学院、苏南文化教育学院、苏州东吴大学。汝龙每两周去一趟无锡授课，白天上课后，晚上便开始伏案译书。1953年，汝龙担任平明出版社编辑部主任。然而，汝龙的志趣只在翻译，很快便辞去教职与编辑职，心无旁骛闭门译书，间或也会给平明校阅译稿。巴金也支持老友，在致萧珊家信中提及："汝龙学校'思改'，很久不能来上海，可是他决心脱离学校岗位，在政府的'养材致用'的原则下，他是该站在编译的岗位上"（巴金，萧珊，1994：82－83）。钱春绮医学出身，自1947年到1952年一直任职于上海市第四医院。1952年，在一位老同事的推荐下，钱辞掉第四医院医职，希望到第六医院做皮肤科住院医生。可第六医院人事科只准他当耳鼻喉科医师，钱不愿意，遂继续联系别的医院。第六医院的领导将不服分配的钱春绮上告上海市卫生局，"卫生局把这位倔强的医师的无组织、无纪律行为向劳动局发出通告，劳动局再向各个单位发出通告：这位医师'永不录用'"（吴钧陶，2016：66）。钱春绮便开始了自发的德语文学翻译，自行接连向出版社投稿译作。

1954 年，华东作家协会成立，成员中的翻译家群体包括草婴、满涛、傅雷、罗稷南等。译家们既不用上班，也没有国家编制，更无级别和工资，仅靠翻译稿酬维持生活。不在单位体制之内带给译者们的不良影响逐渐显现。最为突出和紧迫的，不外是生计问题。正如傅雷的忧虑：所恨翻译一旦停止，生计既无着落。又不比大学任教之人有退休待遇。体制外的译者，几乎全都不同程度地遭遇过经济困境。

三、"翻译家"在当代：作为一种社会调控的职业与身份

1949 年以后，单位"作为国家调控体系的基本单元，既是国家政策的最终落实者，又是整个政治体系的支撑者与资源的分配者"（刘建军，2000：19）。显然，单位已成为个人社会化的唯一通道。对于翻译家而言，进入体制内、成为单位人，往往就是翻译家取得翻译职业和获得"翻译家"身份的不二法门。在这个层面上来说，"十七年"的单位制度即是民国时期雇佣劳动制度的替代。只是，罗念生、叶恭绰等人与自由职业制藕断丝连的单位想象，自然没有施行的余地。胡风试图"建立以劳动成果与劳动质量相互说明的政治品质（不是现象性的甚至庸俗的所谓政治表现和形式上的政治关系）为基本标准的待遇和工作待遇，撤销一切人工的、因袭的、外部性的界限和限制"，且将文学刊物视作一个劳动合作单位，"绝对排斥任何行政性质（包括服从多数）的工作方式"，认为作家应该以劳动报酬自给，刊物应该"达到企业化或半企业化（现行的供给制或薪金制，是游击战军事时期的非常措施，进城后即已失去必要，几年来造成了掺杂着雇佣思想和特权思想的，对劳动采取侥幸态度的普遍的精神状态，成为造成并宗派主义统治的因素之一）"（胡风，2003：353－358）。而单位制度的运作，依靠的恰恰是行政手段和国家资源的输入，胡风等人的建言献策，着实有着与当代单位体制针锋相对的意味。

单位体制既是一种笼罩性的控制，也是对"身份"的界定与赋权。"一种个人身份在某种程度上是由社会群体或是一个人归属或希望归属的那个群体的成规所构成的"（佛克马，蚁布思：1996：120）。单位体制对译者而言构成了职业资格准入的凭据，只不过这里的资格不再以外语水平

或翻译能力为主要衡量标准。一旦获准进入体制，具备"翻译家"身份的译者们也就连带获取了相应的薪酬、医疗、住房、户口以至子女入学等配套利益。单位体制实则也是一套福利再分配制度。这正是文章开头所述张友松、傅雷倍感生存之艰的原因所在。又如原隶属于文学研究所的王智量，在"反右"运动后，他"主动"脱离公职，自谋生路。户口和工作成了最大的难题。等待他的只有代课教师、科技翻译等临时工；或者黄浦江边扛木头等纯粹力气活。

单位制度在供给一系列制度保障的同时，更带来了不平等的垄断和等级现象，这在翻译出版上尤为醒目。萧乾和张友松在"百花"时期对人民文学出版社及其领导阶层的批评正与此相关。人民文学出版社不大看重社外译者的译作。社外译者包括一般作家对自己的著译，从版式、装帧到校阅、稿酬，几乎全无说话的余地。至于重版、再版问题，也是无权过问。而社内要人译作的出版发行则是畅通无阻。张友松甚至用施舍者和乞丐来形容体制外译者与人民文学出版社之关系。当私营出版社被逐步整顿取消时，原属于私营的著译者和编辑者群体面临着失业的困境，因私营出版社的取消而断了译作出版之路的翻译家如毕修勺者，更不在少数。此时却依然存在着一股"只顾公、不顾私，盲目排挤、不加安排"的歧视性偏向。（1954年出版工作基本总结和1955年的方针任务，2001：8）部分译者如康嗣群、王科一由私营出版社调入国营出版社后，依旧不受待见。

单位制度常常与个体的自主性力量相对立，因而，自由译者、独立翻译在当代时期便显得极为可疑和暧昧。据梁再冰对穆旦的回忆，"在谈到他今后的职业问题时，向我们表示，他不愿到学校去教书，或作机关工作，只想作一个'个人'职业文学翻译，翻点东西拿稿费"，"当时我们都反对他搞'个人'翻译，劝他到学校教书，以便更快地改造自己"（易彬，2010：137）。在南开大学的"外文系事件"中，巫宁坤、穆旦所受的"两人都搞私人翻译"的批判意见相当醒目。周煦良在《翻译工作者必须政治挂帅》一文中，对独立翻译者作出了严厉的批评，称"在我们国家内出现了不少的独立翻译工作者"，"他们追求的是资产阶级的生活享受和闲散，最怕的是开会和政治学习"，"这种严重的资本主义倾向在许多翻译工作者身上表现得非常突出"（周煦良，1959：32）。单位制度试图把译者变成温驯的单向度螺丝钉，并不希望看到"私人翻译""个人翻译"的出现。

最后，尚需补述共和国时期两类特殊的翻译单位机制。其一，1957年，北京成立了"北京编译社"。据文化部党组的描述：该社"从社会上吸收了一批懂外文的翻译人员，其中有三四十人程度较高，历年来翻译出版了不少外国学术、文艺著作。因其中绝大部分的人员是历史上反革命分子或有严重政治问题的，该社行政现由公安部门控制管理"（文化部党组关于建议成立国家编译机构的请示报告，2009：33）。"北京编译社"的主要任务是"为出版社翻译正规出版物，以及为相关机构翻译文献资料，也为外单位借用临时担任口译工作"（训诗，2018）。其二，为了给体制外译者提供经济保障，"上海编译所"于1961年成立。前后收入19名所员，计有：草婴、满涛、罗稷南、韩侍桁、李俍民、陈梦海、冯鹤龄、陈良廷、徐汝椿、蔡慧、李孟安、吕翼仁、丰一吟、荣如德、吴力生、程慕灏、叶群等。尽管所员还是不入编制、没有工资、没有医保，但每月可领津贴不等。"北京编译社"和"上海编译所"均为殊异身份之译者提供了特殊的当代生存形式之一种。作为当代译史中"一段既光鲜又凄凉的短寿史"（管志华，2018：47），其各自的译业贡献，依然值得打捞。

参考文献

［1］文化部召开文艺作家座谈会纪要［A］. 中国出版科学研究所，中央档案馆编. 中华人民共和国出版史料（一九五七、一九五八）［C］. 北京：中国书籍出版社，2004.

［2］张友松. 我昂起头，挺起胸来，投入战斗［J］. 文艺报，1957（9）：14－15.

［3］傅雷. 谈翻译、出版、发行、印刷等问题——致全国人大和全国政协视察代表的书面意见［A］. 傅雷文集·文学卷［M］. 上海：上海远东出版社，2016a.

［4］傅雷. 傅雷文集·家书卷［M］. 上海：上海远东出版社，2016b.

［5］董秋斯. 论翻译理论的建设［J］. 翻译通报，1951（4）：3－6.

［6］唐人. 翻译是艺术［J］. 翻译通报，1950（4）：34－36.

［7］杨彦劬. 怎样搞好翻译工作［J］. 翻译通报，1950（4）：39－40.

［8］徐运生. 翻译工作专门化［J］. 翻译通报，1950（6）：35.

［9］翻译工作笔谈会［J］. 翻译通报，1950（1）：33－40.

［10］巴金. 雪泥集：巴金致杨苡书简劫余全编［M］. 杨苡编注. 上海：上海远东出版社，2010.

［11］陈思和，李光存编. 一双美丽的眼睛：巴金研究集刊（卷三）［C］. 上海：上海三联书店，2008.

［12］移模. 我的难题和意见［J］. 翻译通报，1950（2）：9－10.

［13］周作人. 翻译工作专业化［A］. 陈子善编. 知堂集外文·四九年以后［C］. 长沙：岳麓书社，1988.

［14］叶恭绰. 由旧日译述佛经的情况想到今天的翻译工作［J］. 翻译通报，1951（5）：52－53.

［15］罗念生. 建议成立文学翻译所［J］. 文艺报，1957（10）：15－16.

［16］胡风. 胡风三十万言书［M］. 武汉：湖北人民出版社，2003.

［17］出版总署署长胡愈之关于召开第二届全国出版行政会议经过向文委并周总理的报告［A］. 中国出版科学研究所，中央档案馆编. 中华人民共和国出版史料（一九五二）［C］. 北京：中国书籍出版社，1998.

［18］出版总署要求各出版社、书店、印刷厂召开座谈会征求意见的通知［A］. 中国出版科学研究所，中央档案馆编. 中华人民共和国出版史料（一九五二）［C］. 北京：中国书籍出版社，1998.

［19］出版总署关于全国出版事业的状况和今后方针计划给文教委员会的报告［A］. 中国出版科学研究所，中央档案馆编. 中华人民共和国出版史料（一九五二）［C］. 北京：中国书籍出版社，1998.

［20］为进一步地实现出版工作的计划化而奋斗——胡愈之署长在第二届全国出版行政会议上的报告［A］. 中国出版科学研究所，中央档案馆编. 中华人民共和国出版史料（一九五二）［C］. 北京：中国书籍出版社，1998.

［21］杨绛. 忆傅雷［A］. 金圣华编. 江声浩荡话傅雷［C］. 北京：当代世界出版社，2006.

［22］巴金，萧珊. 家书——巴金萧珊书信集［M］. 李小林编. 杭州：浙江文艺出版社，1994.

［23］吴钧陶. 云影［M］. 上海：上海辞书出版社，2016.

［24］刘建军. 单位中国——社会调控体系重构中的个人、组织与国家［M］. 天津：天津人民出版社，2000.

［25］［荷兰］佛克马，蚁布思：文学研究与文化参与［M］. 俞国强译. 北京：北京大学出版社，1996.

［26］1954年出版工作基本总结和1955年的方针任务（草稿）［A］. 中国出版科学研究所，中央档案馆编. 中华人民共和国出版史料（一九五五）［C］. 北京：中国书籍出版社，2001.

［27］易彬. 穆旦年谱［M］. 北京：中国社会科学出版社，2010年.

［28］周煦良. 翻译工作者必须政治挂帅［J］. 外语教学与翻译，1959（1）：31－32.

［29］文化部党组关于建议成立国家编译机构的请示报告［A］. 中国出版科学研究所，中央

档案馆编. 中华人民共和国出版史料（一九六二、一九六三）［C］. 北京：中国书籍出版社，2009.

［30］训诗. 被遗忘了半个世纪的翻译精英：清河翻译组的故事［N］. 南方周末，2018 - 04 - 19（C25）.

［31］管志华. 深潜译海探骊珠：郝运［M］. 上海：上海文化出版社，2018.

翻译如何破"壁"

——《壁下译丛》与20世纪20年代中后期鲁迅文艺思想的再构

李依楠①

摘要：《壁下译丛》成书于鲁迅"苦闷"的20世纪20年代。鲁迅在众多思想资源中选择了日文翻译作为破"壁"方式，在编译中讨论与探索无产阶级文学的问题和可能性。20世纪20年代中后期，鲁迅对无产阶级文学的关注呈现出较强的主体性，并未被"阶级性"所限。鲁迅以有岛武郎、武者小路实笃等人的文艺观对应中国的"新"文艺，推崇文学的独立性，反对将文学作为革命宣传的工具，同时，鲁迅与有岛武郎和武者小路实笃之间思想上的共鸣仍未断绝。从编译选择上看，鲁迅对于有岛武郎和片上伸围绕《宣言一篇》展开的论争尤为关注。《壁下译丛》所涉及的日本知识界的论争，某种意义上可称为鲁迅革命文艺思想转变的先导。结合《壁下译丛·小引》和鲁迅同期写作的杂文来看，虽然鲁迅与有岛武郎的文学观有接近之处，但若谈及思想的再构，鲁迅与有岛武郎的差异以及与片上伸、青野季吉的接近才是破壁的关键，《壁下译丛》对于理解鲁迅后期文艺思想而言具有"起点性"意义。

关键词：鲁迅；日文翻译；《壁下译丛》；文艺思想

---

① 作者简介：李依楠，人民教育出版社编辑，研究方向：鲁迅研究、中国现代文学与文化。

Title: How Translation Breaks the "Wall": The Translation Series Under the Wall (*Bi Xia Yi Cong*) and the Reconstrucfion of LuXun's Literary Thought in the Mid-to-late 1920s

Abstract: *The Translation Series Under the Wall (Bi Xia Yi Cong)* was published in the 1920s when Lu Xun was in a state of "bitterness". Lu Xun chose Japanese translations as a way to break the "wall" among many ideological resources, and discussed and explored the problems and possibilities of proletarian literature in the translation and compilation. In the mid-to-late 1920s, Lu Xun's concern for proletarian literature showed a stronger subjectivity, instead of limited by "class". Lu Xun corresponded to the "new" literature and art in China with the literary views of Arishima Takeo and Saneatsu Mushakoji and others, and Lu Xun promoted the independence of literature and opposed the use of literature as a tool for revolutionary propaganda. At the same time, Lu Xun's thought resonance with Arishima Takeo and Saneatsu Mushakoji remained uninterrupted. In terms of the choice of compilation, Lu Xun was particularly concerned with the controversy surrounding the *Manifesto* between Arishima Takeo and Noburu Katagami. The controversy in the Japanese intellectual circles involved in *the Translation Series Under the Wall* can be called, in a sense, the precursor of Lu Xun's change in revolutionary literary thought. Combined with *the Quote* to *The Translation Series Under the Wall* and Lu Xun's essays written at the same time, although Lu Xun's literary thought is close to that of Arishima Takeo's, Lu Xun's differences with Arishima Takeo and his proximity to Noburu Katagami and Aono Suekichi are the key to breaking the "wall" when it comes to the reconstruction of his thought. *The Translation Series Under the Wall* is a starting point for understanding Lu Xun's late literary thought.

Keywords: Lu Xun; Japanese translation; *The Translation Series Under the Wall* (*Bi Xia Yi Cong*); Literary thought

　　鲁迅 20 世纪 20 年代的创作及思想的变迁历来是学界的研究重点和争鸣焦点。相比之下，翻译之于鲁迅思想的重要性却未得到充分的阐释。鲁迅一生翻译的字数至少有 300 余万字，翻译对象不仅有小说、随笔，还有美学和文艺理论等作品。其翻译有社会性、文学性等多重取向，体现出不同时期的思想状态，具有很高的研究价值。

考察鲁迅 20 年代中后期的译作和年表，可以发现两个层面的关键词：

就物质层面来说，是"壁"。1924 年 5 月 2 日，鲁迅搬家至北京阜成门内西三条胡同 21 号，直至 1926 年 8 月 26 日离京南下，一直在书房"老虎尾巴"东壁下的书桌前写作。"壁"字不仅出现在这一时期鲁迅作品（含日记、书信）的落款中，还常以"碰壁"的面貌现身于正文和标题中。某种意义上，"碰壁"一词所指的不仅仅是鲁迅 20 年代中后期的生活与创作，也是一种立于"无阵之地"的清醒与痛苦，具有深刻而复杂的象征意义。

就精神层面来说，是"彷徨"①与"苦闷"②。20 年代，"苦闷"作为一种时代病正在世界范围内蔓延，中国也正经历着思想革命、国民革命和共产革命的急剧转型；在以中国为代表的东亚，"苦闷"呈现出一种带有集体色彩的现代性。当文艺运动受封建复古的逆流侵袭，启蒙的神圣性被消解，进化论的权威受阶级论挑战，鲁迅的文艺观也随青年观、民众观的调整发生变化。大革命及其引发的"苦闷"后遗症使鲁迅等启蒙知识分子不得不暂时从民族国家的宏大想象退回至自我的精神重塑。1924 年，鲁迅在"壁"下建立起与日本学者厨川白村的思想共鸣，先后翻译了厨川白村的《苦闷的象征》与《出了象牙之塔》。1926 年离京南下后，鲁迅的政治文化心理也随之变迁，对于无产阶级文艺理论和马克思主义的兴趣日渐浓厚，这其中有受鹤见祐辅《思想·山水·人物》影响的缘故。《壁下译丛》的整理和翻译则从 1924 年一直延续到 1928 年。可以说，对于鲁迅 20 年代中后期文艺思想再构的研究，从其日文翻译和同期创作的互动中可梳理出基本线索。

读鲁迅译作及译者附记、引言、后记，常能感受到译者强烈的问题意识。从《苦闷的象征》到《出了象牙之塔》《思想·山水·人物》《壁下

---

① 日本学者丸尾常喜曾提供了"彷徨"期这一重要研究视角。参见［日］丸尾常喜：《"彷徨"时期的鲁迅》，金贤贞译，《鲁迅研究月刊》1999 年第 6 期，第 27－35、15 页。

② 汪卫东认为鲁迅在 1923 年经历了人生第二次"绝望"（第一次是绍兴会馆时期），与创作停滞同时到来的还有思想的转变。参见汪卫东：《现代转型之痛苦"肉身"：鲁迅思想与文学新论》，北京大学出版社，2013 年。

中国翻译史新论

译丛》，发现中国当下思想界和社会的某些痼疾，解决自身乃至整个知识阶级的苦闷与困惑是鲁迅一以贯之的思想纲领。正是在这种问题意识和思想纲领的指引下，鲁迅开始从外部吸取养分，20 年代中后期经由日本文艺理论、评论和随笔等渠道获得的对西方文艺和社会的认知，便成了鲁迅在国内革命形势下解决自身与社会双重苦闷的思想武器。

一、《壁下译丛》选择编入的"日本知识界"

鲁迅的文学活动与思想历程与近代日本关系密切，其20 年代的阅读与译介情况尤能体现这一点。从武者小路实笃、厨川白村，到鹤见祐辅、板垣鹰穗，再到片上伸和有岛武郎，鲁迅的译介动机和兴趣呈现出明显的变化轨迹，即由向内的吸收和向外的启蒙转向与时代接轨的文艺思潮和文艺理论研究。10 年代的日本文坛，以武者小路实笃、有岛武郎为代表的白桦派推崇新理想主义和人道主义，主张个性解放和自我意识的彰显，迎合了"一战"后日本知识界的流行思潮。同一时期的中国，历史正在被清算，革命爆发，思想萌动。辛亥革命和新文化运动从政治与思想上重整了中国社会的面貌，知识分子再次面临文艺与政治的歧途。在日本的中国现代文学研究界，鲁迅研究是重中之重，且常常与中国革命史、20 世纪思想史研究相关联。以《壁下译丛》研究为例，丸山升、中井政喜等学者基于共享的日本思想文化资源和各自的知识背景把握《壁下译丛》的问题意识，即从鲁迅的编译延伸到对无产阶级文学运动、革命知识分子处境问题的讨论。因此，若要研究鲁迅晚期思想、厘清鲁迅与日本知识界的互动，《壁下译丛》内含的文学与"革命"问题是一个重要的突破口。

《壁下译丛》1929 年 4 月由上海北新书局出版，收鲁迅 1924 年 11 月至 1928 年 10 月翻译的 10 位作者的 25 篇文艺论文和随笔，另有数篇译者附记。引人注目的是，《壁下译丛》所译的 10 位作者，除开培尔①外都是日本人。而正如丸山升所说，即便是开培尔，其译文也是"鲁迅自深田康算、久保勉的合译本再译的，而且这篇文章被收入改造社出版的《现代日

---

① 《〈小说的浏览和选择〉译者附记》："开培尔博士（Dr. RaphaelKoeber）是俄籍的日耳曼人，但他在著作中，却还自承是德国。"开培尔曾任日本东京帝国大学教授。

本文学全集》，已融入日本的文学、思想界"（丸山升，2005：2－3），故鲁迅对开培尔的译介，仍离不开对于 20 世纪初期日本文坛的整体把握，可与其他 9 位作者一并分析。

《壁下译丛》目录（1929 年初版）			备注
作者	篇目	翻译时间	
片山孤村	《思索的惰性》	1925 年 10 月	原文作于 1905 年，译自《最近德国文学的研究》
	《自然主义的理论及技巧》	1925 年 11 月	译自《最近德国文学的研究》
	《表现主义》	—	译自《现代的德国文化及文艺》
拉斐勒·开培尔	《小说的浏览和选择》	1925 年 10 月	—
厨川白村	《东西之自然诗观》	1926 年 1 月	译自《走向十字街头》
	《西班牙剧坛之将星》	1924 年 11 月	译自《走向十字街头》
岛崎藤村	《从浅草来》（摘译）	1925 年 12 月	—
有岛武郎	《生艺术的胎》	1926 年 5 月	原文作于 1917 年，译自《爱是肆意劫夺的》余录
	《卢勃克和伊里纳的后来》	1927 年 12 月	原文作于 1919 年，译自《小小的灯》
	《伊孛生的工作态度》	1928 年 8 月	原文作于 1920 年，译自《小小的灯》
	《关于艺术的感想》	—	原文作于 1921 年，译自《艺术与生活》
	《宣言一篇》	—	原文作于 1921 年，发表于 1922 年 1 月号《改造》，译自《艺术与生活》
	《以生命写成的文章》	1926 年 9 月	原文作于 1922 年，译自《艺术与生活》
武者小路实笃	《凡有艺术品》	1926 年 9 月	原文作于 1915 年，译自《为有志于文学的人们》
	《在一切艺术》	1926 年 8 月	原文作于 1921 年，译自《为有志于文学的人们》
	《文学者的一生》	1927 年 1 月	原文作于 1917 年，译自《为有志于文学的人们》
	《论诗》	1926 年 6 月	原文作于 1920 年，译自《为有志于文学的人们》

续表

《壁下译丛》目录（1929年初版）			备注
作者	篇目	翻译时间	
金子筑水	《新时代与文艺》	1925年7月	原文作于1921年，译自《文艺之本质》
片上伸	《北欧文学的原理》	1928年10月	原文为1922年9月在北京大学的演讲（后被作者选入论文集中出版），译自《露西亚文学研究》
	《阶级艺术的问题》	—	原文作于1922年，译自《文学评论》
	《"否定"的文学》	—	原文作于1923年，译自《文学评论》
青野季吉	《艺术的革命与革命的艺术》	—	原文作于1923年，译自《转换期的文学》
	《关于知识阶级》	1927年12月	原文作于1926年，译自《转换期的文学》
	《现代文学的十大缺陷》	—	原文作于1926年，译自《转换期的文学》
昇曙梦	《最近的戈理基》	—	原文作于1928年，译自《改造》第十卷第六号

《西班牙剧坛的将星》作为鲁迅这一次翻译实践的开端，似乎暗示了《壁下译丛》与厨川白村之间的某种延续性。丸山升在《鲁迅与〈宣言一篇〉》中指出，《壁下译丛》的翻译时间处于鲁迅与厨川白村关系显著的时期到与革命文学派激战的时期之间。依时间逻辑看，鲁迅翻译《壁下译丛》的1924—1928年确与丸山所划分的时段相吻合；《壁下译丛》以厨川白村开篇，以片上伸收尾，与当时中国知识界对于域外思想的认知过程基本一致。不过，从成书目录（鲁迅自拟，非出版社编排）来看，鲁迅并未将翻译的首篇《西班牙剧坛的将星》放在首位，而是有意打乱原文写作和翻译顺序，采用作家与作品相对照的形式。这一目录编排的最大特点是突出了原文作者及其兴趣方向，使全书的编译更具系统性和理论性，有助读者加深对20年代日本知识界、文艺理论界基本形势和讨论焦点的认识。

鲁迅在《壁下译丛·小引》（下称《小引》）中交代了该书成书的背景、经过、两大内容和涉及的论争。与其说该书是在兴趣和共鸣的基础上译成的，不如说是在国内革命形势和革命文学论争高潮期应时而作的成果；这一点，多少已体现出鲁迅主动破壁的努力，但在 20 年代革命文学论的大潮下，鲁迅依然坚持了一些如旧的思想。《壁下译丛》与鲁迅文艺思想的关系，可从编和译两个方面阐述。

从编排方式来看，《壁下译丛》的"二分法"——全书三分之二（到金子筑水《新时代与文艺》为止）①是"绍介西洋文艺思潮的文字"，三分之一②和"新兴文艺"有关——已然透露出鲁迅此番编排的计划及所关涉的文艺史观。在鲁迅看来，第一部分的文章采用"较旧的依据"，和当时中国应着"革命文学"的呼声而起的许多论文一样，把文学当作宣传工具而偏向唯心。为与第一部分形成对比，第二部分特意编入有岛武郎和片上伸的争论，目的是"看看固守本阶级和相反的两派的主意之所在"。同时，从译者附记中亦可看出，鲁迅对于国内"新"的文艺颇有不满："虽然他那意见的根柢是古典底，避世底，但也极有确切中肯的处所，比中国自以为新的学者要新得多。"（鲁迅，2009：362）

以上，似乎可得出推论：鲁迅编《壁下译丛》是为了重振当时国内的文学风气，在文艺观上更偏向与"新兴文艺"有关的片上伸而非采用"较旧的论据"的有岛武郎。事实是否如此？

为厘清这一问题，首先要探明鲁迅这一时期的思想主张。中井政喜在分析《壁下译丛》的"一个侧面"时，着重关注了其中四位日本文艺理论家：有岛武郎、武者小路实笃、片上伸和青野季吉。前二者被列为日本白桦派的代表，后二者以关注无产阶级文学理想为志业，两派之间形成了某种延续与互动。鲁迅对此四者的思想产生的共鸣、延续与超越，也即《壁下译丛》的翻译立场和态度，或许是我们突破问题的关键线索。

《壁下译丛》选译了有岛武郎 6 篇作品③，在 10 位作家中比重最大。从选文的思想内容上看，此 6 篇已与鲁迅 1921 年翻译的有岛武郎的《与幼

---

① 包括片山孤村 3 篇、开培尔 1 篇、厨川白村 2 篇、岛崎藤村 1 篇、有岛武郎 6 篇、武者小路实笃 4 篇、金子筑水 1 篇。
② 包括片上伸 3 篇、青野季吉 3 篇、昇曙梦 1 篇。
③ 《译丛补》又翻译《小儿的睡相》《四件事》《草的叶》《叛逆者》等十几篇。

小者》① 有明显的不同。1919 年，鲁迅在写下《我们现在怎样做父亲》的两天后读到了《与幼小者》，"觉得很有许多好的话"（鲁迅，卷 1，2005：380），为自己与有岛的观念契合感到惊喜。"有岛氏是白桦派，是一个觉醒的，所以有这等话；但里面也免不了带些眷恋凄怆的气息。这也是时代的关系。"（鲁迅，卷 1，2005：380）在美国留学期间，有岛接触了日本早期社会主义运动，加深了对托尔斯泰和克鲁泡特金等人思想的认识，对社会主义、无产阶级思想的理解因而上升至理论高度，具备左倾的理论可能性。这一思想轨迹与 20 年代中后期鲁迅的思想再构主线大体相似。从人道主义到文艺评论的转向，暗示了鲁迅与有岛武郎产生了新的共鸣（下文将展开论述）。1910 年，与有岛武郎等人共同创办《白桦》杂志的还有武者小路实笃。武者小路也是鲁迅较早关注的日本作家②，与鲁迅同受托尔斯泰思想的影响，怀有人道主义理想。鲁迅 1919 年翻译武者小路的反战剧本《一个青年的梦》，缘于周作人在《新青年》四卷五号上的介绍，读完之后，"觉得思想很透彻，信心很强固，声音也很真"（鲁迅，卷 10，2005：209）。彼时鲁迅对武者小路思想的认同，还建立在反战、民众觉醒等人道主义的主张上，是鲁迅"立人"思想的早期体现。《壁下译丛》所收的 4 篇，基本道明了武者小路文艺观的思想核心，即主张艺术创作的真诚、强调作家的个性与作家在文学中的优先级。鲁迅在 1926 年选译武者小路谈文艺创作的这几篇文章，意有所指，也有自白的成分在，与当时文坛上虚伪空洞的文学流派划清了界限。

在《壁下译丛》的"新兴文艺"部分，鲁迅主要介绍了一对有师承关系的日本学者：片上伸和青野季吉。片上伸是日本左翼文艺评论家，曾在日本自然主义文学的重镇早稻田大学担任文学部教授。20 世纪初，片上伸还是自然主义文学运动的一员，直到 1915 年末被公派至俄国留学，亲历轰轰烈烈的十月革命，才逐渐对无产阶级文艺运动产生兴趣。青野季吉是日本共产党的初创期成员，在党内担任核心工作，参与创办《无产阶级》杂

---

① 鲁迅起初介绍此文时称"《与幼者》"，正式翻译时改为"《与幼小者》"。下文统一作"《与幼小者》"。

② 鲁迅 1919 年 8 月翻译武者小路实笃的剧本《一个青年的梦》，是其翻译日本文学的第一篇作品。

志，同时是《文艺战线》的主要理论批评家。与有岛和武者小路不同，青野不从事文学创作，而是在理论高度上指导日本无产阶级文学实践。实际上，青野本人也曾陷入文学与政治的纠葛。在早稻田大学读书时，青野对文学展现出浓厚的兴趣，但同时也没有抛弃社会主义观念，只是对于是否要参与社会运动持犹豫态度。青野的犹豫，折射出战后一代日本知识青年的社会（主义）想象与文学情结的矛盾纠葛，几乎是怀有人道主义理想的文学者必经的思想磨砺；而他们最终的破壁方式，是从文学走向文艺批评，从钻研文学的文学效用转向讨论文学的社会功用。文学者是否可以"革命"？片上伸和青野季吉从日本白桦派那里接过"革命"的火种，将框架式的创作理论提升为具有指导意义的创作方法。至此，鲁迅这一时期的思想主张也逐渐清晰了起来。文学者的"革命"，无外乎"立"与"破"两种途径，前者的对象是人，是启蒙的预期，后者的目标则指向社会，通过切实的文艺活动与社会运动廓清发展道路，呈现出可行的方向。在经历"五四"落潮和随之而来的诸多社会政治事件、思想界纷争的袭扰之后，鲁迅以日文翻译为思想缓冲和蓄力之方式，在与日本知识界的互动中找到了破壁的路径，即走向革命文学。

需要留意的是，鲁迅这一时期对革命文学的关注呈现出较强的主体性，并未被"阶级性"所限，本质上看，与鲁迅前后的文艺观一脉相承。至于鲁迅界定《壁下译丛》内容时使用的"二分法"，则体现出鲁迅在"新"与"旧"之间复杂的思想。一方面，鲁迅以有岛武郎、武者小路实笃等人的文艺观对应中国的"新"文艺："近一年来中国应着'革命文学'的呼声而起的许多论文，就还未能啄破这一层老壳，甚至于踏了'文学是宣传'的梯子而爬进唯心的城堡里去了"（鲁迅，卷10，2005：306－307），推崇文学的独立性，反对将文学作为革命宣传的工具，在此基础上提倡"新兴文艺"。另一方面，鲁迅与有岛和武者小路之间思想上的共鸣仍未断绝，因此并未与"较旧的论据"完全脱离关系；片上和青野等人为鲁迅这一时期的文艺主张提供了新的论据，但仍无法贡献支持文学者革命和确保革命胜利的长久之计，更毋论知识分子自身思想的转变了。面对文学者如何革命的问题，鲁迅的"历史中间物"意识和怀疑精神再次发挥了作用。

二、有岛武郎与片上伸之间的鲁迅：革命知识分子的信与疑

鲁迅翻译生涯中有两个关键之年，1924 年发现了厨川白村，令鲁迅在北京陷入面壁的苦闷，将其逐步推向无产阶级文学，1928 年将日本无产阶级文坛那场著名的论争，即有岛武郎与片上伸围绕《宣言一篇》展开的论争引介到中国，使鲁迅自此逐渐转向更为积极的无产阶级文学方向。1929 年出版的《壁下译丛》可以看作鲁迅对于 1924—1928 年这一重要思想激荡期的思潮整理和自我总结，其核心的问题意识围绕有岛武郎与片上伸的论争展开，具备两个方向的延展性，一是从大正到昭和的日本知识界的思想动态，具体表现为对于日本无产阶级文学相关问题的讨论和理论研究状况，二是 1928—1929 年鲁迅等人与创造社（后期）和太阳社之间关于无产阶级革命文学的论争。因此，鲁迅的编译既是从外到内的引介，也是由内而外的探寻；既有借外来思潮梳理自身文艺思想的动机，也有重审革命时代知识分子身份定位的努力。

若将日本大正至昭和时期几位有影响力的无产阶级文学者的际遇对比来看，会发现两处颇值得玩味的共同点：其一是留学或游历经历，如厨川白村"一战"时期游历美国，有岛武郎明治时期留学美国接受欧美式教育，片上伸"十月革命"期间留学莫斯科，革命战争时期远渡海外的经历令文学者一方面接触到当时最前沿的社会思潮、文艺理论，另一方面在实际的社会运动中调整原有心态和文艺观，对世界革命形势和本国政治局势产生更深的体认；其二是思想或信仰的转变，有岛武郎从信仰基督教转向从事无产阶级文学事业顺应了当时日本知识界的新兴思潮，武者小路实笃由信奉人道主义的反战者到狂热的军国主义分子的身份转变显示出革命知识分子思想的复杂性和不稳定性，而青野季吉在政治斗争中立场的转变或许更能代表更多知识分子在革命时代的彷徨与犹疑。《壁下译丛》的意义在这一层面有了新的体现，即打通东亚知识界的苦闷，在文艺与政治的歧途上寻找可以破壁的着力点。

1922 年，有岛武郎《宣言一篇》的发表犹如一块巨石激起日本文坛的阵阵涟漪，被视为"昭和思想史的起点"。围绕这一"起点"展开的大小论争和发表的长短批评不计其数，其中片上伸的《阶级艺术的问题》一篇

令此"起点"成为一个聚焦点。围绕"第四阶级"的问题，《阶级艺术的问题》与《宣言一篇》形成了有效的对话，在论争中推进了无产阶级文学内部的反思。

有岛武郎最初在中国现代文学界登场，是经由周氏兄弟的译介，以主张个性解放的人道主义者的形象进入中国。周氏兄弟对有岛武郎其人其文皆表现出浓厚的兴趣。鲁迅早在《现代日本小说集》里就介绍了有岛武郎的短篇小说《与幼小者》和《阿末的死》，晚年还购入《有岛武郎著作集》，这是除厨川白村外，鲁迅投入关注（阅读和翻译）最多的日本作家。周作人在《谈龙集》里专门记述了有岛武郎的事迹，为其思想转变和社会活动举证："他曾经入基督教，又与幸德相识，受到社会主义思想。去年决心抛弃私有田产，分给佃户，自己空身一个人专以文笔自给，这都是过去的事情。"（周作人，2002：28）如果说厨川是无产阶级文学的同情者，那么有岛武郎就是从象牙塔走向平民社会的无产阶级思想的践行者。《壁下译丛》所收的 6 篇有岛武郎作品，均作于 1917—1922 年期间，是其文艺思想的浓缩。《关于艺术的感想》论述了表现主义与"第四阶级"的关系，有意突出前者的阶级艺术属性，《宣言一篇》则承续了此文的主张，继续讨论"第四阶级"及阶级艺术的问题。由于留学时受到西欧哲学和社会主义思想的影响，故在谈及文艺与阶级的问题时，有岛武郎展现出了对日本劳动文学发展的敏锐觉察。《宣言一篇》如是评价克鲁巴金、马克思等人的观点："即使克鲁巴金的所说，对于劳动者的觉醒和第四阶级的世界底勃兴，有着怎样的力量罢，但克鲁巴金既不是劳动者，则他要使劳动者生活，将劳动者考索，使劳动者动作，是不能够的。"（鲁迅，1929：148）有岛武郎的立场是：只有劳动者才能创造真正的劳动文学，第四阶级的文艺只能靠该阶级的人发扬，如果在未成熟之时由其他阶级的人发扬了，则结果往往是不理想的。有岛武郎对于无产阶级革命文学还抱有保守的态度和怀疑的思想，原因就在于其认为自己所处的阶级并不能为第四阶级辩护、立论和发起运动；有岛武郎指出第四阶级以外的知识分子能够为第四阶级贡献的只有觉悟和观念，这无疑否定了包括自身在内的其他阶级知识分子参与革命的可能性。

"第四阶级"广义上指的是无产阶级和民众。有岛武郎将第四阶级的思想和动作当作一种"现象"来考察，一定程度上为青野季吉的"外在批评"提供了经验。主张坚实而自然地前进的有岛武郎在《宣言一篇》中提出的观点很快得到片上伸坚实而热烈的回应，片上伸在《阶级艺术的问题》中有逻辑和针对性地对有岛的观点进行了辩驳，指出第四阶级虽已兴起，但该阶级的文化艺术尚未出现。对于有岛武郎所谓只有本阶级的人才能创作本阶级的艺术的观点，片上伸也表示不认同："有岛氏是属于有产者一阶级的人，原是由来久矣。他的作品，是诉于有产阶级的趣味好尚一类的东西，大概也是世间略已认知的事实罢。然而这样说起来，则现在的艺术的创作者，严密地加以观察而不属于有产阶级的人，又有几个呢。"（鲁迅，1929：233－234）在有岛武郎的逻辑里，片上伸发现了可以辩驳的方向，除阶级艺术的创作者身份外，还有有岛武郎没有"收拾干净"的问题。"我并非要向有岛氏说，要他化身为无产阶级，也非劝其努力，来做于他是本质底地不可能的无产阶级的艺术。只是对于他的明知自己是有产者，却满足而自甘于此之处，颇以为奇。"（鲁迅，1929：240）二人的关注点，最终仍落在阶级转换、文艺与宣传、革命知识分子与民众的联合问题上。

回到前文搁置的问题，即鲁迅对于《壁下译丛》问题意识的把握上——在有岛武郎和片上伸之间，鲁迅究竟更偏近于谁的文艺思想？对此，丸山升和中井政喜产生了歧见，丸山认为鲁迅并未脱离"较旧的论据"，中井则尊重鲁迅在《小引》中的陈述，将鲁迅认定为"新兴文艺"及片上伸等人的支持者。沿着这两种思路，实际上可以探得鲁迅在不同阶段的关注焦点，最终探究的是鲁迅的革命文艺观是否转变及如何变化的问题。仅从《小引》[①] 来看，尽管表现出对"新兴文艺"和片上伸的欣赏，鲁迅的态度仍不可谓不暧昧，是因为鲁迅在写作此文时有所遗漏、忘记表态吗？依鲁迅的写作风格和惯有逻辑来看，忘记表态显然是不成立的，因此，原因更像是鲁迅有意表现"中立"。更进一步推测，彼时鲁迅很有可能还在"旧"与"新"之间犹豫不决，而自己并不愿公开坦露这一点。

无论如何，我们还是能够从《小引》中看出鲁迅编译的一部分动机，

[①] 鲁迅："在这里还编进一点和有岛武郎的论争，可以看看固守本阶级和相反的两派的主意之所在。"参见鲁迅：《壁下译丛·小引》，《鲁迅全集》（第10卷），北京：人民文学出版社，2005年，第307页。

因鲁迅本人已坦言："又，去年'革命文学家'群起而努力于'宣传'我的个人琐事的时候，曾说我要译一部论文。那倒是真的，就是这一本……"（鲁迅，卷10，2005：307）可见，与日本文坛这场论争具有相似"革命"意义的是中国1928年的革命文学论争。1927年7月，国民革命失败；10月，鲁迅抵达上海。同一时期，在国内从事革命文学事业的郭沫若、蒋光慈、钱杏邨等人，以及日本留学归来的作家李初梨、冯乃超等人也陆续来到上海，以创造社（后期）和太阳社的联合态势掀起无产阶级革命文学运动的热潮。1928年初，鲁迅遭到"革命文学家"围攻，在为《壁下译丛》作《小引》的两个多月前，即1928年2月23日，鲁迅写下《"醉眼"中的朦胧》，针对"革命文学派"将文学作为革命宣传工具，以及从自身利益出发攻击其他派系和立场的知识分子的现象进行了如下几点批判和思考。

其一，"我并不希望做文章的人去直接行动，我知道做文章的人是大概只能做文章的。"（鲁迅，卷4，2005：62）这一看法是对当时一些革命知识分子倡导"直接行动"的否定。鲁迅向来不支持学生和知识分子直接参与革命，至于原因，除了爱护青年的人道主义精神外，还有对于革命时代文学者工作和文学地位的见解。1927年，鲁迅在黄埔军校做《革命时代的文学》演讲，如是说："诸君是实际的战争者，是革命的战士，我以为现在还是不要佩服做文学的好。"（鲁迅，卷3，2005：441-442）鲁迅在广州不仅深刻体会到阶级斗争的猛烈，还完成了革命观的重塑，不再保守地立于文学者阵营而对革命者阵营加以攻讦，而是肯定革命可取的价值，其主张含有两个层面的意味。一方面，与有岛的观点相似——劳动者并不需要克鲁泡特金、马克思这样的思想家，他们凭借自身的独特性和本能性发挥出来的东西会更完全，也即不主张不属于劳动者的人干涉劳动者的革命，因为后者终会走向革命的成功。另一方面，继续了有岛武郎的思考，在质疑"革命文学"和"革命文学者"的现实意义之外，进一步反思了文学的地位和功用："自然也有人以为文学于革命是有伟力的，但我个人总觉得怀疑，文学总是一种余裕的产物，可以表示一民族的文化，倒是真的。"（鲁迅，卷3，2005：442）可以看出，即便在国民革命之后进行了革命文学思想的再构，鲁迅的"余裕文学"观仍未动摇。换言之，鲁迅文艺思想的再构是在切合时代需求、吸收有益思想的基础上订正和完善原有思想，其思想内核和对于文学本身的理解未曾转变。左联成立后，鲁迅的革命文艺思想基本定型，如"知识阶级有知识阶级的事要做，不应特别看轻，然而劳动阶级绝无特别例外地有待诗人或文学家的义务"（鲁迅，卷4，2005：240）一类的观点令其革命知识分子的形象更加丰富真切。

　　其二，"虽然也可以向资产阶级去，但也能够向无产阶级去的呢。" "或者因为看准了将来的天下，是劳动者的天下，跑过去了；或者因为倘帮强者，宁帮弱者，跑过去了；或者两样都有，错综地作用着，跑过去了。也可以说，或者因为恐怖，或者因为良心。"（鲁迅，卷4，2005：63）在鲁迅看来，革命者的立场不是恒定的，时而有产，时而无产，甚至时而左，时而右，在"工业发达，贫富悬隔的国度里，却已是平常的事情"（鲁迅，卷4，2005：63）。有岛武郎在《宣言一篇》里的发现与鲁迅的忧虑高度相似："法国的革命，虽然说是为民众的革命而勃发的，但只因为是和卢梭、服尔德①辈的思想有缘而起的革命，所以那结果，依然归于第三阶级的利益，真的民众即第四阶级，却直到今日，仍被剩下在先前的状态上了。"（鲁迅，1929：169）有岛武郎的担忧，同时投射到彼时正在进行的俄国革命上——第四阶级以外的人发动的革命，究竟能否惠及第四阶级？第四阶级（占俄罗斯民众大多数的农民）在多大程度上能理解革命的真义？围绕《宣言一篇》展开的论争，实际上也未能厘清这些问题，而是给后继者留下了更多的阐释空间。依鲁迅看，革命固然是正常的，社会改革和人类进步都需要革命，但革命与文学的关系却不是"革命文学"这一概念就可说明的，革命的现实性和革命者思想的复杂性都是"革命文学"不可尽信的原因。面对成仿吾等人拉"大众"来批判小资产阶级的文章，鲁迅犀利发问："倘若难于'保障最后的胜利'，你去不去呢？"（鲁迅，卷4，2005：63）更为尖刻的是鲁迅30年在左联成立大会上的发言："我以为在现在，'左翼'作家是很容易成为'右翼'作家的"（鲁迅，卷4，2005：238）。丸山升曾指出，"鲁迅对'革命文学派'的不信任，一个最大的原因便是对曾经提倡'为艺术的艺术'、宣扬浪漫的'个性解放'的创造社，不到几年却突然开始倡导起'革命文学'这一变化的不信任"

---

① 即伏尔泰。

（丸山升，2005：9）。鲁迅的怀疑精神，在其革命观上贯彻始终。

其三，"索性主张无产阶级文学，但无须无产者自己来写；无论出身是什么阶级，无论所处是什么环境，只要'以无产阶级的意识，产生出来的一种的斗争的文学'就是。"（鲁迅，卷4，2005：63）这是鲁迅在批判成仿吾观点时，对李初梨文章的评价，显然有认同的一面。要而言之，鲁迅主张"革命人"做"革命文学"，只是此处的"革命人"并非指带有阶级和主义性质的"革命者"。"我以为根本问题是在作者可是一个'革命人'，倘是的，则无论写的是什么事件，用的是什么材料，即都是'革命文学'。"（鲁迅，卷3，2005：568）"为革命起见，要有'革命人'，'革命文学'倒无须急急，革命人做出东西来，才是革命文学。"（鲁迅，卷3，2005：437）而在1932年，沙汀、艾芜致信向鲁迅请教小说题材的问题时，鲁迅却如是答复："如果是战斗的无产者，只要所写的是可以成为艺术品的东西，那就无论他所描写的是什么事情，所使用的是什么材料，对于现代以及将来一定是有贡献的意义的……但两位都并非那一阶级，所以当动笔之先，就发生了来信所说似的疑问。"（鲁迅，卷4，2005：376）在这篇回信中，鲁迅选择正视"阶级"问题，这一变化实际上自《壁下译丛·小引》时就有所显露，不再集中精力与"革命文学派"争论，而是将眼光从现实延伸到将来，着重于发展。"仍旧是曾经'横横直直，发表过的'居大多数，连自己看来，也说不出是怎样精采的书。"（鲁迅，卷10，2005：307）言语之间，鲁迅已从革命文学论争中侧身而出，走向了新的天地。

新的天地显然已不是"革命文学"。鲁迅后期对于马克思主义文艺理论的接受，其真正的起点是1928年之后对于"无产阶级革命文学"的理解。因此，《壁下译丛》所涉及的日本知识界的论争，某种意义上可称为鲁迅革命文艺思想转变的先导。上文所列《"醉眼"中的朦胧》的观点，多少证明了鲁迅与有岛武郎文学观的接近；不过，若谈及思想的再构，则鲁迅与有岛武郎的差异以及鲁迅与片上伸、青野季吉的接近才是破壁的关键。

与对有岛武郎的译介相比，鲁迅对片上伸的亲近算不上早；甚至可以说，直至1928年，鲁迅都没有对片上伸的思想形成充分的理解和认同。《阶级艺术的问题》固然为鲁迅思想的再构提供了参考，但并不是最能代表片上伸无产阶级文学思想的文章，也没有真正激起鲁迅的共鸣，故《壁下译丛》对于理解鲁迅后期文艺思想而言仍是"起点"意义。无论是片上伸还是青野季吉，最为鲁迅关注的还是有关无产阶级文艺新形式和新内容的观点，如前者的《现代新兴文学的诸问题》和后者的《转换期的文学》，所谓"新兴文艺"的"新"，大抵体现在这里。

三、结语

"壁"作为本文的论述线索，具有两重意义：字面意义上，"壁"指的是鲁迅 1924—1926 年在北京最后一处居所的书房的东壁；象征意义上，"壁"可视为鲁迅 1925 年前后的现实处境以及对国内思想界困境的一种自省式的概括。本文即从"壁"的象征意义着手，从日文翻译的角度认识鲁迅"壁"下时期未解的"苦闷"在革命文学论争的发端语境中的升华，即一种从知识分子思想内部升起的现代转型与国民社会改造的压力。当"启蒙"在新的时代不再奏效时，"苦闷"成了破"壁"的力量，是知识分子走出象牙之塔、参与政治实践的思想与理论武器。

1924—1928 年，日文翻译为"壁"下的鲁迅提供了一处思想缓冲带。除厨川白村、鹤见祐辅外，有岛武郎、片上伸等日本大正时期活跃的知识分子在历史与革命的转型期都曾试图以告别"象牙之塔"的姿态转向"十字街头"，但在一个难以清晰地看见"壁"的存在的社会，破"壁"绝非易事。鲁迅面"壁"的苦闷，本质是在自我生命力受压抑的状态下意识到个体作为"历史中间物"的局限性，故而鲁迅的破"壁"有着触及政治而又独立于政治的丰富的面向。

无论是对于"五四"时期之后的中国还是鲁迅来说，现代转型都是一个彷徨、痛苦、充斥着苦闷的过程。在这一过程中，"日本"有着广阔的可被阐释的空间——是总结东亚历史经验的方法，也是前沿思潮与活动的交流场。在此意义上，鲁迅与日本知识界的互动就不只是文化层面的知识共享了，而上升到思与行的互见层面。20 年代，鲁迅思想中的一条暗线是言行观的明确，这一线索影响了包括文艺观、青年观在内的鲁迅思想的诸多方面，更推动了鲁迅翻译思想的重塑。在《壁下译丛》之后，鲁迅进入了无产阶级文艺理论译介的自觉期，后期还加强了对马克思主义文艺理论的关注；其选译标准，除共鸣之外，也有对作品功用性（能否化为自己的思想资源或给中国民众带来新的知识与经验）的考量。鲁迅在 30 年代审视俄国文艺和无产阶级理论时，已经超越了普通读者的阅读需求，而带着研究的眼光。可是俄语不精的鲁迅如何了解俄国的文艺？事实是，日本学界的翻译和论争大大开阔了鲁迅的视野，继武者小路实笃、有岛武郎、片上伸、青野季吉之后，藏原惟人、上田进等翻译家也以"革命知识分子"的气质作用于鲁迅革命文艺观的重塑。例如，卢那察尔斯基的《文艺与批评》，就是鲁迅从藏原惟人、尾濑敬止、中杉本良吉等人的日译本转译的。可见，在无产阶级文艺理论深刻影响中国之前，邻近的日本就已率先破壁，而"翻译家鲁迅"无疑位于最先为革命时代的中国文学找到出路的知识分子之列。

中井政喜认为，鲁迅对于马克思主义文艺理论的真正接触和接受，是从 1928 年的"革命文学论争"开始的（中井政喜，2015：218）。回到中井的论述逻辑中看，这一结论诚然有迹可循，只是"革命文学论争"是否是最初的契机还有待商榷。学界普遍认为，鲁迅 20 年代末和 30 年代初对于苏俄文论的翻译是其左转的重要标志，但在这一定论之下，鲁迅 20 年代中期通过翻译有岛武郎等日本学者的文论走向革命文学的思想暗线却未得到充分重视和挖掘。同样值得反思的还有"从进化论到阶级论"这一对鲁迅思想转变的描摹，我们虽无法否认这一基本轨迹，但要警惕被"进化论"和"阶级论"思想所限制，以至于稀释了鲁迅文艺思想乃至整个思想体系的深刻性与复杂性。

"苦闷"作为贯穿 20 年代鲁迅精神世界和中国思想界的关键词，在不同时期不同地域演变为不同具体的问题。翻译作为一种破"壁"方式，在 20 年代为鲁迅涤荡"苦闷"贡献了力量，指引其走出象牙之塔，在思考、反省的同时寻觅行动和改造的道路，最终解决自身乃至整个中国思想界的困惑与问题。在这层意义上，研究鲁迅对《壁下译丛》的翻译对于理解鲁迅 20 年代中后期文艺思想的转变极为重要，或许，也有助于打通"鲁迅中期的翻译"和"鲁迅后期的翻译"两类划分①，为 30 年代的鲁迅与左翼文学研究提供新的视角。

参考文献

[1] [日] 丸山升. 鲁迅和《宣言一篇》——与《壁下译丛》中武者小路、有岛的关系 [A]. 鲁迅·革命·历史——丸山升现代中国文学论集 [C]. 王俊文译. 北京：北京大学出版社，2005.

[2] 鲁迅. 鲁迅全集（第 1、3、4、10 卷）[M]. 北京：人民文学出版社，2005.

[3] 鲁迅. 小说的浏览和选择·译者附记 [A]. 王世家，止庵编. 鲁迅著译编年全集 [M]. 北京：人民出版社，2009.

[4] 周作人. 有岛武郎 [A]. 止庵校订. 谈龙集 [M]. 石家庄：河北教育出版社，2002.

[5] 鲁迅. 壁下译丛 [M]. 上海：北新书局，1929.

[6] [日] 中井政喜. 从 1928 年"革命文学论争"至 1930 年前后——1926–1930 年间的鲁迅与马克思主义文艺理论（中）[J]. 潘世圣译. 上海鲁迅研究. 2015（02）：218–235.

---

① 不少学者对鲁迅的翻译做分期研究，观点不一。如顾钧在《鲁迅翻译研究》中按时间顺序将鲁迅的翻译分为前、中、后期，《苦闷的象征》被归为"鲁迅中期的翻译"，"鲁迅后期的翻译"包括《思想·山水·人物》《死魂灵》和苏联文艺理论、"同路人"文学；王家平的《〈鲁迅译文全集〉翻译状况与文本研究》对 2008 年福建教育出版社八卷本《鲁迅译文全集》的全部译作逐篇进行了研究阐释，将《苦闷的象征》《出了象牙之塔》《思想·山水·人物》《壁下译丛》全部归为"鲁迅中期译作"。

中国现当代文学外译研究

〈翻译学刊〉

2024年第1辑

文化视阈下两个《饥荒》回译本对比研究

傅光明　夏玉珊①

摘要：赵武平和毕冰宾分别依据老舍与浦爱德合译的《四世同堂》英文手稿回译后16段，以图补阙原作结尾。回译本的接受环境、原文本的经典诗学和回译者的主体性制约《饥荒》结尾回译的美学呈现和文化复归。赵武平采用老舍词汇表和逐字直译法，部分还原了20世纪40年代老舍的语言表述和文本风格，但译文表达不准确且翻译腔严重；毕冰宾为满足目的语读者的审美期待，以他熟悉的北京日常普通话为参照，较为成功地还原了小说的京腔京韵，却又因语言的时代差异、译者主体性的凸显，与前文存在一定距离。文化回译视角下，不同回译本的对照研究是研究者与译者合力探侦《四世同堂》原貌的跨时空冒险之旅，是客观评价回译本价值的依据，更是经典文本回译的可行性探讨。

关键词：《饥荒》；翻译策略；赵武平回译本；毕冰宾回译本

Title：A Comparative Study of Two Back Translations of *Famine* from a Cultural Perspective

Abstract：Zhao Wuping and Bi Bingbin respectively back translated the last 16 paragraphs of the novel *Four Generations In One House* based on Ida Pruitt's English translation manuscript, to make up for the absence of the original ending.

---

① 傅光明，首都师范大学外国语学院教授、博士生导师，研究方向：莎士比亚翻译与研究；夏玉珊，首都师范大学文学院博士研究生，研究方向：中国现当代文学。

The reception environment of the back-translation, the classical poetics of the original text, and the subjectivity of the back-translator restrict the aesthetic presentation and cultural return of the back-translation at the end of the *Famine* from three dimensions. Zhao Wuping used "Lao She's Vocabulary Pool" and literal translation to partially match some of the words used by Lao She in the 1940s, while it has strong "translationese" and lack of accuracy in the flow of expression; Bi Bingbin, to meet the aesthetic expectations of target language readers, successfully recreated a cadence of speech of Beijing dialect similar to the original Lao She style based on his own knowledge of rhetoric of everyday oral speech of the Beijing dialect. However, due to the age difference of the language and the prominence of the translator's subjectivity, Bi's version also fails to be consistent with the previous text. From the perspective of cultural back-translation, the comparative study of different back-translations is a beyond time and space adventure for researchers and translators to work together to explore the original production process of the *Four Generations In One House*. It is a basis for objectively evaluating the value of back-translations and the feasibility of the back-translation of classic texts.

Keywords: *Famine*; Translation strategy; Zhao Wuping's back-translation; Bi Bingbin's back translation

一、两个《饥荒》回译本的审美对照研究

各出版社不约而同采用"完整版""足本"等标志词，标榜回译本与《四世同堂》原87段的一体性，但回译本与原著间的割裂感还是引发读者和研究者的广泛关注，针对这种情况，有必要从整体审美角度分析两个回译本与原著的贴合度。两位回译者虽对《四世同堂》语言风格关注点不同，但赵武平对老舍语言音乐美的观照，毕冰宾对老舍口语化京味的关注，基本概括了《四世同堂》的美学特征。本节从"京味"和"翻译腔"两方面对比两个回译本对小说美学的还原，并关注误译、漏译之成因及其对回译本的美学损伤。

（一）"京味"：赵译本老舍"京味"复现与毕译本"京味"重塑

随着老舍在中国现当代文学史中"文学大师"地位的确立，文学史、评论家及读者对老舍作品风格的界定渐趋稳定。"京味"成为老舍作品最明显的风格特征，也是读者的基本审美期待。老舍作品中的京味并非纯粹北京土语堆叠，而是用老北京方言、特色风物、小说语境等共同调和而成的北京文化氛围。庆幸的是，两位回译者对此皆有清醒认识，并为还原《四世同堂》的京味，做出各自努力。

1. 成语、俗语及谚语的还原及对比

浦译手稿中的成语、俗语和谚语基本采用异化翻译策略，如"the old Heavenly has eyes"（老天有眼），"Yin and Yang"（阴阳），"the three religions and the nine social classes"（三教九流），"The Five Altars and the Eight Temples"（五坛八庙）等。这些英文词句至今能让中文读者心领神会，因而，回译者可用直译复原的词汇并非在此讨论的重点。本部分意在考察回译者如何处理浦爱德以意译方式翻译的成语、俗语和谚语。

实现文化记忆再现是修复性回译的理想结果，做到这点却不容易，受回译者文化圈、世界观、历史观、地域环境、翻译策略等因素影响，赵、毕译本对《饥荒》文化回译有不同诠释。

老舍如何使用成语、俗语，赵武平概括为，"他用到的一些成语，也和通常所见有别，如'羞恼成怒''愁眉苦眼'（或'愁眉皱眼'和'挨家挨户'）"；"至于方言俗语，他的运用，似乎也非如一般所想，是'有闻必录'的，比如他不说'睁一只眼，闭一只眼'，而是将这个俗语加以改造，说成'睁一眼闭一眼'……但是，他究竟如何'改造'，因为没有证据，还原时极难把握"（赵武平，2019：1097）。赵武平未能找到老舍的词汇改造规律，因而，他细致搜罗老舍20世纪40年代常用语汇，以语料库为"大本营"，对译文加以改造，增加回译本的"老舍味"，同时，对老舍语料库中未出现的词汇采取"老实尊重原译，不加任何修正"（赵武平，2019：1097）。这种译法确在一定程度上还原《四世同堂》的语言生态，但直译部分却与老舍语言相去甚远。方言俗语的价值原本是以最经济的文字赋予小说绵长的文化韵味，并增强小说语言的生动性和节奏感。赵武平照搬英文句法，致使译文语言冗长。此外，回译者忽视译文语境，生替硬换老舍常用语汇、词汇，又使得回译本中部分段落的语义不够精准。

下面两组例子，可代表赵武平在成语和俗语翻译上的局限。

例1

浦：News that was warmer than the spring breeze suddenly came and made all the people of Peiping forget their hunger and the cold of the long winter.（浦埃德英译《四世同堂》手稿，第三部，24 章：4）

赵：比春风还温暖的消息突然到来，让北平人忘记漫长的冬天的饥饿和寒冷。（赵武平，2019：966）

毕：这时比春风更令人感到温暖的消息突然传来，让北平人民忘却了漫长冬季里的饥寒交迫。（毕冰宾，2018：982）

这组例子中，赵武平把"forget their hunger and the cold"直译为"饥饿和寒冷"，从字意来看并无差错，但对照毕冰宾的归化处理，可看出四字格成语"饥寒交迫"更为凝练。这种译法并非孤例，类似的例子很多，比如：

表1-1 赵译本和毕译本成语俗语翻译对比表

浦译	赵译	毕译
hoping they could keep a foot in each boat	希望他们的每一只脚，都能踏上一只船	希望他们脚踩两只船
Gold and possessions	金钱和财产	金银财宝
his old tears found their way down his cheeks.	他的老泪从脸上流了下来	但他还是禁不住老泪横流
like a body and its shadow	就像身体和影子	如影随形
Ceremony should be mutual.	礼节应当时互相的	礼尚往来么

老舍语言精简有力，文字组合有内在韵律，阅读朗朗上口，平仄合韵，具音韵美和结构美。赵武平的直译虽符合句意，照搬英文句法则破坏了中文语言韵律，遑论老舍音乐化的语言。

例 2

浦：He did not injure them from hatred, nor was he grateful to them for being the steps of flash that had made it possible for him to enter the halls of position, and to become the confidant of the Japanese. （浦埃德英译《四世同堂》手稿，第三部，23 章：3）

赵：他伤害他们，不是出于仇恨，也不感激他们的血肉作为台阶，使他有了登堂入室成为日本人心腹的可能。 （赵武平，2019：958）

毕：他并不是因为仇恨才害他们，也不因为他们给他当了人肉阶梯，让他能够踏入官场成为日本人的心腹而感激这些学生。（毕冰宾，2018：974）

这组例子中，赵武平把 "enter the halls of position" 译为 "登堂入室"，但细究词义可知， "登堂入室" 指 "比喻学问或技能由浅入深，循序渐进，达到很高的水平"（中国社会科学院语言研究所词典编辑室，2005：1216）。文中语境是，蓝东阳借举报青年拿到日本人提供的官位，这与登堂入室毫无关联。相似问题还出现在 "The people of Peiping wanted to leap" 中，赵译为 "北平人想跳起来"；毕译为 "这简直要让北平人欢呼雀跃"。这句话意在形容北平百姓打听到日本本土遭遇轰炸后的激动与振奋。赵武平的翻译单独拎出来，确实没错，但经不起语境推敲。 "跳起来" 可以指欢呼雀跃，也可指暴跳如雷。由以上例子可见，生搬硬套老舍语料库有其局限性，对老舍语料库之外的词采用直译法，更非最优策略。老舍语料库在《饥荒》修复性回译中有其不可替代的价值，但不能因过于倚重语料库，使词汇脱离小说语境，甚至忽视原作的整体风格。

毕冰宾同样注意到浦译手稿中的成语和俗语。细读《四世同堂》原作和浦爱德英译手稿后，他提出， "英文本令我感触最深的是很多中文的俗语和成语采取的都是直译法，看上去一目了然"（毕冰宾：2018）。基于此，译者在回译时，从日常语用积累出发，结合《四世同堂》前 87 段老舍用词习惯开展翻译。他灵活使用北京方言和四字格成语，最大限度回避翻译中的 "的的不休"，最终较为成功地复原了原作俗白清浅的风格，让回译本更贴近老舍的简洁文风。

2. 北平市井风貌及自然风物的回译及对比

《四世同堂》以线性时间串联北平自然节气，又在空间上还原北平市貌风景，这些四时风物描写，同样构成老舍独特的"京味"文化语境。就气候的文学表达来说，老舍对北平天气的精准描述让今天的读者依旧会心。他在《老张的哲学》中描写冬天的大风，在《骆驼祥子》中描写夏天大雨前的闷热，也在《四世同堂》中描写北平冬春交替之际，北平底层百姓在阴晴不定与侵略者掠夺双重打击下的艰难。

例3

浦：In this way the early spring, suddenly cloudy, suddenly cold, or suddenly warm, made Peiping suddenly reveal its beauty or suddenly become gloomy again. Sometimes the golden tops of the pagodas and the yellow tiles of the imperial palace gave out rays of light, and sometimes the ice would suddenly form again and make the people think again of the frightfulness of winter. （浦埃德英译《四世同堂》手稿，第三部，24章：4）

赵：就是这样，早到的春天，忽然阴，忽然寒，或者忽然暖和，不是使得北平突然显现出美丽来，就是又忽然变得忧郁。有时候塔上的金顶，和故宫的黄瓦，发着光芒，有时候又忽然结上冰，让人们想起冬天的可怕。（赵武平，2019：966）

毕：就这样忽冷忽热，忽而阴天，令北平的初春一会儿展露其美，一会儿又变得阴沉。有时宝塔的金顶和故宫的黄瓦会发出一道道光芒，有时水面又会突然结冰，令人想起冬天的可怕来。（毕冰宾，2018：982）

景随情变，沦陷区的北平百姓对气候变化的感受更敏感、也更复杂，因而，这段译文中天气与感情的逻辑对照非常重要。赵武平采用逐字直译，将"阴""寒"对应"美"，把"暖和"对应"阴郁"，明显犯了逻辑错误。相反，毕冰宾依据词句理解，理顺了词语对应关系。此外，远离故土故乡的老舍，在描写北平风物气候时，常用抒情笔调。毕冰宾用四字成语压缩英文句段，译文表达简短精练，又适当增加叠声词"一道道"，为景物描写增添抒情色彩，明显抓住老舍景物描写的特点。而赵武平忠实英文结构，译文稍显啰唆。模仿老舍自然困难重重，但像毕冰宾这般，在环境描写中创造一种与原文相近的风格，亦不失恰当。

文化风俗描写更是《四世同堂》一大特色。杨义在《二十世纪中国文学史》中称《四世同堂》"演绎出丰富多彩的故都社会风情，绘出一幅广阔的民间世俗生活画卷"（严家炎主编，2010：378）。英译手稿《饥荒》后16段，虽在全书中占比不大，老舍却并未放弃介绍北平民俗文化。李四爷和小妞子的丧葬仪式；小善起名；黑毛方六在天桥上说相声等，都为多样的北平文化增添动人之笔。以李四爷和小妞子的丧事为例，中国人、尤其故都北平人重礼节，婚丧嫁娶都是大事。李四爷被日本宪兵打死，哪怕战火连天，只要有条件，亲朋好友都要为老人吊唁送行，这既是刻在骨子里的礼文化，也象征李四爷人格品行的高贵。小妞子早夭，在旧中国既不能举办丧礼也不能葬入祖坟，小说中描写韵梅在祁老人授意下为小妞子换上一身干净衣服，放进小木匣子后埋到城外。

浦爱德在英译中对北平风俗描写多用直译和释译法，回译者只需精准把握这些词句，便能还原文化习俗。透过赵、毕回译本可以看出，两位译者虽都对中国传统文化有深厚积累，但在某些词语翻译上，毕冰宾的归化处理似更显恰当。

以下面两组例子为证。

例4

浦译：Fourth Mistress Li had nothing to offer those who came to console her yet the period of preparation and the funeral were carried out according to tradition.（浦埃德英译《四世同堂》手稿，第三部，25章：15）

赵译：李四妈没什么东西，可以拿来招待来安慰她的人，然而丧事却是按照老规矩来筹备了。（赵武平，2019：977）

毕译：对于来吊丧的人，四大妈拿不出什么来招待他们，但丧事一直都按老规矩准备着。（毕冰宾，2018：993）

李四爷去世，不论欠不欠李家钱，邻、友都来李四爷灵前磕头祭酒，显然是一种吊丧行为。只不过，"吊丧"是中国文化专有词汇，浦爱德在英译时为方便英语读者理解，将其译意为"who came to console her"（"安慰李四妈的人"）。显然，异语表达回归本土语境，需让文化彻底回归。毕冰宾在此意译为"吊丧"，自然比赵武平之直译更符合国人用语习惯。

例5

浦译：Fourth Master Li's funeral was handsome and well attended.（浦埃德英译《四世同堂》手稿，第三部，25章：15）

赵译：李四爷的丧事很热闹，到场的人很齐全。　（赵武平，2019：977）

毕译：李四爷的葬礼很像样，来了很多人。（毕冰宾，2018：993）

这描写李四爷葬礼的起首一句话，对后面的丧葬仪式起概括作用。赵武平把"handsome"译为"热闹"，毕冰宾译为"像样"，乍看似差别不大，细分析却有区别。北平沦陷后，李四爷操办了小羊圈胡同里钱家母子、小崔及祁天佑的葬礼，他是小羊圈胡同里的好邻居，更因职业原因与葬仪从业者相熟。这一人情资本为李四爷的葬礼提供了丰厚的人情和物质条件，下文也提到，朋友们都希望用祭奠、吹打和排队发送为他送行，所以"handsome"，不仅有"热闹"之意，也应包含"体面"。毕冰宾用北方方言"像样"替代"体面"，不仅地域风格明显，更达到概括下文的目的。

此外，表现北平民俗文化的还有北平的物产、地名等。如：people at a peep show（拉洋片）、fried cake（炸油饼）、shaoping（烧饼）、Chiaotse（饺子）、imperial palace（故宫）、The Five Altars and the Eight Temples（五坛八庙）、the Purple Forbidden city（紫禁城）等。两位回译者在这些词汇的翻译上都秉持较为严谨的态度，不过，由下表可见，还原词汇时代色彩方面，赵武平的词汇替代法比毕冰宾的语境化翻译更有优势。

表1-2　赵译本和毕译本时代词汇对比表

浦译	赵译	毕译
modern books	洋装书	当代作品

浦译	赵译	毕译
his pole and baskets	他的乌木杆和担子	扛着扁担挑着筐
Chinese modern literature	中国现代文学	中国文学

如王宏印所说，"包括本族语在内的任何语言对于文化的表现力都不可能是无限制的，特别是用外语表达本族文化内容的时候，由于语言符号的能指与文化所指的错位，语言的局限性可能显得更大"（王宏印，2010：212）。自然风物、市井民俗类描写，作为方言俗语中最有代表性的地域语言类型，在回译中恰恰最易陷入语言符号能指和文化所指相分离的尴尬境遇，对此，回译者更需结合语境，灵活选词换词，不负《饥荒》修复性回译初衷。不过，针对老舍语言风格不断调整这一现实，赵武平借助老舍词汇表，通过替换、借词等方式，让回译本语言还原至40年代老舍用语习惯，这一做法无疑为今后经典作品回译辟出新思路。

3. 京白的还原及对比

自小生活在北京的萧乾在《北京城杂忆》中，专门对京白特点做过精炼概括，认为，"京白最讲究分寸"，"最大的特点是委婉"，"名物词后边加'儿'字是京白最显著的特征，也是说得地不地道的试金石"（萧乾，1999：5）。当然，除萧乾提到的这三点，老舍小说中，较为明显的京味特点还有，称呼某些职业者时，在动宾结构后加"的"；人物对话常用"您"；口头语常有语气词，如"呕、哼、得啦、呦、好啦、算了吧……"等。

这些京白恰是英语实难消化的中国语言特质，最能考验回译者的北京方言功力。不过，就方言在文学作品中的应用，老舍也说："假若你只采取它一两个现成的字，而不肯用它的文法，你就只能得到它的一点小零碎来做装饰，而得不到它的全部生命的力量。"（老舍，卷17，2008：306）因而，文学语言中的地方韵味应结合小说语境，灵活调配词汇以化入表达文法。赵武平一直生活在上海，对北京方言有隔膜。或许正因清楚自己在北京方言表达上的局限，赵武平在后来的回译解读中，避重就轻，专门强调老舍字汇、词汇、方言俗语、虚词等的使用习惯和自己的替换方法。只是不了解方言特质，很容易把词汇替换变成词汇镶嵌，终归把握不住京白主要特征。另外，赵武平多用直译法处理叙述语言，字里行间自然少了京韵之美。

毕冰宾常年定居北京，创作过"京味"小说《混在北京》，对北京方言的文学表达非常熟悉，这让他在京白处理上较具优势。毕冰宾从小说语境、情节出发把握《四世同堂》"京味"，在此基础上参考老舍在小说前文中常用的词汇，并用自己熟悉的京白对叙述语言做精心修饰，以在回译本中保持老舍语言"神态"。正是这种翻译策略使毕译本在叙述语言、人物对话、北京自然风景、饮食文化、建筑等方面，具有明显京味特色。

下表是赵、毕译本对部分语句和词汇的京味处理，对照来看，可见一斑。

表1-3　赵译本和毕译本"京味"翻译对照表

浦译本	赵译本	毕译本	页码
straightened his back	把脊背挺直	挺起腰杆儿	942/957
in the same business	同行	一个行当儿	946/961
go escape from the palm of her hand.	逃得出她的手掌	逃出她的手心儿	947/962
language was a dead thing	语言是死东西	语言是死物儿	957/972
turnips with pulpy hearts	空心的萝卜	糠心萝卜	968/984
working day and night	一天忙到晚	没黑家没白日	1004/1020

由此可见，毕冰宾相较赵武平，更擅长使用"儿"话词、北京物产和北京俗语。不过，前者依靠语言习惯翻译《饥荒》会存在一个问题，即很多表达与《四世同堂》前87段不匹配。比如，

例6

浦译：Then he looked at the moat of the Forbidden City.（浦埃德英译《四世同堂》手稿，第三部，21章：15）

赵译：他望着禁城的御河。（赵武平，2019：947）

毕译：又看看故宫外的筒子河。（毕冰宾，2018：962）

两译本的区别在"the moat"和"the Forbidden City"的翻译上，就方

言来说，"筒子河"表述更地道，但正如毕冰宾所说，《四世同堂》的语言基本是京味普通话，"筒子河"一说在北京之外并不通行，且在小说第87段，瑞宣在中山公园等待瑞全时，有如是描述："御河沿上已没有了茶座，地上有不少发香的松花。"（老舍，卷5，2008：1031）可见，"the moat"译为"御河"，更符合老舍在小说中的表述。至于"the Forbidden City"，《四世同堂》原作中有故宫和禁城两种称呼，若直译，"禁城"更恰当，更符合时代叫法，"故宫"一词则能在英译手稿中找到对应的英文拼写——"imperial palace"。显然，此处译为禁城更恰当。相较来看，赵武平用词汇表替换策略可更好地规避回译本与原作用语不一致的情况，而毕冰宾对这些细节的处理显然不如赵武平精细。

就整体而言，两位译者都根据自己的理解，对《四世同堂》"京味"复现做了可贵尝试。如果说，赵武平借助现代语料库技术，弥补自己在京味方言上的缺憾，实现对老舍京味部分"复现"，毕冰宾则借用自己熟悉的北京方言口语对原文"京味"做了重塑。虽然两种"京味"在对照原文时各有不足，但应看到，译者的语言风格受个人习惯、文化积淀、时代因素等多重条件影响，回译本可无限接近原作，却几难对原作实现完美复原。

（二）翻译腔： 赵译本逐字 "直译" 与毕译本忠实 "意译"

以"信"为尺度的文学翻译，直译和意译不能硬性分割对立，但此处为学术阐释方便，姑且把赵译本的语言风格解释为"逐字直译"，毕译本为"忠实意译"。达奈最初提到英语和汉语在句法上的区别是，前者重形合，后者重意合。英语"在句子的构成部分（词组、分句）之间大多有确切的连接词（connectives）表示相互的逻辑关系，结构比较严谨"。汉语"在句子的各个成分之间，往往没有连接词，而以意思相结合"（劳陇，1985：10）。语言差异是译者在英汉转换中必须面对的问题，不同译者翻译方法不同，译本会给读者带来不同阅读体验。有的译文俗白流畅，自成一派风流，有的则佶屈聱牙，晦涩难懂。江慧敏认为，"翻译腔是把原语的表达方式、语言形式和句法结构机械地移植到译语中，从而使译文不符合译入语表达习惯"（江慧敏，2012：313）。两位回译者都希望还原老舍语言魅力，但在实际操作中，各自译本仍呈现出程度深浅不一的翻译腔问题。

1. 叙述语言的翻译及对比

王向远在《翻译文学导论》中提出，目前翻译文学常用方法是直译和意译，大多译者根据文本可译性，兼用这两种翻译方式，不同译者因对译文理解不同有不同侧重选择。事实上，直译和意译历来在翻译界争议很大。王向远在梳理两种翻译方法的由来和现状后，提炼出直译与意译的区别，即直译是译者按图索骥，还原拟译文本的字面意思和句法结构；意译则不拘泥这些，译者从句群出发，根据文本语境按译入语用语习惯灵活调整词汇译法，以确保文段与全文风格一致。因而，灵活使用不同译法是规避翻译腔的有效方式。

作为语言大师，老舍很早提出，"创作既是要尽量的发挥本国语言之美，便不应借用外国句法而把文字弄得不自然了。'自然'是最要紧的。写出来而不能读的便是不自然"（老舍，卷16，2008：230）。"能读"是老舍语言一大特色，也是对译者的最高要求。退求其次，译者至少应令译文语言流畅、浅白。《饥荒》英译手稿除语言变形外，内容讲述的依旧是中国故事，且英译者在处理中国传统词汇时，多采用直译、音译，就"信"的维度来看，回译难度不大。但最终赵译本的语言流畅度差强人意，翻译腔严重，稍后出现的毕译本相对要好，语言口语性强，翻译腔较少。举例如下：

例7

浦译：When the various colors had been added to her face and to her eyebrows, her body became something more important than herself. （浦埃德英译《四世同堂》手稿，第三部，21章：6）

赵译：各种颜色加在脸蛋和眉毛上之后，她的身体变成某种比她自己更重要的东西。（赵武平，2019：941）

毕译：抹了脸，画了眉，她才觉得这个样儿比自己原先要好多了。（毕冰宾，2018：956）

这句话中，赵武平执着复现英语句法结构和标点符号，反倒深陷直译，甚至硬译。直译法看似周全，却与老舍行文的流畅可读相去甚远。对照来看，毕冰宾的翻译相当灵活。他根据语境，采用归化法，压缩英文句式，用"抹了脸，画了眉"暗中交代"各种颜色"。同时，他的翻译不拘泥英文表达，按照人物心态，转译后半句，保证译文的可读性。

例 8

浦译：He had worked for the foreigners in the English Palace, that he felt-gave him the knowledge about world affairs, then adding what would be to his own advantage or disadvantage he would pass judgement on the great affairs of the world. （浦埃德英译《四世同堂》手稿，第三部，31 章：5）

赵译：他在英国府伺候过洋人，他觉得这让他有了世界问题的知识，而这让他在对世界问题的判断上，有更多优势的同时，也有不利。（赵武平，2019：1021）

毕译：他在英国府里给洋人做过事儿，他觉得这让他懂得了世界事务，这些经历加上对他有利或不利的一些事，让他对世界大事产生了看法。（毕冰宾，2018：1038）

中英互译中的最大难点是长难句翻译。中文句子时常短小精悍，英文时常相反，因句子结构要求高，关系词较多，句子往往很长。在这个例子中，赵武平严格按照英文句法和表达翻译，后半句中的状语后置以后，具备独立语义。于是，读完这句话，读者极可能产生这样的疑问：为何丁约翰的世界知识和对世界问题的看法，既有利又有弊？语句似乎应该还有下文，但英译手稿中的下文是"If his judgement did not agree with history them there must be a mistake somewhere in history."（浦埃德英译《四世同堂》手稿，第三部，31 章：5）[1] 语义显然不连贯。毕冰宾在翻译时，注意联系上下文，对句子重心做适当调整，文段语义更明确。

可见，赵武平虽想兼顾英译手稿中老舍和浦爱德的个性，却生搬硬套英文句法，反倒束缚了手脚，令译本翻译腔频现，不仅难以满足读者的审美期待，还出现不少误译，并引起歧义。这恰如老舍谈翻译时所提，"翻

---

① 译为：如果他的判断与历史不符，那一定是历史出了错。

译工作不是结结巴巴地学舌，而是漂漂亮亮地再创造"（老舍，卷17，2018：647）。所以，文学翻译不仅要准确转述文字，更要灵活组句选词，具创造性、又不失限度地完成翻译工作。

2. 人物对话的翻译及对比

除叙述语言外，老舍对人物对话见解独到："对话必须用日常生活中的言语；这是个怎样说的问题，要把顶平凡的话调动得生动有力。"（老舍，卷16，2018：231）以人物对话来说，赵武平注意到老舍的语气词使用习惯，"为表示惊叹、感慨或者疑问，用得很多的'呕'和'什吗'，几可视为老舍文风标志之一"（赵武平，2019：1097）。因而，他在处理人物对话时，充分考虑到这一细节。如，"呕，那就是我又该招骂啦!"（赵武平，2019：969）"哼，警察要会理，才怪!"（赵武平，2019：983）这些语气词的使用，不仅让对话口语化十足，也让人物情感表达更强烈。

不过，如前文提到，词汇替代，若不结合语境，难以真正重返老舍口语化风格。这一问题，刚好体现在赵译本中。赵武平未能深入理解小说人物性格，对对话的口语化特点把握不足，致使人物对话中口语和书面语交杂的情况频发。如下例：

例9

浦译："As soon as Sergeant Pai saw Fourth Mater Li he let his shoulders sag and his back bend. He sighed and said, 'I had just said that as soon as people were happy some trouble was sure to come. See-each family must cover its windows with black cloth. '

"'Oh-that means it's time for me to be reviled again. '

"'Ai-let's hold our complaints. What are we to do? That's more important. Suppose they can't get any black cloth what shall we do?'

"'Newspapers painted black-newspapers painted black. When the Japanese come to inspect-well-the peoples' windows are black. Won't that do?'"（浦埃德英译《四世同堂》手稿，第三部，25章：2）

赵译："白巡长一看见李四爷，肩就不再挺着，背也弯下来。他叹一口气说：'我早说了，大家伙儿一高兴，麻烦准保就来。您瞧，每一家都得拿黑布把窗户罩上。'

"'呕，那就是我又该招骂啦！'

"'哎，别发牢骚啦！咱们该怎么办？这个更重要。假若他们什么黑布都买不起，怎么办？'

"'用黑报纸吧，把黑颜色涂在报纸上。一旦日本人来检查，好吧，大家的窗户都是黑色的。这法儿行不？'"（赵武平，2019：969）

老舍重视对话描写，认为这是塑造人物形象最经济的方式，他要求人物对话既要符合说话者身份，又要做到口语化。老舍虽在前文常用"假若"一词，但因其书面色彩过浓，极少出现在人物对话中。白巡长和李四爷都是混迹街头的人，对话时似应不会选用这样的文雅词汇，硬套老舍词汇反倒让人物对话失去个性和灵动感。此外，李四爷想出应对日本人检查策略后，一声"Won't that do?"赵武平将其译作"这法儿行不？"商量意思更重，但透过这几个来回的对话可见，李四爷从始至终对糊窗户一事心存怨气，在此用商量的口吻显然不合适。

与赵武平原词复现加逐字直译不同，毕冰宾对人物对话的翻译，京味口语更鲜明，人物表达更生动活泼，毕译文如下：

毕译："白巡长看着李四爷，一缩肩膀一哈腰，说：'我刚才就说来着，人们一开心，麻烦紧接着就来。你看，家家儿都得用黑布挡上窗户。'

"'哦，那就是说我又该招骂了。'

"'哎，少抱怨两句吧。咱们怎么办，这才要紧！要是大伙儿弄不来那么些个黑布，那怎么办呢？'

"'把报纸涂黑喽，把报纸涂黑了糊上。日本人来巡视，好啊，窗户都是黑的，这总行了吧？'"（毕冰宾，2018：985）

显然，最后一句透出，毕冰宾对人物性格的把握更精准，"这总行了吧？"表现出李四爷虽是商量，但其中更交杂着委屈、敷衍、不耐烦甚至抱怨，词量虽小，情绪却复杂丰沛，展现出人物对话的语言魅力。此外，毕冰宾非常善于使用京味方言，如"家家儿""都得""大伙儿""那么些个""涂黑喽"等，这些词汇不仅让人物表达更口语化，且地域性十足，读者一看即知这是两位老北京人的对话。类似的例子还有很多，如下表。

表 1-4 赵译本、毕译本人物对话对比表

浦译	赵译	毕译
"…If you do not listen to me, you will die the way Meydee died."（浦埃德英译《四世同堂》手稿，第三部，21章：19）	"……要是不听我的，你就会像招弟那样死<u>去</u>。"（赵武平，2019：949）	"……要是你们不听我的，就跟招弟一个死法儿。"（毕冰宾，2018：964）
"Not bed, the Chi family have bones after all."（浦埃德英译《四世同堂》手稿，第三部，22章：10）	"不错，祁家人毕竟是<u>有骨头</u>的。"（赵武平，2019：956）	"挺好，祁家人还是<u>有骨气</u>的。"（毕冰宾，2018：971）
"… There is not much fat on our stomachs. Who does not know the feeling of hunger. …"（浦埃德英译《四世同堂》手稿，第三部，26章：5）	"……咱们的<u>胃中没什么脂肪</u>。谁不知道饥饿的感觉啊。……"（赵武平，2019：980）	"……咱们肚子里也没什么油水儿，谁不知道挨饿的滋味呢？……"（毕冰宾，2018：996）
"If one must die it is happier and simpler to die in this way."（浦埃德英译《四世同堂》手稿，第三部，30章：6）	"假若必须死，这样的死，<u>才比较幸福与简单</u>。"（赵武平，2019：1016）	"如果要死，就这么死。<u>这样死得幸福，也干脆</u>。"（毕冰宾，2018：1033）

不难发现，赵武平在翻译人物对话时虽也注重还原京味口语，但他对人物性格、情绪的把握不如毕冰宾精准。同时，由于赵武平过于倚重直译和老舍字汇词汇表，致使人物对话中的书面语过多，人物个性把握有失精确。毕冰宾注重语境化翻译，他译笔下的人物表达不仅符合人物身份和个性，也符合口语表达方式。

另外，必须指出，《四世同堂》英译手稿虽由老舍与浦爱德合译，但这并不意味着浦爱德的语言表述绝对准确。相反，浦爱德在写给劳埃德的书信中提道，"请让我向你保证：中文原著更佳。虽然英文译本涵括了全部故事以及人物特征，但是要想保持舒博士出神入化的中文表达中的微妙韵味，是绝对不可能的——在中文运用上，他是一位大师，也不可能传达出他那丰富的北平口语。口语——从他产生于斯的文化以及那个国家的习惯、有时甚至是那个国家历史上的事变中获得并丰富其自身——是无法用另外一种拥有产生于其自己的文化的、自己的丰富内涵的口语，来翻译的。它们不同，所以意思会走样"（转引自山口守，2012，222）。由此可

见，异语表达本土文化时，无论译者如何努力，语言转换的局限都非常明显。此外，还有两个因素限制回译者翻译策略的选择，其一，拟译文本的性质是手稿，其中有很多未经修正和打磨的地方，这意味着译者浦爱德并不完全可信。其二，《四世同堂》结尾残缺天注定，对《饥荒》结尾的回译，是对原作的修复。因而，译者在平衡创作者（老舍）和译者（浦爱德）时，应更倾向前者，从译入语环境出发选定翻译策略，在保证对英译本忠实的前提下，对拟译文本做出合理的归化处理，方能最大限度地减少翻译腔。

（三） 回译本中的误译和漏译

拿一部十几万字的回译本来说，偶尔出现误译或漏译无可厚非，但无疑，若误译过多，自会对译本造成（或许严重的）损害。误译和漏译不只会破坏作家希望传达的精神内涵，亦有损作品的美学特征。

于昊燕曾对赵、毕两个译本的误译和漏译，做出过中肯的点评。总体来说，她认为赵译本之产生误译，主因有三：1. 原词复现在翻译中的局限性。过分苛求原词复现会偏离老舍创作本意；2. 对老舍作品的把握不够精准，特别是比喻的使用；3. 翻译未能透彻理解英文词义。毋庸讳言，毕译本虽比赵译本准确，但也出现了少量因理解偏差造成的误译或因失之严谨导致的漏译。

于昊燕分析的赵译本，是东方出版中心印行的《四世同堂》（完整版）第一版，该版中的误译和漏译远多于毕译本。原因是多方面的。从外部环境来说，这与杂志社和出版社的校对有关。初刊赵译本的《收获》杂志主编程永新说，"自己是去年 11 月上旬才知道赵武平赴美回译《饥荒》一事，'复旦大学张新颖教授给我发了条微信，说赵武平在做这件事情，问我们有没有兴趣刊登他回译的东西，我马上回复说当然有兴趣'"（刘莉娜，2017：42）。这意味着，赵译本在译完之后交给杂志社。此外，赵武平在文章中透露，浦爱德档案的调阅需要施莱辛格图书馆授权。这表明，浦爱德英译手稿在未公开的情况下，赵武平先行译介。以上两个情况或使赵译本在出版前少了校对环节，这会是赵译本误译、漏译较多的原因之一？未可知。

另外，从译者角度看，赵译本中的误译还与硬译有关。东方出版中心自 2017 年 9 月印刷第一版《四世同堂》（完整版）后，不断重印，到 2019 年 8 月止，第一版已达第 7 次印刷。对照初版初刷本和初版七刷本，可见后者对前者做出多达 138 处修改。诚然，图书重印非再版，内容修改受排版胶片限制，只能局部调整。对比来看，赵译本的调整有以下两类：

1. 问世之初，存有较大争议的误译。如：

例 10

（1）浦译：Her lips looked like the ladles in butcher's shops that are used to dip blood. （浦爱德英译《四世同堂》手稿，第三部，21 章：3）

初刷：她的嘴唇像肉铺里的娘儿们的一样，已经习惯于染上鲜血。（赵武平，2017：939）

七刷：她的嘴唇像肉铺里的勺，成天浸着鲜血。 （赵武平，2019：939）

（2）浦译：War was the criminal that was forcing his conscience to think only of his own security, and to sell his relative. （浦爱德英译《四世同堂》手稿，第三部，28 章：14）

初刷：战争逼迫他的良心，使他成为只顾自己安全却出卖他的亲家的罪人。（赵武平，2017：1002）

七刷：战争是一个罪犯，逼迫着他的良心，使他只顾自己安全，却出卖了他的亲家。（赵武平，2019：1002）

2. 翻译腔过重。如：

例 11

（1）浦译：The students had become accustomed since they were conquered to seeing the iron mask of the Japanese and all the strange things that happened. （浦爱德英译《四世同堂》手稿，第三部，21 章：4）

初刷：因为被征服，看见日本人的铁面具，与所发生的种种怪事，学生们都习惯了。（赵武平，2017：939）

七刷：因为被征服，学生们已习惯于看见日本人的铁面具，与所

发生的种种怪事。（赵武平，2019：939）

（2）浦译：The more he felt that he must not die, the more he was afraid of that cartridge. （浦爱德英译《四世同堂》手稿，第三部，22章：5）

初刷：想得越多，他越发觉得，自己不应当死，可是越想越怕那颗枪弹。（赵武平，2017：953）

七刷：他越觉得自己不应当死，越怕那颗枪弹。 （赵武平，2019：953）

简言之，最早的"硬译"之辩由鲁迅的翻译引发，论争中，鲁迅为硬译做的定义是："按板规逐句甚而至于逐字译。"（鲁迅，1930），这一定义包含他对"信"的追求。但无论当时还是现在，翻译界对硬译的诟病始终存在，有学者指出："逐字移译往往不是损害原文的思想就是损害译文语言的正确性，或者两者都损害。"（转引自黄邦杰，1980：3）诚然，鲁迅提倡硬译有其历史语境。不过，显而易见，赵武平的确在以逐字直译为主要翻译策略，结果自然时常导致译文晦涩难懂，语义混乱，误译丛生。赵译本，尤其是东方社初版本中的误译和欧化语言，恰能最好说明这一问题，此后，东方本重印时对初版本做出修改本身，则等同于默认了译者逐字直译存在的问题。修改后的赵译本，无论在译文准确度还是可读性上均有很大改善。不过，小幅修改依难改变赵译本欧化句法的特色。

于昊燕虽对毕译本的词不达意和漏译分别举例，但整体来看，毕译本较之赵译本更为可信。对照两个回译本不难发现，在译文语言表达时，毕冰宾非常重视增减"小词"，这种翻译方式听起来似乎不如逐字直译忠实，实则不止达到了"信"，还进一步实现了"达"。如下例：

例12

浦译：The grain they received-although it was better and more than that given to the Chinese-was still not enough. The victorious and the defeated had both become poor devils. The simplest way was to snatch their food. The Chinese police dared not interfere, and the gendarmes would not question them, and the peddlers dared not stop them. They could do as they

pleased and show them shameless glory of the conquerors. （浦爱德英译
《四世同堂》手稿，第三部，26章：2）

赵译：她们得到的粮食，尽管比给中国人的要好一些，依然不够
吃。战胜者和失败者，全都变成了穷鬼。最简单的办法，就是去抢夺
食品。中国巡警不敢干涉，宪兵也不过问，小贩们都不敢拦阻。她们
随心所欲，显露出征服者无耻的光荣。（赵武平，2019：978）

毕译：日本人配给的粮食尽管比中国人的又多又好，但还是不够
吃的。战胜者和战败者都成了穷鬼。这种情形下，最简单的办法就是
抢吃的。中国警察不敢管，日本宪兵不会过问，小贩们也不敢拦着。
他们为所欲为，无耻的显示他们作为征服者的荣耀。 （毕冰宾，
2018：994）

毕冰宾利用替换和增词法，将英文中的代词明确化。比如把"they"
明确为日本人，在"the gendarmes"前增加了"日本"，明确这是日本宪
兵。这一修正，让文段所指趋于明确，实现译文的达旨。同时，毕冰宾更
为细心，如对第一句话"it was better and more"译出"好"和"多"两
层意思，赵武平只译出"好"。两者差别看似不大，但在此处，毕译本在
精准度上比赵译本胜过一筹。

误译之外，两个译本均有漏译。文学翻译中出现漏译，有其不同因
由。一类，因英文过长且理解不易，译者为图方便，有意删除一些词句，
以在能力范围内"舍车保帅"。不用说，这种漏译不仅不严谨，更有损可
信度。

赵译本中有两处明显漏译即属这种情况。如下：

例13

全句补译为：

他们去哪儿了？是活着，还是死了呢？我不知道。我没法子去找
他们。（赵武平，2019：987）

例14

句中补译为：

初刷：他感觉到，自己从一个危险，跳到另一个危险——有点儿"失节"，可是他并不以自己作洋奴的想法为耻。（赵武平，2017：1005）

七刷：他感觉到，自己从宽敞的英国府到三号院小日本这儿，是从一个槽，跳到另一个槽——有点儿"失节"，可是他并不以自己作洋奴的想法为耻。（赵武平，2019：1005）

另一类，因将英译手稿的语言表达转换为中文后，有语义重复，为让译文更流畅、简洁，译者有意舍弃某些拟译文本的表述。例如：李四爷面对日本兽兵的暴行，本能做出反抗，英译文中有一段对其心理活动的描写。

例 15

浦译：He felt happy and satisfied, as happy and satisfied as though he had struck a dangerous wolf. He had not said a word but he had put the whole of his strength in his hand. He could not open his mouth.（浦爱德英译《四世同堂》手稿，第三部，25 章：12）

赵译：他感到高兴与满足，就像打了一条危险的狼似的，高兴，满意。他一句话也没说，把全身的力气，都用在那只手上。他什么话也不说。（赵武平，2019：975）

毕译：打完了，他感到高兴，心满意足，就像打了一条恶狼。他一句话也说不出来，全身的力气都用在手上了。（毕冰宾，2018：991）

这句话中，毕冰宾对语义重复的语句大胆删译，译文表达更紧凑，赵武平逐字直译，语言缠绕反复，美感不足。

最后还有一种，仅因译者粗心导致的漏译。这一问题在毕译本中出现过一次，于昊燕已举例说明，在此不赘。

这些误译和不恰当的漏译，虽在两个回译本中占比不大，但不仅影响读者的阅读体验，也有损回译本与原作的接续。无论这两个回译本未来是否再做修改，或单独再版，均应戒除这类误译和漏译的发生。

二、两个《饥荒》回译本的文化回归

随着全球化进程加快，各民族、各国家交往日益频繁，语言成为沟通不同文化的重要工具，异语写作更成为文化交流、输出的重要形式。早期翻译学认为，文学翻译中的文化回译主要在词汇和句子层面，尤其如食物、诗词典故、谚语等文化专有项，但显然，此类词句不能涵盖文学作品的全部文化内涵，小说意旨和精神气度同样构成其文化表征。因而，本部分从称谓语及文化形象两方面，研究赵、毕两个回译本对《饥荒》的中国文化专有项及小说精神文化内涵的呈现。

（一） 称谓语的翻译还原及对比

称谓语作为一种语言类型，代表一国独特的文化标识。虽然中西语境中的称谓语都在人际交往中扮演重要角色，但因文化背景不同，称谓语的形式和使用范围大相径庭。关于称谓语的界定，学术界争议已久，目前被主流接受的是马宏基、常庆丰的观点，他们认为称谓语是"其指称对象是人的，由于身份、职业、性别等而得来的，反映了人们的社会关系的一套名称"（马宏基，常庆丰等，1998：5）。提及称谓语，又常涉及"称呼"一词，一般认为，称呼是称谓语的下位概念，称呼比称谓语多一个"当面招呼"的限定条件。

《四世同堂》向外传播时，为迎合英文读者阅读习惯，称谓语发生过一次转变。《饥荒》回归，称谓语又将面临时代、地域、文化等新变化。回译者如何把这些异化的称谓还原至中文语境，并与《四世同堂》前87段匹配，是本部分重点关注的内容。从称谓语定位功能来看，《饥荒》的称谓大体可以分为姓名、亲属和社会三大类称谓语。其中，亲属称谓语用于家人或家族成员之间；社会称谓语包括职务、职业及泛亲属称谓语等。《四世同堂》中的人物活动空间集中在北平小羊圈胡同，此时北平虽有城市化倾向，但乡土社会文化基因保留完整，受地缘影响，封闭的胡同里，亲邻之间的称谓以泛亲属称谓语为主，如四大妈与小崔情同母子；瑞宣受托为刘棚匠太太提供生活支持。这些情谊远超一般邻里互助，又因《饥荒》后16段涉及的泛亲属称谓数量有限，故而，这里将泛亲属称谓从社会称谓中提出，与亲属称谓并置讨论。

1. 姓名称谓还原及对比

老舍擅写人，《四世同堂》堪称老舍创作北平人物群像的集大成者，全书虽聚焦在小羊圈胡同里的几户人家，但大杂院的群居模式把学生、商人、知识分子、政客及拉车、剃头、唱戏的等各色城市中下层百姓汇集一堂。书中所涉人物众多，据统计，全书"总计一百三十多个人物，有名有姓者就有六十多个"（王云辉，2011：13）。在中国，人名不只是一种文化符号，更蕴涵丰富的社会价值观念、性别意识和社会交际功能。很多文学作品中的人名都有作家精心设计的痕迹，不仅代表作家对人物的期待，同时暗示特定人物在家族中的位置、性格，甚至命运。

浦爱德档案中藏有三份老舍谈中国人名习俗的手稿，分别为：中国起名方法手稿、《四世同堂》人名列表手稿，以及一份加批注的"植物名词术语"打印稿。其中，中国起名方法手稿包括"老舍对传统中国起名方法的介绍文字，详尽解释了'乳名''学名'和'表字'等名称的渊源"（赵武平，2019：1087）。另包括小说人名的调整。对比《四世同堂》原文和浦爱德英译手稿，见出英译稿中很多人称并非中文直译，有些做了很大调整，如，"仲石——诚石（Cheng Shih），金三——王三（Wang the Third），陈野求——叶学者（Scholar Yeh），大赤包——大红椒（Big Red Pepper），桐芳——桃花（Peach Blossom），招弟——美第（Meydee），瑞全——瑞堂（Rey Tang），小顺儿——小宝儿（Little Precious），高亦陀——高大夫（Dr. Kao）"（同上）。可见，老舍和浦爱德在翻译时，或因为方便译入语读者理解，对小说人物姓名做过适当调整。分析英译本可知，浦爱德对人物称谓的翻译主要采取以下三种方式：

第一种，直译加音译，如 Little Niu Niu（小妞妞），the poet, Mr. Chien（钱诗人），Fourth Mistress Li（李四妈），little Shan（小善），Yun Mei（韵梅）等。

第二种，直译，如 Eastern Sun（东阳），The monk, Clear Moon（明月和尚），Fat Chrysanthemum（胖菊子）等。

第三种，意译，如 Little Precious（小宝儿，指代小顺儿），Oldest brother（大哥），Peach Blossom（桃花，指代桐芳），Big Red Pepper（大红

椒，指代大赤包），Scholar Yeh（叶学者，指代陈野求），Dr. Kao（高大夫，指代高亦陀），Meydee（美第，指代招弟），Rey Tang（瑞堂，指代瑞全）等。

《四世同堂》英译手稿虽算得上最大限度保留原语文化，由创作者（老舍）和译者（浦爱德）合作完成，但原语文化内涵仍难免会因语言转变，变形或遗失。以中国传统起名方式为例，字辈是家族中最常见的起名形式。李庆花称"行辈，即排行和字辈，是同一姓氏的家族按照世系排行和长幼顺序、上下尊卑进行命名"（李庆花，2012：44）。字辈是中国传统以血缘关系为基础的宗法制产物，这一传统延续至今。《四世同堂》虽不同于同时期巴金等人的旧式家族书写，但宗亲文化实实在在支撑起小说人物的文化肌理。祁家第三代是"瑞"字辈，名字分别是瑞宣、瑞丰和瑞全；钱家第二代则保持"石"字，分别是孟石、仲石。这种字辈在中英转换时，若只考虑翻译忠实，采用音译复原人名，拼写相似，极可能给英文读者带来理解上的困扰。即便译者做出解释性说明，对于这样一部规模宏大、人物繁多的小说，显然不够。所以不妨推测，老舍和浦爱德商量对小说人名翻译采用意译，同时，适当创造新词代替易混淆的人名，于是，才有了英译本对"仲石——Cheng Shih"，"瑞全——Rey Tang"和"招弟——Meydee"等的改写。

《饥荒》回译，先要考虑回译本与前文的衔接，《四世同堂》前87段中，同一个人的姓名称谓不仅有"姓＋名"，还有"单字名""双字名""叠字名"及"姓和词缀连用"等各种变体形式。总的来说，"姓＋名""单字名""双字名"的使用状况较为稳定，如"小顺儿""瑞宣""瑞全""韵梅""招弟"等。这些称谓在中英对照中非常明确，两位回译者均对此作出精准还原。不过就"叠字名""姓和词缀连用"等姓名变体而言，老舍在原作中使用得相当灵活，称谓常随语境和称呼对象的变化而变化。两位回译者对此都很敏感，并有意让姓名称谓语适应不同语境。

以"scholar Yeh"（陈学者）的翻译为例，原作中关于陈野求的姓名称谓，分别有"陈野求""野求""陈先生"和"野求先生"四种，赵武平依据老舍语料库搜索陈野求出现的姓名类型，根据语境变化，将其分别译为"陈野求"和"野求"；毕冰宾更加多样化，有"学者陈野求""陈学者""有学问的陈学者""陈先生"等。就提取的姓名来看，赵武平的译名更为读者常见，毕冰宾的译名则相对陌生，甚至"有学问的陈学者"有语病之嫌。但把毕冰宾的姓名称谓放回小说语境，又极易见出其翻译目的。例如文中有一段描写瑞宣买到烧饼油条后被一个瘦子抢了，追上后，发现抢东西的人竟是陈野求。以下是陈野求被抓后的心理活动：

例16

浦译本：Scholar Yeh still stood in a daze. After a while he nodded his head slightly. He was not nodding to acknowledge that he was Scholar Yeh but it seemed as though he wanted to say, "Yes, this is I who have turned into a shameless beggar."（浦爱德英译《四世同堂》手稿，26 章：12）

赵译本：野求仍然茫然的立在那里。过了一会儿，他轻轻的点点头。他不是为承认自己是陈野求而点头，而似乎是想说："对，就是我，我变成一个无耻的乞丐。"（赵武平，2019：985）

毕译本：陈学者仍然呆呆的站着。过了一会儿，他轻轻的点点头。他点头并不是承认自己是那个有学问的陈学者，而似乎是想说： "对，是我，我变成了一个不要脸的要饭的。"（毕冰宾，2018：1000）

对照发现，两位回译者都注意到翻译姓名的忠实和灵活问题，且都试图在英译本与原文间寻得一个平衡。但把姓名放回语境可见，毕冰宾刻意转换陈野求的姓名，甚至将其译为"有学问的陈学者"，意在加深陈野求的自嘲和叙述者对这个做了汉奸的知识分子的讽刺。虽然这种表达不符合中文用语习惯，但必须承认，毕冰宾对人名称谓的多义性翻译做了有益尝试，而借助老舍语料库做词汇替换，很难达到这种表达效果。因而，如何结合语境，灵活转换姓名称谓，同时保证姓名称谓的规范性，是译者必须注意的问题。

2. 亲属与泛亲属称谓的翻译及对比

中国社会是家族社会，"家族是中国传统社会的最基本的社会单位，也是中国传统文化传承的最基本单位"（张铭恩，1990：77）。注重血缘、婚姻、伦理是家族文化的主要特征，拥有定位和表情功能的称谓语恰是展现家族内部关系的重要工具。《四世同堂》以家庭为单元，亲属称谓语自然成为表现人物亲疏关系的重要工具。此外，老舍将小说背景设定为日据时期的北平，又聚焦在封闭的小羊圈胡同，停滞的地域环境和较为传统的乡土社会使泛亲属称谓随处可见。

从中西文化环境来看，中国的亲属称谓，尤其泛亲属称谓的形式和使用条件，与英语国家大不相同。两相比较，西方国家的家族观念似较为淡薄，亲缘关系比较松散。单从称谓语语义角度来说，英语的亲属称谓语形式远少于中文，如 cousin 一词在英文中没有性别和内外之分，但在中文里，该词可以随语境变化译为表兄、表弟、表姐、表妹、堂兄、堂弟、堂姐、堂妹。从称谓语使用角度来看，英语环境中亲属称谓使用的频率及语境，也与中文差异很大。如在英语环境中，有些夫妻中的一方不随伴侣的习惯称呼对方父母，而是直呼其名，这在中国会被视为既不礼貌、又缺教养。更重要的是，英语环境中非亲属成员之间使用亲属称谓的情形寥寥无几，多数时候，大家仅以姓名相称。这预示着，在回译过程中，亲属和泛亲属称谓必然要面对中英文语义不对应的问题。

在中文语境里，家庭内部的亲属称谓语从类别来说，有父系称谓、母系称谓及姻系称谓。人物关系及情感表达不同，这些亲属称谓又有敬称、昵称、蔑称和詈称之别。同时，受作家写作风格影响，称谓语带有不同地域色彩。汉语丰富的称谓语使用方式很难对应植入英文表达，即使浦爱德竭力在英译本中保持中文本色，语言能指和文化所指间的偏差依旧存在。

两位回译者如何处理英译本中的称谓语，也是本文关注的问题。对照赵、毕译本可见，在语义层面，两个回译本对称谓语的处理大致相同，细节之处差异明显。两个回译本中的亲属及泛亲属称谓对比如下表：

表 2-1　亲属称谓语翻译对比表

浦译本	赵译本	毕译本
Mrs. Tien Yiu	天佑太太	天佑媳妇
Fat aunt	胖婶	胖婶儿
His own father	自己的爸爸	自己的亲爹
sister-in-law	弟妹	妯娌

浦译本	赵译本	毕译本
Grandfather	祖父/爷爷	爷爷
Fourth Master	四大爷	四爷
The mother of Little Precious	小顺儿的妈	小顺儿他妈
Fourth Mistress Li	李四妈	四大妈
the brother-in-law of the Poet Mr. Chien	钱诗人的舅爷	钱诗人的小舅子
His in-law the poet, Mr. Chien	钱亲家公	亲家钱诗人
Grandfather	外公	姥爷
grandmother	外婆	姥姥
sworn-brothers	盟兄弟	拜把子兄弟
mother-in-law	婆母	婆婆
Mrs. Liu	刘太太	刘棚匠媳妇
her husband	她丈夫	她男人
Mrs. Liu the wife of the shed builder	刘棚匠太太	刘棚匠媳妇
the grandfather and grandson	祖孙二人	爷孙俩
my grandfather Wang's words	我外公的话	我姥爷的话
my in-law	我亲家	我亲家公

不难发现，两个回译本的差别集中在译者对称谓语风格的把握上。赵译本倾向"复原老舍"，毕译本"口语化京味"浓厚。赵武平提出，他对人名及称呼的翻译采用"语境决定称呼，还原不可大而化之"（赵武平，2019：1093）的翻译策略，同时配合老舍词汇表，对称谓做替换。如"grandfather"在叙述部分译为背称"祖父"，在人物对话中则译为面称"爷爷"。这种翻译方式不仅符合中国人的书面用语习惯，也能再现老舍在人称使用上的灵活严谨。小善在狱中与钱诗人对话，曾把爷爷和外公放置一处对比，此时的"外公"第一次在人物对话中出现，究竟译为"外公"还是北京口语"姥爷"，值得玩味。参考程长顺与马老太太的对话，很容易看出，程长顺始终称马老太太为"外婆"，与"外婆"对应的男性称谓是"外公"。赵译本把握这一规律，让小善口中的金三爷回到小说地域语境，采用"外公"一词。

对照来看，毕冰宾对亲属和泛亲属称谓的处理，一直存在争议。于昊燕曾批评毕译本在"称呼、叹词、时代性用词等细节方面与老舍原文不能完全一致"（于昊燕，2020：158），诚然如此。

在称谓语方面，毕冰宾确实将《四世同堂》中的"称谓＋太太"变更为"称谓＋媳妇"，但细读译本会发现，译者对这些称谓语的使用有分裂迹象。人民文学出版社出版的《四世同堂》（足本）第89段，出现过"阳光很温暖，天佑媳妇就坐在她屋子的门槛儿上晒着，俩孩子在台阶前玩着。"（毕冰宾，2018：969）但93段之后，译者将"天佑媳妇"改为"天佑太太"。第97段中，译者称程长顺太太为"小程太太"，到了102段，又将其译为"小程媳妇"；第99段中，他将刘棚匠太太译为"刘棚匠的太太"和"刘太太"，却在第100段中，将其译为"刘棚匠媳妇"和"刘家媳妇"。其实，在北京及北京周边地区，人们对已婚妇女的称呼差别很大，"太太"往往用来称呼知识分子或经济条件较好家庭的女主人，一般农村或者底层平民之间常用"媳妇"。由此可看出，对究竟如何翻译，毕冰宾似乎很纠结。就亲属称谓语一事，夏玉珊曾向毕冰宾请教。

夏：我在阅读您的回译本时发现，您在人称的翻译上，与《四世同堂》有所不同，比如"外婆"译为"姥姥"，"钱诗人的舅爷"译为"钱诗人的小舅子"。我将其理解为您是想要保持回译本中方言的纯洁性，不知这么说对不对？

毕：我确实是有意识地对这些称谓做了私下修改，但没有在文章里说过。"外婆"，不符合北京语言环境，可能是老舍在重庆为了更多的读者考虑所用，北京话甚至北京周围很大的区域都是称"姥姥"的。此处的"舅爷"不符合人物的身份，妻子的弟弟北京话或北方话都是"小舅子"。前面提到的"姐丈和舅爷"里的舅爷是指着孙辈称其为"舅爷"，但叙述语言中不能直接说"他是钱先生的舅爷"。所以我对此做了大胆修改。也许不能叫修改，按说老舍中文原文里在此时应该也是说他是"钱先生的小舅子"，但中文稿没了，就不能推测了。

虽有毕冰宾解释在此，但本文认为，回译毕竟不同于一般文学翻译，尤其像《饥荒》这样的修补性回译，译者应在称谓、叹词，亦或时代用词方面，与前文保持一致。贸然采取"叛逆"译法，无论对回译本自身还是《四世同堂》（足本），都会造成一定损伤。至于回译者提及的，《四世同堂》创作背景在北平，文中却出现五湖四海的表达，甚至亲属称谓语未能充分考虑到人物所处地域环境等，这是否构成问题，老舍为何会做这样的表述，则应在文学研究中另行专论。

3. 职业称谓翻译及对比

从群落的惯用称谓来看，不同时代、不同地域的小说，对人物社会称谓语的使用各有其独特之处。《四世同堂》是一部记录北平市民生活的小说，北平的特殊之处在于：九朝古都，融合满汉中西文化。日军侵略，城市沦陷，社会动荡，原本稳定的社会结构不断变化，最终导致《四世同堂》中的社会称谓语随之变化。不过，《饥荒》回译本中的社会称谓主要是职业称谓，这里集中分析对职业称谓语的翻译情况。

《四世同堂》原作涉及市民社会各工种和阶层，具体可划为"工、农、商、学、役、仆、戏、妓、贼、匪、丐、僧、道等社会生活的各个阶层、各行各业"（王云辉，2011：29）。具体到行业大类，又可分为商业、娼优、教育、宗教、服务、差役及贼匪乞丐。这些职业称谓深受时代语境和方言影响，今天来看"教员""庶务""仆人""巡警""窑姐儿"等，已成为时代标本，当下日常生活中难以见到。但《饥荒》回译的特殊性，决定其翻译不能仅限于词义还原，亦应注意把词汇还原至小说描述的历史和地域环境中。

日据之前，北平的帝制统治势力已开始受商品经济侵蚀，农业生产虽是当时社会的主要经营方式，但在市民社会中，更常见的生产类型是商业。一群脱离土地生产经营的社会群体，逐步涉足与人民生活有关的各行各业，其社会称谓由普通市民口耳相传，渐成特定的职业称谓。王云辉对这些职业称谓做过比较详细的分类汇总，如下图所示。

职业称谓语
- 商业类：掌柜、老板、跑堂的、卖粥的
- 倡优类：琴师、唱奉天大鼓的、唱花旦的、卖艺的
- 教育类：教员、老师、庶务
- 宗教类：和尚、算命先生、神父
- 服务类
  - 一般服务：理发匠、医生、拉车的、仆人、老妈子
  - 特殊服务：妓女、营妓、窑姐儿
- 差役及贼匪乞丐类：巡警、警察；小偷、土匪、乞丐

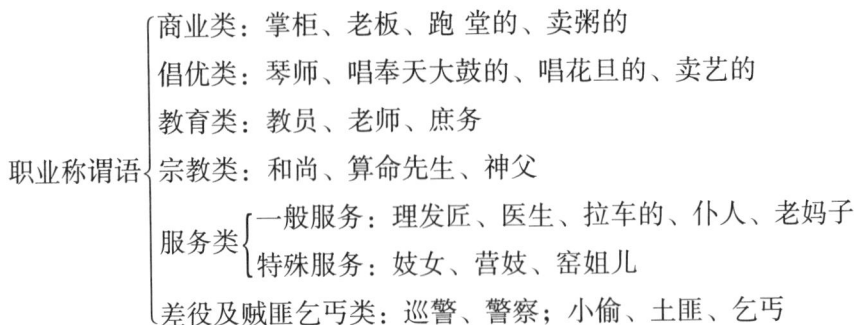

图 2-1　《四世同堂》职业称谓语

除上述分类，原作中还有一些战争背景下形成的特定称谓，如"特务""皇军""日本鬼子""军人"等。这些称谓在英译手稿中一般采用直译法。这对回译者来说，困难不大。不过，两个回译本还是稍有区别。

表 2-2　赵译本和毕译本职业称谓对比表

浦译	赵译	毕译
the chief accountant	会计主任	财务主任
personal guard	私人护卫	保镖
a teacher of literature	文学教员	语文教员
the judge	审判官	裁判
old gentleman	老绅士	老正人君子
the shop keepers	铺户	店铺的店员
the waiter	跑堂的	跑堂的、伙计
go-between	说媒拉纤的	掮客

由此可见，两位回译者对北平特色职业称谓"的"字用法都有留意，对职业称谓词义的把握几无差别，唯在表述方面相差很大，这归因于各自翻译策略不同。赵武平自始至终采取直译法，并借用老舍词汇表，成功还原了这些职业称谓语的时代和地域特色。毕冰宾则依照自己熟悉的北京口语进行回译。以"go-between"一词为例，"说媒拉纤的"和"掮客"都可做这一词的释译，但翻看老舍剧作《茶馆》，第一幕中有这样表述："商议事情的，说媒拉纤的，也到这里来。"（老舍，11 卷，2008：264）可见

"说媒拉纤的"相较于"掮客"更符合老舍的习惯用法。将"the chief accountant"译为"会计主任"和"财务主任"，含义上差别微乎其微，但老舍在小说《文博士》中写过"他的名片上总是筹备委员，或事务员；'主任'，'科长'，'课长'，甚至连'会计'都弄不到他手里……"（老舍，3卷，2008：253）足见在此，"会计"比"财务"更恰当。

除更符合老舍习惯表达外，赵武平借用老舍词汇表替换职业称谓，另有一个优点，即在表达上更准确。如对李四爷葬礼的描写：

例 17

浦译本：Those who moved household goods, those in the coffin shops, and even the musicians and banner carriers were all his friends. （浦爱德英译《四世同堂》手稿，25章：15）

赵译本：窝脖子的，开寿材铺的，甚至吹响器的，与打幡儿的，都是他的朋友。（赵武平，2019：977）

毕译本：窝脖儿扛大个儿的，杠房的，连那些吹鼓手和打执事的都是他的朋友。（毕冰宾，2018：993）

中西丧葬习俗差别很大，涉及专门丧葬从业者的专有名词很难在英语中找到对应词汇，浦爱德对此类词汇采用直译和意译相结合的办法。熟悉中国文化的读者对此类表述当然不陌生，但这些词汇恰是回译中不易处理的部分之一，稍有不慎即会出现误译。对照赵译本和毕译本，就方言纯正度而言，毕冰宾采用的"杠房""打执事的"等词汇更符合北京方言特色，从准确性来看，赵武平的直译似更精准。上述职业称谓中，"coffin shops"译为"开寿材铺的"更为妥当，因为，"杠房"原本指"为殡葬仪式服务对行业，以出赁杠、罩、执事，代雇杠夫、执事夫，代应'响器'（即鼓手）为主"（常人春，2002：92）。毕冰宾把"杠房的""吹鼓手"和"打执事的"并列放置，有混淆定义之嫌。

综上，两位译者的翻译方式都能比较恰当地还原小说的职业称谓，但从精确度来说，赵武平的老舍语料库在这类词汇的翻译上更有优势。不过，应注意到，称谓语作为一种与文本密不可分的文化词汇，在还原时应结合小说语境，做到灵活转换，如此方能真正还原小说里的文化精髓。

（二） 文化形象还原及对比

抗战爆发前，老舍热衷于从中国文化内部发掘民族国家新生力量，抗战爆发后，坚持国家至上的老舍迅速转变以往启蒙国民性的单一立场，转向启蒙国民性和宣传抗战并举。《四世同堂》更像一部展现老舍"意识形态化"的集大成者。老舍借小说批判战争，反思战争，对日本人的侵略心理做出主观探询，并在愤懑和无可奈何中承认敌人之残暴实则洗刷了中国的渣滓，唤醒国人的现代国家意识。当然，战争的结果是两败俱伤，"任何想用战争方式解决人类问题的都是思想上的落伍者"（毕冰宾，2018：1086）。老舍的最终立足点是和平，更意味深长的是，老舍以反思战争之艺术书写，将对和平的渴望提升到国际主义的高度。因此，回译者要把握老舍在本书中的政治意图，完整回译《饥荒》文化意蕴，必要深刻理解《四世同堂》中异国侵略者和本国国民形象，体悟出作家对这些人物的情感态度。

1. 异国侵略者形象的回译与对比

与一般抗战小说不同，《四世同堂》鲜少涉及血肉模糊的战争场面，侵略者也非作家正面刻画的对象，小说中塑造的日本人屈指可数，但驻扎在北平的庞大日军却像幽灵一样控制着北平。侵略者蛮横地楔入北平百姓之中，践踏中国人的民族尊严，一点点蚕食北平百姓的生存空间。正因为日本人以群像形式出现，研究中国人对这群侵略者的称谓，成为小说塑造侵略者形象、宣传抗战的主要手段之一。

在亡国灭种的危机下，大多中国人对日本侵略者及漠然旁观的西方人，都有不同程度的恨意。就算极讲礼貌的老北平人，也按捺不住对侵略者的憎恶，"矮脚板凳""小日本儿""日本鬼子""小老鼠"等等，成了中国老百姓称呼日本侵略者的代名词。即便面对英语读者，《四世同堂》英译手稿不吝于展示受害者对侵略者及西方列强的厌恶，文中常有"foreign devil"（洋鬼子）、"the short legged soldiers"（短腿士兵），"those two mad and wild beasts"（两只疯狂的猛兽），"little Japanese"（小日本儿）等。日本侵略者的残忍暴行成为中国人共同的民族伤痕，时至今日，青年人仍能从祖父辈口中听到诸如"小日本儿""日本鬼子""洋鬼子"等蔑称，这类稳定的词汇在两位回译者笔下实现了精准还原。

不过，两个回译本在处理一些中性英文代称时，持有各自特色。赵译本坚持忠实原则，依照英译手稿，直译关于日本侵略者和其他外国人的代词；毕译本则通过意译或增译，借人称代词表达不同人物对侵略者的情感态度。以 foreigners 一词为例：

例 18

浦译：She knew that she was playing with those foreigners, and she also knew that those foreigners were playing with her, but in this mutual play acting she could get to the full the romance and stimulation she understood. (浦爱德英译《四世同堂》手稿，第三部，21 章：3)

赵译：她晓得，自己是在玩弄洋人，洋人也只是玩弄自己，但在这种互相玩弄中，她充分获得了她所认为的浪漫和刺激。（赵武平，2019：939）

毕译：她明白自己是在跟这些外国鬼子逢场作戏，也明白他们也是跟她假意逢迎，可是这种相互的利用能让她得到最大的浪漫和刺激。（毕冰宾，2018：954）

这段文字的背景是，在招弟做日本特务后，对其他外国人做出心理剖析。招弟不同于丁约翰，后者是赤裸裸的"西崽"，前者却是"洋鬼子克星"。做了汉奸后，招弟的主要职责是监视西洋人，并从他们身上搜集情报及财物。因而，招弟私下称呼西洋人，不仅无需尊重，更极可能时时辱骂。赵武平的翻译中规中矩，把"foreigner"还原到《四世同堂》的时代语境，译为"洋人"。作为一种背称，洋人是中性词，读者无从看出招弟对洋人的态度。与之对照，毕冰宾把"foreigner"译为"外国鬼子"，这一称谓明显包含贬义色彩，更贴合招弟身份。

除此之外，毕冰宾还把"those Japanese women"译为"日本娘们儿"，以称呼那些定居北平的日本女性；把小善喊出的"Down with the Japanese."译为"打倒日本鬼子"。赵武平则更为谨慎地还原词语表面意思，即"日本女人""打倒日本人"。这种翻译区别看似细微，却包含着两位译者对《四世同堂》的独特阅读感受及对作品中心意旨的把握。

七七事变后，老舍抛妇别雏，由济南只身南下武汉，以文笔为武器，宣传抗战。他笔下的《四世同堂》自然弥漫着亡国阴影下百姓对侵略者的憎恶。毕冰宾根据具体语境，精心挑选带有明显感情色彩的称谓语，以弥补语言转化中情感态度缺失，让回译本的抗战感情更浓郁。对照浦译手稿，毕译本的精准度似乎稍差，但从读者角度来看，这种翻译更符合汉语读者的阅读期待。

除宣传抗战外，《四世同堂》更深刻的地方在于老舍对战争、对侵略者的认识，以及他看中日两国民间友谊时的超乎政治之上的眼光。老舍将日本军国主义者和日本平民做切割，展示日本军国主义者的残暴、无知，同时写日本平民百姓的理性与无奈。他在小说中塑造了一位见识过世界，对日本军国主义有清醒认识的日本老太太，并细致描写小羊圈胡同的邻居与这位老太太的交往。回译部分最让人揪心的一幕是小妞子之死。一辈子敷衍忍让的祁老太爷目睹小妞子被共和面噎死，他再退无可退，悲愤地抱起小孙女的尸身，茫然又坚定地要向日本人讨公道，恰在门口遇见日本老太太。老太太原本抱着极大热情要向邻居传达中国抗战胜利的好消息，却在大希望、大光明里先目睹这一幕人间惨剧。此时，围观的邻居们尚不知中国已经胜利，他们在祁老太爷的感染下，盲目地将怨气指向日本老太太，不同人的反应让小说的反战思想瞬间达到高潮。日本老太太战败国身份交织民间反思者的清醒和善意，小羊圈邻居战胜国身份交织良善、翻身喜悦及被侵害太久的委屈与愤怒，一时间，日本老太太在中国邻居口中的称谓变化多到令人炫目。不过，英译本受语言限制，仅能用"the old Japanese woman"（日本老太太）和"Old Lady"（老妇人）展示称谓语的指向性功能，未充分表现出说话者的情感态度。所以，译者在回译中必须把握这一称谓的感情取向。

以小说高潮，瑞宣挡在日本老太太和以方六为代表的邻居间的对话为例，看两个回译本对日本老太太的称谓如何处理。

例 19

浦："Are you planning first to beat this Old Lady?" Rey Shuan emphasized the words Old Lay. （浦爱德英译《四世同堂》手稿，第三部，33 章：13）

赵："你们想先打这个老太婆一顿？"瑞宣加重"老太婆"这三个

字的语气。(赵武平，2019：1047)

毕："你们打算先打这老太太一顿？"瑞宣在"老太太"三个字上加重了语气。(毕冰宾，2018：1063)

老太太不避讳自己战败国子民的身份向战胜国邻居传送好消息，本应受到尊重，但迫切希望发泄情绪的邻居们，饥不择食地想在老太太身上寻求复仇。瑞宣挡在两者之间，用敬称"老太太"提醒邻居们要爱憎分明，同时，"老太太"一词更能体现瑞宣作为知识分子的涵养。中性甚至略带蔑视色彩的"老太婆"，显然不能很好表达出人物间的感情冲突。

综上，赵武平的字汇词汇表虽在还原小说历史语境方面有明显优势，但其情感表现力较弱。就具体人物塑造和情感表达来说，毕冰宾略胜一筹。

2. 汉奸形象及回译

有学者认为，"《四世同堂》成为老舍创作中讽刺多于、大于幽默的一部"(吴小美，2015：8)。这一点评，不仅源于老舍亲历战争，把战争的严肃写入作品，更源自他对反面人物的行为和内心活动进行深刻挖掘和尖锐批判。《四世同堂》思想深刻之处在于，它不仅宣传抗战，同时延续了老舍批判国民性的特点。

这部小说如同汉奸陈列展一般，汇集人数众多且个性鲜明的汉奸，老舍借助这些汉奸，从纵深角度挖掘中国传统文化劣根性，又通过这些汉奸的自取灭亡，实现对中华文化之糟粕的批判。《饥荒》是《四世同堂》最后一部，战争即将结束，汉奸们迎来自己的结局，此时，老舍对这些汉奸内心世界的挖掘达到了一定深度。比如，文中这段对特务招弟的描写：

例20

浦：She was still short but she was much plumper than before. Her skin seemed coarser so she needed more make up. Her lips looked like the ladles in butcher's shops that are used to dip blood. Her cheeks were painted like the gates of a temple. She had forgotten what beauty was and wanted only to be original. She took unusualness for beauty. She had acquired a very suitable nick name,"the Bane of the Foreign Devil,"which was to say that when the foreign devils saw her, even they could not keep out of her clutches. （浦爱德英译《四世同堂》手稿，第三部，21章：3）

赵：她的身体还是那么小，可是比以前丰满多了。她的皮肤粗糙多了，所以更加需要化妆。她的嘴唇像肉铺里的勺，成天浸着鲜血。她的脸蛋抹了香粉，像是庙的大门。她忘了什么是美，一心只求独创。她以与众不同为美。她得了一个非常合适的绰号："洋鬼子克星"。就是说，连洋鬼子见到她，也难逃脱她的魔掌。（赵武平，2019：939）

毕：她个头儿还那么矮，不过比以前可是胖多了。皮肤看上去糙了，得加倍涂脂抹粉才行。她的嘴唇涂得血红，看着就像肉铺里扣血的长把儿勺子，脸抹得像庙门那么红。她忘了什么叫美，只想着怎么标新立异，拿着稀奇当美。为这个，她得了一个跟她很般配的外号儿叫"洋鬼子杀手"，洋鬼子遇上她都逃不出她的魔掌。（毕冰宾，2018：955）

此处必须提出，赵译本中这段文字取自东方出版中心初版七刷。前文提到，该版纠正了初版一刷中常被诟病的几处错误，其中一处就是"Her lips looked like the ladles in butcher's shops that are used to dip blood."赵武平在初版一刷本中，将其译作"她的嘴唇像肉铺里的娘儿们的一样，已经习惯于染上鲜血。"（赵武平，2017：939）于昊燕认为，"老舍在作品中塑造了诸多善良、宽厚的店铺掌柜形象，'连走卒小贩全另有风度'，《正红旗下》中开肉铺的王掌柜便是个典型的勤劳、耿直的生意人。因此老舍怎么会把妖艳无耻的女特务与肉铺老板娘画上等号？"（于昊燕，2020：153）显然，初版七刷东方本做出修改，源于听取了读者，尤其是学者的反馈。

尽管赵武平做了修改，但赵、毕两译本的差别依旧明显。从用词来看，毕冰宾对招弟的修饰词多选取消极词汇，如"胖多了""涂脂抹粉""稀奇"等，这些词汇虽不如"丰满""抹了香粉""与众不同"文雅，却能传递作家的厌恶态度。尽管翻译再难重现老舍风采，毕译本却在情感表达上与老舍实现一种神交。金岳霖把翻译分为两种：一种译意，即"把字句底意念上的意义，用不同的语言文字表示出来"（金岳霖，1983：811）；另一种译味，指"把句子所有的各种情感上的意味，用不同种的语言文字表达出来"（同上）。《四世同堂》创作之初衷意在给中国读者阅读，在讨伐战争的同时，对侵略者及本民族的渣滓败类予以强烈谴责、鞭挞，作家对这些汉奸的愤恨自然溢于言表。

此外，毕冰宾多处采用补译以完善句义，如增补"抓血的长把儿"来修饰勺子，以"那么红"来修饰庙门。从目的语角度来说，《饥荒》后 16 段的目标读者是当前大众读者，其中不乏年龄较小者。《四世同堂》写于 20 世纪 40 年代，小说中的很多表述今天不再使用，译者采用增译法，意在延伸英译语义，增补句意，帮助读者更好理解文本的比喻和作者暗含的辛辣讽刺。

《饥荒》后 16 段中有关蓝东阳的描写占据大量篇幅，尤其是蓝东阳遭瑞全恐吓后，更有大段文字描述蓝东阳的行为和心理活动，正是这些描写让蓝东阳与其他汉奸有了区分。例如，蓝东阳为谋求铁道学校校长职位，与特务勾结，杀害了十三位师生。瑞全为震慑蓝东阳，借胖菊子之手送给他一颗子弹。蓝东阳收到子弹后，非人的汉奸形象立即溢出纸面：

例 21

浦：He did not think of retribution for he had never admitted to himself that he had any guilt-committed any crime. （浦爱德英译《四世同堂》手稿，第三部，23 章：4）

赵：他从没有想象过会受到报复，因为他从来不承认自己有罪过——犯过任何罪。（赵武平，2019：958）

毕：他没有想过报应，因为他从来没有承认自己有罪过，他没犯过任何罪。（毕冰宾，2018：974）

两段回译最大的区别在对"retribution"的释义。究竟哪个译法更准确，需先了解小说背景。《四世同堂》中很多善良的中国人都秉持一种朴素的因果报应观，如祁老人、李四爷等，但蓝东阳没有。"他既不承认自己的罪过，也没有一点悔意。信仰宗教的人相信忏悔，因为忏悔能为他们带来希望，可是他没有希望。"（赵武平，2019：959）蓝东阳不信天命，不信宗教，后文中作家称他"与自己民族五千年的文化没有任何关系。他的狡猾，残酷，还属于蛮荒年代"（赵武平，2019：1027）。由此可见，作为一个非人的野兽，蓝东阳即使面对自己造下的杀戮，也绝不会想到，瑞全带给他的恐吓是一种"报应"。相反，报复常用来形容兽与兽之间的争斗。可见，毕冰宾对"retribution"的理解更精准。此外，赵武平因拘泥英文句法结构，忽视了蓝东阳语句中层层递进的情感，语言表达显得生硬、怪异。毕冰宾则采用意译法，让蓝东阳在否认犯罪的重复中，实现为自己开脱的目的。

总之，这些汉奸形象的塑造，一方面得益于老舍对汉奸毫无底线地追求个人享受和官位的内外挖掘，一方面得益于作家对讽刺、挖苦等修辞手法的娴熟运用。回译者必须充分把握这两点，方能让反面人物在回译本中鲜活完整起来，从而传达出老舍批判国民性的内在主张。

3. 北平市民形象及回译

《四世同堂》中的中国人物在家国大义面前，汉奸与非汉奸泾渭分明，且只有这两类。上面介绍的汉奸，常遭一些批评家诟病，认为有脸谱化之嫌；批评家们对非汉奸的北平市民形象则一致认可。从人物精神高度来看，又可将小说中的北平市民分为两类：一类是维护小家庭的人物，如祁老人、祁瑞宣、韵梅、李四爷一家、程老太太一家及白巡长等；一类是敢于走出小家庭，投身抗战的个体，如钱诗人、钱仲石、祁瑞全、刘棚匠等。

老舍熟悉那些维护小家庭的人物，他们讲和气，但遇事敷衍；待人淳朴友善，但底线是不损害小家庭的利益；勤劳正直，但深受旗人贵族文化熏染，讲排面。以祁老太爷为例，钱诗人被冠晓荷举报被捕后，他想不到憎恨日本人和冠晓荷，反而一心想找冠晓荷求情。小说细致刻画了祁老人的善良、懦弱、谨慎与和气。祁老人代表着大部分沉溺在自己小生活哲学里的人，与他类似的有李四爷、马老太太等，他们安守本分，忍让谦卑，最后都在忍无可忍中做出反抗。如，兽兵在李四爷身上施加的暴行触犯了李老人尊老敬老的底线，他下意识地做出反抗；小妞子的死让祁老人看见自己亲手建造的四世同堂就要坍塌，他不能不愤怒，不能不去与日本侵略者对峙；黑毛方六在狱中见识到日本人的残忍，认识到日本侵略者的本质，出狱后，他坚持在天桥摆摊控诉日本人的罪行。这些人的转变大有"逼上梁山"的无奈。而祁瑞宣，作为知识分子，他想要为国尽忠，却又被家庭责任束缚住手脚，无法高飞，始终纠结沉郁，一直到瑞全再次回来，才终于放开拳脚参加地下工作。

以现实主义创作标准来看，走出小家庭参加抗战的人物充满作家的文人想象。在描写瑞全和钱诗人活动时，作家没有明确他们的党派和组织关系，两个人更像是家国沦陷后自发走向反抗之路的两类人。钱诗人受儒家文化影响，政治混乱时，深居简出，写诗、饮酒、养花，过着不染烟火的隐士生活。战争爆发后，即使身处陋巷，他不忘忧国。早期，钱诗人在与祁家兄弟交谈时说："假若北平是树，我便是花，尽管是一朵闲花。北平若不幸丢失了，我想我就不必再活下去！"（老舍，卷4，2008：23）国家遭难，钱家在汉奸迫害下摇摇欲坠，钱诗人的复仇心被点燃。他羡慕金三爷强健能打仗的身体，渴望变成一个能上战场与日本人搏命的战士。这种从隐士到战士的转变，是老舍对中国传统儒家爱国思想的借鉴与高扬。

瑞全代表中国的新青年与未来，他与钱诗人的相似之处在于，他们都根植于中国文化；不同在于，瑞全们是经受民族灾难淬炼的新青年，文中说，"被压迫百多年的中国产生了这批青年，他们要从家庭与社会的压迫中冲出去，成个自由的人。他们也要打碎民族国家的铐镣，成个能挺着胸在世界上站着的公民。"（老舍，卷4，2008：39）瑞全们是土生土长在中国，却又能立足于世界政治国家之林、并不卑不亢的中国青年，是老舍对中国新青年的想象。当这样的青年游历过国家的山川湖海、又回到死气沉沉的北平后，必然被作家寄予搅动死水的期许。

然而，遗憾的是，不管是钱诗人还是祁瑞全在抗战中的行为都或多或少有概念化之嫌。这或许和老舍未能亲自参战有深切关系。他曾说："我虽然同情革命，但我还不是革命的一部分，所以，我并不真正理解革命，而对不理解的东西是无法写出有价值的东西的。"（老舍：18卷，2008，283）

针对以上两类人，两位回译者都对人物复现做到了基本忠实。不过，毕冰宾对小说人物的把握更准确。以金三爷发财后的心态描写为例，

例22

浦译：When he was with those of his own walk of life-while they were whispering about their business-he would sit apart with his back straight as if to say, "For little affairs don't bother me-for the sake of three grains of

sesame and two dates I, Wang the Third, will not trouble to move my legs. "
（浦爱德英译《四世同堂》手稿，第三部，28 章：1）

> 赵译：当他和他这一行的人在一起的时候，他们在低声的谈论着自己的事，他会独自坐在一旁，挺直腰，似乎是说："小事情不要打扰我，仨芝麻俩枣的，我，金三爷，就不麻烦迈腿了。"（赵武平，2019：993）

> 毕译：跟他的同行在一起，他们小声谈论他们的生意时，他会挺直腰板独坐一旁，仿佛在说："别为那些小事儿烦我，仨瓜俩枣儿的，我金三爷都懒得动活儿。"（毕冰宾，2018：1010）

从中英文对照来看，赵武平严格照搬英译文中的词句，虽能表现出金三爷作为市井商人发达后的自傲，但对其语言表述未做归化处理，不够精致。对比来说，毕冰宾把"those of his own walk of life"译为"同行"，要比赵武平译为"他这一行的人"更简练，更符合汉语表达。同时，毕冰宾把"business"译为"生意"，刚好迎合后面金三爷的自述，显然比赵武平译为"事"更符合人物行为及语境。综合来说，毕冰宾对北平市民的描写更符合中文读者阅读习惯，赵武平用逐字直译法未能再现中国语言表达准确简约的艺术魅力。

三、结语

从文化视角对比赵译本和毕译本，可以发现译者翻译策略的形成不只受译者视野、翻译经验、个人经历、生活背景等影响，还与译本接受环境、拟译文本的经典诗学密切相关。两位回译者虽都立足忠实，对译文的处理却不相同。赵武平对词汇、英文句法表现出相当的忠实，却忽视了语言表达的语境，造成译文误译、漏译频发，语言生涩、翻译腔严重。作为《四世同堂》修补式回译，赵译本与前文语言风格和人物塑造都有明显罅隙。毕冰宾的忠实观立足京味口语风格和语境化翻译，文中很多表达超出意译范畴达到妙译效果，语言俗白流畅、人物形象鲜活立体。当然，毕冰宾作为职业译者，他对老舍及《四世同堂》的认识建立在翻译过程中，这也多少导致其对老舍创作理解有失充分，称谓语、语气词等与前文不十分协调。

不过，译本在传播流转过程中，不断受接受环境影响。读者和研究者对译本的批评，直接或间接影响着译本的修改，甚至复译。毕译本的出现实际上是对赵译本语言风格的修正，赵译本对误译、漏译和翻译腔的不断修改，同样体现出读者市场对译本的巨大影响力。

总之，赵译本和毕译本作为目前讨论度最高的两个回译本，两位译者也撰文详细介绍自己的翻译方法，研究两个回译本的前世今生，这不仅有助读者正确认识《饥荒》的生成、传播和接受，也有助于为其在文学史和翻译史中找到正确定位。同时，译者是搭建老舍中英文本的重要桥梁，他们对英译本及原作的个性化理解及翻译，不仅拓宽老舍研究的疆域，也实现了对《四世同堂》的再阐释。赵武平的老舍词汇表为老舍作品阅读打开一个新视角；毕冰宾用他熟悉的日常京味口语翻译《饥荒》，在为当下京味文学发展提供有效借鉴的同时，延长了原作生命力。

随着中国作家或华人作家用异语表现本国文化的文学作品不断被发掘，寻回流失海外的文化记忆正成为回译的重要使命，从文化角度研究回译本开始成为一种重要现象。

参考文献

［1］老舍. 四世同堂（完整版）［M］. 赵武平译. 上海：东方出版中心，2019.

［2］［美］埃达·浦爱德. *Four Generations In One House* 英译本手稿［Z］.

［3］老舍. 四世同堂（足本）［M］. 毕冰宾译. 北京：人民文学出版社，2018.

［4］中国社会科学院语言研究所词典编辑室. 现代汉语词典［K］. 北京：商务印书馆. 2005.

［5］毕冰宾. 关于《四世同堂》回译的回忆［DB/OL］，社会科学网——社会科学报，2018.

［6］严家炎主编. 二十世纪中国文学史［M］. 北京：高等教育出版社，2010.

［7］王宏印. 文学翻译批评论稿（第二版）［M］. 上海：上海外语教育出版社，2010.

［8］萧乾. 北京城杂忆［M］. 北京：生活·读书·新知三联书店，1999.

［9］老舍. 老舍全集第 3、4、5、11、16、17、18 卷［M］. 北京：人民文学出版社. 2008.

［10］劳陇. 英汉翻译中"意合"句法的运用——消除"翻译腔"的一个重要手段［J］. 中国翻译，1985（7）：10 - 12.

［11］江慧敏. 京华旧事，译坛风云——论林语堂 Moment in Peking 的无根回译［D］，天津：南开大学，2012.

［12］［日］山口守. 两个国家，两种文化——浦爱德的中国理解［J］. 社会科学辑刊，2012（3）：221 - 229.

［13］刘莉娜. 赵武平：于"废矿"中发现"金矿"［J］. 上海采风，2017（3）：42 - 45.

［14］老舍. 四世同堂（完整版）［M］. 赵武平译. 上海：东方出版中心，2017.

［15］鲁迅. "硬译"与"文学的阶级性"［J］，萌芽月刊，1930，1（3）.

［16］黄邦杰. "信"与"顺"的统一——兼论"硬译"［J］. 中国翻译，1980（04）：1 - 3.

［17］马宏基，常庆丰等. 称谓语［M］. 北京：新华出版社，1998.

［18］王云辉.《四世同堂》称谓语的社会语言学研究［D］，沈阳：辽宁师范大学，2011.

［19］李庆花. 中国姓名文化考略［D］，济南：山东师范大学，2012.

［20］张铭恩. 黄色文明中国文化的功能与模式［M］. 上海：上海文艺出版社，1990.

［21］于昊燕. 经典回归的策略与实践——评《四世同堂》两种回译本的得失［J］. 文艺研究，2020（04）：150 - 160.

［22］常人春. 老北京的民俗行业［M］. 北京：学苑出版社，2002.

［23］吴小美. 抗战时期长篇小说中的《四世同堂》［J］，中国现代文学研究丛刊，2015（11）：1 - 12.

［24］金岳霖. 知识论（下）［M］. 北京：商务印书馆，1983.

白先勇自译实践研究

——基于《永远的尹雪艳》英译的考察

张心如 段 峰①

摘要：短篇小说《永远的尹雪艳》采取团队自译模式，由作者白先勇与叶佩霞合译、高克毅审校完成。不同于独立自译中自由度高的普遍规律，《永远的尹雪艳》呈现出对原文的高度忠实。这一自译实践所呈现的独特规律与合作自译模式、作者身份认同和源文本特征有关。

关键词：《永远的尹雪艳》；白先勇；自译；身份意识

Title：Pai Hsien-yung's Self-Translation Practice：An Investigation of the Translation of "The Eternal Snow Beauty"

Abstract：The short story "The Eternal Snow Beauty" adopts a collaborative self-translation model, completed by the author Pai Hsien-yung and co-translator Patia Yasin, with George Kao as the editor. Unlike the high degree of freedom in independent translation, "The Eternal Snow Beauty" presents a high level of fidelity to the original text. The unique pattern presented in this self-translation practice is related to collaborative self-translation model, author identification, and

---

① 作者简介：张心如，四川大学外国语学院硕士研究生，研究方向：翻译理论与实践；段峰，四川大学外国语学院教授、博士生导师，研究方向：翻译理论与实践。
基金项目：本文系 2022 年四川省哲学社会科学规划项目外语专项重点项目"文学自译者他语书写研究"（项目编号：SC22WY001）的阶段性成果。

characteristics of the source text.

Keywords: " The Eternal Snow Beauty "; Pai Hsien-yung; self-translator; sense of identity

白先勇（1937－）是中国现代主义的代表作家，一生致力于华语文学文化传播事业。他文学成就突出，著有短篇小说集《台北人》《纽约客》和长篇小说《孽子》等作品，于1960年与叶维廉、李欧梵、刘绍铭等人创办《现代文学》，被夏志清誉为"当代短篇小说家中少见的奇才"（2013：124）。文化上，他致力于中国传统艺术发展，复兴昆曲，带领青春版《牡丹亭》到世界各地大学校园里巡演，重回年轻人视野。目前研究者大多关注白先勇作品的文本解读与文化传播两方面，对白先勇的翻译实践关注较少。白先勇的作品外译模式多样，除了他译，他还采取团队自译、独立自译等方式，为翻译研究提供了丰富的样本。

《台北人》以刘禹锡的《乌衣巷》为开篇词，借"旧时王谢堂前燕，飞入寻常百姓家"的喟叹，奠定了全书放逐与伤逝的基调，其中《永远的尹雪艳》作为《台北人》首篇，紧承《乌衣巷》之后，足见其文学蕴藉之深，相关的翻译实践也成了有价值的个例。《永远的尹雪艳》于1965年首发在《现代文学》第24期，随后作为首篇被收入短篇小说集《台北人》；1975年，《永远的尹雪艳》由柯丽德和余国藩合译成英文，载于香港中文大学翻译中心创办的刊物《译丛》；1982年，《台北人》英译本经由美国印第安纳大学出版社重新翻译出版，这一版本由白先勇和叶佩霞合译、高克毅审校完成。香港中文大学分别于2000年印发中英对照版本、于2018年印发英译本，译文均采取白先勇合作自译版本。作为《台北人》的开篇之作，《永远的尹雪艳》所受重视程度不容小觑。

一、自译的一般规律：创造性与自由度

自译是指"将自己的作品翻译成另外一种语言的行为或这种行为的结果"（Grutman，2020：514），作为一种特殊的文学翻译形式，其最突出特点在于自由度较高。自译究竟是翻译还是再创作，学者对这一问题莫衷一

是。黎昌抱认为，自译者在翻译过程中对文本不断产生新的解读，迎合了自译者的创作心理，因此，自译者容易产生完善作品的倾向，进而从译者角度跳入作家视域，时不时对文本进行创造性改写，但仍属于翻译（2012：102）。杨仕章提出，文学自译者的双重身份使得这种翻译实践独具特色，虽然其创造性成分更突出，但翻译属性并没有发生变化（2009：81）。林克难在研究萧乾自译作品后，认为他采用了增删自如和以删节为主的方法，但"改译、节译、增译，不应该只是应用英语翻译的专利，文学翻译也应该有他们的一席之地"（2005：47），即无论自译者如何改动，其行为仍然属于翻译范畴。还有一部分译者翻译自己的作品时感到相当煎熬，索性利用作者身份的自由，直接用第二语言进行创作（Beaujour，1995：720）。相较于他译活动，自译者本人也是作者，接受者普遍认为作者对源文本有着最深刻的理解，在翻译时可以凭借这一优势对译文进行大幅度的调整甚至续写、改写。诗人卞之琳的自译就是如此，他"乘翻译的机会对作品进行改写、解释、延伸甚至回答"（北塔，2006：26），对原文进行增删挪移甚至割裂，几乎可以被视为再创作。这一规律也在同一时期的其他作家身上有所体现。张爱玲等对《金锁记》进行数次自译，前三次自译实践都出现了较大幅度的改写甚至重写，只有最后一版对原作较为忠实。纳博科夫在自译阶段采取了和他译阶段完全不同的策略，认为自译应当采取"创造性叛逆"以弥补原作的不足，其变化如此之大，很有可能是因为纳博科夫本人不把他的自译视为翻译，而是视为作者对过去作品的再创造（段峰、马文颖，2016：79）。虽然学者在有关"翻译"还是"再创作"的争论上各执一词，但两方的观点都有一个共同的预设，即自译的一般规律为自由度较高。

自译者在翻译活动中的自由度使得翻译与改写之间的界限变得模糊，然而，"在具体的自译实践中，忠实于原文者也不少见"（段峰，2021：94），比如白先勇。笔者对比了 2015 年广西师范大学出版社出版的《永远的尹雪艳》和 2018 年香港中文大学出版社出版的全英文译本 The Eternal Snow Beauty，发现译本并未出现大幅增删改写等自由度较高的行为，而是采取异化策略，多用直译，基本忠实于原文，不符合自译的一般规律。这一自译行为的"脱轨"与自译形式、作者身份及原文特征有关。

二、团队自译的模式：齐心合作与互相束缚

　　《永远的尹雪艳》采取了团队自译模式，合译者叶佩霞和编辑高克毅两人具备深厚的语言功底，与白先勇对作品得天独厚的理解相辅相成。叶佩霞是白先勇在美国加州大学圣塔芭芭拉分校的同事，在语言、音乐和文学方面都颇有造诣。她具备很高的语言天赋，熟悉日文、中文、法语、俄语、土耳其语等多种语言。除此之外，叶佩霞在音乐上也有十分突出的表现，与白先勇小说中频繁出现的戏曲内容相契合。日本留学期间，她去拜访昭和时代遗留下来的艺妓群体，学唱日本民歌；返美后在加州大学圣塔芭芭拉分校音乐系执教，与白先勇成为同事。在文学上，叶佩霞对莎士比亚的诗歌有很深的了解，在处理白先勇小说的诗词翻译也常常使用古英文诗体。高克毅是著名的文学翻译家，中英文能力俱佳。他出生于美国密歇根州，1973年与宋淇创办《译丛》，担任英文编辑。除此之外，他对美国社会文化有深入的了解，出版了一系列专著，如《美语新诠》和《最新通俗美语词典》。白先勇认为"能够悠游于中英两种语文之间，从心所欲不逾矩的作家不多，高克毅先生是一个例外"（白先勇，2015：282）。作者白先勇毕业于美国爱荷华大学著名的"作家工作坊"，具备了一定的英文功底和翻译经验，加之合译者叶佩霞的各方面辅助、编辑高克毅的严格审校和灵活调整，自译团队具备了语言上求真的能力，在采取直译方法的同时能够兼顾可读性。

　　在翻译《永远的尹雪艳》前，白先勇和叶佩霞制定出一个原则，翻译三律"信达雅"，围绕这一原则，三人以尊重原文为出发点，分工明确。在回复宋仕振的邮件中，白先勇提到"往往先由我把一句直译出来，她（叶佩霞）再润饰"，可见，凭借其对原文理解的优势，初稿先经由作者本人白先勇直译。随后和叶佩霞商讨润饰，并鉴于叶佩霞的音乐和文学功底，诗词歌赋等内容交由叶佩霞单独处理，实现"信"与"达"。最后将这份初稿交由高克毅修改编辑，译文也由"达"入"雅"。白先勇和叶佩霞创造初稿时，二人"逐字逐句地琢磨""拿着放大查遍OED"（白先勇，2015：284）。叶佩霞表明"把翻译当做一种表演艺术，我就不会贸然尝试什么'创造性'或'自作主张'的手法，弄得反而伤害原文"（叶佩霞，

2013：27）。高克毅审校时，"虽然很细很严，但他总设法尽量保持原有架构，不使其失却原貌"（白先勇，2015：284）。例如，在对地名翻译的处理上，白先勇和叶佩霞二人的初稿采用了意译方法，将仁爱路译作"Benevolence Road"，而高克毅将其改为了威妥玛拼音的音译"Jen-ai Road"，点明"书中地名，无论旧时上海，或现时台北，凡有通用英文名称在，一概沿用，以求存真"（此处为高克毅在翻译手稿中的批注，下同）。白先勇在描绘尹雪艳的迷人时，提到了"蜜丝佛陀"，初稿中将其改译为"Dior"。蜜丝佛陀是美国本土化妆品品牌，历史悠久，欧美国家读者更容易接受其老牌身份；而迪奥起源于法国，相较于蜜丝佛陀年轻又新潮，倘若民国时期的尹雪艳就开始用迪奥的口红，即便放在今日，也容易使读者产生"出戏"之感。高克毅直言"问题是当年（20年代）的生活，有没有人用Dior化妆品，是个事实问题"，经由三人讨论，将其换回了"Max factor"。可见三人齐心协力，始终以尊重原文背景、还原源文本语境为出发点。

团队自译模式不同于独立自译和他译，尽管有作者加入的帮助，这一合作模式本身存在一定程度的约束。三人在团队形式中需要互相监督、商讨和听取彼此的意见，从而限制了翻译自由度。白、叶二人认为译得出彩的地方，也有可能出现被高克毅一笔勾销的情况；如果白、叶二人和高先生意见相左，这一翻译团队会通过书信或电话沟通，倘若高先生觉得无伤大雅，会选择尊重两位译者的意见。白先勇沿袭《红楼梦》传统，其文风以工笔细腻见长，服饰往往暗示角色的地位和状况，是不容忽略的一环。在处理服饰翻译时，白先勇与叶佩霞二人对中文里复杂多样的形容词进行了最大程度的保留和还原，采取复合形容词、变化句式等方式，力求呈现尹雪艳服饰的典雅与精致。然而，高克毅作为编辑，认为其中复合词太多，有叠床架屋之嫌。白先勇听从其意见，将复合形容词转换成名词后缀等其他形式，保留了修辞效果，进一步突出了句式的复杂多变，更逼近中文的工笔描写。由此可见，三人齐心协力的同时，存在对彼此的约束和监督，白先勇虽然具备作者和译者的双重身份，但团队的约定和监督削弱了翻译的自由度。

三、作者身份的观照：民族情怀与文化本位

此次自译实践虽采取团队模式，白先勇的作者身份依旧"在最高层次上观照着译文的生成"（刘晓峰、马会娟，2016：62）。对白先勇来说，写作"是一种自我检视，这包括了对文化的检讨"（白先勇，2019：67）。由于自译实践中译者和作者身份重叠，白先勇的文学实践观照着翻译过程，文学惯习影响并解决因文化不同而产生的翻译障碍。因此，此次自译《永远的尹雪艳》"还原了他当时通过文学想象来表达自己文化身份的写作缘由"（段峰，2022：12）。

白先勇以其民族情怀著称。由于特殊的历史机缘，文人"所铭刻的家国创痛、历史纠结，是台湾主体建构不可或缺的部分"（王德威，2007：26）。台湾文学"往往离不开这种家国同构的思维模式，白先勇在主流小说领域，更是将其发挥到了极致"（沈庆利，2013：195），他"所传达出来的持续而强烈的国族关怀，在与他类似背景的同代台湾作家中可说无出其右者"（朱伟诚，2013：305）。在白先勇看来，中国文学的一大特色，是对历史兴亡，感时伤怀的追悼。这份民族情怀影响着白先勇的翻译过程。初稿中，尹雪艳一名全部采取 Snowbright Yin，出现了近 70 次。然而，Snowbright Yin 是一个杜撰词，高克毅认为此处容易令读者联想到肥皂粉广告之类的商标和辞章，在意义上与"尹雪艳"中文姓名的冷漠疏离感相差甚远，并且于无形中加深了西方对中国女性的刻板印象。经由三人讨论修改后，采用音译名"Yin Hseuh-yen"和意译名"Snow Beauty"结合的方式。据笔者统计，英译本中威妥玛拼音翻译出现了 50 次，Snow Beauty 出现了 22 次。这一人名多半采用 Yin Hseuh-yen，高克毅直言其目的正是在读者脑中建立这是一个中国女人的姓名，辅以"Snow Beauty"进行解释，还原中文名字含义，展现尹雪艳的冷艳之美，表达了白先勇由民族情怀生发的执着与坚持。

这份强烈的民族情怀，让他的小说创作根植于中国传统文化土壤之中，形成中华文化本位意识。"许多作家成长过程中都有某种文化思考模式作为他认识世界的思想核心"（林幸谦，2016：198）。白先勇生于动荡年代，幼年颠沛流离，见证时代的分崩离析，成人后漂泊海外，受到文化

失根的激烈冲击，这些经历对其文学创作产生了难以磨灭的影响，因此小说中有一面朝向中国历史文化的大传统。白先勇虽受西方名家影响颇深，但从未遗失中华文化本位意识，他"站在富于民族忧患的基础上，书写一种既惶惑又冷静的文化反思"（林幸谦，2016：197），传达对历史、民族、人生的理想与体认。因此，白先勇多次运用尹雪艳、钱夫人、朴公这类形象，暗喻中国旧社会的衰落与其传统文化的解体，借文学创作表达对文化没落的观察与思考，以伤逝追念之情表现了白先勇的中华文化本位意识。除此之外，白先勇将诗词戏曲融入写作之中，几乎每一篇小说都有中国古典文学的身影，比如《永远的尹雪艳》中的"二郎探母"，《游园惊梦》中的"牡丹亭"等。吴经理抱怨完毕后，听到尹雪艳的抚慰，心中顿时舒畅不少，当众用他沙哑苍凉的嗓音唱出"我好比浅水龙，被困在沙滩"。译者翻译这句唱词时，并未按照原文进行直译，而是采取了古体英文诗的句法，重新分行，译作：

Like to a dragon in the shallows,I!

Prisoner on the sandy shore.

这一稿的翻译已经臻于完善，三人商议后，却坚持要进一步还原京剧唱词内容，将 shore 修改为 beach，回到了"沙滩"的原意。这一改动牺牲了 sandy shore 与前句 shallows 所呼应的韵律感，却更忠实于原文。由此可见，译者在韵律和意义不能兼顾时，选择尊重原文意蕴，阐明戏曲意旨。虽然白先勇就读于美国爱荷华大学作家工作坊，受西方文学影响颇深，在写作中也多次强调"技巧"的重要性，但在外译过程中，面对"技巧"与"内容"的二元抉择，他的中华本位意识始终干涉着其翻译决策。

文化本位意识衍生出他对中华文化形象的唯美诉求。白先勇"一方面求真，一方面把自己看作中国固有文化的继承人、发扬人"（夏志清，2013：125），在传播文化过程中，他打造出一个"带有女性化特质的唯美中国形象"（沈庆利，2013：198）。对《永远的尹雪艳》译文进行观察，大陆生活的印象由"黑丝面子鸳鸯戏水的湘绣靠枕""桃花心红木桌椅""又甜又腻的晚香玉""醉蟹""金银腿""蟹黄面"等构成，经由直译手法在欧美读者手中再次跃然纸上，传递着古老中国独特而神秘的文化气息和审美情趣。值得注意的是，作者对台北和上海的不同刻画也暗示着作者对于唯美中国的向往。无论是翻译还是原著，"台北是失去主体性的台北，它的文化记忆、地理属性和风貌人情都被抽空，作为一个没有独立意识的附加品存在"（胡星灿，2016：69），被架空的台北可以换作其他任何一座城市，只作为承载焦虑、欲望、追思的客体，存在的意义轻浮而模糊。对比之下，上海被细化为公馆里风味独特的菜品、聚会时招摇美艳的服饰、喧闹而不问明天的棋牌游戏，只会以矜贵优雅、纵情开放的形象出现，是"想象的本邦"（王德威，2007：6）。由此可见，上海对他而言，与其说是叙述，不如说是一种修辞（胡星灿，2016：69）。对上海的泛美化和对台北的架空彰显了白先勇对唯美中国的追求，作者追思怀念的不只是上海的繁华享乐，更是中华意气风发的旧时风貌、璀璨烂漫的传统文化；所面对的也不只是台北的凄清苦闷，更是对"旧时王谢堂前燕，飞入寻常百姓家"的伤逝与追思。这一对比所勾勒的中华情境，正是白先勇凭借其超群的艺术天赋和精深的文化修养，呕心沥血打造出的唯美东方画卷。

四、文本特征的要求：讽刺意味与象征意义

在团队模式的约束和作者身份的参与下，《永远的尹雪艳》的讽刺意味和象征意义也成为译者对文本求真的驱动力之一。白先勇身为作者，对文本创作初始的意旨有着深刻了解，翻译时无论是选择还原还是改动，都具备着超越其他译者职责范畴的权限与说服力，为通过翻译还原文本特征提供了前提条件。结合团队成员之间相互约束的合作方式、均以尊重原文为出发点的行为准则，加之白先勇出于民族情怀对原文翻译提出的严格要求，译者团队在翻译过程中务必对文本深层信息进行再三思索，为保留文本特征提供了可能。讽刺意味和象征手法作为最显著特征的出现对译者提出了原则性要求，即不能只关注字面含义，而应竭力挖掘并还原文本背后的深层意蕴。因此，自译《永远的尹雪艳》时，译者团队对文本的处理跳出了字面翻译的困局，由象征含义和讽刺意味切入，毫无改写或者续写的必要，自由度随之降低。

讽刺意味和象征意义是《永远的尹雪艳》最显著的文本特征。欧阳子认为，《永远的尹雪艳》不同于《台北人》其他13篇，有最重的讽刺意

味。她认为这篇是最冷的一篇，"作者像是完全把自己隔离，冷眼旁观"，而"此作者与叙述者之间的差距，最能拍击而产生嘲讽效果"（欧阳子，2014：28）。主人公尹雪艳的姓名就极具嘲讽意味。"尹雪艳总也不老"而且"着实迷人"（白先勇，2015：1），但这样一位"永远不老"的美人，名字却取了"雪艳"二字：冰雪冷艳逼人，却如同镜花水月般短暂易逝。其间反差不无嘲讽之意。除此之外，白先勇认为中国文字"长于实际象征性的运用，应用于象征"（白先勇，2019：254），他自身小说文本最重要的特点之一也是象征手法的运用。在写作《永远的尹雪艳》时，他身处异域，"文化差异所造成的自我认同危机使白先勇自觉地从充满中国文化符号的文学想象中寻求自我治愈的途径"（段峰，2022：3）。一如世界上没有什么事物是永远的，尹雪艳也不可能是永远不老的美人。对此，白先勇的解释是尹雪艳象征了上海某种阶层的人，甚至是上海的某种文化（白先勇，2019：66）。对这一人物形象象征意义的解读，还有不同的看法。其中欧阳子将其解读为死亡的化身，认为形容尹雪艳所用颜色一红一白，均是在暗示尹雪艳的死神身份，叶维廉则认为，"她好比一切欢乐、妖媚、舒服、甜和迷惑美的缩影"，虽伴随着"令人家破人亡的煞气"（叶维廉，2013：148），但耽溺于往事、愚钝莽撞的达官贵人争相涌向她，为一响贪欢纷纷献祭。余秋雨则认为她是"天"的化身，因无情而不老，"是一种恒定、姣好却又从容地制造着死亡的历史象征体"（余秋雨，2015：262），如同观世音般冷眼旁观着人世间种种，再于声色犬马中平静地取人性命。

考虑到人名的讽刺意味和象征意义，尹雪艳的翻译便不能简单化处理。译者采取音译加注的方式进行翻译，即在威妥玛拼音音译姓名后，加上"Snow Beauty"做尹雪艳的另一代称。倘若只使用音译"Yin Hseuh-yen"，虽然可以在读者心中确立这是一个中国女人的形象，但不能传达"雪艳"二字的反讽与象征。雪转瞬即逝，一瞬间的冷艳也不过是镜花水月，然而尹雪艳总也不老；加之英文读者熟知法国诗人维庸的《古美人谣》中的诗句"where are the snows of yesteryear"，暗示尹雪艳再迷人也只是对往昔大陆生活的竭力模仿，其本质是徒劳的追思，Snow Beauty 一词形成了巧妙的反讽。如此看来，威妥玛式拼音音译"Yin Hseuh-yen"与"Snow Beauty"组合，兼顾了讽刺意味和象征意义。

小说最后以尹雪艳一句"我来吃你的红"做结，欧阳子认为"这句双关语，真是一针见血"（欧阳子，2014：43）。在结尾处，吴经理终于遇到了"大四喜"，这副"百年难见的怪牌"，让他豪言"我倒楣了一辈子，和了这副怪牌，从此否极泰来"。一个眼眶流脓、睫毛倒插的腐烂肉身发出这般狂妄的感叹，足见其愚昧与盲目。而尹雪艳轻轻地安慰"我来吃你的红"，正是一句谶语。"红"字既象征赌牌赢来的钱，也暗喻了鲜血，即生命。在柯丽德和余国藩的译本中，这句话被简单地译为"I'll come share your lucky money"，把"红"翻译为赌钱，并未展现双关含义。白先勇自译的刊印本把"我来吃你的红"译作"I'll come for my cut"。据白先勇给宋仕振的信中得知，这一改动是高克毅的主意。"cut"兼有"切、割"和"份额"之意，虽然抹去了"红"的意象，却回应了原文的一语双关。同时，"I'll come for my cut"简单利落的短句句式更有气势，相较其他译文，与尹雪艳身上的冰冷煞气更加契合。不难看出，在合作模式和白先勇本人的阐释加持下，原文的象征意义和嘲讽语调要求译者做最大限度的保护与还原，让这一自译作品脱离了自译的一般规律，回归了对原文的忠实。

五、结语

综上所述，白先勇自译《永远的尹雪艳》并未延续自译中自由度高的规律，而是采用异化策略，忠实原文的同时兼顾了可读性。团队自译的尝试为后续翻译实践提供了范本，既有作者对原作得天独厚的理解作为辅助，又有合译者和编辑深厚的语言功底进行加持，忠实于源文本的同时提升了译文水平。作者与译者双重身份的意义并不止于对文本的理解与诠释，还有其身份认同背后的文化考量。白先勇在旅美作家中以民族情怀著称，漂泊动荡的经历加深了他对祖国的文化体认与失根的伤逝之情，这种尖锐感触促成了他对中华文化的唯美诉求，从而影响了他在翻译时的整体决策。在译者作出翻译整体方向决策、具备相应语言能力之后，源文本的特征要求译者进行细致的分析与考量。《永远的尹雪艳》源文本具备深刻的象征意义和冷峻的讽刺意味，文本的结构特征与深层意蕴彼此交融、互相支撑，要求译者必须向内挖掘、竭力还原，从而降低了自译的自由度。《永远的尹雪艳》自译为后续翻译实践提供了很好的参照，合作自译的模式让作者与合译者、编辑共同构成译者主体，互相约束的同时最大程度重现原文的风采。白先勇的这一尝试也跳脱出同一时代张爱玲、萧乾等人的独立自译范式，为学界关于"自译"还是"改写"之争补充了独特的研究案例。作者对中文文本的执着与坚持反映着他对中华文化的苦苦追索，面对中华传统文化的解体，白先勇尽个人之力参与到文化的重构中去，无论是自译实践、文学创作还是昆曲传播，都展现着他一生的孜孜努力，这种"一个人的文艺复兴"并非"激流怎能为倒影造像"的无力之举，而是对中华文化"星星火燎原，涓涓流盈谷"的殷切期待。

参考文献

[1] 白先勇. 台北人 [M]. 桂林：广西师范大学出版社，2015.

[2] 白先勇. 一个人的文艺复兴 [M]. 桂林：广西师范大学出版社，2019.

[3] 北塔. 卞之琳诗歌的英文自译 [J]. 西南师范大学学报（人文社会科学版），2006（3）：24 - 28.

[4] 段峰，马文颖. 纳博科夫与文学自译 [J]. 俄罗斯文艺，2016（3）：76 - 82.

[5] 段峰. 身份、创伤和困境意识：《金锁记》译写再探 [J]. 四川大学学报（哲学社会科学版），2021（5）：93 - 100.

[6] 段峰. 语际书写中的文学想象和文化身份寻求：白先勇的文学自译 [J]. 外国语言文学与文化论丛，2022（00）：3 - 14.

[7] 胡星灿. 灵魂经验、身体历史、个人想象——评白先勇的地方书写 [J]. 华文文学，2016（4）：67 - 73.

[8] 黎昌抱. 哲学阐释学视域下的文学自译标准策略考察 [J]. 中国外语，2012（5）：101 - 106.

[9] 林克难. 增亦翻译，减亦翻译——萧乾自译文学作品启示录 [J]. 中国翻译，2005（3）：44 - 47.

[10] 林幸谦. 白先勇小说的文化语境与历史书写 [J]. 小说评论，2016（5）：192 - 202.

[11] 刘晓峰，马会娟. 论白先勇惯习的形成及其对《台北人》英译的建构 [J]. 语言与翻译，2016（1）：60 - 66.

[12] 欧阳子. 王谢堂前的燕子 [M]. 桂林：广西师范大学出版社，2014.

[13] 沈庆利. 溯梦"唯美中国"——论白先勇《台北人》的经典意义 [J]. 中国现代文学研究丛刊，2013（9）：190 - 199.

[14] 王德威. 后遗民写作 [M]. 台北：麦田出版，2007.

[15] 夏志清. 白先勇论 [A]. 封德屏编. 台湾现当代作家研究资料汇编 [C]. 台北：国立台湾文学馆，2013.

［16］杨仕章. 译者标记性研究：自我翻译者［J］. 解放军外国语学院学报，2009（3）：77－82.

［17］叶佩霞. 合译者的话［A］. 乔志高编. 台北人（汉英对照版）［C］. 桂林：广西师范大学出版社，2013.

［18］叶维廉. 激流怎能为倒影造像——论白先勇的小说［A］. 封德屏编. 台湾现当代作家研究资料汇编［C］. 台北：国立台湾文学馆，2013.

［19］余秋雨. 世纪性的文化乡愁：《台北人》出版二十年重新评价［A］. 白先勇. 台北人［M］，桂林：广西师范大学出版社，2015.

［20］朱伟诚. 父亲中国，母亲（怪胎）台湾？——白先勇同志的家庭罗曼史与国族想象［A］. 封德屏编. 台湾现当代作家研究资料汇编［C］. 台北：国立台湾文学馆，2013.

［21］Beaujour, E. K. Translation and Self-translation［A］. In Alexandrov, Vladimir E（Ed.）. *The Garland Companion to Vladimir Nabokov*［C］，New York & London：Garland Publishing，1995.

［22］Grutman, Rainier. Self-translation［A］. In Baker, Mona & Saldanha, Gabriela（Eds.）. *Encyclopedia of Translation Studies*［C］，London：Routledge，2020.

翻译应用与教育

〈翻译学刊〉 2 0 2 4 年第 1 辑

衔接与唐诗翻译

李春蓉　　陈依凡①

摘要：衔接是构成语篇的重要条件，对语篇衔接的关注是语篇翻译的重要研究内容。本文以《月下独酌》的英译本和俄译本为例，从语篇衔接的视角来关注唐诗外译，分析译本在语篇衔接层面转换的得失，考察唐诗外译语篇衔接重构的现状，并提出相应的翻译策略。语篇衔接观照下的翻译研究把衔接手段翻译策略分为两类：（1）保留原文的衔接手段；（2）改变原文的衔接手段。由于汉英俄语各自的语言特点，汉俄衔接手段的差异小于汉英衔接手段。因此，汉俄衔接手段的翻译策略倾向于策略（1），而汉英衔接手段的翻译策略倾向于策略（2）。

关键词：衔接；对比分析；翻译策略；唐诗

Title：Cohesion and the Translation of Tang Poetry

Abstract：As one of the most vital factors constructing text，cohesion study should be attached importance to. Based on the contrastive study of Chinese，English and Russian versions of *Drinking Alone in the Moonlight*，this article aims to put forward a series of translation strategies on cohesive devices translation. The

① 作者简介：李春蓉，四川大学外国语学院副教授、硕士生导师，研究方向：翻译理论与实践、中国文化海外传播；陈依凡，四川大学外国语学院硕士研究生，研究方向：翻译理论与实践。

基金项目：本文系国家社科基金项目"跨文化视阈下唐诗在西方的译介与研究"（项目编号：15BZW061）的阶段性成果。

翻译应用与教育

findings are as follows：（1）keep the cohesive devices in the target text；（2）change the cohesive devices in the target text. On account of their own linguistic characteristics，there are more similarities in Chinese-Russian cohesive devices translation than that in Chinese-English ones，which results in the preference of strategy（1）in Chinese-Russian cohesive devices translation and the preference of strategy（2）in Chinese-English devices translation.

Keywords：Cohesion；contrastive analysis；translation strategies；Tang poetry

对语篇句际衔接的探讨是语篇语言学的重要组成部分。受益于中国语法学家王力等"承上说"的启示，韩礼德于 1962 年首次提出"衔接"的概念 。关于衔接，韩礼德认为，"衔接概念是一个语义概念，它指形成语篇的意义关系。当在语篇中对某个成分的意义解释需要依赖于对另一个成分的解读时，便出现了衔接。其中一个成分预设了另一个，也就是说除非借助另一个成分，否则无法有效地说明它。这时，衔接的关系就建立起来了，而这两个成分，即预设者和被预设者，至少有可能组成一个语篇"（Halliday，1976：4）。韩礼德和哈桑把衔接分为语法衔接（grammatical cohesion）和词汇衔接（lexical cohesion）。前者包括照应（reference）、省略（ellipsis）、替代（substitution）和连接（conjunction）。后者则由复现关系（reiteration）和同现关系（collocation，co-occurence））组成。语法衔接主要通过语法手段得以实现，词汇衔接则通过词汇的选择来体现。贝克认为，衔接是语篇表层的可见语言现象，主张从衔接手段的角度来界定衔接。她认为，"衔接是将语篇不同部分联系在一起的语法、词汇和其他手段的统称"（Baker，2022：194）。

衔接是构成语篇的重要条件，对语篇衔接的关注是语篇翻译的重要研究内容。纽马克曾说，"在我看来，衔接是语篇分析或语篇语言学中可用于翻译的最有用的成分"（Newmark，2001：104）。多年来国内学界将衔接理论运用于翻译研究，如王东风、吴义诚、张琦、张军平、施秋蕾等。以上研究并未涉及汉语古诗词的衔接翻译研究。黄国文（2006：78）首开国内运用衔接理论探讨汉语古诗词英译问题的先河，开拓了语篇翻译领域的新视野。但此类研究在国内还不多见，特别是对多语种唐诗译本的对比研究尚未出现。将衔接概念运用于翻译研究实质上是双语语篇衔接手段的对比研究，由于不同语言的衔接手段存在着差异，在翻译转换中需要对衔接手段进行调整。本文以《月下独酌》的英译本和俄译本为例，从语篇衔接的视角来关注唐诗外译，分析译本在语篇衔接层面转换的得失，考察唐诗外译中语篇衔接重构的现状，并提出相应的翻译策略，以期为提高诗歌语篇翻译质量提供借鉴。

一、衔接手段对比分析

本文按照韩礼德和哈桑对衔接的分类，以李白诗歌《月下独酌》及其五个英译本和五个俄译本为研究语料，对原文与译文中的照应、替代、省略、连接、词语复现五种衔接手段展开对比分析。

首先，我们将对所要研究的衔接手段举例加以说明：

（1）照应。根据胡壮麟（1989：151）的观点，"照应指的是语篇中一个成分作为另一个成分的参照点"。照应用代词等语法手段来表示语义关系，通过照应别的词项来说明信息。照应可分为人称照应（personal reference）、指示照应（demonstrative reference）和比较照应（comparative reference）。照应帮助我们准确把握语篇中一个成分与另一相应成分之间语义上的联系。如：

> Raising my cup, I beckon the bright **moon**.
> For **he**, my shadow will make three men.
> ——Steven Oven

示例中的人称代词"he"指前面的名词"moon"，即代词的所指对象（referent），因而它们之间形成照应关系。

（2）替代。替代指用替代形式去替代上下文出现的词语。替代词只是一种替代形式（pro-form），它的语义要从所替代的成分去索引。韩礼德和哈桑把替代分为三类，即名词性替代、动词性替代和从句性替代。语篇中使用替代这一衔接手段，可以将语篇有机地结合起来，表达语篇的语义完整性，也避免与前面相同成分的重复，从而使语篇中的语言在一定的语境中显得简洁明了。如：

For the briefest time are the moon and my shadow my companions.

Oh, be joyful! **One** must make the most of Spring.

——Amy Lowell

示例中的"One"替代了名词词组"my companions"。

（3）省略。省略指省去句子中的某一成分。省略是一种特殊的照应即零照应（zero-reference），或一种特殊的替代即零替代（zero-substitution）。省略的使用是为了避免重复，同时使上下文连贯。一个句子中的被省略成分往往隐含在上下文中，所以省略得以成为衔接手段之一，并在语篇平面上起到了纽带作用。如：

花间□一壶酒，□独酌无相亲。□举杯邀明月，□对影成三人。

示例表明，省略是汉诗常用的衔接手段。示例中分别使用了主语省略3次，谓语省略1次。

（4）连接。连接专指相邻句子之间的连接关系（胡壮麟，1995：92）。连接是指语篇中句与句之间的逻辑关系，即句子是在什么意义上联系起来的，与语义相关。这种连接关系主要通过连接性词语的应用来实现。韩礼德和哈桑把连接分为增补（additive）、转折（adversative）、原因（causal））和时间（temporal）等四种。

Listless, my shadow creeps about at my side.

Yet with the moon as friend and the shadow as slave

——Steven Oven

For a long time I shall be obligated to wander without intention.

But we will keep our appointment by the far-off Cloudy River.

——Amy Lowell

And my shadow follows the motions of my body in vain.

For the briefest time are the moon and my shadow my companions.

——Amy Lowell

示例中的"Yet""But"表示转折。两者都是"通过连接性词语所连接，与'预期相反'的语义"（胡壮麟，1995：99）。示例中的"For"表示原因。

（5）词语复现。所谓词语复现，即通过重复上文已出现过的词来达到语篇的衔接与连贯。如：

> 举杯邀**明月**，对影成三人。
> **月**既不解饮，影徒随我身。
> 暂伴**月**将影，行乐须及春。
> 我歌**月**徘徊，我舞影零乱。

> 举杯邀明月，对**影**成三人。
> 月既不解饮，**影**徒随我身。
> 暂伴月将**影**，行乐须及春。
> 我歌月徘徊，我舞**影**零乱。

在《月下独酌》中，诗人运用丰富的想象，把月亮和自己的身影凑成所谓的"三人"。把寂寞的环境渲染得十分热闹，不仅笔墨传神，更重要的是表达了诗人擅自排遣寂寞的旷达不羁的真性情。但是诗的内涵却充满着无限的凄凉，诗人无人共饮，孤独到了只有邀月与影。甚至连今后的岁月，也不可能找到同饮之人了。

（一）源语与英译的衔接手段对比分析

我们以李白的《月下独酌》及其五个英译文本为语料，对汉英语篇衔接手段上的一些差异做对比。

表1 语篇衔接手段在汉英文中的分布（许渊冲）

语种	衔接手段					
	照应	替代	省略	连接	词语复现	总计
汉语	0	0	10	3	8	21
英语	7	0	2	2	8	17

表2 语篇衔接手段在汉英文中的分布（Arthur Waley）

语种	衔接手段					
	照应	替代	省略	连接	词语复现	总计
汉语	0	0	10	3	8	21
英语	6	0	5	2	8	19

表3 语篇衔接手段在汉英文中的分布（Amy Lowell）

语种	衔接手段					
	照应	替代	省略	连接	词语复现	总计
汉语	0	0	10	3	8	21
英语	5	1	0	5	8	13

表4 语篇衔接手段在汉英文中的分布（Herbert A. Giles）

语种	衔接手段					
	照应	替代	省略	连接	词语复现	总计
汉语	0	0	10	3	8	21
英语	9	0	0	3	6	15

表5 语篇衔接手段在汉英文中的分布（Steven Oven）

语种	衔接手段					
	照应	替代	省略	连接	词语复现	总计
汉语	0	0	10	3	8	21
英语	4	0	0	2	8	12

表6 语篇衔接手段在汉英译文中的类平均分布

分类	衔接手段						
	照应	替代	省略	连接	词语复现	总计	总平均
汉语	0	0	10	3	8	21	21
英语	31	1	7	14	38	91	18
类平均	6.2	0.2	1.4	2.8	7.6		

通过对比分析，我们发现：虽然汉英语篇衔接手段都可粗略划分为以上五种，但在具体运用上二者却各具特点。原文只使用了3种衔接手段，即省略、连接及词语复现。五个译文的语篇衔接手段有5种，即照应、替代、省略、连接及词语复现。虽然省略、连接及词语复现是原文和译文共有的衔接手段，但三者在汉英文中的分布情况却存在明显差异，主要表现在：

（1）原文多用省略来衔接上下文以达到语篇连贯的目的，而英语译文则多用照应。其原因在于，汉语是以形为主的表意文字，没有时态、语态、性和数的屈折变化，这样的特征在诗歌中尤其突出。因此，唐诗也不必像英诗那样，一定得有主语、谓语、代词和介词等。唐诗往往不拘人称，词语倒置，词性灵活。因此，在中国古诗中，省略句子成分的现象比比皆是。这体现了中国诗含蓄、简洁的美学特征。例如：

月下独酌

花间（谓语省略）一壶酒，（主语省略）独酌无相亲。

（主语省略）举杯邀明月，（主语省略）对影成三人。

月既不解饮，影徒随我身。

（主语省略）暂伴月将影，（主语省略）行乐须及春。

我歌月徘徊，我舞影零乱。

（主语省略）醒时同交欢，（主语省略）醉后各分散。

（主语省略）永结无情游，（主语省略）相期邈云汉。

原诗中一共出现了10次省略，其中包括9次主语省略和1次谓语省略。中国古典诗歌文字简洁而蕴涵丰富，主语省略在时空关系上扩展了广根的境界，将诗人个人的体验变成了普遍的经验，体现了"诗无达诂"的特征，使读者仿佛身临其境，产生出超乎时空，任读者想象的美感魅力。汉诗，尤其是古典汉诗，很少或几乎不出现人称代词。"中文诗常常可以省略主语，容许诗人不让自己的个性侵扰诗境，诗中没有表明的主语可以很容易地被设想为任何人，这使得中国诗常具有一种非个人的普遍的性质。"（詹杭伦、刘若愚，2005：58）英文译诗由于在语法上讲究严谨，必须确定其人称与时空关系。我们来看洛维尔的译文：

Drinking Alone in the Moonlight

A pot of wine among flowers.

I alone, drinking, without a companion.

I lift the cup and invite the bright moon.

My shadow opposite certainly makes us three.

But the moon cannot drink,

And my shadow follows the motions of my body in vain.

For the briefest time are the moon and my shadow my companions.

Oh, be joyful! One must make the most of Spring.

I sing, the moon walks forward rhythmically;

I dance, and my shadow shatters and becomes confused.

In my waking moments we are happily blended.

When I am drunk, we are divided from one another and scattered.

For a long time I shall be obligated to wander without intention.

But we will keep our appointment by the far-off Cloudy River.

——Amy Lowell

汉语中最常见的省略是主语省略，这一点在汉语古诗中表现尤为突出。在汉语古诗中很少使用第一人称"我"，从而造成意义的不确定。由于语言特点的差异，这种不确定性在英译文中消失了。关于中西诗歌的这种差异，克罗德·卢阿说："西方译者希望知道谁在湖边或者山中，谁在倾听飞雁的鸣叫和手指轻触的琴声。他们想知道这件事情发生在什么时候：很早以前，昨天，前夜，还是今天？他们希望拥有所有信息，这样才能确定诗作的感情色彩、作者的精神状态（作者常常是看不见的，避开的）以及作品的主要调子。这是怀旧、轻微的喜悦、深深的忧伤还是悲痛？但是中国人不愿意被局限于一个答案中。"（钱林森，2007：399）保尔·戴密微也表达了类似的观点："汉语动词的无人称性赋予动词以一种含糊不清和宽泛的特性，然而在译文中这种特性就消失了。"（同上：34）

挪威语言学家加尔通说："英语中的'I'是第一人称单数，是个人主义和自我存在的象征，它在英文中要大写，带有强烈的个人主义色彩。"（张德明，1998：38）译诗中出现了6次英语第一人称"I"，在句中作主语。可见，英文译诗的句子成分齐全，语法关系，动词的时态变化清楚。因此也形成译诗中的明确的抒情的主体和时空关系。原文与译文的对比凸显出汉诗主语的隐性状态和英诗主语的显性状态。这直接形成汉诗的"无我之境"，英诗的"有我之境"。汉语古诗人称的"隐"，"隐没了抒情主体，拉开与自身的距离，也增强了意象内涵的普遍意义"（孙玉石，2007：321）。这也正是汉语古典诗歌的魅力所在。

（2）词语复现是原文和译文的共同选用的衔接手段（如表1—5所示）。一般认为，为使篇章连贯，汉语广泛采用的一个衔接手段就是词语复现，而英语则大量运用照应，用代词替代原词。但我们发现，在唐诗英译中情况却并非如此，例如：

举杯邀**明月**，对影成三人。
月既不解饮，影徒随我身。
暂伴**月**将影，行乐须及春。
我歌**月**徘徊，我舞影零乱。
举杯邀明月，对**影**成三人。
月既不解饮，**影**徒随我身。
暂伴月将**影**，行乐须及春。
我歌月徘徊，我舞**影**零乱。

为使篇章连贯，词语重复是汉语中广泛采用的一个衔接手段，这在《月下独酌》中得到了印证。诗人通过对"月""影"的词语复现的相互映衬，和谐浸染，成功地表达了月夜的幽寂清冷氛围，诗人孤寂的感受。

诗人盛情邀明月，但明月毕竟是"不解饮"的。那么影子呢？也不能与诗人对当歌，开怀畅饮。译者通过词语复现，起到了烘托全诗意象的作用，点尽了诗人踽踽凉凉之感。诗人孤独到了只有邀月与影，在今后的岁月里也难以寻觅到共饮之人，无奈之下只能与月光、身影永远结游，并且相约相见于遥远的上天仙境。"诗人""月""影"相依相伴，诗人歌时，月色徘徊，依依不去，似乎在倾听佳音；诗人舞时，自己的影子在月光之下，似与诗人共舞。

通常认为，词语重复是汉语中广泛采用的一个衔接手段，而英语则大量运用照应，用代词替代原词。但在以下五个译文中，译者均使用了词语复现的手法，来突出以上的诗歌主题。

译文一：

I raise my cup to invite **the moon**, who blends

Her light with **my shadow** and we're three friends.

The moon does not know how to drink her share;

In vain **my shadow** follows me here and there.

Together with them for the time I stay

And make merry before spring's spend away.

I sing **the moon** to linger with my song;

My shadow disperses as I dance along.

——许渊冲译

译文二：

Raising my cup, I beckon **the bright moon**,

For he, with **my shadow**, will make three men.

The moon, alas! is no drinker of wine；

Listless, **my shadow** creeps about at my side.

Yet with **the moon** as friend and **the shadow** as slave

I must make merry before the Spring is spent.

To the songs I sing **the moon** flickers her beams;

In the dance I weave **my shadow** tangles and breaks.

——Arthur Waley

译文三：

I lift the cup and invite **the bright moon**.

My shadow opposite certainly makes us three.

But **the moon** cannot drink,

And **my shadow** follows the motions of my body in vain.

For the briefest time are **the moon** and **my shadow** my companions.

Oh, be joyful! One must make the most of Spring.

I sing, **the moon** walks forward rhythmically;

I dance, and **my shadow** shatters and becomes confused

——Amy Lowell

译文四：

And lift cup to **bright moon**, ask to join me,

Then face **my shadow** and we become three.

The moon never has known how to drink,

All **my shadow** does is follow my body,

But with **moon** and **shadow** as companions a while,

This joy I find will surely last till spring.

I sing, **the moon** just lingers on,

I dance, and **my shadow** scatters wildly.

——Steven Oven

译文五：

Then **the moon** sheds her rays on my goblet and me,

And**my shadow** betrays we're a party of three!

Thou' **the moon** cannot swallow her share of the grog,

And **my shadow** must follow wherever I jog,

Yet their friendship I'll borrow and gaily carouse,

And laugh away sorrow while spring-time allows.

See **the moon**-how she dances response to my song;

See **my shadow**-it dances so lightly along!

——Herbert A. Giles

　　词语重复作为语篇衔接的一种主要手段，在汉语语篇中很常见。英语语篇中词语重复的使用是作为修辞手段，英语中词语重复的使用，其目的在于起到强调的作用。有人将"叠言"（rhetorical repetition）列为美学修辞的一种。尽管累赘重复（redundancy）是修辞的大忌，但在特定情景中有意识的重复就起到很有力的修辞效果。译文二、译文三、译文四中关于"月""影"的译文均使用词语重复手法，共计8次，与原文完全一致。这样的译法是因为原文中的重复就有强调的含义，因此在译文里就要保留下来。译文一、译文五使用词语重复6次，其余2次使用代词进行转换，如宇文所安的译文"Together with **them** for the time I stay/ And make merry before spring's spend away"，翟里斯的译文"Yet **their friendship** I'll borrow and gaily carouse,/ And laugh away sorrow while spring-time allows."使用了意译的翻译策略，译者虽字面上没有依循原作，但其创造性的译法却有助于烘托诗人以"月""影"相伴的冷寂之境，因而大有裨益于诗意之传达。

　　此外，一般认为，汉语无定冠词或相当于英语定冠词"the"的指示词。英语中定冠词"the"本身虽无词义，但在语篇衔接中却用得很广泛，并起着举足轻重的作用。"The"与名词连用，指定上文已出现的物或人，以其照应作用使语篇衔接紧凑，衔接上下文。韩礼德在谈到"重复"时，曾举了一个例子：

　　Algy met a bear. The bear was bulgy.（Algy 碰见一只熊。这只熊很大。）

　　韩礼德认为，作者把第一次出现的名词，以"不定指"的形式，再次出现时以"定指"的形式介绍给读者。但在对诗歌语篇的深入研究中，我们还发现这样的普遍现象，即许多回指的所指对象并不直接存在语篇上文中（李春蓉，2015：80-81）。这种现象在古诗英译中也存在。例如：

> Among **the flowers** from a pot of wine：
> I drink alone beneath **the bright moonshine**.
> ——许渊冲译
> A cup of wine, under **the flowering-trees**：
> I drink alone, for no friend is near.
> ——Arthur Waley
> Drinking Alone in **the Moonlight**
> A pot of wine among flowers.
> ——Amy Lowell

以上是全诗第一句"花间一壶酒，独酌无相亲"的译例。该句的英译中，第一次出现的"the flowers""the bright moonshine""the flowering-trees""the Moonlight"均使用了定冠词"the"。也就是说，他们回指的所指对象并不直接存在语篇上文中。这是汉诗英译在照应这一语篇衔接手段上的特点之一。

综上所述，汉英两种语言的部分语篇衔接手段在诗歌语篇中的使用各有所重：省略是汉语的常用语篇衔接手段之一，而英语则更常用照应。在汉诗英译中，词语重复是汉语和英语共用的语篇衔接手段。这是由诗歌语篇的特性所决定的。此外，语篇中有无衔接手段只是鉴别其语篇性的因素之一，是语篇表层结构的连贯。语篇性在更大程度上取决于语篇语义的连贯。只有语篇中的深层语义具有逻辑联系时，表层的衔接手段方有可能和有用。换言之，表层的衔接手段的最终目的是成就语篇中的深层语义。

（二）原文与俄译的衔接手段对比分析

我们以李白的《月下独酌》及其五个俄译文本为语料，对汉俄语篇衔接手段上的一些差异做对比，对语篇衔接手段在其汉俄文中的分布进行分析。

表7　语篇衔接手段在汉俄文中的分布（А. И. Гитович）

语种	衔接手段					
	照应	替代	省略	连接	词语复现	总计
汉语	0	0	10	3	8	21
俄语	1	0	3	10	8	22

表8　语篇衔接手段在汉俄文中的分布（С. А. Торопцев）

语种	衔接手段					
	照应	替代	省略	连接	词语复现	总计
汉语	0	0	10	3	8	21
俄语	0	0	2	5	6	13

表9　语篇衔接手段在汉俄文中的分布（А. Матвеев）

语种	衔接手段					
	照应	替代	省略	连接	词语复现	总计
汉语	0	0	10	3	8	21
俄语	0	0	10	3	7	20

表10　语篇衔接手段在汉俄文中的分布（М. Р. Давлетбаев）

语种	衔接手段					
	照应	替代	省略	连接	词语复现	总计
汉语	0	0	10	3	8	21
俄语	1	1	2	9	6	12

表11　语篇衔接手段在汉俄文中的分布（Борис Мещеряков）

语种	衔接手段					
	照应	替代	省略	连接	词语复现	总计
汉语	0	0	10	3	8	21
俄语	0	0	5	3	8	12

表 12　语篇衔接手段在汉俄译文中的类平均分布

分类	衔接手段					总计	总平均
	照应	替代	省略	连接	词语复现		
汉语	0	0	10	3	8	21	21
俄语	1	1	23	30	35	90	18
类平均	0.2	0.2	4.6	6	7		

研究发现：俄文译文中使用了照应、替代这两种衔接手段，汉语原文中没有使用；虽然省略、连接及词语复现是原文和译文共有的衔接手段，但三者在汉俄文中的分布情况却存在明显差异。

（1）原文中没有出现衔接手段照应，在译文中有使用。如：

И тень, хотя всегда за мной
Последует **она**?
　　　　　　——А. И. Гитович
Среди цветов кувшин вина
Я пью с собой наедине,
Но вот в бокал вошла луна,
И тень присела вместе с **ней**.
　　　　　　——М. Р. Давлетбаев
Я зазываю так упорно—
Дразню заманчивым кувшином—
Но нет—куражится **она**.
　　　　　　——Венедикт Март

所选五个俄文译文中三个译文均出现了人称照应，总计 3 次，但未见指示照应和比较照应。显而易见，照应并不是俄语诗歌语篇的主要衔接手段。

原文没有使用替代，五个译文中也只出现了一次替代。如：

И **так** всегда－всю жизнь один,

Случайный взлет, случайный крах,

И радость, длившись миг один,

Бесследно тает в облаках.

——М. Р. Давлетбаев

（2）原文多用省略来衔接上下文以达到语篇连贯的目的，省略也是俄语译文的常用衔接手段。原因在于，俄语属于综合型语言，主要通过词本身的形态变化来表达语法意义。现代俄语仍然保留了丰富的性、数、格、时等方面的屈折变化。动词的变位允许主语省略的存在，而不影响语义的表达。这导致了俄语译文中大量主语省略的存在。与英汉语相较，俄语的词序更为灵活。以上特点体现了俄诗含蓄、简洁的美学特征。在统计的五个译文中，共出现省略 22 次。其中马特维耶夫（А. Матвеев）的译文表现最为突出，共出现省略 10 次。如例所示：

Пьяница под луной

Между цветов －（谓语省略）одинокий чайник вина

С пьяницей рядом близких нет никого

（主语省略）Поднял стакан,（主语省略）приглашаю выпить луну

Да еще тень － вот и（主语省略）будем теперь втроем

Жалко, луна совсем не умеет пить

Попусту тень повторяет движенья мои

Тень да луна стали товарищи мне

Чтоб разделить эту радость весенних ночей

Песню（主语省略）запел － улыбается мне луна

В танец（主语省略）пошел － пляшет со мною тень

Вместе теперь（主语省略）веселимся, пока（主语省略）хмельны

А как（主语省略）усну －（主语省略）разойдемся, расстанемся...

Странники в мире, навечно связаны мы

Встретимся вновь на бескрайней Звездной Реке.

——А. Матвеев

马特维耶夫的译文一共出现了 10 次省略，其中包括谓语省略一次，主语省略 9 次。俄文译文的主语可以省略是由于俄语动词的变位，虽然人称代词不出现，同样可以准确辨析语义。我们把马特维耶夫的译文与原诗进行对比：

月下独酌

花间（谓语省略）一壶酒，（主语省略）独酌无相亲。

（主语省略）举杯邀明月，（主语省略）对影成三人。

月既不解饮，影徒随我身。

（主语省略）暂伴月将影，（主语省略）行乐须及春。

我歌月徘徊，我舞影零乱。

（主语省略）醒时同交欢，（主语省略）醉后各分散。

（主语省略）永结无情游，（主语省略）相期邈云汉。

经过对比，发现了一个很有趣的现象。原文诗篇中也出现了 10 次省略，其中包括 9 次主语省略和 1 次谓语省略。原文和译文在省略上完全一致。这一方面说明这两种语言可以用不同的语言手段来达到诗歌语形式的一致，另一方面也表现出译者对原诗特点的深究，并精益求精、最大限度地在诗歌形式上进行转换，彰显出译者对汉语古诗人称的"隐"的深刻理解。其他的译者也采用相似的手法进行翻译，例如：

译文一：

Среди цветов поставил я

Кувшин в тиши ночной

И одиноко（主语省略）пью вино,

И друга нет со мной.

——А. И. Гитович

译文二：

> Между цветов – одинокий чайник вина
>
> С пьяницей рядом близких нет никого
>
> （主语省略）Поднял стакан,（主语省略）приглашаю выпить луну
>
> ——А. Матвеев

译文三：

> Среди цветов стоит кувшин вина,
>
> Я пью один, нет никого со мною.
>
> （主语省略）Взмахну бокалом – приходи, луна!
>
> ——С. А. Торопцев

总之，缘于俄语语法的特点，译者在用俄语翻译中国古典诗歌时，倾向于使用主语省略的手法来转换汉诗省略的特点。这样产生的译文常常能保持汉诗简洁的美学特征，即简隽含蓄的特点。这种从汉诗主语的隐到俄诗主语的隐的转换，通过译者的灵活变通，将翻译的损失降到了最低，并保证汉诗之美的忠实传译。

（3）词语复现是原文和译文共同选用的衔接手段（如表6—10所示）。为使篇章连贯，词语重复是汉语中广泛采用的一个衔接手段，这在《月下独酌》中得到了印证。诗人通过对"月""影"复现的相互映衬，和谐浸染，成功地表达了月夜的幽寂清冷氛围、诗人孤寂的感受。诗人与"月""影"相依相伴，诗人歌时，月色徘徊，依依不去，似乎在倾听佳音；诗人舞时，自己的影子在月光之下，似与诗人共舞。例如：

索尔加尼克（Солганик，2007：54）认为，"单纯的词汇重复在俄语里使用是很有限的，因为它与俄语修辞规范相抵触：修辞讲求言语表达的多样性"。洛谢娃的观点和索尔加尼克大体相同，她认为词汇重复有两大功能：作为句际连接手段和作为语义修辞手段。她所说的句际连接手段即语篇衔接功能，修辞手段是指使言语获得表现力的功能。洛谢娃

（Лосева，1980：42）还认为，"没有词汇重复的使用，就不能实现言语的逻辑连贯，词汇重复的使用和言语的组织紧密相连"。俄语词汇重复的这一特点在唐诗翻译中得到了充分的体现，例如：

译文一：

Но в собутыльники **луну**

Позвал я в добрый час，

И **тень** свою я пригласил —

И трое стало нас．

Но разве，— спрашиваю я，—

Умеет пить **луна**？

И **тень**，хотя всегда за мной

Последует она？

А **тень** с луной не разделить，

И я в тиши ночной

Согласен с ними пировать，

Хоть до весны самой．

Я начинаю петь — и в такт

Колышется **луна**，

Пляшу — и пляшет **тень** моя，

Бесшумна и длинна．

——А. И. Гитович

译文二：

Чарку к небу тяну

и тебя приглашаю，**луна**，

Да ещё свою **тень** —

на троих бы нам выпить，ей — ей！

Но земного вина

не отведать небесной **луне**,

Тень, как глупый школяр,

повторяет движенья за мной.

Лишь на время **луна**

тень дала в сотоварищи мне,

Чтоб веселья пора

продолжалась вослед за весной.

Принимаюсь я петь,

и **луну** начинает мутить,

Принимаюсь плясать,

тень кривляется - просто беда.

———Бориса Мещеряков

译文三：

Поднял стакан, приглашаю выпить **луну**

Да еще **тень** - вот и будем теперь втроем

Жалко, **луна** совсем не умеет пить

Попусту **тень** повторяет движенья мои

Тень да **луна** стали товарищи мне

Чтоб разделить эту радость весенних ночей

Песню запел - улыбается мне **луна**

В танец пошел - пляшет со мною **тень**

Вместе теперь веселимся, пока хмельны

———А. Матвеев

译文四：

Взмахну бокалом - приходи, **луна**!

Ведь с **тенью** нас и вовсе будет трое.

Луна, конечно, не умеет пить,

Тень лишь копирует мои движенья,

И все - таки со мною разделить

Помогут мне весеннее броженье.

Луна шалеет от моих рулад,

А **тень** сбивают с ног мои коленца,

——С. А. Торопцев

译文五：

Но вот в бокал вошла **луна**,

И **тень** присела вместе с ней.

Но не умеет пить **луна**,

И **тень** напрасно стелет след,

Да черти с ними - не беда -

Пьянит меня весенний цвет!

И я пою - **луна** кружит,

Танцую - **тени** ходят впляс,

——М. Р. Давлетбаев

可见，作为句际连接手段和作为语义修辞手段，词语重复在汉诗俄译中很常见。这种语篇衔接功能既能实现语篇的连贯，又能实现诗歌的表现力。米谢廖科夫（Б. Мещеряков）关于"月""影"的译文最大限度与原诗保持一致，共计 8 次。其余译文虽略有减少，当但均保持在 6 次以上。这样的译法是因为原文中的重复就有强调的含义，因此在译文里就要保留下来。达夫列特巴耶夫（М. Р. Давлетбаев）的译文使用词语重复 6 次，其余 2 次使用代词进行转换，即 "Да черти с ними - не беда -/Пьянит меня весенний цвет！"托洛普采夫的译文 "И все - таки со мною разделить/Помогут мне весеннее броженье." 使用了意译的翻译策略，译者虽字面上没有出现"月""影"或代词，但其译法同样有助于烘托诗的意境。

（三） 英译与俄译的衔接手段对比分析

为了进一步凸显汉英俄语在语篇衔接手段上的同与异，在以上研究的基础上，我们把五个英译文，五个俄译文的衔接手段进行对比分析。

表 13 语篇衔接手段在原文中的分布

分类	衔接手段					
	照应	替代	省略	连接	词语复现	总计
汉语	0	0	10	3	8	21

表 14 语篇衔接手段在五个英译文中的分布

分类	衔接手段						
	照应	替代	省略	连接	词语复现	总计	总平均
英语	31	1	7	14	38	91	18
类平均	6.2	0.2	1.4	2.8	7.6		

表 15 语篇衔接手段在五个俄译文中的分布

分类	衔接手段						
	照应	替代	省略	连接	词语复现	总计	总平均
俄语	1	1	23	30	35	90	18
类平均	0.2	0.2	4.6	6	7		

以上数据分析再次验证了我们以上的研究结果：汉英俄诗歌语篇均使用衔接手段来达到语篇连贯的目的，而且使用的衔接手段数量近似（汉语原文 21 次，英译文和俄译文平均各 18 次）。但汉英俄诗歌语篇在各种衔接手段的使用频率上存在以下特点：

（1） 照应是英语语篇大量使用的语篇衔接手段（平均 6.2 次）。汉俄语篇则较少使用照应（俄语平均 0.2 次，汉语则未出现）。

（2） 汉英俄诗歌语篇均不倾向于使用替代（汉语未出现替代的使用，英俄语也仅各出现了 1 次）。

（3） 省略是汉俄常用的语篇衔接手段（汉语总计 10 次，俄语平均使用4.6次）。英语则少用省略（平均使用1.4次）。

（4）汉语和英语少用连接词（汉语总计3次，英语平均使用2.8次）。俄语连接的使用高于汉英语（平均使用6次）。

（5）汉英俄诗歌语篇词语复现的使用大同小异。

以上汉英俄诗歌语篇衔接手段的异同对比表明：语言之间存在着共同点，同时也存在许多不同点。这些异同就是我们在进行翻译转换时需要遵循的规律。

总之，怎样翻译，如何翻译，应多方面考虑。不能一概而论。翻译时，既不能机械地生搬硬套原文与译文的衔接手段，也不应当片面地改变原文的衔接手段。尽管译事之难，我们仍应做到：根据汉英俄三种语言在衔接手段方面的同与异来选择适合译文的衔接手段。

二、衔接手段翻译策略

（一）衔接手段英译策略

从《月下独酌》原文与英译文的比较发现，译文与原文的衔接手段既有相同之处，也有相异之处。原文与译文衔接手段的同与异决定译者在翻译时采用不同的翻译策略。据此，我们把衔接手段英译策略分为两类：（1）保留原文的衔接手段；（2）改变原文的衔接手段。

（1）保留原文的衔接手段

保留原文的衔接手段有利于实现源语语篇和译语语篇在转换上达到形式和意义的完全对等，实现篇章的连贯，更好地传达作者的交际意图。在汉诗英译中，为了强调某种感情，以加强读者的印象；或者为了突出某个意象，并形成优美的诗歌韵律。词语复现的手法在译诗中很常见。在以下五种译文中，译者保留原文的衔接手段，均使用了词语复现的手法，来突出诗歌主题。例如：

译文一：

I raise my cup to invite **the moon**, who blends

Her light with **my shadow** and we're three friends.

The moon does not know how to drink her share;

In vain **my shadow** follows me here and there.

Together with them for the time I stay

And make merry before spring's spend away.

I sing **the moon** to linger with my song;

My shadow disperses as I dance along.

——许渊冲译

译文二：

And lift cup to **bright moon**, ask to join me,

Then face **my shadow** and we become three.

The moon never has known how to drink,

All **my shadow** does is follow my body,

But with **moon** and **shadow** as companions a while,

This joy I find will surely last till spring.

I sing, **the moon** just lingers on,

I dance, and **my shadow** scatters wildly.

——Steven Oven

（2）改变原文的衔接手段

改变原文的衔接手段指的是源语语篇和译语语篇的衔接手段不对等。翻译时，不拘泥于原文使用的衔接手段以及相互间的照应关系，重点抓住原文所表达的语义，选用适合的汉语衔接手段，将译文一气呵成。例如：

I raise my cup to invite **the moon**, who blends

Her light with my shadow and we're three friends.

——许渊冲译

Raising my cup, I beckon **the bright moon**,

For **he**, with my shadow, will make three men.

——Arthur Waley

以上是"举杯邀明月，对影成三人"的译文。对比原诗不难发现，原诗中并没有出现由衔接手段构成的照应关系，由于汉语原诗使用了省略的手法。在翻译的时候，根据英语的语言习惯必须完善省略的成分，"（我）举杯邀明月，（我、明月）对影成三人。"两个译文相较，从衔接手段的形式上看，Waley 的译文使用人称代词"he"，重现了原诗的照应。许渊冲的译文使用物主代词"her"，重现原诗的照应。可见，汉诗常用省略使语言显得简洁明快，别有情味。在英译的时候采用代词照应的策略，对原诗中的省略进行完善，形成连贯的诗歌语篇，帮助译文读者理解。

汉语注重语义，由于汉语的"隐"的特点，因此连接手段并不是唐诗的常用衔接手段。而连接手段的使用则是英语的重要特点之一。因此，在汉诗英译中，有时就有必要使用连接手段。例如：

译文一：

Drinking alone by Moonlight

A cup of wine，under the flowering-trees：

I drink alone，for no friend is near.

Raising my cup，I beckon the bright moon，

For he，with my shadow，will make three men.

The moon，alas！is no drinker of wine：

Listless，my shadow creeps about at my side.

Yet with the moon as friend and the shadow as slave

I must make merry before the Spring is spent.

To the songs I sing the moon flickers her beams；

In the dance I weave my shadow tangles and breaks.

While we were sober，three shared the fun；

Now we are drunk，each goes his way.

May we long share our odd，inanimate feast，

And meet at last on the Cloudy River of the Sky.

——Arthur Waley

研究发现：译文中使用连接词衔接句子，如"For、Yet、While、Now"。通过这些衔接手段的使用，既达到语法结构上的完整性，同时又补充了一些新的情况。如前所述，从语言组织法来说，英语多用"形合法"，即在句法形式上使用连接词语将句子（分句）衔接起来，而汉语多用"意合法"，即靠意义上的衔接而不一定依赖连接词语。因此，在译诗中出现以上连接词的使用符合英汉语言组织法的特点。汉诗是注重运用语义达到连贯目的语言形式。也就是说，汉诗的连贯主要由其深层语义宏观结构决定，而不仅仅是显性的语篇衔接手段。汉诗英译时，我们应根据具体的情况，使用英语显性的语篇衔接手段进行翻译，最大限度符合英语的表达习惯。

语篇衔接观照下的翻译策略认为，是否保留原文的衔接手段，在于能否准确忠实地传达原文的意思。由于英汉两种语言在词序和衔接手段方面的差异，往往无法完整保留原文的衔接手段。这时译者应适时改变译文的衔接手段来进行翻译转换。

（二） 衔接手段俄译策略

衔接手段俄译策略同样分为两类：（1）保留原文的衔接手段；（2）改变原文的衔接手段。

（1）保留原文的衔接手段

保留原文的衔接手段有利于实现源语语篇和译语语篇在转换上达到形式和意义的完全对等，实现篇章的连贯，更好地传达作者的交际意图。在以下五个译文中，译者保留原文的衔接手段，均使用了词语复现的手法，来突出诗歌主题。例如：

> Но вот в бокал вошла **луна**,
>
> И **тень** присела вместе с ней.
>
> Но не умеет пить **луна**,
>
> И **тень** напрасно стелет след,
>
> Да черти с ними − не беда −
>
> Пьянит меня весенний цвет!

И я пою — **луна** кружит,

Танцую — **тени** ходят впляс,

　　　　　——М. Р. Давлетбаев

另外，俄译文同样使用省略来转换原文的省略。例如：

Пьяница под луной

Между цветов — (谓语省略) одинокий чайник вина

С пьяницей рядом близких нет никого

(主语省略) Поднял стакан, (主语省略) приглашаю выпить луну

Да еще тень — вот и (主语省略) будем теперь втроем

Жалко, луна совсем не умеет пить

Попусту тень повторяет движенья мои

Тень да луна стали товарищи мне

Чтоб разделить эту радость весенних ночей

Песню (主语省略) запел — улыбается мне луна

В танец (主语省略) пошел — пляшет со мною тень

Вместе теперь (主语省略) веселимся, пока (主语省略) хмельны

А как (主语省略) усну — (主语省略) разойдемся, расстанемся…

Странники в мире, навечно связаны мы

Встретимся вновь на бескрайней Звездной Реке.

　　　　　——А. Матвеев

　　原文和译文在省略的翻译转换方面完全一致。这表现出译者对原诗特点的深究，并精益求精地、最大限度地保留原文的诗歌形式。

　　（2）改变原文的衔接手段

　　改变原文的衔接手段指的是源语语篇和译语语篇的衔接手段不对等。例如，原文中没有出现衔接手段照应，在译文中有使用。

　　И тень, хотя всегда за мной

Последует **она**?

——А. И. Гитовича

Среди цветов кувшин вина

Я пью с собой наедине,

Но вот в бокал вошла луна,

И тень присела вместе с **ней**.

——М. Р. Давлетбаев

Я зазываю так упорно—

Дразню заманчивым кувшином⋯

Но нет—куражится **она**.

——Венедикт Март

原文没有使用替代，译文使用了替代。如：

И **так** всегда — всю жизнь один,

Случайный взлет, случайный крах,

И радость, длившись миг один,

Бесследно тает в облаках.

——М. Р. Давлетбаев

（三） 衔接手段英译策略与俄译策略对比分析

表16　语篇衔接手段在英俄译文中的类平均分布

分类	衔接手段					
	照应	替代	省略	连接	词语复现	总计
汉语	0	0	10	3	8	21
英语（类平均）	6.2	0.2	1.4	2.8	7.6	18
俄语（类平均）	0.2	0.2	4.6	6	7	18

如表 16 所示：虽然汉英和汉俄翻译均用使用以下两种翻译策略：（1）保留原文的衔接手段；（2）改变原文的衔接手段。但汉俄翻译改变原文的衔接手段的频率明显低于汉英翻译。原因在于：俄语是一种典型的屈折语言，具有丰富的形态变化。英语在历史上曾经是一种形态丰富的语言，随着历史的发展，英语已经逐渐从综合型向分析型演变。由于英俄语各自的语言特点，汉俄翻译转换在衔接手段方面的差异小于汉英翻译转换。因此，进行翻译转换时，俄译文对原文衔接手段的保留多于英译文。

三、结语

本文对《月下独酌》及其英译文、俄译文中部分语篇衔接手段做了统计及对比分析。研究发现汉英俄三种语言在语篇衔接手段的使用上既有相同之处，也各有所偏重：省略是汉语和俄语的常用语篇衔接手段之一，而英语则更常用照应，这是由语言的语法特点和语言组织特点所决定的。词语重复是三种语言共用的语篇衔接手段，这是由诗歌语篇的情感功能所决定的。

语篇衔接观照下的翻译研究把衔接手段翻译策略分为两类：（1）保留原文的衔接手段；（2）改变原文的衔接手段。由于汉英俄语各自的语言特点，汉俄翻译转换在衔接手段方面的差异小于汉英翻译转换。因此，进行翻译转换时，俄译文对原文衔接手段的保留多于英译文。

语篇衔接观照下的翻译策略认为，是否保留原文的衔接手段，在于能否准确忠实地传达原文的语义。由于语言在衔接手段方面的差异，译文无法完整保留原文的衔接手段时，译者应适时改变译文的衔接手段来进行翻译转换。在翻译的转换过程中，译者应对源语语篇衔接关系进行追索和认识，并在构建译语语篇时选择得体的译文衔接手段。

参考文献

[1] 钱林森. 法国汉学家论中国文学：古典诗词［M］. 北京：外语教学与研究出版社，2007.

[2] 胡壮麟. 系统功能语法概论［M］. 长沙：湖南教育出版社，1989.

[3] 胡壮麟. 语篇的衔接与连贯［M］. 上海：上海外语教育出版社，1995.

［4］黄国文. 翻译研究的语言学探索——古诗词英译本的语言学分析［M］. 上海：上海外语教育出版社，2006.

［5］孙玉石. 中国现代诗歌艺术［M］. 武汉：长江文艺出版社，2007.

［6］詹杭伦，刘若愚. 融合中西诗学之路［M］. 北京：文津出版社，2005.

［7］张德明. 人类学诗学［M］. 杭州：浙江文艺出版社，1999.

［8］Baker, Mona. *In Other Words：A Coursebook on Translation*［M］. Beijing：Foreign Language Teaching and Research Press,2022.

［9］Halliday,Michael Alexander Kirkwood & Hasan,Ruqaiya. *Cohesion in English*［M］. London and New York：Longman Publishing House,1976.

［10］Newmark, Peter. *Approaches to Translation*［M］. Shanghai：Shanghai Foreign Language Education Press,2001.

［11］Лосева Л. М. *Как строится текст*［M］. М.：Издательство Просвещение,1980.

［12］Солганик Г. Я. *Синтаксическая стилистика*［M］. М.：ЛКИ,1973/2007.

MTI 职业伦理教育现状与教学实践探索

——基于 MTI 学生职业伦理认知现状的调查

罗 列 戚 烨 廖 婷 李泽浩①

摘要： 翻译硕士专业学位（MTI）培养规模发展迅速，但职业伦理教育开展不充分、相关课程建设迟缓的状况引起持续关注，有关 MTI 学生的职业伦理认知现状目前鲜有研究。本文以川渝地区 MTI 学生为调查对象，采用随机抽样的方法，对他们的职业伦理认知状况进行了调查，共计收到来自 12 所高校的有效问卷 295 份。结果显示，调查对象的职业伦理认知水平整体偏低，但 97.63% 的调查对象表达了学习职业伦理的意愿。运用多元线性回归分析，以 CATTI 考试通过情况、全职工作经历、客户委托翻译工作经历、就读年级和职业伦理学习情况 5 项为自变量，以学生职业伦理认知的评分为因变量。分析结果显示自变量中仅"职业伦理学习情况"与因变量呈现显著相关性（$P < 0.05$）。本次调查中 92.2% 的调查对象希望学习典型案例，基于此，本文探索了翻译职业伦理课程的教学实践，并提出案例教学的重要意义。

---

① 作者简介：罗列，西南财经大学外国语学院教授，硕士生导师，研究方向：翻译教学研究、翻译史研究；戚烨，西南财经大学外国语学院硕士研究生，研究方向：翻译学；廖婷，西南财经大学外国语学院硕士研究生，研究方向：翻译学；李泽浩，西南财经大学外国语学院硕士研究生，研究方向：翻译学。

基金项目：本文系西南财经大学中央高校教育教学改革专项"研究生教育教学研究项目""MTI 职业伦理教育现状与翻译职业伦理课程建设研究"（项目编号：2023YJG055）的阶段性成果。

翻译应用与教育

关键词：职业伦理教育；MTI 学生；伦理认知；案例教学

Title：Professional Ethics Education for MTI Students and Teaching Practice——Based on a Survey of MTI Students' Perception of Professional Ethics

Abstract：With the rapid growth of MTI programs, there is increasing concern about the lack of professional ethics education and its slow curriculum development. MTI students' perception of professional ethics has rarely been studied. This paper aims at investigating MTI Students' perception of professional ethics by means of questionnaires randomly distributed to students from universities in Sichuan province and Chongqing Municipality, and 295 valid responses from 12 universities were collected. According to the data, most respondents knew little about code of professional ethics, but 97.63% of them expressed desire to learn. Then a multiple linear regression analysis was conducted. The 5 independent variables include CATTI exam pass status, full-time work experience, experience of translating for clients, years of MTI training, and professional ethics course taking status. The dependent variable is the score of the respondents' perception of professional ethics. A significant correlation only exists between "professional ethics course taking status" and the dependent variable ($P < 0.05$). 92.2% of the respondents showed a strong interest in case studies. Based on the findings, this paper explores the teaching practice of professional ethics for MTI students, and lays stress on case-based teaching.

Keywords：professional ethics education；MTI students；perception of ethics；case-based teaching

随着中国翻译行业飞速发展，翻译行业从业者及翻译硕士专业学位（MTI）学生数量增长很快，职业伦理教育为行业和学界所关注。中国翻译行业的标准化建设相较于西方虽然起步较晚，但近年来的推进速度很快，各类规范性文件陆续出台，如国家标准化管理委员会发布的《翻译服务规范 第 1 部分：笔译》（2003）和《翻译服务规范 第 2 部分：口译》（2007）；中国翻译协会发布的《中国语言服务行业道德规范》（2013）、

《翻译服务行业诚信经营公约》（2014）、《译员职业道德与行为规范》（2019）、《司法翻译服务规范》（2021）等。越来越多的学者呼吁应建立译员职业道德考核机制（冯建忠，2007；赵田园，穆雷，2019；王巍巍，余怿，2020），应在 MTI 教学中重视职业伦理教育（谢天振，2013；李红玉，2018；吴萍、崔启亮，2018），并对 MTI 职业伦理的课程建设提出了各种建议（姚斌，2020；陈志杰，2021；赵田园等，2021；钱芳、仲伟合，2022）。但目前为止，开设翻译职业伦理类课程的 MTI 单位很少（见表1），也鲜有研究调查 MTI 学生的职业伦理认知情况并以此为基础开展翻译职业伦理的教学研究与实践。

一、MTI 职业伦理教育现状

MTI 项目自 2007 年设立以来，截至 2021 年底，培养单位已有 316 个，学生人数激增。随着培养规模的迅速扩大，MTI 教学中职业伦理教育的缺失也引发了讨论。

（一）职业伦理教育开展不充分

《2022 中国翻译人才发展报告》（中国翻译协会，2022）中的调查数据显示，65.4% 的专家认为学科教育与实践需求脱节，说明高校的翻译专业建设在培养符合行业需求的人才方面存在不完善之处。MTI 院校的课程设置对职业性不够重视，翻译职业道德伦理方面的内容严重缺失（李红玉，2018：53）。这意味着现在的翻译人才培养本质上并非真正的职业化人才的培养（陈志杰，2021：77）。据调查，至 2019 年专门开设有职业伦理类课程的院校项目仅 6 个，在 MTI 培养单位中占比为 2%（赵田园等，2021：27）。截至 2022 年 4 月，根据笔者对 200 余个 MTI 培养单位的调查[①]，开设翻译职业伦理类课程的有 16 所院校，另有 5 所院校开设了其他职业伦理类课程，或作为公共课，或作为选修课，并不以翻译职业和 MTI 学生为核心。详情参见表 1。

---

① 数据来源于 2021 年 MTI 培养单位参加全国专业学位水平评估提交的培养方案和本文作者的调研。

表1　MTI 培养单位开设职业伦理类课程情况

伦理课程类型	学校名称	课程名称	课程类别	学分/授课时长
翻译职业伦理类课程	北京外国语大学	口译职业与职业伦理	选修	1 学分 16 课时
	福州大学	翻译职业素质	选修	1 学分 18 课时
	广东外语外贸大学	会议口译职业与规范	选修	2 学分 36 课时
	哈尔滨理工大学	翻译伦理	选修	1 学分 16 课时
	华北水利水电大学	翻译行业标准与规范	选修	1 学分 16 课时
	吉林外国语大学	翻译职业规范及涉外礼仪	选修	1 学分 16 课时
	南京林业大学	翻译行业规范	选修	2 学分 40 课时
	山东大学	翻译职业与翻译伦理	必修	2 学分 32 课时
	山东建筑大学	翻译行业标准与规范	必修	1 学分 16 课时
	上海理工大学	翻译行业标准与规范	选修	1 学分 18 课时
	天津大学	翻译伦理	选修	/
	西安电子科技大学	翻译职业素质教育	选修	1 学分 16 学时
	西安交通大学	译员职业素养导论	必修	1 学分
	西南财经大学	翻译职业道德与伦理	选修	1 学分 18 课时
	中南财经政法大学	翻译职业伦理道德	必修	1 学分 16 课时
	中南大学	职业规范与应用翻译	选修	2 学分 32 课时
其他职业伦理类课程	青岛大学	职业道德与伦理	选修	1 学分 16 课时
	山东科技大学	职业道德与素养	必修	1 学分 16 学时
	沈阳建筑大学	职业伦理	选修	1 学分 16 课时
	西南政法大学	法律职业伦理	/	1 学分 15 课时
	中国海洋大学	学术道德与职业伦理	必修	1 学分

　　这 21 所开设职业伦理课程的高校中，根据办学特色，可大致分为综合类（6）、语言类（3）、财经类（2）、政法类（1）、理工类（8）和农林类（1）等 6 类高校。虽然开设职业伦理课程的高校数量有所增加，但在 MTI 培养单位中占比依然很低。

　　教育部（2020）提出课程思政建设要在所有高校、所有学科专业全面推行，并在内容重点上提出要深化职业道德教育，要"教育引导学生深刻理解并自觉实践各行业的职业精神和职业规范"。建立并完善 MTI 人才培养体系中的翻译职业伦理教育是将课程思政融入专业课程教学的有效途径，也是推动教学与职业接轨的重要环节。

（二） 翻译专业人才评价体系缺乏对职业伦理的考核

全国翻译专业资格（水平）考试（CATTI）是国内行业认可度很高的翻译专业资格认证考试，对规范翻译行业发展、促进从业人员专业能力提高发挥着重要作用，也对 MTI 的教学和学生专业能力评估有着不可忽视的指导作用。其他国家的翻译专业资格认证考试，如澳大利亚翻译资格认证局（NAATI）考试、加拿大翻译协会（CTTIC）考试、美国加州司法委员会的法庭口译员认证考试（CIP），均将职业伦理纳入考核范围。有不少学者呼吁建立对译员的职业道德考核机制，建议把职业道德考核纳入 CATTI 考试，发挥考试的导向作用（冯建忠，2007：54），突出对职业技能和职业道德意识的考察，为行业发展选拔翻译人才，为翻译教学提供导向（赵田园，穆雷，2019：117）。此外还应建立相关机制，对翻译资格持证者的职业道德与行为规范开展考核与评价（王巍巍，余怿，2020：26），让职业道德测评贯穿译员的职业生涯。

虽然在 CATTI 各级别的口、笔译"考试大纲"中，均明确应试人员须"具有良好的职业道德""具备较强的敬业精神""认真履行岗位职责"[①]，但目前 CATTI 考试未涉及对职业伦理的考核，不利于引导译员重视职业伦理的学习，在推动 MTI 培养单位开展职业伦理教育、加强职业伦理课程建设方面的影响有限。CATTI 考试与 MTI 教育构成了从翻译人才培养到评价使用的完整链条，然而翻译专业伦理教育在翻译人才培养和评价方面构成了系统性的缺失（陈志杰 2021：78），CATTI 考试承担着协调学科教育与行业需求的功能，理应发挥更有效的作用。

（三） 翻译能力的行业标准变化

翻译行业的发展对译员的职业能力提出了更高要求，也不断丰富着对翻译能力内涵的认识。优秀译员既需展现出专业才干，也需具备做出明智伦理判断的能力（Drugan and Megone，2011：186），职业伦理修养是构成

---

① CATTI 各级"考试大纲"，参见 http://www.catticenter.com/cattiyyksdg。

翻译能力的重要部分。2022 年发布的《中国翻译能力测评等级标准（2022 版）》（简称《标准》），详细描述了翻译能力的测评体系和标准，翻译能力将从多方面进行评估，《标准》将"职业素养"视作翻译能力的重要方面，阐释为：

> 职业素养是指翻译行业所有学习者和从业者必须遵守的道德标准与行为规范，是翻译能力测评的必要构成部分，包括个人品德、职业规划、职业操守与行业规范等。根据相关要求实行基准考核，即被测评人员在每一阶段应至少达到这一要求。（中国外文局 CATTI 项目管理中心，2022：41）

《标准》将"职业操守与行为规范"作为所有翻译行业从业者和学习者的必备能力，并把该能力分为特级至四级共五个等级，对每个等级都有详细的能力描述。

《标准》的发布说明行业对翻译能力的评估亦然开始发生重大变化，职业伦理已被纳入翻译能力测评的范畴，这将对 MTI 的教学产生深远影响。面对新的行业标准，MTI 的课程从教学内容、教学方式和学生能力评估方面，都须及时做出相应的调整和完善。

二、MTI 学生职业伦理认知现状调查

正当翻译能力的行业标准发生深刻变化之际，如何有效开展 MTI 的职业伦理教育亟须提上日程。课程建设和教学离不开对作为伦理主体的 MTI 学生的了解，本研究以川渝地区的 MTI 学生为调查对象，采用问卷的方式，调查他们的职业伦理认知状况。

（一）调查对象

至 2021 年底，川渝地区 MTI 培养单位共有 23 个，除当年新增的 5 个学位点尚未招生，有在校生的院校共计 18 所。本研究采用随机抽样的方法（random sampling），以川渝地区 MTI 在读学员为调查对象，于 2021 年 10 月至 2021 年 12 月期间发放了"MTI 学员翻译职业伦理认知调查问卷"。

（二） 问卷设计

"MTI 学生翻译职业伦理认知调查问卷"为本研究团队自主设计，参考了国内外行业机构发布的有影响力的翻译职业伦理规范文件（ATA，2010；AUSIT，2012；AIIC，2018；中国翻译协会，2019）、译员职业资格认证考试的相关资料及对考试的研究成果（NAATI，2013；ATIO，2018；王巍巍、余怿，2020）。调查维度包括 4 个方面：作为伦理主体的学生基本信息、职业伦理学习的方式、职业伦理规范的了解情况和职业伦理的内化及践行情况。题目类型有单选题、多选题和自答题。问卷经过了预实验和修改完善等环节。

（三） 研究问题

为了解 MTI 在读学生的职业伦理学习和认知状况，本研究提出以下 4 个研究问题：

问题 1：参加过职业伦理学习的 MTI 学生比例有多少？有哪些学习途径？

问题 2：MTI 学生的职业伦理认知水平如何？

问题 3：MTI 学生对参与职业伦理学习的态度如何？他们对哪些内容有较强的学习意愿？

问题 4：哪些因素会影响 MTI 学生的职业伦理认知？

（四） 数据收集和分析方法

研究人员将问卷内容导入问卷星，通过二维码的方式发放问卷并收集数据。问卷采用匿名方式，在开头向调查对象说明了此次调查的目的及数据用途。共收到 12 所高校[①]MTI 学生填写的问卷 307 份，覆盖川渝地区有在校生的 MTI 培养单位约 66.67%，其中有效问卷 295 份，有效率约为 96.09%。

---

① 12 所高校有四川省的成都理工大学、电子科技大学、四川师范大学、西华大学、西南财经大学、西南交通大学、西南科技大学、西南民族大学及西南石油大学，重庆市的重庆师范大学、重庆邮电大学及四川外国语大学。

研究人员采用 SPSS 25.0 软件进行数据的统计分析，计数材料采用频数、百分比进行描述统计。以"CATTI 考试通过情况、全职工作经历、客户委托翻译工作经历、就读年级和职业伦理学习情况"5 个观察因素为自变量，以"翻译职业伦理认知评分"为因变量，采用多元线性回归的方法，分析自变量对因变量的影响，$P < 0.05$ 表示差异具有统计学意义。回归中选用输入法，模型拟合度更好。

三、结果与分析

（一）调查对象的基本情况

根据回收的 295 份有效问卷，调查对象的基本信息及数据详见表 2。

表 2　MTI 学生基本信息及职业伦理学习情况

调查项目		人数	百分比
性别	男	51	17.29%
	女	244	82.71%
就读年级	一年级	179	60.68%
	二年级	90	30.51%
	三年级	26	8.81%
本科专业	语言专业	254	86.10%
	非语言专业	41	13.90%
口笔译专业方向	笔译	209	70.85%
	口译	56	18.98%
	未区分方向	30	10.17%
通过 CATTI 的情况	通过	158	53.56%
	未通过	137	46.44%
参加全职工作的情况	参加过	63	21.36%
	未参加过	232	78.64%
参加客户委托翻译实践情况	参加过	76	25.76%
	未参加过	219	74.24%

调查项目		人数	百分比
参加职业伦理学习情况	参加过	135	45.76%
	未参加过	160	54.24%
参加职业伦理学习的途径	学校课程	37	12.54%
	相关讲座	121	41.02%
	企业培训	36	12.20%
	其他	12	4.07%

从调查数据可见，53.56%的调查对象已通过 CATTI 笔译或口译的三级或二级考试，21.36%的调查对象参加过全职工作，25.76%的调查对象参加过客户委托的翻译实践。45.76%的调查对象认为自己参加过翻译职业伦理的相关学习，其中 12.54%的调查对象通过学校课程参加了职业伦理学习，41.02%的调查对象通过讲座的途径学习过职业伦理知识，12.20%的调查对象曾通过企业培训学习过职业伦理知识。由此可见，系统进行过职业伦理学习的 MTI 学生占比较小，MTI 培养中职业伦理教育所受重视不足。

（二） MTI 学生的职业伦理认知状况评估

翻译职业伦理指译者在从事翻译活动时应遵循的基本道德，是译者职业品德、职业纪律、专业胜任能力及职业责任等的总称，既是译者在职业活动中的行为规范，又是行业对社会所负的伦理责任和义务。（涂兵兰等，2018：20）。要发挥职业伦理的作用，既需对从业者进行职业伦理教育，也需从业者对职业伦理规范、价值观有内在的认同和践行（肖群忠，2022：21）。综上，本文对 MTI 学生职业伦理认知情况的调查包括两方面，一是对职业伦理规范及行为准则的认知，二是对规范和准则内化、并在工作情境中的运用。调查问卷设计了 6 个评估题目，所有答案计标准答案为1 分，满分 6 分，以得分衡量调查对象的职业伦理认知水平，详情参见表 3。

表3　MTI 学生的职业伦理认知水平评估

考察维度	题目考察重点	得分	选择人数	百分比
职业伦理规范的认知	1. 对国内外翻译职业规范文件的了解情况	0	191	0.6475
		1	104	0.3525
	2. 对中国译协发布的《译员职业道德准则与行为规范》了解情况	0	191	0.6475
		1	104	0.3525
职业伦理的内化与实践	3. 忠实准确原则及行为中立原则	0	266	0.9017
		1	29	0.0983
	4. 忠实准确原则	0	161	0.5458
		1	134	0.4542
	5. 能力胜任原则	0	201	0.6814
		1	94	0.3186
	6. 译者责任界限	0	144	0.4881
		1	151	0.5119

　　6个题目考察翻译职业伦理最基本的问题，得分情况可以反映 MTI 学生职业伦理认知的基本情况。评分结果显示，学生整体得分偏低，83.05%的调查对象得分在 1-3 分之间，具体得分情况参见表4。这说明，一方面，MTI 学生对行业中重要的职业伦理规范文件知识性认知总体不足，对职业译员应遵守的伦理准则和行为规范缺乏了解；另一方面，MTI 学生的伦理决策行为得分偏低，职业伦理意识较为薄弱，在具体的翻译实践情景中做出恰当伦理选择的能力不足。

表4　MTI 学生职业伦理认知得分情况

得分	人数	比例
0	53	17.97%
1	60	20.34%
2	77	26.10%
3	55	18.64%
4	23	7.80%

得分	人数	比例
5	17	5.76%
6	10	3.39%

（三） MTI 学生的职业伦理学习意愿

调查问卷设计了 2 个题目，以了解调查对象对于参加职业伦理学习的态度和希望学习职业伦理哪些方面的知识，详见表 5。

表 5　MTI 学生对职业伦理的学习意愿

题目	选项	选择人数	百分比
您认为 MTI 学生有必要学习翻译职业伦理的相关知识吗？［单选］	A. 非常赞成	189	64.07%
	B. 赞成	99	33.56%
	C. 无所谓	6	2.03%
	D. 不赞成	0	0
	E. 非常不赞成	1	0.34%
关于翻译职业伦理，您希望学习哪些方面的知识？［多选＋简答］	A. 中外有影响力的翻译职业伦理规范文件	236	80.00%
	B. 典型案例	272	92.20%
	C. 与翻译职业伦理相关的主要理论观点	211	71.50%
	D. AI 时代译员面临的伦理问题	249	84.40%
	E. 其他 _____	11	3.75%

表 5 数据显示，97.63% 的调查对象认为 MTI 学生有必要学习职业伦理的相关知识，这表明学生对于职业伦理学习存在实际需求和主动学习意愿。在学习内容方面，80% 的调查对象希望学习中外有影响力的职业伦理规范文件，92.2% 的调查对象希望学习与职业伦理相关的典型案例，71.5% 的调查对象希望学习与职业伦理相关的主要理论观点，84.4% 的学生希望了解 AI 时代译员面临的伦理问题，另外还有 1 位学生在问卷中提出希望学习违背职业伦理的法律风险。由此可见，MTI 学生对于职业伦理的学习意愿很高，学习兴趣从理论、规范性文件、典型案例到 AI 时代的伦

理，关注面多元。

（四） MTI 学生职业伦理认知水平的影响因素

根据问卷调查结果，本研究将调查对象的职业伦理认知水平评分作为因变量，将 CATTI 考试通过情况、全职工作经历、客户委托翻译工作经历、就读年级（一年级为低年级，二、三年级为高年级）和职业伦理学习情况作为自变量，运用多元线性回归分析自变量对因变量的影响，$P < 0.05$ 表示差异具有统计学意义，分析结果见表6。

表6　MTI 学生职业伦理认知水平评分的影响因素分析

自变量	未标准化系数		标准化系数	t 值	P 值
	B	标准错误	Beta		
CATTI 考试通过情况（通过）	0.327	0.177	0.104	1.850	0.065
全职工作经历（有）	-0.353	0.214	-0.092	-1.651	0.100
客户委托翻译工作经历（有）	0.401	0.212	0.112	1.890	0.060
低年级	0.487	0.189	0.151	2.575	0.011
职业伦理学习情况（有）	0.816	0.180	0.258	4.540	0.000008

注：$P < 0.05$，差异具有统计学意义。

表6数据显示，CATTI 考试通过情况、全职工作经历、有客户委托的翻译工作经历这3个自变量对职业伦理认知水平评分的影响均无显著差异（$P > 0.05$）；就读 MTI 项目的低年级学生，其职业伦理认知水平显著高于就读于高年级的学生（$P < 0.05$）；参加过职业伦理相关学习的学生，职业伦理认知水平显著高于未参加过的学生（$P < 0.05$）。

以上数据表明，获得 CATTI 证书的学生虽然拥有较好的翻译实践能力，但没有显示出在职业伦理认知上有显著优势，现行 CATTI 考试并未将职业伦理纳入翻译能力的考核，对考生职业伦理意识和能力构建的引导作用有限。具有全职工作经历、拥有更丰富的翻译实践经验以及更长的翻译专业学习时间，并不必然使得 MTI 学生的职业伦理认知水平获得提高，职业伦理的相关知识和运用能力亦非学生必然能在翻译实践过程中自然习得，而是需要有意识地加以学习和训练。调查数据显示出低年级学生较之高年级学生显现出更高的职业伦理认知水平，是因为在认为自己参加过职业伦理学习的 135 位学生中，有 74 人就读于低年级，且上过"翻译职业伦理"相关课程的 37 位学生均就读于低年级。这一方面可以解释：数据显示出低年级学生具有更高职业伦理认知水平的原因，同时也说明了职业伦理教学的有效性。此外，调查结果显示，职业伦理学习可以显著提高学生的职业伦理认知水平，职业伦理的学习具有有效性和必要性。

四、结论与建议

本次调查发现，MTI 学生整体职业伦理认知水平较低，即使部分学生从事过全职工作、具有更丰富的翻译实践经验、拥有更长的翻译专业学习时间，或者通过了 CATTI 考试，具备更好的翻译实践能力，整体而言，MTI 学生对职业伦理的认知依然十分欠缺，而参加过职业伦理学习的学生表现出更高的职业伦理认知水平。在行业开始重新定义翻译能力、改变翻译能力评价方式之际，MTI 培养单位应加强对职业伦理教育的重视，推动职业伦理课程的建设，并有效提高课程的质量。鉴于此，本文提出以下建议。

（一）翻译职业伦理课程的实践路径

学界在探讨 MTI "职业伦理"课程目标时，无论口笔译专业，均提出两个主要目标：一是掌握核心概念，帮助学生了解职业伦理规范及行为准则；二是提升学生的伦理决策能力和防范伦理风险的能力（Baker & Maier，2011；赵田园等，2021；钱芳，仲伟合，2022）。本次调查显示，绝大多数调查对象在学习内容意愿的反馈上，都选择了中外影响力较高的翻译职业伦理规范文件、职业伦理的主要理论观点、典型案例以及 AI 时代译员面临的伦理问题，这与课程目标的描述呈现出相当的一致性：前两项学习内容服务于第一个教学目标，后两项服务于第二个教学目标。笔者对伦理课程的实践路径思考参见表 7。

表7 翻译职业伦理课程的实践路径

课程目标	掌握核心概念及职业 伦理规范与行为规则	提升伦理决策能力及 防范伦理风险的能力
学习内容	● 翻译职业伦理的主要理论观点 ● 中外影响力较高的翻译职业伦理 规范文件	● 典型案例 ● AI时代译员面临的伦理问题
学习方式	阅读、比较与讨论	研究分析、讨论与分享
考核方式	阅读笔记 ● 相关理论观点及规范文件的学习 心得 ● 判断具体翻译场景中所需运用的 伦理规范和行为准则	案例分析报告 ● 记录伦理推理过程 ● 评估伦理规范和行为准则运用的 恰当性及局限性 ● 探讨新技术背景下的伦理问题

职业伦理课程既需帮助学生充分了解行业发布的译员职业伦理规范和行为准则，但又不能简化成对规范和准则的死记硬背。一方面，规范和准则可以帮助译员在遭遇伦理困境时，做出恰当、合理的选择（Drugan，2011：112），另一方面应当认识到，伦理规范和行为准则只是提供给译员的指导性原则，在翻译实践中遇到的伦理问题不可能都相同，"不存在可以适用于所有情况的既定行动方案，行动方案的选择应根据每次的具体情况来决策"（Floros，2020：341）。未来的翻译工作者需要有机会练习伦理推理能力，学会从多方向思考复杂的问题，进行对话思考，用非评判的态度倾听其他观点（Koskinen & Pokorn，2020：6）。课堂教学应为学生开启一个批判性的反思空间，训练学生审视自己的价值观，并评估自己的行为可能带来的后果，而不是直接告诉学生孰对孰错（Baker & Maier，2011：4）。在开放互动的课堂环境中，从概念和理论的理解、规范和准则的探讨，到案例的分析，启发学生从更多元的角度发现和理解问题。案例分析作为"伦理教学中非常有效的一种方法"（Drugan & Megone，2011：185），可以很好地开启这一反思空间，不但有助于学生提高理论修养，认识到职业伦理规范的重要性，强化恰当运用各种准则的意识，同时也是提升学生判断伦理问题、提升伦理推理和决策能力的重要途径。

（二）重视案例教学

长期以来，翻译伦理教学以教授译员伦理规范为主，如今越来越多的观点赞同应通过灵活的教学活动，比如伦理案例研究来增强学生对翻译伦理问题的敏感度，提高他们的批判性判断能力（Zheng，2022）。本次调查中，92.2%的学生表达了学习典型案例的意愿，为意愿值最高的选项。参与过职业伦理课程学习的学生认为案例学习生动有趣，印象深刻，不但可以有效巩固相关理论和规范知识，更能在分析和讨论过程中激发思维，拓宽视野，发现自己思维的盲区。

职业伦理课程侧重在训练学生的实践能力，具有很强的应用特征，而"案例教学法最突出的特点就是实践性和实用性"（王玉西，2012：41）。翻译作为实践性很强的学科，来源于现实工作的案例，是学习职业伦理的重要材料。译者的职业伦理教育，不能依靠课程内容中庞杂的、只强调译者义务的理论和通用原则。相反，伦理问题应该情景化，其复杂性及总体特征必须得以揭示。（Abdallah，2011：132）案例所提供的情境，可以将比较抽象的伦理规范和行为准则具象化，引导学生发现问题，将知识转化为分析、推理、预测及反思等重要能力，更充分地认识伦理问题的复杂性、规范原则的指导作用及其局限性，在此基础上明确自己的立场，提出解决问题的方案。

五、结语

中国高校将翻译职业伦理纳入教学的时间不长，开设课程的 MTI 单位目前还不多，课程设计和教学实践都处在探索阶段。本研究虽然存在一定的局限性，如调查高校覆盖区域较窄、MTI 学生样本数量较少、对影响因素的讨论还比较有限、研究结果并不能反映中国 MTI 学生的职业伦理认知的全貌，但本研究的调查结果以及对翻译职业伦理课程教学实践的思考，希望能为 MTI 教学单位提供一定的实证数据和视角。

（致谢：向为本次问卷调查提供帮助的各高校教师和参与调查的 MTI 同学致以衷心的感谢！）

参考文献

［1］陈志杰. 翻译伦理学研究［M］. 北京：科学出版社，2021.

［2］冯建忠. CATTI 考试体系中的翻译职业道德意识问题［J］. 外语研究，2007（1）：

53－55.

［3］教育部. 高等学校课程思政建设指导纲要［OL］. 2020. http://www. moe. gov. cn/srcsite/ A08/s7056/202006/ t20200603_ 462437. html.［2022－08－05］.

［4］李红玉. 渥太华大学翻译专业人才培养及其对我国的启示［J］. 中国翻译, 2018 (5)：49－55.

［5］钱芳, 仲伟合. 口译职业伦理教学初探［J］. 中国翻译, 2022 (1)：73－79.

［6］涂兵兰, 胡颖, 聂泳华. 伦理暧昧：一项关于翻译职业伦理准则的调查［J］. 外语与翻译, 2018 (4)：20－26.

［7］王巍巍, 余怿. 译员职业道德考核评价机制探索［J］. 山东外语教学, 2020 (3)：23－31.

［8］王玉西. 探索案例教学法在翻译硕士专业教学中的应用［J］. 中国翻译, 2012 (4)：41－44.

［9］吴萍, 崔启亮. CATTI 与 MTI 衔接的现状、问题及对策［J］. 上海翻译, 2018 (1)：45－50＋95.

［10］肖群忠. 职业伦理的现代价值与当代中国的成功实践［J］. 道德与文明, 2022 (2)：15－24.

［11］谢天振. 从翻译服务到语言服务：翻译的职业化时代的理念与行为［J］. 东方翻译, 2013 (3)：4－8.

［12］姚斌. "口译职业与伦理"课程教学设计与实践［J］. 山东外语教学, 2020 (3)：32－38.

［13］赵田园, 李雯, 穆雷. 翻译硕士"翻译职业伦理"课程构建研究：基于语言服务市场现状和 MTI 教学调研的反思［J］. 外语教育研究前沿, 2021 (1)：26－32.

［14］赵田园, 穆雷. 基于国情和行业发展的翻译证书考试体系构建［J］. 山东外语教学, 2019 (6)：113－122.

［15］中国翻译协会. 译员职业道德准则与行为规范 (ZYF 012—2019)［S］. 北京：中国标准出版社, 2019.

［16］中国翻译协会. 2022 中国翻译人才发展报告［R］. 2022. http://www. tac-online. org. cn/ index. php?m＝content&c＝index&a＝show&catid＝395&id＝4165.［2022－6－20］.

［17］中国外文局 CATTI 项目管理中心. 中国翻译能力测评等级标准 (2022 版)［S］. 2022. http://www. catticenter. com/uploadfiles/files/2022－04－20/edo2022042010521621 22385. pdf,［2022－07－20］.

［18］Abdallah,K. Towards Empowerment:Students' Ethical Reflections on Translating in Production Networks[J]. *The Interpreter and Translator Trainer*,2011,5(1):129－154.

［19］AIIC(International Association of Conference Interpreters). Code of Professional Ethics[OL].

2018. https://aiic. net/page/6724. [2021 - 08 - 05].

[20] ATA(American Translators Association). Code of Ethics and Professional Practice[OL]. 2010 https://www. atanet. org/about-us/code-of-ethics/. [2021 - 08 - 10].

[21] ATIO (Association of Translators and Interpreters of Ontario). CTTIC Court Interpreting Certification Exam Overview for Candidates [OL]. 2018. https://atio. on. ca/wp-content/ uploads/2018/03/Court-Int-Cert-Exam_ Resource-for-Cand. pdf. [2021 - 08 - 10].

[22] AUSIT (Australian Institute of Interpreters and Translators Inc). AUSIT Code of Ethics and Code of Conduct [OL]. 2012. https://ausit. org/wp-content/uploads/2020/02/Code_ Of_ Ethics_ Full. pdf. [2021 - 08 - 13].

[23] Baker, M. & C. Maier. Ethics in Interpreter & Translator Training: Critical Perspectives[J]. *The Interpreter and Translator Trainer*, 2011, 5(1): 1 - 14.

[24] Drugan, J. Translation Ethics Wikified: How Far Do Professional Codes of Ethics and Practice Apply to Non-Professionally Produced Translation? [J]. *Linguistica Antverpiensia, New Series - Themes in Translation Studies*, 2011, 10(2): 111 - 127.

[25] Drugan, J. & C. Megone. Bringing Ethics into Translator Training: An Integrated, Inter-Disciplinary Approach[J]. *The Interpreter and Translator Trainer*, 2011, 5(1): 183 - 211.

[26] Floros, G. Ethics in Translator and Interpreter Education[A]. In K. Koskinen & N. K. Pokorn (Eds.). *The Routledge Handbook of Translation and Ethics* [C]. London & New York: Routledge, 2021, 338 - 350.

[27] Koskinen, K. & N. K. Pokorn. 2021. Ethics and Translation: An Introduction [A]. In K. Koskinen & N. K. Pokorn (Eds.). *The Routledge Handbook of Translation and Ethics*[C]. London & New York: Routledge, 2021. 1 - 10.

[28] NAATI (National Accreditation Authority for Translators and Interpreters Ltd). Ethics of Interpreting and Translating: A Guide to Obtaining NAATI Credentials[OL]. 2013. https:// Online. Unistrasi. it/Avvisi/Ethics_ BookletTT. Allegato7. pdf. [2021 - 09 - 10].

[29] Zhou M. Educating Translation Ethics: A Neurocognitive Ethical Decision-Making Approach [J]. *The Interpreter and Translator Trainer*. 2022. DOI: 10. 1080/1750399X. 2022. 2030534.

翻译应用与教育

艺术体裁翻译研究

〈翻译学刊〉2024年第1辑

从书斋到舞台：莎士比亚戏剧演出的生成学探究

——以国家大剧院版《我的朱生豪和哈姆雷特》为例

张　汨　钱虹丞①

摘要：莎士比亚戏剧在中国于 20 世纪 10 年代首次搬上舞台，迄今莎剧演出热度不减，莎剧翻译研究成果不断，但鲜有研究基于译本到台本到演出的生成过程，考察其间修订及潜在影响因素。本文首先论述了戏剧翻译研究和生成学研究，指出戏剧由译本到台本到演出的演变是一个动态的生成过程，在此基础上对比朱生豪《汉姆莱脱》译本、《我的朱生豪和哈姆雷特》舞台剧台本以及实际演出台词之间的差异并寻找相应解释。研究发现，演出在译本与台本上的修订主要体现在功能性层面，修订的产生受社会、观众与舞台因素影响。

关键词：朱生豪；戏剧翻译；生成学；戏剧表演；翻译修订

Title：From the Page to the Stage：A Genetic Research on Performance of Shakespearean Play：A Case Study of *My Zhu Shenghao and Hamlet* Produced by National Centre for the Performing Arts

Abstract：In China，Shakespeare's plays have been presented with unceasing

① 作者简介：张汨，江西师范大学外国语学院副教授、硕士生导师，研究方向：翻译史；钱虹丞，江西师范大学外国语学院硕士研究生，研究方向：翻译理论与实践。
基金项目：本文为教育部人文社科青年基金项目"朱生豪译者档案的建构与研究"（项目编号：19YJC740118）的阶段性成果。

艺术体裁翻译研究

popularity since its debut on stage in the 1910s. In the field of the study on Shakespearean play translation, constant findings are achieved, but few focus on the genetic process from translation to play script to performance, not to mention the revisions and potential influential factors during the process. The article first discusses research on drama translation and Genetic Studies, highlighting the dynamic genetic process from translation to play script to performance, then compares the differences among Zhu Shenghao's translation of *Hamlet*, the play script of *My Zhu Shenghao and Hamlet* and the actual dialogue of the play, and tries to find pertinent explanation. It is discovered that these revisions made by the performance are mainly reflected in functional level, which are jointly influenced by social, audience, and stage factors.

Keywords: Zhu Shenghao; drama translation; genetics; drama performance; translation revision

朱生豪是我国伟大的爱国主义翻译家，在抗日战争时期，其身患重病，家徒四壁，翻译《莎士比亚戏剧全集》的工作也不断受战火侵扰，但其仍以磐石决心与万丈魄力翻译出版了《莎士比亚戏剧全集》（含 31 部戏剧），最终积劳成疾，英年早逝，生命永远定格在了三十二岁。

朱生豪的莎剧译本最受大众欢迎，主要体现在其"译本发行量最大；国内剧团上演莎士比亚戏剧，也都采用朱译本"（李景瑞，2003：49）。可见，朱生豪的莎剧译文质量与风格独树一帜，社会认可度高。同时，对朱生豪的研究也得到我国翻译界的普遍关注，其中就包括翻译家研究、译本研究、翻译思想研究、翻译手稿研究等。例如，张泂、文军（2016）以朱生豪《仲夏夜之梦》翻译手稿为研究对象，通过定性与定量的方法，发现朱生豪翻译手稿修订呈现的"可接受性"和"可读性"倾向是其翻译倾向、翻译动机及个体惯习共同作用的体现；李正栓、王明（2013）通过研究朱生豪《汉姆莱脱》译本，从语言、风格、音韵三个方面出发，发现朱生豪译莎具有语言生动流畅、风格自然朴实、音韵和谐优美的特点，功能对等地表达了莎士比亚原作的思想与情感；李媛慧、任秀英（2012）对比了朱生豪与梁实秋两位译莎大家，从译莎背景与译莎实践中发掘二者的翻译思想与文学观，并认为朱生豪追求翻译中的"神韵"，善于用华美的辞藻描绘莎剧中的画意诗情，诗意更浓厚；此外还有从社会历史环境角度研究朱生豪的译莎动力与其成功译莎的原因，李伟民（2013）认为朱生豪翻译莎士比亚之所以能够取得如此重大的成功，其重要条件是他的诗人气质、深厚的英语功底与对莎剧理解的透彻等，但最根本原因是其爱国主义思想。

由此可见，朱生豪翻译研究视角多样，取得了一定成果，但仍有可拓展的空间。一方面，研究方法有待扩展，大部分研究紧扣朱生豪译文，分析发掘其独特价值，或是通过对比朱生豪译文与其他译者译文以探讨各译者在翻译思想、策略、风格等方面的异同，研究往往停留在对译文产品的描述与分析以及文本间的静态对比，鲜有对译文动态生成过程的讨论。另一方面，莎士比亚创作戏剧的目的是为了演出，剧本与演出有着不可割裂的关系，而国内对朱生豪戏剧翻译的研究仍然停留在纸质文本层面，缺乏对译本上演舞台的讨论，译本与演出之间的关系未能得到重视。因此研究可以基于译文与舞台的多模态视域，考察从书斋到舞台的动态生成过程，进而深化莎士比亚戏剧与朱生豪翻译研究。

一、戏剧翻译与生成学研究

戏剧是一种特别的艺术形式，既是一种文字作品，供人阅读，也可搬到舞台上供人观赏，其文学与艺术的双重性质赋予了戏剧的双重身份：既是文学体裁又是舞台艺术。而戏剧翻译既是文学翻译的一种，又是戏剧本体的分支领域，长期以来缺乏系统的研究并且备受争论。英国著名翻译理论家苏珊·巴斯奈特曾将戏剧翻译称为"问题最多且最受忽视的翻译研究领域"（Bassnett，1998：90）。戏剧翻译最大的争议在于"可读性"与"可表演性"之间的关系，即戏剧翻译究竟是以文学阅读为指向，还是以舞台演出为起点，或二者孰轻孰重，或如何处理二者关系。巴斯奈特最早使用performability，即"可表演性"这一概念，并认为戏剧翻译的关键问题是"译者必须考虑到文本的功能是为了和关于演出的"（Bassnett，1980：131）。但由于这一术语没有坚实的立论基础，其概念从未被清晰界定，巴斯奈特对"可表演性"原则的态度逐渐由支持转变为质疑，最后否定了这一概念，并提出戏剧翻译要从以"表演为上"转变到以"文本为上"，认为"适合表演的因素只能'编码在剧本中'"，"翻译要回归到语言结构的层面，从语言结构出发"（Bassnett，1985：102）。针对戏剧翻译的焦点研究，纽马克（Newmark，2001：172 - 173）认为，译者翻译戏剧，可以以阅读、学术研究或舞台演出为目的，其中舞台演出应视为主要目标。曹广涛（2015）认为译者的职责只需专注于文本、语言与文化，戏剧是否"可演"不应纳入译者的考虑范围，让戏剧更适合于舞台表演是和导演与演员所挂钩，译者不能越俎代庖。朱姝、张春柏（2013）则认为，只有找到戏剧本体，并把本体传译到译文中去，才是解决戏剧翻译问题的关键所在。在国内，戏剧翻译研究除焦点话题以外，呈现整体未构成热点、研究深度总体尚浅和个案选择范围有待扩展的特点（杨祎辰，2019：94 - 95）。另外，大多研究者倾向于对比译文之间的戏剧效果，往往仅停留在静态文本层面，缺乏对于译本改编过程以及译本上演过程的讨论，译本在实际演出中的口语化与舞台化趋势也未曾涉及。

作为文本生命的一种存在方式，文学翻译最重要的本质特征在于其生成性（甘露，刘云虹，2021：73）。对于任何翻译活动来说，来源文本具有唯一性，秉承历史长河的奔流与岁月的沉淀，原作只有一个，而"翻译无定本"，译本因社会、历史、文化、意识形态、读者审美与期待等多重因素不断变化，更新迭代，以满足不同时期读者的阅读需求，译本动态生成过程受影响因素呈阶段性、波浪式无限延伸。当戏剧翻译跃然纸上时，通过研究不断更迭的戏剧翻译作品，我们可以窥探基于译者在不同时代背景和自身翻译理念下译本自身的历时性成长；当戏剧翻译以话语的形式绽放于舞台上时，基于导演风格、表演目的、预期舞台呈现、观众审美与接受度等舞台因素而对译本进行改编得到台本，又由演员以对白形式进行实际舞台呈现，这种由译本到台本再到演出的动态过程同样具有生成性，每一个生成阶段都是对上个阶段成品的完善与拓展。正如"完成的成品就是燃烧后的灰烬或者舞蹈完毕后留在地上的脚印，远没有舞蹈本身和燃烧的过程本身更为重要"（Deppman et al. 2004：11）。

随着翻译研究从规约走向描写，我们应该关注由原作到译本、译本到台本、台本到演出的动态生成过程，并结合社会、文化、历史等因素，探讨各阶段成品间差异形成的原因。

二、朱生豪译《汉姆莱脱》戏剧舞台生成之呈现

2016 年是莎士比亚逝世 400 周年，全球各地"莎士比亚热"空前繁荣，各类学术活动与舞台剧演出进行得如火如荼。为了纪念莎士比亚，国家大剧院邀请陈薪伊导演以朱生豪《汉姆莱脱》为底本执导莎翁悲剧《我的朱生豪和哈姆雷特》，集结佟瑞欣、王诗槐、凯丽等一众优秀演员，为观众上演了一场极具震撼的演出，深受业内外人士与观众的好评。陈薪伊导演不仅在剧中融入中国民族元素，还大胆地将译者朱生豪搬上舞台，铸造了一部独一无二的、属于朱生豪的《汉姆莱脱》。

法国的戏剧理论家安娜·于贝斯菲尔德在其著作《戏剧符号学》中用 T、T′ 和 P 来表述文本与演出的关系。T 是 Text，指原作者文本，也可指译文文本；T′ 指导演根据 T 文本进行改编与创作的导演文本，即台本；P 是 Performance，指演出。本文基于多模态视域，选取朱生豪《汉姆莱脱》译本为 T 文本，《我的朱生豪和哈姆雷特》舞台剧台本为 T′ 文本，提取作为视听媒体的实际演出中的对白为文本 T^p，比较 T′ 与 T 和 T^p 与 T′、T 之间的差异，从而探讨当纸质文本被搬到舞台上时是以何种形式、何种策略或以何种目的进行了修订，并将其作为文本演变证据（Schäfer，2018：198），管窥分别由译者、导演和演员施加影响的 T→T'→T^p 的文本动态生成过程。

笔者通过定性和定量的方法对译本、台本和演出之间的差异进行分类和统计，实际上，具体句子的修订并不会产生较大的功能差异，例如，名词"喜悦"修订为"喜乐"，动词"允许"修订为"允准"，形容词"普通的"改为"平常的"，有鉴于此，笔者将产生实质影响的修订归类为功能性修订，包括通俗简化、情感深化、语气增强与翻译改写，对宏观框架的改编归类为内容删减与求奇创新。

笔者首先将译本和台本进行对比研究，T→T′修订所得数据如下：

表1　T→T′修订数据一览表

	第一幕	第二幕	第三幕	第四幕	第五幕	总计
通俗简化	5	4	3	0	1	13
情感深化	2	5	2	1	0	10
语气增强	0	1	1	0	0	2
翻译改写	4	3	6	1	3	17
内容删减	25	15	19	13	10	82
求奇创新	4	5	6	4	18	37
总计	40	33	37	19	32	161

可以看出，台本较于译本，修订之处主要集中在内容删减与求奇创新层面，由于对具体句子的修订较少，具有实质影响的功能性修订仅占总数的26%。在戏剧表演中，宏观上，导演通常会对译本结构进行重塑，通过内容和角色删减的方式以期在合适的观剧时长内最大限度地向观众呈现戏剧，以免观众的观剧兴致与积极性因过长的表演时间而削减。陈薪伊导演设计台本时，删除了大量与故事主干情节无关的内容，如删除了原作第一幕第一场、国王与雷欧提斯计谋毒杀哈姆雷特的桥段等，原作的每一幕内容都被导演适当删减，浓缩原作精华。而微观上，除了对部分句子的实词进行修订，导演在台本中保留了译本绝大部分原文。

此外，台本与译本之间最显著的差异体现在台本中新增了大量求奇创新的内容。玛格丽特·韦伯斯特（1992）认为，在莎士比亚戏剧的舞台改编中，人们普遍认可的原则为既不能自由地不受限制地改动，也不应极端地固守传统，把莎士比亚的教规当作圣典。演绎莎士比亚戏剧不仅需要对经典有充分的尊重，更应该有充沛的想象力、重新诠释和崭新舞台叙事建构的能力（李伟民，2012：83）。莎士比亚戏剧搬上舞台已有四个多世纪，固守传统的戏剧千篇一律，正是不断创新求奇的戏剧改编给予了莎士比亚戏剧新的生命力与活力。

莎士比亚戏剧的创新与求奇日新月异，只有观众想不到的，没有导演改编不了的。2016年是莎士比亚和汤显祖逝世400周年，上海演出的戏剧《惊梦》就巧妙地将莎士比亚与汤显祖融合，实现东方与西方、现代与古典的跨时空交谈。在第十届世界莎士比亚大会期间演出的《哈姆雷特》中85%的角色由非洲裔演员扮演，剧中除了吉尔登斯吞、罗森格兰兹和一个英国使者由白人扮演，其他所有角色包括哈姆雷特和国王都由黑人扮演。

《我的朱生豪与哈姆雷特》在台本设计中也新增了大量创新求异之处。在人物选择上，剧本保留了大部分主要角色，删减了部分对于推动剧情发展作用较小的角色，如马西勒斯、勃纳多等，但令人耳目一新的是，剧中增加了译者朱生豪与妻子宋清如两个人物，由哈姆雷特与奥菲利娅的扮演者两人分饰四角，以朱生豪的视角呈现其译莎历程：大幕拉开，患病的朱生豪在战火中笔耕不辍地翻译；帷幕落下，朱生豪走完了他短暂的人生，将生命永远定格在32岁的年龄和31部莎士比亚戏剧的译本上……（见图1）。一场优秀的戏剧演出不能只看到原作者和导演，译者的作用也功不可没。导演创造性地在剧中增加朱生豪与妻子的角色，歌颂了其强烈的爱国主义情感，也让观众了解到朱生豪译莎背后的故事（见图2）。其次，导演在剧中第二幕还加入了中国戏曲的元素，将剧中戏子唱戏的戏词由朱译本的"那老王正在气喘吁吁……"改编成了京韵大鼓《风雨归舟》中的"卸职入深山，隐云峰，受享清闲……"（见图3）。戏曲唱词说的是暴风雨即将迎来，国王罪行即将败露。中国戏曲的加入为表演打上了中国烙印，西方古典与东方古典实现了跨时空的融合。最后，剧中第五幕还添加了天津相声的元素（见图4）。剧中掘墓的二小丑由相声演员杨少华、杨议父子扮演，二人使用天津方言，通过相声的形式，一逗一捧，语言诙谐幽默，为观众带来了十足的欢乐。

图1　话剧《我的朱生豪和哈姆雷特》舞美设计图

图2　话剧《我的朱生豪和哈姆雷特》朱生豪与妻子宋清如角色演出片段

图3　话剧《我的朱生豪和哈姆雷特》中《风雨归舟》戏曲唱词片段

图4 话剧《我的朱生豪和哈姆雷特》天津相声片段

笔者随后将演出与台本和译本进行对比研究，发现演出在台本和译本基础上进行的功能性修订居多，并详细就修订所产生的功能性影响进行对比与分析，以体现戏剧上演时舞台较于文本的侧重点。

表2 T、T′、Tᴾ功能性质修订情况一览表

	第一幕	第二幕	第三幕	第四幕	第五幕	总计
通俗简化	10	13	13	6	17	59
情感深化	7	11	14	10	6	48
语气增强	7	10	16	6	2	41
翻译改写	9	9	6	1	5	30
总计	33	43	49	23	30	178

（一） 通俗简化

原文：Hamlet：How the knave jowls it to the ground, as if it were Cain's jaw-bone, that did the first murder. (Shakespeare,1928：901)

朱译本：汉：瞧这家伙把它摔在地上，好像它是第一个杀人凶手该隐的腭骨似的！（朱生豪，2012：167）

台本版：哈：瞧这家伙把它摔在地上，好像它是第一个杀人凶手<u>该隐</u>的颚骨似的！

演出版：哈：可现在被这家伙一扔，就好像它是第一个杀人凶犯<u>该隐</u>的颚骨似的！

观众、舞台、演员是戏剧表演的三要素，但戏剧的最终目标是面向全体观众（林海棠，2021：23），一出好的文学戏剧在富有文学内涵的同时，也应充分体现通俗性，以便观众更好地接受。此外，舞台演出的话语具有即时性和不可重复性，原作语言中晦涩难懂之处，特别是跨文化因素需要进行相应的处理，使之更适合于表演，让读者第一时间毫不费力地理解戏剧的意境。

该剧中哈姆雷特深爱的奥菲利娅因失去父亲过度悲伤，在河边编花时意外溺死于河中，掘墓人为奥菲利娅挖坟时，哈姆雷特正好路过与其交谈，便出现了以上台词。从演出版可以看出，演员在演出时删去了"该隐"一词。"该隐"取自《圣经》，是亚当与夏娃的二子之一，因嫉妒弟弟亚伯，将其杀害，后受到上帝的惩罚，被视为"世界上所有恶人的祖先"。文学翻译通常会对此类宗教、神话等文化负载词进行注释，以便读者理解，而以口头语言呈现的戏剧表演无法与以书面语言呈现的文学作品一般，大篇幅地解释与表演相关度不大的内容，而保留此类文化负载词，则会大大增加观众捕捉并理解台词的难度，进而影响观众的观剧体验。因此，演员在表演过程中删除了"该隐"一词，在不偏离表演内容的基础上照顾到观众对于表演内容的接受度，使表演更加通俗化。此外，文中涉及的同类词汇，如"亚力山大""《贡扎古之死》""裘必脱神殿""战神马斯"等，在舞台演出时也都进行了删减。

（二）情感深化

原文：Queen：O! Speak to me no more；These words like daggers enter in mine ears；No more，sweet Hamlet！（Shakespeare，1928：893）

朱译本：后：啊，不要再对我说下去了！这些话像刀子一样<u>戳</u>进我的耳朵里，不要说下去了，亲爱的汉姆莱脱！（朱生豪，2012：120）

台本版：后：啊，不要再对我说下去了！这些话像刀子一样<u>戳</u>进我的耳朵里，不要说下去了，亲爱的哈姆雷特！

演出版：后：啊，不要说了，哈姆雷特！不要对我说这些了。你的话像刀子一样刺进我的耳朵里。

从父魂口中得知父亲是被当今的国王、自己的叔父、母亲的新丈夫杀死后，哈姆雷特难以想象自己的母亲竟在短短几个月的时间内就弃丈夫冤魂不顾，以"罪恶的匆促"钻进乱伦的衾被，与杀人凶手翻云覆雨。在误杀波洛涅斯之后，哈姆雷特用犀利的言语一步步攻击母亲的心理防线。朱译本和台本中均使用了"戳进"这个动词来表达哈姆雷特言语的尖锐刺耳，而演出则将"戳进"替换成了"刺进"。"戳"本意是用硬物尖端触击，而"刺"是用有尖的东西插入。首先，实施"戳"这一动作的载体可以是尖锐物，如刀子、针、钉子等，也可以是非尖锐物，如手指、树枝、棍子等；而"刺"泛指尖锐物实施的动作，"刺"比"戳"更能够体现尖锐性。其次，"戳"强调触击，而"刺"强调插入，"刺"相比于"戳"的力度更大，更具穿透性。因此，使用更具尖锐性和穿透性的"刺进"更能体现哈姆雷特之于母亲言语的杀伤力，同时也表露出母亲对于真相的震惊以及为自身龌龊行为而感到羞耻。

（三）语气增强

原文：King:Think of us as a father;for let the world take note,you are the most immediate to our throne;And with no less nobility of love than that which dearest father bears his son do I impart toward you. (Shakespeare,1928:873)

朱译本：王：把我当作你的父亲，因为我要让全世界知道，你是王位的直接继承者，我要给你尊容和恩宠，不亚于一个最慈爱的父亲之于他的儿子。（朱生豪，2012：16）

台本版：王：把我当作你的父亲，因为我要让全世界知道，你是王位的直接的继承者，我要给你尊容和恩宠，不亚于一个最慈爱的父亲之于他的儿子。

演出版：王：啊，哈姆雷特！把我当成是你的父亲吧，哈哈……我要让全世界的人都知道，你将是王位的直接继承者，我要给你的尊容和恩宠，绝不亚于最慈爱的父亲之于他的儿子。

在戏剧中，需要人物依靠语气、称呼以及表达中的形态和表情来传递人物的内心感悟（石轶兰，2020：94）。在剧中，新任国王在宣布与旧日的长嫂结为夫妻时，恰逢因失去父亲而变得郁郁寡欢的哈姆雷特，为了让哈姆雷特摆脱亡父之殇，国王便如此安慰。演出版在朱译本与台本版的基础上增加了语气词、称呼、助词与副词。首先，戏剧中的人物对话通常会重复人物称呼以突出所指对象，加强戏剧效果。演出中新增的"啊，哈姆雷特!"指明了国王的言之对象，强化了语气，为后续表演奠定基调，同时这是哈姆雷特的第一次登场，如此强调也便于观众迅速了解人物。其次，朱译本与台本使用的是祈使句"把我当作你的父亲"，语气直接、情感不明且具有命令意味，而演出中新增的助词"吧"强调了委婉与请求的态度，如此恳求的语气反映出国王对哈姆雷特仍有敬畏之心，也透露出因杀死其父亲而产生的愧疚之情。此外，国王在陈述时面带笑容，新增的笑声表明国王早已将弑兄之罪抛于脑后，完全沉浸于新王登基与迎娶长嫂的喜乐之中，刻画了国王小人得志的人物形象。最后，演出版增加了副词"都"与"绝"，"都"加强肯定语气，"绝"加强否定语气，二词表达了事物的两个极端，反映了国王掌握权力之后的自负心理以及想要博取哈姆雷特欢心的强烈意图。实际演出的修订增强了语气，形象地刻画出国王的人物特点，便于观众迅速了解人物特征。

（四） 翻译改写

原文：Hamlet：Get thee to a nunnery，go；Farewell. Or，if thou wilt needs marry，marry a fool. (Shakespeare，1928：887)

朱译本：汉：<u>进尼姑庵</u>去吧，去，再会! 或者要是你必须嫁人的话，就去嫁给一个傻瓜吧。(朱生豪，2012：87)

台本版：哈：<u>进修道院</u>去吧，去，再会! 或者要是你必须嫁人的话，就嫁一个傻瓜吧。

演出版：哈：<u>进修道院</u>去吧，去吧，去吧! 必须嫁人的话，那么你就嫁给一个傻瓜吧。

朱生豪在翻译莎剧时采用的是归化策略，力求通俗、流畅的译文，归化的策略难免会损失对原作的忠实性，难以还原原作的真实面貌。因此在涉及此类概念、词汇或句子时，导演有权力对译文进行改写，为观众呈现原作所蕴含的真实意义。再次强调，这种改编不应被单纯地被视为译本存在不足的表现。

笔者认为哈姆雷特对奥菲利娅十分深情，为了保护奥菲利娅不被卷入自己的复仇风暴，哈姆雷特猛烈抨击了她。"进尼姑庵去吧！"哈姆雷特认为那里远离世俗与荒淫，父亲的死让他看到了人性的罪恶，他不想看到纯洁美丽的奥菲利娅变得像他母亲那样。朱生豪将原文的"nunnery"译为"尼姑庵"，但台本版与演出版将其替换为"修道院"。从宗教角度来看，尼姑庵是指佛教女教徒出家修行之地，而修道院是基督教徒出家修道的机构，分为男修道院和女修道院。尼姑庵和修道院均指宗教教徒修行的场所，而两者最大的差别是隶属于不同的宗教。哈姆雷特和奥菲利娅都是忠实的天主教徒，将原文的"nunnery"译为"尼姑庵"，虽说更易于中国读者所接受于理解，但所属关系的偏差无疑颠覆了文艺复兴时期欧洲人民真实的宗教信仰。因此，台本版与演出版使用的"修道院"在逻辑上具有更强的所属关联性，更符合历史事实，为观众呈现原作更真实的面貌。

三、朱生豪译《汉姆莱脱》戏剧舞台生成之解释

台本的出现是译本生命的成长，舞台的呈现更是译本生命跨时空、跨模态的重塑。跨文化戏剧从翻译到改编到搬上舞台的动态生成过程不会发生在真空中，往往与社会、文化、政治等因素密不可分。每一次翻译的产生与成长都带有鲜明的时代特征，都是译者在时代背景和自身翻译价值取向的指引下，对文本生命的一次建构和拓展（甘露，刘云虹，2021：77）。因此，本文从社会因素、观众因素与舞台因素三个层面，对译本、台本、演出层层目的性修订进行解释与探讨。

（一）社会因素

译本、台本与演出的功能分别是供读者阅读、供舞台使用与供观众观看，具有社会属性。其次，三者的施事者，包括译者、导演和演员是具有社会属性的人，各种社会因素不可避免地影响着译本、台本、演出的生成过程。首先，语言是不断变化和发展的，译本诞生与舞台演出间可能具有一定的时空差异，其间社会、科技和文化的不断变革，两个时代的语言无论就词汇、语法、风格、语音都存在一定差异，译本的书面语言与舞台的口头语言更是不可同一而论。因此，译本中不符合现代汉语习惯之处需要

进行改编或删减，使之更适合于表演。其次，本文所选的戏剧原作来源于古典的西方，而戏剧表演呈现于现代的东方，无论是东方与西方或是现代与古典之间，难免会产生某种冲突。例如，原作描述的是古典丹麦王室的故事，这与现代社会结构有很大的差异；原作中存在大量的西方宗教神话元素，如上述译例提到的基督教文化中的"该隐""修道院"，此外还有古罗马神话中的"亥披利恩""战神马斯"，古希腊文化的"亚历山大"等，这些也是不为当今东方民族所熟知的；原作体现的价值观也与当今提倡的价值观有所出入。因此，消除东西、今古之间的冲突并实现其跨时空、跨模态融合交流，这是戏剧演出主体所必须考虑的。最后，译本、台本、演出的生成过程在很大程度上依赖导演和演员对于原作的理解。在剧团里，导演有权对剧本删减、演出特点、舞台设计、人物形象等进行改动。例如，陈薪伊导演在刻画剧中人物形象时，认为国王不能像哈姆雷特描述得那么丑陋，不然哈姆雷特的母亲不会马上嫁给他，所以导演删除了很多国王的台词，没有刻意强调国王的罪孽（尹冬，2017：68）。演员在实际表演时，也可能基于自己对原作的理解而产生剧本设定外的改编或即兴改编。

（二）观众因素

戏剧翻译面向的是读者，而戏剧表演面向的是观众。读者与观众不能混淆，但二者在性质上是相同的，即各个产品的服务对象。观众是戏剧表演三要素之一，戏剧表演的最终目标也是面向全体观众。因此，观众成为戏剧表演中最不容忽视的因素。首先，观众的文化背景和教育水平参差不齐，年龄阶层也不尽相同，不同观众对戏剧的理解和接受有很大差异。不过观众观剧的目的很大程度上是统一的，即寻求娱乐，而非接受教育，因此戏剧演出要尽量通俗化、口语化。台词一经说出，观众没有机会再听第二遍，因此还需要考虑观众对戏剧内容的可接受度，原作晦涩难懂之处需要进行相应处理，让观众第一时间不费力气地理解原作的韵味。其次，观众审美与观众期待也是不断变化与发展的。观众在进入剧场之前，就秉承着自身独特的审美观与一种潜在的对戏剧表演的期待，这很大程度上左右了剧团对译本选择、译本改编、舞台设计、戏剧创新等，导演需要不断改进表演内容以符合主流戏剧审美与观众预期。最后，观众观剧往往希望得到情感上的满足与体验，观众的情感体验也成了戏剧表演必须考虑的因素。因此，剧团需要精心设计人物台词，以演员表演为主，以灯光、音效等为辅，营造出适宜的情感氛围，使观众能够与剧中角色建立情感上的共鸣。

（三） 舞台因素

戏剧表演中的舞台因素直接影响演出效果、情感传达和观众体验，具有十分重要的作用。以什么样的创新方式、什么样的舞台设计、什么样的表演内涵将演出呈现给观众，是每一个戏剧导演需要考虑的问题。首先，戏剧需不需要创新？忠实于原作的戏剧固然值得一看，其离原作更近，能更本真地还原原作的面貌。而戏剧创新将新的观念和理解融入演出中，能为原作带来新的生命力与活力，同时也能丰富表演的舞台性与多元化，直观地影响观众的观剧体验。陈薪伊导演在剧中增加朱生豪与妻子两个角色，插入戏曲《风雨归舟》的戏词与播放《牡丹亭》的背景音乐，新增的天津相声也为观众带来了十足的乐趣，此外还有台词创新，增加了许多现代流行网络词汇等。其次，观众的观剧兴致与积极性可能会因过长的表演时间而削减。因此，应该如何在特定时间内对舞台进行合理的设计以最大程度展现原作的戏剧性？陈薪伊导演在进行舞台设计时，删除了大量与故事主干情节无关的内容与剧中个别小角色，同时还进行了场景的删减与穿插，如删除了原作第一幕第一场，将原作第一幕第四、第五场合并表演以及将原作第三幕第一场移到第二幕第二场进行表演等。如此设计是为了在尊重原作的前提下，保留故事主要内容，传递原作主要思想，在合适的观剧时长内为观众演绎原作。最后，戏剧表演究竟要传递什么样的思想内涵？演出是仅仅展现原作思想还是另有其他内涵需要传递，这是戏剧表演不得不考虑的问题。陈薪伊导演通过完美的舞台建构向观众阐释了人文主义精神与思想和伦理的价值与力量，将人性中的美丑、善恶、爱恨、生死一览无余地展现给观众。同时，戏剧以朱生豪为视角展开，剧中的朱生豪虽不断遭受战火、病痛、贫穷的侵扰，但从未被击垮，以坚定的意志和深刻的爱国主义精神，拖着病躯完成了莎士比亚31部戏剧的翻译，向观众展现了朱生豪的伟大事迹与其强烈的爱国主义思想。

四、结语

莎士比亚戏剧演出对于阐释和重塑莎士比亚有至关重要的作用。就跨文化戏剧来说，剧作的创作、译本的产生、译本的选择与译本的改编环环相扣，催化了戏剧的上演。我们需要了解，原作到译本、译本到台本、台本到演出是一个动态的生成过程，每一层转变都是对原作的拓展与延伸，赋予原作新的生命。把握如此生成过程并就其影响因素进行探讨能够深化戏剧与翻译研究，并为戏剧翻译与改编提供一定的启示与参考。

参考文献

[1] 曹广涛. "译文的归译文，导演的还给导演"——基于戏曲视角的可表演性翻译原则限度分析 [J]. 外国语文，2015（1）：126–132.

[2] 甘露，刘云虹. 从翻译的生成性看《诗经》法译 [J]. 外语与外语教学，2021（6）：73–79.

[3] 管兴忠，李佳. 它山之石可以攻玉：从文本发生学到翻译发生学 [J]. 外国语，2021（6）：103–112.

[4] 李景瑞. 文学翻译与翻译批评 [J]. 中国图书评论，2003（11）：48–49.

[5] 李伟民. 面对经典的舞台叙事——北京人艺改编的莎士比亚戏剧《哈姆雷特》[J]. 外语与外语教学，2012（5）：81–84.

[6] 李伟民. 永远的莎士比亚，永远的朱生豪——朱生豪译莎剧的独特价值 [J]. 山东外语教学，2013（4）：13–18.

[7] 李媛慧，任秀英. 朱生豪与梁实秋的莎剧翻译对比研究 [J]. 外语与外语教学，2012（6）：79–81，93.

[8] 李正栓，王明. 从《汉姆莱脱》看朱生豪译莎特点 [J]. 山东外语教学，2013（4）：19–23.

[9] 林海棠. 话剧表演艺术的互动性探究 [J]. 戏剧之家，2021（34）：23–24.

[10] 刘云虹. 试论文学翻译的生成性 [J]. 外语教学与研究，2017（4）：608–618.

[11] [英] 玛格丽特·韦伯斯特. 论导演莎士比亚戏剧 [A]. 杜定宇编. 西方名导演论导演与表演 [C]. 北京：中国戏剧出版社，1992.

[12] 石轶兰. 试论易卜生话剧《玩偶之家》的语言特色 [J]. 戏剧文学，2020（11）：92–95.

［13］杨祎辰. 国内外戏剧翻译研究现状与趋势述评——兼论戏剧翻译研究在中国的发展前景［J］. 外国语，2019（2）：93 - 99.

［14］尹冬. 朱生豪的汉姆莱脱——陈薪伊话剧《哈姆雷特》创作分析［J］. 写作，2017（13）：65 - 71.

［15］［法］于贝斯菲尔德. 戏剧符号学［M］. 宫宝荣译. 北京：中国戏剧出版社，2004.

［16］张汨，文军. 朱生豪翻译手稿描写性研究——以《仲夏夜之梦》为例［J］. 外语与外语教学，2016（3）：120 - 128.

［17］张薇. 世界莎士比亚演出与研究的新趋向［J］. 戏剧艺术，2018（2）：43 - 50.

［18］［英］莎士比亚. 汉姆莱脱［M］. 朱生豪译. 北京：中国青年出版社，2012.

［19］朱姝，张春柏. 对戏剧翻译中动态表演性原则的反思［J］. 东北师范大学学报（哲学社会科学版），2013（1）：109 - 112.

［20］Bassnett, S. Still Trapped in the Labyrinth: Further Reflections on Translation and Theatre［A］. In Bassnett & Lefevere（Eds.）. *Constructing Cultures: Essays on Literary Translation*［C］. Shanghai: Shanghai Foreign Language Education Press, 1998.

［21］Bassnett, S. *Translation Studies*［M］. Shanghai: Shanghai Foreign Language Education Press, 1980.

［22］Bassnett, S. Ways Through the Labyrinth: Strategies and Methods for Translating Theatre Texts［A］. In Theo Hermans（Eds.）. *The Manipulation of Literature*. London: Croom Helm, 1985.

［23］Deppman, J. et al. *Genetic Criticism: Texts and Avant-textes*［M］. Philadelphia: University of Pennsylvania Press, 2004.

［24］Newmark, P. *A Text Book of Translation*［M］. Shanghai: Shanghai Foreign Language Education Press, 2001.

［25］Schäfer, D. Translation History, Knowledge and Nation Building in China［A］. In Harding, S. - A. & O. C. Cortes（Eds.）. *The Routledge Handbook of Translation and Culture*［C］. New York: Routledge, 2018.

［26］Shakespeare, W. *Shakespeare Complete Works*［M］. London: Oxford University Press, 1928.

「翻译与侨易学」专题研究

《翻译学刊》2024年第1辑

主持人语：翻译研究的侨易学视野

谭　渊①

叶隽教授提出的"侨易学"理论是当代中国学者提出的最富原创性的文化理论。它扎根于中外文化交流史研究和跨文化理论，在此基础之上，借鉴了李石曾的"侨学"和古老的"易学"，其基本理念是因"侨"而致"易"，强调运用"二元三维——大道侨易"的哲学思维。作为文化理论的"侨易学"的研究对象既包括物质位移、精神漫游所造成的个体思想观念形成与创生，也包括不同的文化子系统如何相互作用与精神变形。其方法是将"侨易二元"的整体建构作为理论的出发点，以"侨"字为中心，在"位移"的意义之外，增加了"互戏""升质"和"勾连"三层含义，同时对"易"的内涵也做了新的诠释。总之，侨易学作为一种具有中国特色和文化内涵的文化理论，在研究中外文化交流和跨文化现象方面具有独特的视角和方法，自然也适用于同属于跨文化活动的语际翻译。本专栏中的四篇论文便共同探讨了"侨易学"在翻译研究中的运用前景，涵盖了"翻译与认知侨易""侨易学与翻译研究""侨易学与德语文学翻译""侨易经历与世界眼光"等议题，以期为翻译领域的多角度研究提供新的思路和启示。

侨易学是一种注重物质位移和精神质变之间因果关系的学问，其核心是将研究对象视为物质与精神现象的结合。陶艳柯的《翻译与认知侨易》

① 作者简介：谭渊，华中科技大学外国语学院教授、博士生导师，研究方向：翻译史、中外文学关系。

「翻译与侨易学」专题研究

探讨了翻译学与侨易学之间的关系，尤其是侨易学理论在翻译研究中的应用。文中强调，翻译本身不仅仅是语言的转换，而是涉及认知变化和文化交易的过程，因此可以被视为一种"认知侨易"。翻译过程涉及两个主要步骤：理解和解释。这两个步骤不仅是翻译的基础，也是翻译与侨易学产生实际联系的关键。侨易学的二元三维思维方式为理解翻译提供了新的视角。例如通过分析程抱一对唐诗的法文翻译，论文揭示了认知变易和文化交易在翻译过程中的作用，还探讨了将侨易学理论引入翻译学对翻译定义、标准及本体的影响。文章指出，视翻译为认知侨易将有助于超越翻译学中的传统二元对立观念，为理解翻译提供更为广阔的理论视角，同时将深化对翻译过程和本质的科学认识。

侨易学作为一种关注"流动性"和"变化"的学问，也提供着理解和分析译者以及译作的新视角。李俐的《倪豪士〈史记〉英译项目的"时"与"势"——侨易学视角下的〈史记〉英译研究》通过分析《史记》的英译过程，探讨了侨易学的应用和理论价值。侨易学强调"因时择势"的方法论，即将研究对象放入具体的历史语境中，以便更全面地理解和解释现象。该论文选择倪豪士作为侨易主体来研究，指出他的《史记》英译项目不仅是一项翻译工作，更是一种涉及物理位移和精神性流动的侨易过程。在倪豪士的领导下，这一翻译项目克服了资金和人员的困难，与中国台湾、德国和中国的学者建立了广泛的合作关系。倪豪士的经历和选择揭示了侨易学中关于流动性和变化的核心理念，同时也体现了汉学翻译和国际学术合作的复杂性，展现了关于侨易主体精神层面研究的重要性。

刘璐翎与彭建华合著的《论叶隽的"侨易学"与德语文学翻译》首先对叶隽在中德文化—文学交往行为的研究、德语研究学术史、德国汉学研究上的成果进行了梳理，指出了侨易学理论的原创性及其对"当代中国话语"以及文学翻译理论建构的意义，同时又指出它"并不完全是翻译理论，甚至超出了比较文学，它可以看作一种理论或者一种哲学，但不是中国式哲学"。在梳理侨易学理论发展历史的基础上，论文重点追踪了叶隽在文学翻译研究领域的建树，如他在分析应时的《德诗汉译》（1914）、朱光潜翻译《拉奥孔》过程中所体现的独特理论视角，折射出侨易学在文学翻译研究领域的巨大应用潜力。论文还格外关注了叶隽选编的《席勒诗选》，虽然叶隽在该书中并未有意融入"侨易学"视角，但其对席勒诗歌的划分和评论却也同样彰显着他对文学哲学的深入思考，反映出侨易学融汇中西美学的特点，而席勒的许多诗歌本身也正是在文学翻译基础上对异国文学进行吸收和再创作的杰作。

李映珵和刘叙一合著的《以译为媒：青年张闻天的侨易经历及其世界眼光的形成》深入探讨了张闻天的侨易经历和世界眼光的形成过程。作为侨易个体，张闻天的成长背景、教育经历、工作经历、五四运动期间思想的重大转变以及在美国、川渝等地的侨易经历，共同导致了他的精神质变，最终促使他决定加入共产党，参与社会革命。总体来说，张闻天的世界眼光是通过他的翻译活动和革命实践得以形成的，他的故事展示了如何通过翻译和文化交流在全球化时代中找到自身定位，并应对国际形势带来的机遇和挑战。

综合来看，这四篇论文从不同角度深入探讨了翻译学、文化交流和个人成长的相互关系。强调了翻译作为一种文化和认知活动的重要性，无论是在文学、政治还是社会发展方面，它们共同揭示了翻译在跨越语言障碍、实现文化交流和融合，以及促进个人认知和思想成长方面的关键作用。上述议题不仅为我们提供了关于翻译的新视角，也展现了翻译作为一种跨文化和跨时代的实践在全球化时代的重要性。我们期待各位学者和专家继续运用侨易学这一令人振奋的新方法，共同探索翻译学的前沿，也期待我们共同的深入讨论和独到见解，进一步推动翻译研究领域的学术交流和前沿探索。

翻译学刊

·2024年第1辑·

278

翻译与认知侨易

陶艳柯[①]

摘要： 侨易学所谓的侨易更多体现为"交易"，而翻译本身即涉及文化交易，这成为两者产生关联的前提，且侨易理论主张的二元三维思维方式为人们理解和认识世界提供了一种全新的、有效的思忖路径，其中自然包括翻译世界，以上因素使得翻译学研究中引入侨易理论存在着理论上的可能。置于语言传递与沟通的模式中，理解与解释两个步骤作为翻译与侨易学研究的公约成分，是两者可以产生关联的现实缘由。而从侨易学视角来看，翻译就是侨易。援引认知心理学理论可以显明，翻译是一种认知侨易，并至少携有两方面的特性，即认知的"变易"与异质文化的交易。透过程抱一唐诗词法文翻译译例能够显明认知侨易的以上特征及其可能的形态。将翻译视为认知侨易，强调认知的生成性，实际上彰显着译者作为侨易主体载体的认知面相，也体现着认知侨易的独特性。侨易理论的引入为翻译学研究穷究翻译之理开拓了新的致思理路，深入至更为具体的层面，审思从侨易学视角出发参悟翻译并将其视为"认知侨易"对于认识翻译及其相关问题所生发的启示，则主要围绕翻译定义、翻译标准以及翻译本体等核心问题的探讨展开。

关键词： 侨易学；翻译；认知侨易；翻译基本问题

Title： Translation and Cognitive Qiaoyi

---

① 作者简介：陶艳柯，同济大学人文学院博士后，研究方向：法国当代文论、文化哲学。

Abstract：The Qiaoyi in Qiaoyi study is more reflected in "transactions", and translation involves cultural transactions, which becomes a prerequisite for the two relates with each other. The binary and three-dimensional thinking advocates by Qiaoyi theory provides a new and effective way of thinking, which naturally includes the world of translation. These factors make it theoretically possible to introduce Qiaoyi theory into translation study. Placed in the mode of language transmission and communication, the two steps of understanding and interpretation serve as the contractual components of translation and Qiaoyi study, which are the practical reasons for their association. From the perspective of Qiaoyi study, translation is the same as Qiaoyi. Quoting the theory of cognitive psychology, it is evident that translation is cognitive Qiaoyi that carries at least two characteristics, namely cognitive "variation" and the transaction of heterogeneous cultures. Through the translation of Tang poetry into French by François Cheng, we can clearly understand the above characteristics and possible forms of cognitive Qiaoyi. Treating translation as cognitive translation and emphasizing the generative nature of cognition actually demonstrates the cognitive aspect of the translator as the carrier of the subject of translation, and also reflects the uniqueness of cognitive translation. The introduction of Qiaoyi theory has opened up a new way of thinking for translation study to explore the translation. It can delve into a more specific level to understand translation from the perspective of Qiaoyi theory and regard it as cognitive Qiaoyi, the inspiration for understanding translation and related issues mainly revolves around the discussion of core issues such as translation definition, translation standards and translation ontology.

Keywords：Qiaoyi theory; translation; cognitive Qiaoyi; basic issues in translation

众所周知，翻译是翻译研究的核心论题，但对于翻译究竟是什么①，翻译有哪些标准以及翻译是否可能等较为关键的问题，国内外翻译学界似乎并没有达成统一的意见。此处尝试将侨易学理论引入，为翻译研究参透翻译提供一种全新的思路。具体而言，在阐明侨易学与翻译关联及侨易学视域下翻译属性的基础上，就翻译定义、翻译标准及翻译本体等核心问题展开进一步讨论，思辨从侨易学视角出发对翻译的理解、对认识以上问题所生发的启示作用。

一、侨易学与翻译关联的理论可能与现实契机

"侨"与"易"意义的阐发和因果关系的预设奠定了整个侨易学的基础。侨易学关注侨易主体因物质位移引发的精神质变，将研究对象视为物质与精神现象的结合（叶隽，2014：90-91），基于时空迁变与个体精神变化之间因果关系的预设，聚焦于物质位移的个体与群体，其倾向于建构一种诠释主体生成或事件发生的学问。侨易学学理层面的渊源应追溯至中国古典的易学对"易"的审思及近代学者对"侨学"的诠释，而规范层面的驱动力则主要源于文化交流史实证研究的理论需要。（叶隽，2014：7）

侨易学所谓的侨易更多凸显"交易"的面向，即侨化过程中出现交互，达至交感，亦或二元关系的相交。而翻译通常被视为一种语际转换活动——将原语（source-language）承载的意义转换到目标语（target-

---

① 不同视角的研究者用不同的方式来描画翻译。语言学视角的理解：卡特福德（J. C. Catford）认为："翻译就是对语言进行的一种操作：用一种语言文本替代另一种语言文本的过程。"（可参考：Catford, J. C.. *A Linguistic Theory of Translation: An Essay in Applied Linguistics*. Oxford: Oxford University Press, 1965: 1.）奈达（Eugene A. Nida）与泰伯（Charles R. Taber）认为："所谓翻译是在译语中用最贴切而又自然的对应语再现原语的信息，首先是意义，其次是文体。"（Nida, Eugene A., and Charles R. Taber. *The Theory and Practice of Translation*. Leiden: E. J. Brill, 1969: 12.）文化视角的诠释：巴斯奈特（Susan Bassnet）与勒菲弗尔（André A. Lefevere）认为："翻译就是对原文的重写。所有的书写，无论它们的动机如何，都反映着一定的意识形态以及诗学，因而操纵文学在一定的社会以特定的方式发挥功用。"（Bassnet, Susan, and André Lefevere. *Translation, History and Culture*. London: Cassell, 1990. ix.）斯内尔-宏比（Mary Snell-Hornby）则认为翻译是一种跨文化的活动。（Snell-Hornby, *Translation as Intercultural Communication: Selected Papers from the Est Congress*. Mary〈Ed.〉. Amsterdam: John Benjamins Publishing Company, 1995.）

language）中的跨语言、跨文化的交际实践，作为关联原文和目标文、作者和读者、原语和目标语等诸多二元的关键环节，主要涉及不同语言与文化的交易。这成为侨易学与翻译产生关联的一个因素。侨易学发展过程中，伴随着对侨易现象"交易"面向的凸显及"交易"发生语境的变易的重视，其深入至事物二元取象之后的流力因素，提出了二元三维的思维方式，为人们理解和认知存在于其中的这个世界与宇宙提供了一种全新的、有效的思忖路径，其中，自然也包括翻译世界。换言之，侨易学提供的基本认识论理应可以为翻译研究提供可资借鉴、富有建设性的启示。以上两个层面的缘由使得翻译研究中引入侨易理论存有着理论上的可能。

那翻译与侨易学能够产生关联的现实契机是否存在？为辨明此问题，此处尝试先将翻译与侨易学的研究范式置于语言的传递与沟通模式中来审视。之所以如此致思，则源于两者都和语言与交往有着密切的关系。翻译显然无法与语言切割。由于原语和目标语之间的文化差异，译者会斟酌如何将原文所包含的文化信息与内涵精确地传递给读者或听众，故此，翻译必然涉及如何理解原语及怎样解释原语的问题。就翻译而言，理解和解释是其两个主要的步骤：一方面，其是基于理解。理解是翻译的前提。一众翻译家都曾强调过理解的重要性。如周煦良（1905－1984）曾明确强调理解在翻译过程中的重要作用，认为理解是进行翻译的先决条件（周煦良，1984：133）。傅雷（1908－1966）则认为，理解原文是翻译所具备的基本条件之一（傅雷，1984：87－88）。董乐山（1924－1999）也曾指出，在翻译实践中，关键的问题，就在于对原文的理解（董乐山，1984：296）。可以说，没有对原文的自我理解，翻译无从谈起，理解正是翻译的起点，也是译者解释的依据；另一方面，其目标是解释。翻译表现为向他人解释，是译者将自身的理解加以表达或呈现，解释的概念和语言正是翻译的重要构成。语言学家雅各布森（Roman Jakobson，1896－1982）曾对翻译做过较为全面而详致的分类：语内翻译、语际翻译及符际翻译①，在区分

① 分别指同一语言内用一些语言符号解释另一些语言符号，即通常所言的"改变说法"（rewording）；两种语言之间的翻译，指用一种语言的符号来解释另一种语言的符号，即严格意义的翻译；以及通过非语言的符号系统解释语言符号，或用语言符号解释非语言符号。参考：Jakobson, Roman. On Linguistic Aspect of Translation. In Lawrence Venuti（Eds.）. *The Translation Studies Reader*. London and New York：Routledge，2012：127.

以上翻译类型时他曾使用了三次"解释"（interpretation），与皮尔斯（C. S. Peirce，1839－1914）在思考何为符号的解释时所秉持的"解释仅是翻译的另一种说法"（Peirce，1998：388）的观点一脉相承。语言学领域对翻译的理解以及解释与翻译关系的厘定一定程度上显明着解释这一步骤对于翻译的重要意义。将基于理解并以解释为目标的翻译置于雅各布森的语言传递模式（Communication Model）（Jakobson，1987：66）这一理解人际交往与沟通的化约范式中，可以清楚识别其运作机制，如下图（张汉良，2012：17）。显而易见，翻译主要关涉译者的"理解"与"解释"，译者在此过程中扮演的角色是多面的，其既是读者又是作者，既是接受者又是发送者（或解释者），翻译即译者将理解的讯息（message）和符码（code）转化并表达为解释的讯息与符码的过程，抑或，翻译即译者理解原文又在目标文中重构原文意义的话语实践活动。

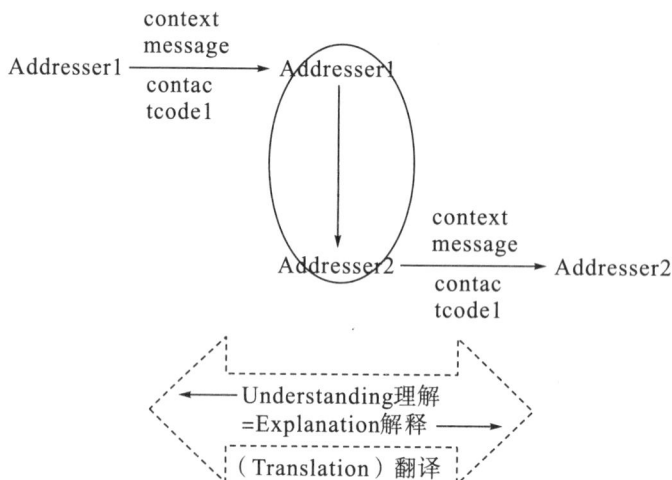

而侨易学建构了一种主体生成的学问，其将语言与交往视为物质和精神这对二元关系中的第三维因素（叶隽，2021：11），将侨易主体置身于语言和交往的场域中这一文化事实预示着同样可以透过语言传递模式来审视侨易学的研究理路。将"侨易"四义中的"仿易"的话语逻辑置于语言沟通模式中来审视，由上图可见，"仿易"指涉着作为侨易主体的受话者（Addressee1）由于受到发话者（Addresser1）的影响，由受话者（Addressee1）转化为发话者（Addresser2）的过程，于此，其尤其凸显的

是作为侨易主体的受话者接受和理解发话者与其转变为发话者（Addresser2）表达和解释给受话者（Addressee2）之间的因果关联，整个"仿易"过程体现为作为侨易主体的受话者（Addressee1）对自身的重构。综合以上分析，理解与解释是翻译与侨易学研究的公约成分，也是两者能够产生实际关联的直接缘由。

二、认知侨易：侨易学视域下的翻译

侨易学视域下，如何理解翻译？侨易学设定了物质位移与精神质变之间的因果关系，其中，关于"物质位移"概念及其意涵，侨易理论有着详尽的界定，既包括个体、群体的地理位移，也囊括物质时变和物器位移，同样还涵盖了抽象移易，即"精神漫游"，关涉人力建构的想象力世界、非人类创造的但客观存在的感觉和精神世界及因为技术剧烈变革而带来的互联网世界，具体表现为知识移易、感觉移易、虚拟移易（叶隽，2021：125-127），而其中的感觉移易则主要指涉下意识的精神、心理与感知层面（叶隽，2021：128）。显然，"物质位移"不仅包括地理位移，还囊括侨易主体的心性活动，其中即包括理解。侨易学视域下，理解从属于抽象移易，大致属于精神漫游一类，而理解导致的精神质变最终体现在解释上，"解释"属于"精神质变"部分。而从理解至解释，正是由"物质位移"向"精神质变"的过程，也恰恰是"侨易"的过程。而由于翻译始于理解终于解释，也意味着翻译本身即"侨易"，兼具着模仿和创新的双重特性。

那既然翻译是侨易，其具体归于哪类侨易？以信息加工理论为基础的认知心理学认为，面对纷繁复杂的自然语言现象，形式逻辑是无能无力的，需取而代之以认知，即一种基于人类思维能力而非逻辑学家所使用的数学系统能力，而人脑作为信息加工系统拥有这样的认知能力，人类的认知活动包含着对信息的输入与输出、信息的存储与提取、信息加工程序。以美国认知语义学家福康涅（Gilles Fauconnier，1944-2021）为例，他将人类对外界信息的反应视为认知过程——即大脑根据以往的认知，对信息进行加工并产生相应心理体验的过程，主要由外部信息的刺激、已有心理认知的参与和心理的整合加工作用组成，并提出了心理空间（Mental space）与概念融合（Conceptual blending）① 等概念来诠释认知的复杂性。根据认知理论，就理解而言，正是个体借助视觉或听觉捕捉讯息，同时依赖于自身已有的知识与经验，对讯息进行整合加工并自觉建构意义的认知过程。但翻译不仅包括理解，而是一个更为复杂的过程。根据贝尔（Roger T. Bell，1938-）基于信息加工理论对翻译过程及思维规律的心理描摹所建构的具有心理现实性的翻译认知模式（Bell，1991：59），翻译过程主要由"分析"与"合成"两个阶段组成，前者主要由三个分析器（句法、语义、语用）实现对原文的解析，后者则由三个合成器（句法、语义、语用）对目标文的合成，主要是将原语言中的语句（Clause）解析为语义表征，并在目标语言中建构一种可以替代的语句的过程。其中，在两个阶段中间起着连接作用的是意念组织器（Idea organizer）与计划器（Planner），主要负责对分析阶段的结果进行把控，是合成阶段能够顺利进行的关键。在此意义上，从理解至解释，如果将解析阶段视为原认知阶段，是物质位移的过程，而整合阶段视为新认知阶段，属于精神质变的过程，翻译则是从原认知至新认知的过程，更具体的，是由于译者思维的参与，认知动态的转换所致使的认知变化的过程。于此，认知实现了侨易。

由以上分析可以看出，翻译是一种认知侨易。作为侨易的一类，其又拥有何种特点，有着何种独特性？实际上，翻译或认知侨易至少携有以下典型的特性：第一，认知的"变易"；第二，文化的交易。以程抱一（François Cheng，1929-）在《中国诗语言研究》（L'Ecriture poetique chinoise，1977）中的翻译为例，能更清楚识别认知侨易以上的特征以及其可能的形态。程抱一将一系列唐代的诗词译为法文，其翻译极具特色的地方在于，同时将众多诗词的直译文与意译文并列呈现，他明确："我们所提供的翻译，其目标尤其在于使人捕捉和感受诗句的某些隐秘的色调变

---

① 心理空间主要指个体思维和言说时构建的概念集合，是语言使用者在语言交际过程中分派和处理信息的虚拟的概念框架。概念融合则涉及个体进行创造性思维活动时的认知心理过程，编排了概念意义的巨大网络，产生了在意识层面看起来简单的认知产物。可参考：Fauconnier，Gilles. *Mental Spaces*：*Aspects of Meaning Construction in Natural Language*. Cambridge：MIT Press，1994. Fauconnier，Gilles and Mark Turner. *The Way We Think*：*Conceptual Blending and the Mind's Hidden Complexities*. New York：Basic Books，2002：V.

化。至于字对字的翻译——对读者来说是有用的，而对我们的分析又是必不可少的——它只能给出原诗的'漫画式'的图像；人们会由此得出一种拆散的、简练的语言的印象，而无论是诗句的节拍，还是词语的句法蕴涵，尤其是表意文字的双重（矛盾）本性和它们所包含的情感负荷，都没有真正地翻译出来。"（François，1977：34）显而易见，程抱一所做的字字翻译正是直译，主要基于中文诗词在汉语语境中的含义的考量，表征为对原文的模仿与复制，是一种表现，而在其意译文本中，其不仅估量了中文诗词所在的汉语语境，还同时兼顾了接受者所在法语语境，是一种创作或再现。同一中文诗词法文直译与意译之间的变化或差异，即程抱一所谓的神秘的色调变化呈现的也正是认知的"变易"未完成与完成状态的差别。相较之下，在直译中，认知侨易尽管涉及中法文化的交易，但这种交易的程度还很有限，仅仅体现为语言本身的简单转换，认知的变化体现在"形似"，故其是不完善的认知侨易，而在意译中，认知侨易不仅涉及语言，还关涉着中法文化的深层交流与互动，认知的变化不只是"形似"，还是"神似"，是较为完备的认知侨易。

值得注意的是，侨易的类型有多种，而此处与翻译相关的认知侨易的特殊性在于，尽管侨易主体理应是认知，但由于认知隶属或附着于译者，译者成为认知的承载者，因此，就翻译这一认知侨易而言，在较为宽泛的意义上，其侨易主体也可以说是重建巴别塔的译者。将侨易主体视为译者，并非只是臆想，理论上的可行性在于，恰恰与侨易理论对主体的定义相一致。具体而言，侨易学对导致精神质变的物质位移因素的强调显明了侨易主体身上携有时空演变（时间变化和空间变迁）的痕迹，外显着侨易主体作为历史主体和社会主体的特点，凸显主体精神的质变，同时意味着侨易主体具有意识性和创造性等特点，是一种认识主体①。而此处将翻译视为认知侨易，强调认知的生成性，即彰显译者认知的生成性，将认知侨易的主体视为译者，也即凸显了作为侨易主体的译者的认知面相，与侨易学所秉持的主体在历史主体、社会主体之外，还兼具认知主体的身份定义相一致，侨易理论自身并无违和之处，而是依然自洽。基于此，可以说，在翻译研究中引入侨易理论，一定程度上会提升译者在翻译过程中的作用，使其地位不再只停留在理论层面，而是显明了其作为文艺创作者的主观能动性，尤其肯定了其认知能力，其获取、处理及组织、加工、重构和传播信息的行为的价值。

三、翻译基本问题的重新审视

将侨易理论引入翻译研究，从侨易学视域出发，对翻译进行重新审视，并透过认知心理学的理论，对翻译在侨易学中的属性以及类别做出厘定，同时运用具体的译例对认知侨易的特点及独特性进行大致的描摹与评估，为翻译研究穷究翻译之理开拓了新的致思路径，并深化了对翻译的科学认识。具体层面而言，采用侨易理论对翻译进行审思，其启示作用则主要落实在翻译定义、翻译标准及翻译本体等翻译研究关注的这些基本问题上。

① 侨易学实际上已不自觉介入了主体问题的论争。主体（Subject）概念属于哲学的范畴。西方哲学史中贯穿着一条人类认识自身的线索，展现着人类对主体认知的发展与演变的轨迹。早在古希腊普罗泰格拉提出"人是万物的尺度"，苏格拉底将德尔菲神庙上的箴言"认识你自己"视为自己哲学的原则，就展现出了朴素的主体意识。近代哲学史上，自笛卡尔提出"我思故我在"，建立了理性思维的主体理论，将理性认知视为主体存在的依据，自此开启了主体问题的哲学论辩。康德为德国古典哲学指明了走向主体的方向，他认可"人为自然立法"的先验主体，而之后的费希特和谢林则扬弃了自然，主体分别被视为意识中的"实体"，以及朝向自由的无限主体。现代哲学中，主体的阐释精彩纷呈，有黑格尔的抽象精神主体、费尔巴哈的真实存在的"感性实体"主体、马克思的实践主体、胡塞尔的先验主体及叔本华与尼采的非理性主义主体等。当代哲学中，主体问题更是一个核心论题，萨特的自由主体、拉康的无意识主体、伽达默尔与利科的理解主体等。将主体视为历史主体、社会主体与认知主体，侨易学的主体观与马克思的主体观表现出了相似之处。在马克思看来，主体既非黑格尔所理解的精神和意识，也非费尔巴哈所理解的感性的人，而是活生生的社会中参与社会实践和认识活动的人。参考〔德〕马克思：《1844 年经济学哲学手稿》，中共中央马克思恩格斯列宁斯大林著作编译局编译，北京：人民出版社，2014 年，第 81、83 - 84、94 页。

将侨易理论引入翻译学研究，就翻译而言，具体该如何来界定？可以说，翻译是一种认知侨易，是作为侨易主体的译者由于认知深化（抽象移易）导致的认知升华（精神质变）的现象。将翻译视为认知侨易，即把翻译置于人类认知层面上，翻译世界由此成了一个认知变易的世界。这一定义具有以下独特性：第一：延展了翻译的内涵，使翻译成了一个广义的概念：一方面，其超越了语言层面上的狭隘范畴，不再是将原语所表达的信息用目标语准确又完整地传递出来的语言实践活动，而是对讯息符号（包括文字或语言）等进行认知转换的认知活动，如此，不仅语际翻译可纳入其范畴，符际翻译（即用非语言符号来解释语言符号，或用语言符号来解释非语言符号）等均可纳入其领域；另一方面，其同时也使翻译突破了跨文化的局限，翻译不再只是指涉跨文化的语言交际活动，语内翻译这一之前并不属于严格翻译范畴的类型同样也可归于翻译的领域中①。第二：将翻译视为认知侨易，翻译的创造性特点亦得以凸显。这具体体现在，在翻译过程中，译者的认知在不断流转并深化，累积直至认知实现升华，最终成了创作，尽管受限于原文使得这种创作有着局限性。

翻译标准向来是翻译研究的重点，其既是译者译文的准则，亦是读者衡量译文好坏的尺度。关于翻译标准，一向游移于原文与目标文两端，将侨易理论引入翻译研究，关于翻译的标准，又会有何种不同的见解？哲学思维方式是人们从事科学研究的基础，西方哲学中的二元对立思维滥觞于二元论（dualism）理念。自柏拉图将世界区分为现实世界与理念世界伊始，已然标识着二元对立思维方式的出现。传统二元对立的哲学及语言学思维模式一直影响着翻译研究领域，关于翻译的方法、标准、本体存在着诸多二元对立，如直译与意译、异化与归化、形似与神似、忠实与自由、可译与不可译等。但侨易学理论所提倡的二元三维思维模式超越了西方文

---

① 侨易学与其他关涉跨文化研究的学科如比较文学、翻译学、跨文化传播学等之间的根本不同在于，跨文化研究仅仅是侨易学最基本的特点之一，而非能涵盖其全部特征。尽管侨易学一直凸显其"交易"面相，交易自然包括异质文化之间的交互作用，但异质文化的交易却并非侨易学研究的全部内容。故此，对侨易学的审视，如果仅仅谈其跨文化研究的属性，实际上是窄化了这一学科的研究范围。需要认清的是，跨文化研究仅仅是侨易学研究涉及的内容，而这恰恰与其他关涉跨文化研究的学科之间形成了交叉，但侨易学与这些学科之间有着本质的区别。

化中传承已久的二元对立的认识论，提供了一种完全不同的致思理路，对于翻译打破自身固有的二元对立观有着重要的指导作用。关于理想的翻译，尽管斯坦纳（George Steiner，1929－2020）认为，忠实的译者能"创造一种有效转换的条件。文化和心理上的意义之箭都是双向运动。最理想的情况是，在转换时不遭受任何损失"（Steiner，1975：302），但其所言的"无损"仅仅只是极其理想的情况，但真正的事实是，翻译因为"名物不同，传实不易"。而将翻译视为认知侨易，实际上就是承认翻译没有绝对的标准。因为侨易的二元三维的思维理念不会将原文与目标文对立起来，而是追求对等的二元中的平衡。翻译作为认知侨易涉及作为侨易主体的译者创造性的"度"如何把握的问题，需要译者在原文与译出文的语境、在原文的形式、意义和精神与目标文的流畅和完整、在领悟作者的主观意图与照顾读者的客观阅读需要，以及在原语与目标语文化之间保持持续的、动态的平衡①。处理好诸多二元之间的关系，不仅使译文的语言、思想和风格与原文相比达到"形似"，同时还要实现"神似"，不仅要遵循客观性，还要臻至创造性，使翻译真正实现既"信"又"达"和"雅"，不仅仅只是一种技术，同时还是一门艺术，成就相对而言最佳的翻译。

另外，关于翻译是否可能这一问题，自翻译诞生之时，就一直萦绕着翻译研究并时常令人困惑。根据斯坦纳对此问题历史演变轨迹的梳理，其源自古已有之的宗教和心理上的疑问——是否应该有跨越语言的文本存

---

① 这种"动态平衡"异于奈达提出的"动态对等"（dynamic equivalence）。奈达曾提出"动态对等"翻译，"在这样的翻译中，译者所关注的并非译语信息与原语信息的相同，而是一种动态关系，译文对译文接受者所起的作用跟原文对原文接受者所起的作用大体对等的关系。"（参考：Nida, Eugene A.. *Toward A Science of Translating*: *with Special Reference to Principles and Procedures Involved in Bible Translating*. Leiden：E. J. Brill，1964. 159.）奈达后来还提出了"功能对等"（functional equivalence），并用其来讨论译文的适度程度，其本身含义为近似的等同，最低限度又贴合实际的功能对等是："译文读者对译文的理解应当达到能够想象出原文读者是怎样理解和领会原文的程度。"最高限度合乎理想的定义为："译文读者应当能够基本上按照原文读者理解和领会原文的方式来理解和领会译文。"最高限度的定义，意味着原语与译语之间语言－文化的高度对等（参考：［美］尤金 A. 奈达：《语言文化与翻译》，严久生译，呼和浩特：内蒙古大学出版社，1998 年，第 113－114 页）。奈达提出的"动态对等"或"功能对等"旨在以接受者为中心，但侨易学所追求的动态平衡着眼于作者和接受者诸多二元的平衡，并不以任一元为中心，这是两者的根本不同。

在，而最初对翻译的怀疑主要源于宗教与神秘主义，理由是，言语是超然神圣的，它包含着启示，因此向同行语言或其他语言的翻译是可疑的乃至邪恶的，15 世纪以后，翻译之不可能的观点则出于完全世俗的原因，其理念基础是，两个不同的语义系统之间，无论在理论还是实际，都不可能有完全的对应、足够的比照，不可译性是言语的生命（Steiner，1975：239，244）；相反，支持同样源自宗教与神秘，语言在巴别的离别有其急迫的道德需求与实践层面上的潜在可能，它蕴含着语言的统一，是朝向并超越圣灵降临的运动；宗教改革可以理解为一种召唤：把更加完整、具体的对基督之教训的翻译，带到日常言语和生活中；人类的共性使翻译成为可能（Steiner，1975：245，246）。以上反驳与辩护的两种理由奠定了翻译研究中有关翻译本体问题长期争论的基调，之后几乎所有的论点都在这两极中徘徊，概莫能外。当代解释学对此问题的阐释颇具典型性。以伽达默尔（Hans-Georg Gadamer，1900－2002）为例，其是翻译不可能观点的持有者。在他看来，"任何翻译都似乎是不可能的"，因为翻译是特定语境中的理解活动，译者在翻译过程中总是将自己的思想与理解带入，但"在对某一文本进行翻译的时候，不管翻译者如何力图进入原作者的思想感情中或是设身处地地把自己想象为原作者，翻译都不可能纯粹是作者原始心理过程的重新唤起，而是对文本的再制作（Nachbildung）"（伽达默尔，2022：542）。他明确指出："凡需要翻译的地方，就必须要考虑讲话者原本语词的精神和对其复述的精神之间的距离。但这种距离是永远不可能完全克服掉的。"（伽达默尔，2022：541）这意味着，译文与原文永远存有差距。而解释学的另一重要代表利科（Paul Ricoeur，1913－2005）所秉持的中立立场也极具典范性。在他看来，这一问题在"理论上无法理解，但事实上可以操作"（Ricoeur，2006：14），其一方面从经验的层面上阐明了语言的多样性所致使的翻译的不可能性，并指出完美的翻译（perfect translation）并不存在；另一方面又指出翻译之可能存在于，译者从一开始就要承认失去（acknowledgement of loss），接受意义在语言转换过程中的必然损耗，接纳翻译之于生动意义世界的终极不可能。此处将翻译定义为认知侨易，对于翻译研究重审翻译本体问题同样有启发作用。翻译作为认知侨易，即是说，译者是有可能认知和把握语言符号或非语言符号所传达的意义的，同时也预示着原文作为符号系统有着明晰的开放性，因为其所指涉或表达的意义是在认知中不断生成的。这也即是说，翻译是可能的且有意义的。但不能忽视的是，由于翻译作为认知侨易主要凸显的是侨易主体的认知作用，受概念整合、已有的知识和经验等多重主观因素的影响，使得每一翻译都是一种独特的认知，一种与文化交易相关的特殊经验，携有译者自身的体验和感悟色彩，这又使得翻译带有局限性，另一种能够获得普遍认可的完美翻译很难实现。由是，整体而言，从侨易学视角出发对翻译的诠释迂回地回应了本体层面的翻译是否可能的争议，走出了翻译"可能 VS 不可能"这一理论上的对立二元，代之以另一实践层面上的来自认知侨易本身的"未完成 VS 完成"的辩证二元，虽然这样不啻携有相对主义理论立场的嫌疑，但将翻译视为认知侨易即意味着翻译是在不断生成或发生的，是携有创造性的认知活动，是以译者为侨易主体在认知领域发生的事件，在某种意义上揭示了翻译作为认知主体所参与的实践活动或艺术活动的动态性、变化性的特征，也使翻译具有了本体的生存论特点。

四、结语

侨易学将"侨""易"二元作为基本的立足点，既强调空间维度上各种物质因素的整合，又聚焦时间维度上侨易主体精神的演进，同时凸显"事物二元取象之后的流力因素"，在不断深入的理论阐发中逐渐上升至哲学高度，建构了一种关涉主体存在、认知方式的理论话语体系。将侨易学与翻译研究相关联，对翻译及其相关的核心问题进行反思，重构翻译研究领域既有的认知，一定程度上显明着侨易学说作为极具独创性的文化哲学的价值不可忽视，其研究的内容已然突破了传统单一学科的局限，与其他学科产生了广泛的关联，而其方法论，其提供的观察与理解世界与宇宙的新思路亦对其他学科产生了深刻的影响。

参考文献

[1] 叶隽. 变创与渐常：侨易学的观念 [M]. 北京：北京大学出版社，2014.

[2] 周煦良. 翻译与理解 [A].《翻译通讯》编辑部编. 翻译研究论文集（1949–1983）[C]. 北京：外语教学与研究出版社，1984.

［3］ 傅雷. 翻译经验点滴［A］. 《翻译通讯》编辑部编. 翻译研究论文集（1949－1983）［C］. 北京：外语教学与研究出版社，1984.

［4］ 董乐山. 翻译五题：关键在于理解［A］. 《翻译通讯》编辑部编. 翻译研究论文集（1949－1983）［C］. 北京：外语教学与研究出版社，1984.

［5］ 张汉良. 文学的边界——语言符号的考察［M］. 上海：复旦大学出版社，2012.

［6］ 叶隽. 构序与取象——侨易学的方法［M］. 杭州：浙江教育出版社，2021.

［7］ ［德］马克思.1844 年经济学哲学手稿［M］. 中共中央马克思恩格斯列宁斯大林著作编译局编译. 北京：人民出版社，2014.

［8］ ［美］尤金 A. 奈达. 语言文化与翻译［M］. 严久生译. 呼和浩特：内蒙古大学出版社，1998，

［9］ ［德］伽达默尔. 真理与方法：哲学解释学的基本特征（I）［M］. 洪汉鼎译. 北京：商务印书馆，2011.

［10］ Catford, J. C. *A Linguistic Theory of Translation*：*An Essay in Applied Linguistics*［M］. Oxford：Oxford University Press，1965.

［11］ Nida，Eugene A. and Charles R. Taber. *The Theory and Practice of Translation*［M］. Leiden：E. J. Brill，1969.

［12］ Bassnet，Susan and André Lefevere. *Translation*，*History and Culture*［M］. London：Cassell，1990.

［13］ Snell-Hornby，Mary（Ed. ）. *Translation as Intercultural Communication*：*Selected Papers from. the Est Congress*［M］. Amsterdam：John Benjamins Publishing Company，1995.

［14］ Jakobson，Roman. On Linguistic Aspect of Translation［A］. In Lawrence Venuti（Eds. ）. *The Translation Studies Reader*［C］. London and New York：Routledge，2012.

［15］ Peirce，C. S. The Basis of Pragmaticism in the Normative Sciences（1906）［A］. In Nathan Houser and Christian J. W. Kloesel（Eds. ）. *The Essential Peirce*：*Selected Philosophical Writings*（1893－1913）［C］. Bloomington：Indiana University Press，1998.

［16］ Jakobson，Roman. Linguistics and Poetics［A］. In Krystyna Pomorska and Stephen Rudy（Eds. ）. *Language in Literature*［C］. Cambridge & London：Harvard University Press，1987.

［17］ Fauconnier，Gilles. *Mental Spaces*：*Aspects of Meaning Construction in Natural Language*［M］. Cambridge：MIT Press，1994.

［18］ Fauconnier，Gilles and Mark Turner. *The Way We Think*：*Conceptual Blending and the Mind's Hidden Complexities*［M］. New York：Basic Books，2002.

［19］ Bell，Roger T. *Translation and Translating*：*Theory and Practice*［M］. New York：Longman Inc. ，1991.

［20］ François，Cheng. *L' Écriture poetique chinoise suivi d'anthologie des poemes des Tang*［M］.

Paris: Éditions du Seuil, 1977.

[21] Steiner, George. *After Babel: Aspects of Language and Translation* [M]. New York and London: Oxford University Press, 1975.

[22] Nida, Eugene A. *Toward A Science of Translating: with Special Reference to Principles and. Procedures Involved in Bible Translating* [M]. Leiden: E. J. Brill, 1964.

[23] Ricoeur, Paul. *On Translation* [M]. Eileen Brennan (Trans.). London and New York: Routledge, 2006.

倪豪士《史记》英译项目的"时"与"势"

——侨易学视角下的《史记》英译研究

李　俐①

摘要：本文通过分析美国汉学家倪豪士主持的《史记》英译项目，以侨易学视角研究翻译活动中的"时—势"的结合，揭示翻译项目背后的历史语境变迁。文章重点论述：倪豪士顺势而为，开始《史记》英译项目，并因时而变寻求来自不同地域的合作与赞助；该《史记》英译项目促进了西方《史记》研究的壮大，并继续在中外学术交流中扮演重要角色。侨易学主张"取象以见道"，本文亦是尝试个案中见"道"，意在进一步阐发侨易学在翻译研究中的理论价值。

关键词：侨易学；"因时择势"；《史记》英译；倪豪士；翻译研究

Title：Navigating Shifting Times and Circumstances：A Study of William H. Nienhauser，Jr.'s English Translation Project of the *Shiji* from the Perspective of Qiao-Yiology

Abstract：This article analyses the English translation project of the *Shiji*，or *The Grand Scribe's Records*，undertaken by the American sinologist William H. Nienhauser，Jr. and his team. Adopting the perspective of Qiao-Yiology theory，which focuses on changes over time and context，the article explores how the

---

①　作者简介：李俐，香港中文大学翻译系讲师，研究方向：翻译理论与教学、汉学与翻译研究。

translation project navigated shifting historical context. It discusses several key points about the project. It examines how Nienhauser initiated the project when conditions and financial support were favourable. It also looks at how he sought collaborations and sponsorships from various regions to support the project. Furthermore, this article addresses how the project has promoted the development of *Shiji* studies in the West and continues to play an important role in cultural exchanges between China and other countries. Through this case study analysis, the article also attempts to reveal the theoretical value of Qiao-Yiology for understanding translation endeavours embedded within changing historical contexts over long periods of time.

Keywords: Qiao-Yiology; the principle of "adapting to changing times and seizing opportunities;" English *Shiji* translation; William H. Nienhauser, Jr.

一、倪豪士《史记》英译项目的"时"与"势"

侨易学理论最初由叶隽（2014）提出，作为一种思维方法，其核心概念是因"侨"致"易"，即研究个体思想观念在物质位移、精神漫游过程中的生成与嬗变，它强调将研究对象置于具体历史语境中进行观察和分析，以揭示流动背后的内在机制。侨易学对于研究人类社会各种流动现象提供了一种独特的视角，侨易观念因而日趋重要。

侨易学以"观侨取象"作为研究方法，通过选择重要的个案，着重考察流动产生的影响，关注由于物质或非物质流动而导致的思想、文化等层面的变化。同时，它强调将个案置于具体的历史语境中进行研究，通过"因时择势"来理解流动背后的各种条件因素。

侨易学对"流动性"的关注与描摹使该理论充满活力。将这种"流动性"应用到翻译研究中，当我们试图去认识一位译者、一部译作，还有那透过译者和译作所折射出来的整个时代，如果我们常常记得世间万物常态是流动不居的，不断打磨我们"察变寻异"的能力，那么这个研究的过程会充满趣味，得出的研究结果也往往较为可靠。

"流动"非不可把握之谓也，而是需"因时择势"之谓也。就是"针对侨易现象，我们不但要观侨取象，也需要因时择势，将一个个仿佛孤立

的具体案例放置到具体的历史语境中，在'时事俱全'的背景中考虑问题。"（叶隽，2021：91）

"因时择势"是一个极富效力的方法论指引。它主张以"时—势"两种空间的有机结合来搭建立体的图景，达到"观侨取象"的目的。要把握"时—势"这个立体图景，研究者就非不可要考察一个较大的社会文化背景。这样的好处是，我们从一开始就可以较好地避免将译者或译作视为一个孤立的、分离的个体。而要实现"时—势"的有机结合，便需要研究者去爬梳材料、找到关联。每一个关联就像是一块拼图，许多块拼图放在一起，就会形成一幅图画，或者说，就可以揭示一种因果关系。

这里或可尝试以《史记》英译研究的例子来看侨易学原理在译者研究中的理论功用。具体而言，是要借助"因时择势"这个侨易学的观念来看美国汉学家倪豪士（William H. Nienhauser, Jr. 1943－）主持的《史记》英译事业的"时"与"势"。

二、顺势而为：倪豪士获台湾资助开始《史记》英译

倪豪士就是我们观察的侨易主体。他是《史记》英译项目（以下简称倪氏《史记》英译）的主编和核心译者。该《史记》英译项目自 1989 年始，至今仍在继续。截至 2024 年，已出版九卷，共译出原著 130 篇中的 105 篇。这部忠于原典、精于注释的译本一旦完成，将成为英语世界第一部《史记》全译本，其于《史记》研究和汉学研究的意义自不待言。

20 世纪后期，台湾有不少留学生到美国攻读学位，美国汉学界因而与台湾学界有着频繁的学术交流和密切的联系。就是在这样的背景之下，1989 年，时任威斯康星大学东亚语言文学系主任的倪豪士接受台湾行政院文化建设委员会（简称"台湾文建会"）资助，启动该《史记》英译项目；几年后，在面临资金、人员的困境之时，主编及核心译者倪豪士又争取到德国洪堡基金资助，展开了与德国学者密切合作翻译《史记》的新历程；十余年来，倪豪士与中国内地学者的交流也更为频繁，他应邀在国内数所高校开设了《史记》英译工作坊，其《史记》英译新出的卷次也由南京大学出版社和美国印第安纳大学出版社合作出版。倪豪士及其团队的

《史记》英译著作也逐渐显现出不容小觑的学术影响力，为中外《史记》研究拓展了新的对话空间，可以说甚至引起了精读文本的传统汉学方法从"边缘"到"中心"的流动。国际学术交流的景况在不断演变，世界范围内的汉学互动在持续发生，这些发展与变迁都在倪豪士《史记》英译项目中都留下了清晰可见的印记，不妨说，"因时择势"既是我们观察倪豪士《史记》英译项目的方法，也正是他的《史记》英译项目持续保有活力的原因。

首先就来看看倪豪士是如何顺势而为，开始《史记》英译项目的。倪豪士曾于1983年首次到台湾大学外文系任客座教授，1985年，42岁的倪豪士第二次应邀赴台湾大学外文系任客座教授，适逢台湾经济稳步增长，文化事业蓬勃发展，因缘际会，倪豪士得到台湾文建会的资助开始了《史记》英译项目。倪豪士此时侨居台湾，开始了一个侨易过程，而《史记》英译的项目资助，则是其中的一个侨易条件。

台湾文建会对倪译《史记》项目一共有三次资助：1988－1992年，第一期资助，金额14万美元；1994年，第二期资助，金额2万美元；2009年，第三期资助，金额17500美元。这时文建会的主任是英美文学家、教育家黄碧端，她于1980年从威斯康星大学获得文学博士学位。倪译《史记》项目实际接受的是第一与第三期资助。第一期的资助在当时是一笔不小的金额，对倪豪士开启《史记》英译项目起到了重要的推动作用。第三期资助金额很小，大约用于《史记》英译第九卷的出版，倪豪士说接受这笔小额资助，他们不得不填写大量的文件。（Nienhauser，2014：59）因为条件限制，倪豪士选择不接受台湾文建会的第二期资助，反映出台湾当时的社会环境和文化政策对这个翻译项目的直接影响。关于第二期资助的情况，倪豪士回忆说：

> ……此时［1995年］，台湾社会剧烈动荡，文建会几乎是刚批给我们这笔资助就后悔了。文建会请我到他们的总部，一位文建会的秘书严词责备我"对台湾文学缺乏兴趣"。我尽力解释说我们提交的申请内容就是继续翻译《史记》，我不明白台湾文学和这个项目有什么关联，不过结果已经可以预见了。我回到麦迪逊后，文建会就在资助

文件中添加了几项条款，他们明白威斯康星大学研究委员会是不会接受这些条款的，我最终拒绝了这项资助。（Nienhauser，2014：56）

这个矛盾的产生和台湾文建会文化政策的变化有关。笔者曾就"中书西译计划"向王秋桂教授请教，他是倪豪士在台湾时聚谈最多的友人，也是帮助倪豪士申请到第一期资助的关键人物。王秋桂在电子邮件中写道：

……中书西译计划是郭为藩在文建会主委任内推动的。我推荐了一些译者，包括 Patrick Hanan［韩南］，John Minford［闵德福］和 Nienhauser。一来好的译者难求，二来翻译计划不容易如期完成，所以成果不是很丰硕。郭主委卸任后接位者就对此计划失去兴趣。（2017年12月与作者通信）

查台湾文建会这一时期的情况：1988年7月27日～1993年2月26日，主任委员是教育学家郭为藩；1993年2月27日～1994年12月14日，主任委员是声乐家申学庸；1994年12月15日～1996年6月9日，主任委员是中视董事长郑淑敏。后两任主委任期都不满两年，可见台湾文建会此时主管人员变动较大，这也影响了政策的延续性。文建会的态度发生这样突然的转变，很重要的原因是配合台湾本土化的倾向，文建会在1994年左右的"中书外译"计划也开始偏向支持台湾本土文学，政策变动对翻译活动的影响，由此可见一斑。

主编倪豪士在这过程中所做的抉择恰恰体现出侨易学所讲的"因时择势"。20世纪90年代初期，他在台湾适逢其盛，便以极大的魄力开始了《史记》英译的浩大工程，而当时局变化时，他又选择放弃了项目资助，寻求新的赞助。

大约在1993－1994年间，倪豪士的《史记》英译项目遇到了资金和人员上的困难。这时，他刚拒绝了文建会的第二期小额资助，新的翻译小组又尚未成形。在他1995年的文章《中国的史学家们》中，作者分析了顾颉刚和其他中国现代历史学家的工作境况，不由发出感叹：

顾颉刚如果能有更优越的工作条件，更多的经济支持，也许可以完成更多更好的学术工作，为我们今日理解中国历史提供坚实的基础。顾的情形和许多追随他的步伐、致力于《史记》研究的人一样，都是开头高度理想化，而后因为实际条件的限制，迫于编辑的要求，不得不做出妥协。（Nienhauser，1995：216）

倪豪士的这一席话，不由令人联想到他此时的心境。他怀抱完成沙畹（Édouard Chavannes，1865－1918）未竟之使命的宏图大志，却又要面对经费与人员的困局。

所幸 1996 年，他从台湾回到麦迪逊时，一个新的《史记》翻译核心小组建立起来了。这些成员主要是他的学生，有：曹卫国、Scott Galer、Bruce Knickerbocker 和陈致等。他们愿意无偿工作，参与《史记》翻译项目（Nienhauser，2014：56）。这之后不久，他也即将开始与德国学者建立密切的合作，为《史记》学术翻译事业开拓全新的局面。

在尝试"观侨阐理"的过程中，侨易学原理对"侨"的精神意蕴的阐释给我很深的启发。叶隽教授指出："作为侨易学核心概念的'侨'，除了一般意义上的位移之外，其实更有一种内在的精神性的流动气质，这或许是更不易忽视的。"（叶隽，2021：86）我深以为然。倪豪士的"侨易"经验对物理空间位移的依赖可能远小于他与中国古代文化文本接触这样的内在精神关联。如果用侨易学原理倡导的"回溯法"（叶隽，2014：132－139），可以看到，倪豪士的"侨易"过程更多体现为内在的精神性的流动气质，比如他在大学期间得到中国学者柳无忌（1907－2002）的精心指导，又比如他长达三十余载与司马迁"对坐"，精读《史记》，这些经历都对他的思想产生了潜移默化的影响。倪豪士在学生时代也曾经数次到德国学习，接受德国的汉学训练，为他后来与德国学者的密切合作打下了基础。

三、因时而变：与德国汉学家密切合作翻译《史记》

而考察他的《史记》英译项目的德国合作时期，的确可以看到倪豪士与德国汉学家在汉学方法上的高度契合，进而发现他的汉学方法中亲近德国传统汉学的面向。

如果说倪豪士与赞助者台湾文建会之间是主要以经济为纽带的赞助关系，他与其第二个重要赞助者——德国洪堡基金——则有着更为深入的人员合作，形成了稳定的《史记》翻译团队。早在1999年夏，倪豪士在德国波恩，与 Wolfgang Kubin（1945 - ）和 Rolf Trauzettel（1930 - 2019）交流了自己的《史记》项目的一些想法。2000年，随着他原有的《史记》翻译小组中不少人员即将要从麦迪逊毕业而离开，倪豪士开始和德国学者商议在德组建一支《史记》翻译团队。《史记》第八卷《致谢》中，倪豪士写道：

> ……抱着这种想法，我于［2000年］下半年写信给埃尔朗根 - 纽伦堡大学的汉学教授朗宓榭［Michael Lackner，1953 - ］，询问是否有可能与德国学者合作翻译《史记》的篇章，我那时以为应该是这个项目的最后一卷了。朗教授热情回信，而且竭力建议叶翰教授（Han van Ess，1962 - ）和我们一起，组成三人团队来指导这个翻译项目。叶翰教授是慕尼黑大学的汉学教授，研究《史记》多年，相关著述丰硕。（Nienhauser，2008：ix）

倪豪士为何会力邀德国汉学家叶翰加入其中，共同完成这项翻译项目，朗宓榭为何会热情回应，他们为何能建立稳定的合作关系呢？侨易学原理提醒我们关注侨易的过程中精神层面的因素。

倪豪士从学生时代开始就浸润于德国汉学的传统。1960年中期，学生时代倪豪士就曾到德国接受汉学训练，另据德国洪堡基金记录显示，他第一次接受洪堡基金资助早在1975年。在朗宓榭和叶翰的帮助下，他于2003年获得洪堡基金终身学术成就奖。洪堡基金是一个成熟的奖项，其运作不受政治干预。该奖项资助获奖人到德国与德国学者合作，进行为期一年的学术研究（亦可分期在德停留）。倪豪士与德国学者之间在学术层面的密切合作，是该项目德国资助阶段与台湾文建会资助时期最大的区别。

对于同德国学者的合作，倪豪士有着美好的回忆。除了在德期间受到款待，有机会深入了解德国文化外，最令他感到欣慰的是："我们之间建立了真诚的合作关系。四名教授和他们的学生可以在会议桌旁坐上十个小时，而且常常是互相批评对方的翻译，与此同时又能保持融洽的合作关系，这至今令我们深感欣慰。"（Nienhauser，2008：x）

出于项目需要，倪豪士主动联系朗宓榭，暗含的前提当然是倪豪士认可朗宓榭的学术方法。由于《史记》翻译的学术特性，译者团队需要非常专业的汉学研究者，以保证该译本的学术质量。朗宓榭是德国埃尔朗根－纽伦堡大学汉学系讲座教授，研究领域为中国思想史、中西文化交流史。他先后于德国海德堡大学与慕尼黑大学求学，师从汉学家鲍吾刚（Wolfgang Bauer，1930－1997）教授，1983年从慕尼黑大学获博士学位。关于他的思想特质，可以从他为谢和耐（Jacques Gernet，1921－2018）所写的一篇述评文章中窥见一斑。在这篇文章结尾朗宓榭写道：

> ……这部著作［《中国与基督教》］也教导我们，普遍性的规律也需要不断地重新检验并去捍卫它们，而不能像某些传教士那样，认为是一成不变的。谢和耐努力去理解"他者"，特别重要的是，让"他者"以其方式存在，我在很长时期里从他这种高尚的人性中获益匪浅。（朗宓榭，2014）

让"'他者'以其方式存在"，这正是倪豪士翻译《史记》时希望通过忠实传递司马迁的本意而达成的目的。了解到这些，就不难理解为什么倪豪士会给朗宓榭写信，邀请他一起来完成其《史记》英译项目，这是因为，他们有相似的理念和汉学方法。李帆对朗宓榭的汉学方法有个很好的总结：

> ……《朗宓榭汉学文集》所展示的朗宓榭教授的汉学研究之旅，也集中体现了欧洲汉学研究的某些特色，并为我们提供若干启示。欧洲的汉学家，在传统汉学学风的长期熏陶之下，受到语文、文献、考证方面的严格训练，讲求从基本文献入手，以具体问题为切入点，进行由小见大的研究。在这方面，他们和相对注重研究"模式"，甚至

以"模式"为前提预设的美国中国学研究者是有较大区别的。《朗宓榭汉学文集》中的各篇论文即体现出欧洲汉学家的这一特点,一方面涉及领域颇为广泛,视野宏大;另一方面每篇论文又都是从具体问题入手的深入之作,或考证,或阐释,绝不发空论。这样,宏观、微观相结合,小中见大,新意迭出。(李帆,2021)

除了朗宓榭,倪豪士与叶翰合作的基础也是相似的学术观点和汉学方法。叶翰的主要研究领域是中国思想史、儒学和中亚学,对《史记》有深入的研究。他在第十卷英译《史记》的《致谢》中写道:

> 我必须提一下这些年继续《史记》项目的动力。我承认过去几年的确觉得也许我的《史记》研究已经完结了,可是,叶翰教授鼓励我继续这个项目,他近年来对该项目的贡献是巨大的,而且总是给人以鼓舞。(Nienhauser,2016:x)

倪豪士与叶翰两位汉学家强强联手,使倪豪士的《史记》翻译项目不断积累学术声誉。近年来,倪豪士的《史记》翻译模式作为了西方汉学界的一种经典模式,引起了国际学界的关注。由于洪堡基金的规定和他们选定的合作模式,倪豪士和叶翰分别带领一个《史记》翻译小组,从事《史记》英译与研究,所以,这次合作另一个重要影响就是培养了一批《史记》研究的年轻汉学家。他们不少已经取得了不凡成就,壮大了西方《史记》研究的学者队伍。这次合作促进了一个《史记》研究西方学者共同体的形成,可以想见,这个学术团体的累积之"势",必将对接下来的《史记》研究产生深远的影响。

与此同时,倪豪士还开展了与中国学术机构,尤其是南京大学的长期合作。他应邀在南京大学等高校开设《史记》英译工作坊,吸引了来自不同背景的学人参与讨论汉学翻译的问题与方法。自 2019 年 5 月起,《史记》英译的出版计划被纳入南京大学出版社"《史记》外译出版工程",新出版的《史记》英译本由印第安纳大学出版社与南京大学出版社合作出版发行。自此,倪豪士领衔的《史记》学术英译项目又以新的面貌影响着中外学界,在促进中外汉学交流中继续扮演着重要的角色。

四、结语

以上的描述展现了侨易主体倪豪士在国际学术交流的格局变化中所做的选择。从倪豪士《史记》英译项目接受赞助的几个时期，台湾赞助时期与德国学者合作时期，以及当下与南京大学合作时期，我们看到，政治环境和学术交流格局的变化，影响到了《史记》英译项目，而该项目的发展也反过来影响到汉学翻译的方法和《史记》研究的发展。此外，侨易学思想对侨易主体精神气蕴的关注启发我们从精神层面来考察倪豪士的《史记》英译活动。倪豪士的学术交游体现出他对德国汉学传统的亲近与信任，正是这种信任，让他的汉学事业在当代找到了最好的落脚点。

侨易学强调，取象之后意在"见道"。在这个研究个案中，所见之道有西方汉学方法的流变、汉学家精神之养成，也有国际学术合作的缘起缘落。"见道"或有深浅，但我们不妨渐次深入，去探究侨易学所提示的诸多可能。

参考文献

[1] 朗宓榭，谢和耐. 揭示中西方精神首次碰撞的内幕 [N]. 文汇报，2014 - 12 - 12.

[2] 李帆. 不懈的汉学研究之旅——从《朗宓榭汉学文集》谈起 [N]. 光明日报，2021 - 9 - 24.

[3] 叶隽. 变创与渐常：侨易学的观念 [M]. 北京：北京大学出版社，2014.

[4] 叶隽. "观侨取象"的理论意涵——以"因时择势"为中心 [J]. 广东社会科学，2021 (4)：86 - 95.

[5] Nienhauser, William H. Jr. Historians of China [J]. *Chinese Literature：Essays，Articles，Reviews*（*CLEAR*），1995(17).

[6] Nienhauser, William H. Jr. Sitting with Sima Qian：Recollections of Translating the *Shiji* (1988 - 2011) [A]. In Laurence K. P. Wong，John C. Y. Wang and Chan Sin-wai（Eds.）. *Two Voices in One：Essays in Asian and Translation Studies* [C]. Newcastle：Cambridge Scholars Publishing，2014.

[7] Nienhauser, William H. Jr. Introduction [A]. In William H. Jr.，*The Grand Scribe's Records Vol. VIII* [C]. Bloomington，Indiana：Indiana University Press，2008.

[8] Nienhauser, William H. Jr.，Introduction [A]. In William H. Jr.，*The Grand Scribe's Records Vol. X* [C]. Bloomington，Indiana：Indiana University Press，2016.

论叶隽的"侨易学"与德语文学翻译

刘璐翎　彭建华①

摘要：随着当代中国的伟大转型，中国迫切需要能够立足于世界文化思想舞台上的"原创性""当代中国话语"。在理论自觉的诱发下，叶隽提出"文学侨易学"理论。叶隽的"侨易学"理论超越语言学的视角，延展至全球化、现代性［社会学］、文化研究的视域中，进而探讨异文化间的相互关系。叶隽从侨易视域开展汉语－德语的翻译研究，重点研究文学翻译中的文化"转换"和思想史。叶隽的"侨易学"作为一种比较文化学理论，对中德文化研究起到了不可忽视的启发性作用。

关键词：侨易学；文学翻译；异文化；文化"转换"

Title：Ye Jun's "Qiao-Yiology" and German Literature Translation

Abstract：With the great transformation of contemporary China, China urgently needs "original" "contemporary Chinese discourse" that can stand on the world cultural and ideological stage. Inspired by theoretical consciousness, in the field of translation theory, Ye Jun proposed the theory of Qiao-Yiology in Literature that transcends the perspective of linguistics and extends to the fields of globalization, modernity [sociology], and cultural studies, and further explores the

① 作者简介：刘璐翎，福建师范大学文学院硕士研究生，研究方向：比较文学；彭建华，福建师范大学文学院教授，研究方向：欧洲文学研究与翻译研究。
基金项目：本文系国家社科基金一般项目"莎士比亚戏剧的早期版本研究"（项目编号：18BWW082）的阶段性成果。

relationship between different cultures. Ye Jun conducted research on Chinese-German translation from the perspective of Qiao-Yiology, focusing on the cultural "transformation" phenomenon and ideological history dimension in literary translation. As a comparative cultural theory, Ye Jun's "Qiao-Yiology" plays an important role in inspiring Sino-German cultural studies.

Keywords: Qiao-Yiology; literary translation; different cultures; cultural "transformation"

民国初期，林纾、魏易翻译哈伯兰的《民种学》（Michael Haberlandt, *Ethnology*, 1898）、鲁斗威司的《鹊巢记》 （Johann David Wyss, *Swiss Family Robinson*, 1813）之前（钱锺书等，1981：60 - 103），德语文学已经译介到晚清中国，李凤苞的《使德日记》较早记载了歌德和席勒，民国初年马君武翻译了歌德、席勒的诗歌等（卫茂平，2004：2）。叶隽作为德语文学研究专家，在中德文化 - 文学交往行为的研究、德语研究学术史、德国汉学研究上成果斐然，如《现代学术视野中的留德学人》 （2004）、《另一种西学：中国现代留德学人及其对德国文化的接受》（2005）、《主体的迁变：从德国传教士到留德学人群》 （2008）、《中德文化关系评论集》（2008）、《德语文学研究与现代中国》 （2008）、《异文化博弈：中国现代留欧学人与西学东渐》（2009）、《德国学理论初探：以中国现代学术建构为框架》（2012）、《德国精神的向度变型：以尼采、歌德、席勒的现代中国接受为中心》（2015）。从学术史、现代易学、阐释学、博弈论、区域史到思想史、观念史、比较文化学、文史田野 （叶隽，2020：166 - 174），叶隽一直保持着理论创新的探索，持续坚持侨易视域的考察，尤其是对"文学世界的侨易现象"的文化学分析，发展了全新的文学侨易学（叶隽，2017：15 - 25）。与汉斯·罗伯特·姚斯提出的接受美学 （Hans Robert Jauss's "Rezeptionsästhetik"） 不同的是，"向度变型"是一种思想史/文化学的接受理论，叶隽对德国古典文学作家歌德、席勒的研究贡献尤为突出。叶隽的《歌德思想之形成：经典文本体现的古典和谐》（2010）、《歌德学术史研究》（2013）、《歌德研究文集》（2014）和《史诗气象与自由彷徨：席勒戏剧的思想史意义》（2007）、《席勒诗选》（2020）对国内的德国古典文学研究有积极的意义。

一、"原创性"理论、"当代中国话语"及文学翻译理论

原创性（originality）指新颖的、自由而独立的思想或者想象力，原创性思想具有某种独特的、原初的感染力。也许原创理论像一个张开的理论/哲学的蜘蛛网，连接每一个思想的节点是柔韧而富有张力的核心观念，如果没有足够多的核心观念，理论/哲学自身就是残缺而无功的。一种理论/哲学的生命力在于它可以为人们把握住广大的生活世界、社会实践的荧光，而不是智力的文字游戏。关于历史和精神的理性哲学，原创性是一个模糊而复杂的实践评价问题，原创性反对任何毫无新意的文字游戏。

20 世纪 80 年代社会改革开放以来，当代中国开始了伟大的社会转型，急切地需要某种"原创性"的文化理论或者一种新的实践哲学。而 21 世纪的全球化世界是一个急剧变化的、多样性的共同体，人们正经历着面向新的自由未来的冒险历程。1990 年 5 月，黄浩发表《文学失语症——新小说"语言革命"批判》一文，然后"失语症"演变成"中国话语失语症"（黄浩，1990：34 - 44）。回忆 20 世纪 90 年代知识界关于世界文化思想理论上的所谓"中国失语症"的故事，对"侨易学"的评价也许稍有帮助。西方辩证法思想肇始于前苏格拉底哲学家赫拉克里图斯（Heraclitus），由于工业革命的成功和自然科学的迅速发展，马克思、恩格斯开创了唯物主义辩证法（捷·伊·奥伊则尔曼，1982：343）。"侨易理论"作为具有辩证法特征的马克思主义社会文化理论，强调竞争、互动、平衡的"二元三维"结构，成为一种具有创新意义的社会文化理论或者一种新哲学，试图把中国传统文化理论与美西方文化理论、现代西方哲学相结合，在当下中国的批评理论中找到一个更合适的中国 - 西方思想理论的结合点。

20 世纪 80 年代以来出现了翻译理论的自觉，钱锺书的《林纾的翻译》论述翻译的"化境"说（钱锺书，2004：77），飞白在编译《诗海》《世界诗库》时提出"以诗译诗"。1979 - 1987 年，许渊冲的《翻译的哲学》提出文学翻译的意美、音美、形美原则。1991 年，许渊冲的《译诗六论》提出了诗歌翻译理论：译者一也（identification）、译者艺也（re-creation）、

译者异也（innovation）、译者依也（imitation）、译者怡也（recreation）、译者易也（rendition）。1992年，他又在《译学与〈易经〉》中增补了译者意也（representation）、译者益也（information/instruction）。2000年，许渊冲的《新世纪的新译论——优势竞赛论》还提出了译者-作者竞赛论，这是《译学要敢为天下先》《再创作与翻译风格》二文关于文学翻译观的发展。90年代以来，谢天振、黄忠廉、叶隽等翻译研究学者提出了"创造性叛逆"观点和"变译理论""文学侨易学"。

由于国际商贸、军事扩张、社会文化的实际需要，翻译活动产生于两种或者多种不同语言的群体交往活动中。任何翻译活动往往都是一种有选择的目的性行为，译者对源语言、译入语的熟练程度、（包含历史、地理、科学、文化等）世界知识都会制约翻译实践本身。文学文本作为一种想象的、形象的、整体社会文化的"编织物"，是作者的世界知识的直接表现。文学翻译是译者使用另一种不同的语言重新编织，部分表现了译者自身的世界知识，而不是作者的整体/全部世界知识。文学翻译的理论，一直是对过去翻译活动和翻译作品的分析研究，或者说是一种经验性的总结，而不是对未来翻译的理想展望，更不是对未来翻译活动的指导。当然很期待叶隽对中国古典作品（文言）翻译成德语以及德国文学作品翻译成现代汉语的诸多活动及其产物做出分析性的论述，例如，卫礼贤用德语翻译了10多种中国古典作品，叶隽对这一汉学领域的研究已经取得了初步可喜成果。

二、"侨易理论"对异文化间相互关系的探讨

叶隽的"侨易理论"萌芽于20世纪90年代热情高扬的时代背景中，当时流行各种传统的、现代的易学，一个人年轻时代的学术环境对他今后的学术发展往往有深刻的影响。90年代从全球化、现代性［社会学］、文化研究的角度来研究文学翻译颇为流行，这有利于超越语言学的视角与方法。2006-2023年，叶隽提出并完善了"侨易学"理论，叶隽持续的理论努力值得赞赏，并令人肃然起敬。叶隽在李石曾"侨学"概念的基础上，以《周易》的发展变化思想作为哲学方法论基础，提出侨易学的观念。

2009 年，叶隽的《异文化博弈：中国现代留欧学人与西学东渐》继续深入研究了李石曾的"侨学"概念。"侨易学"并不完全是翻译理论，甚至超出了比较文学，它可以被视为一种理论或者一种哲学，但不是中国式哲学。

一种思想一个观念迁移到另一种不同的语言文化中，会发生变化，也可能融入这一新的语言文化中。与藏红花、椰枣、芒果等实在的事物不同，文化的观念/概念是从特定的生活习俗、社会实践中约定而成，一种语言中的文化词语很难在另一种语言中较短时间建立对应的"转换"词语（即叶隽的"观念侨易现象"）（叶隽，2021：541－542），因为另一种传统的文化情景会抗拒那些差异化的陌生词语。叶隽的"侨易理论"包含三方面的理论基石，即侨学、现代易学和西方现代理论，其中最突出的是现代易学的哲学化阐释（例如，成中英基于现代阐释学的易学）。起初是《周易·系辞（上）》解释了"易"的含义，"乾以易知，坤以简能；易则易知，简则易从；易知则有亲，易从则有功；有亲则可久，有功则可大；可久则贤人之德，可大则贤人之业。易简而天下之理得矣"。孔颖达的《周易正义》写道："郑玄依此义，作《易赞》及《易论》云：易一名而含三义：易简，一也；变易，二也；不易，三也。"（王弼、韩康伯，2014：2）《易纬·乾凿度》写到"易一言而兼三事"："孔子曰：易者易也，变易也，不易也，管三成为道德包籥［钱叔宝本作'管三成德，为道包籥'］。"（黄奭，1983：5）李光地的《周易折中》卷十三写道："然而造化之理，则一以'易简'为归，心一而不贰，故易也。事顺而无为故简也，天地之盛德大业，'易简'而已矣，贤人之进德修业，圣人之崇德广业，亦唯'易简'而已矣。设卦系辞所以顺性命之理者此也。诸儒言易有四义：不易也，交易也，变易也，易简也。"（李光地，2013：489）现代欧美哲学为《周易》的阐释提供了很多新的启发，新儒学－周易哲学学者成中英在《中国哲学的特性》中提出了作为最根本、最高原则的"道"，组成"道"的阴阳/刚柔二元，以及"阴阳之间的相互转化关系"和"流力因素"（彼此之间的相互沟通和转化）三维。"乾坤相峙"是易经的基本结构，"侨易"即是变迁的规则，是一种中国古典的本体阐释学，"事物发展过程的始、中、终（或事物结构的上中下），在内部形成了三维……

如此与老子的观点'道生一，一生二，二生三，三生万物'恰好符合如节"（叶隽，2014：14）。成中英的周易阐释学为"侨易学"提供了原初的理论基础。

基于晚清民初的留学欧洲现象和西学东渐的精神现象，叶隽提出"侨"的意思是"迁移"，即物质位移和精神质变。叶隽认为，"易"的语义包括变易/变化、交易和"不易/恒常"。"主要关注事物二元取象之后的流力因素，以及间性关系［事物的变化过程］的研究。""运用'二元三维一大道侨易'的侨易思维，无疑有助于我们来把握'局域大场'的结构特征……它应是借助于易经思维的总体资源而提供对文明、对自然，乃至对宇宙的大道追寻。"（叶隽，2014：18，271）显然，叶隽是认同夏可君关于"变异的思想"（Other/Alterity），夏可君更多是对德里达"解构哲学"的理论追索，"变异的思想不是为某个学派、某种主义和理论、某种宗教教义辩护，而是试图在变异的书写中，让传统文本把自己带往未知的对方。变异的书写是形成生命个体的书写——不可能书写的书写，并以此来召唤未来的汉语思想。"（让－吕克·南希，莫里斯·布朗肖等，2011：3）"侨易学"是以"中学为体"来建构现代中国理论的话语，叶隽利用了约翰·赫伊津哈"游戏/博弈论"（play theory，game Theory）等杂多的西方现代［哲学］理论，在探索一种中西哲学的会通与融合之道。除开10多篇"侨易学"的系列论文，叶隽《位移与思易：侨易个体的精神质变及其文化空间》（2023）还强调了个体精神的质变，解释异文化中、跨文化间的各种思想变化和文化交流，并对"二元三维"重新做出了解释。此外，《文学侨易学与"观念侨易"——"文学与思想史"研究的方法论思考》一文尝试为文学史与思想史之间的联通提供一条有效的路径，探讨文学文本中呈现的人文哲社学科观念。

三、"侨易理论"与文学翻译

叶隽做过一些汉语－德语的翻译研究，从侨易视域来考察译文质变与"翻译心灵"（叶隽，2022：56－70，198）、概念史视角下的观念侨易（叶隽，2022：166－175）、文学翻译的跨文化立场（叶隽，2022：26－27），突出研究了文学翻译中的文化"转换"和思想史建构。"通过异质性（文化）的启迪和刺激，提供了创造性思想产生的可能""探讨异文化间相互关系"，在这里，"侨易学"与文学翻译产生了关联。2020年，他的书评《作为翻译学理论建构的'译文学'及其侨易学资源——基于〈译文学：翻译研究新范型〉的考察》对王向远新构想的"整体文学与比较文学"学科中的"文学翻译"和"翻译文学史"做出了积极的评价。暂且不谈《译文学》与"译介学"的诸多争论，前者对汉译佛经的考察多有失当，"译本自性"（翻译文本的自主性/本体性?）是不符合学理和逻辑的，此处不再赘述。

叶隽认为，应时的《德诗汉译》（德汉对照本）突出了译诗的标准、文学的社会功能、译作的本土意识，其中"德诗源流"部分简略地介绍了德语诗歌史，也具有学术价值。"'留德学人对于德国文化资源的接受，乃是一个具有标志性意义的转折。'……由对象国直接归来的学人以其切身的经验感受而直接参与到母国的文化建设中。"叶隽进而认为，应时所谓德诗"明畅浅显，合乎情轨乎理"未必准确；翻译德语格律诗，白话诗的现有资源是不够的，需要更多参考中国古代传统的格律形式（叶隽，2014：117-126）。接着叶隽论述朱光潜翻译的《拉奥孔》与出版社编辑绿原校对的翻译史事件（1965年），则偏重于学术史和特殊的"时代精神"，他认为"学术翻译史、文学翻译史都属于学术史的一部分，受到学术伦理观的基本制约。"总而言之，叶隽在文中并未强调翻译的伦理，而是用这个翻译事件再现了"翻译"作为一种语言转换活动，《拉奥孔》经手人多达10多位，与译者一样，编辑和审稿人都参与了广义的翻译行为，甚至更多。在严格的意义上，"译者"是指语言-文化转换功能的名词。朱光潜写作的长篇后记突出了它作为学术资料的价值，以及译者独立的学术人格［学术伦理］（叶隽，2014：127-142）。

德语诗歌产生的时间较晚，叙事谣曲展现了德语诗歌朴素的自然之美，德语诗歌往往有哲思的倾向（philosophical lyrics），在此暂且不谈德语诗歌的类别划分。席勒作为德国古典时代的重要作家，其作品从晚清民国以来就有翻译评介，还出版过多种汉译的席勒诗文集，如钱春绮译《席勒诗选》（1984），冯至、范大灿译《审美教育书简》（1985），张玉能译《

审美教育书简》（2009），张玉书等译《席勒戏剧诗歌选》（1996），张玉书、朱雁冰等译《席勒文集》（2016），范大灿等译《席勒经典美学文论》（2015），张荣昌译《歌德席勒文学书简》（2021）。

叶隽选编的《席勒诗选》是柳鸣九主编的外国诗选丛书中的一种，译者包括王国维、钱春绮、张玉能、叶隽等。《席勒诗选》基本包含了席勒的诗歌名作，而被称为"文化之诗"的《孔子箴语》有意突出了中国古典文化在德国的"启蒙主义方式的"接受，叶隽的选编并未有意融合他的"侨易学"。叶隽把选编的席勒诗歌分为抒情之诗（非指抒情诗 Lyrik）、叙事之诗、戏剧之诗（Thematik）、文化之诗（例如《诗歌的力量》《艺术家》《希腊诸神》）。叙事之诗（例如，叙事谣曲）显然不同于史诗（Epik）、思想诗（Gedankendichtung）、艺术诗（例如《诗歌的力量》《艺术家》等）。从跨语言文化（侨易）的角度来看，除开《孔子箴语》的中国主题，这本诗选包含多首希腊－特洛伊主题的诗歌，例如，《伊比库斯的鹤》（*Die Kraniche des Ibykus*）、《波吕克拉忒斯的戒指》（*Der Ring des Polykrates*）、《厄琉西斯的祭典》（*Das Eleusische Fest*）、《卡珊德拉》（*Kassandra*）、《赫洛和勒安德尔》（*Hero und Leander*）、《凯旋大会》（*Das Siegesfest*）、《希腊的群神》等。席勒对希腊－特洛伊主题（《荷马史诗》）的偏爱，也是众多德语作家的共同偏好，古希腊文学和哲学作为地位崇高的经典/典范对德语文化的建立发挥了巨大的作用，尤其是平衡了长期以来拉丁语文化对日耳曼语的偏见。席勒在语法学校学习过拉丁语和希腊语，他翻译了欧里庇得斯《伊菲格利亚在奥里斯》（Euripides, *Iphigenie in Aulis*）和其他希腊作品，他的古希腊语可能是有限的，但这并不妨碍他热爱古希腊文学和哲学（Edwin C. Roedder, 1915：467－498）。文学翻译首先是一种有目的的选择性交往行为，语言之间的转换无疑是翻译活动重要的方面。一种语言总是特定社会文化的产物与表征，语言总会发展演变，而社会文化或者时代精神也会发展演变，因而不必把"诗歌不能翻译"的极端说法看作合理的逻辑。例如，《尼伯龙根之歌》作为中古时代的日耳曼语诗歌，需要翻译成现代德语来阅读，因为人们首先学习的是现代德语，而中古日耳曼语需要语言上的转换。

席勒《希腊诸神》（*Die Götter Griechenlands*，1788）是一首包含 16 个

诗节的抒情诗，每一个八行诗节的韵式为 ABAB CDCD，1800 年席勒对此诗作出了修改，弗兰兹·舒伯特等为此诗作曲。叶隽引用了黑格尔《美学》（第 2 卷第 3 章）论述这首叙事－抒情诗的观点，"近代往往有人哀悼希腊艺术的衰亡，而对希腊的神与英雄们的深心向往，也有多次由诗人们在诗里表达过。这种哀伤之所以表现出来，主要是由于对基督教世界持对抗的态度。……从艺术观点来看，古典时代文化的衰亡毕竟是很可惜的。席勒的《希腊的神们》那首诗就以这种心情为内容"（朱光潜，1979：84－85）。叶隽在"译者注"中写道："原诗每节八行，每行五［音］步，抑扬格，但第八句为四［音］步。"这首创作于"狂飙突进运动"晚期的抒情诗，黑格尔认为，它有"美妙的描述，铿锵的节奏，生动的形象，乃至其中所表现的那种幽美灵魂的哀伤，……席勒的情致总是既真实而又经过深思的"（叶隽，2011：6，171）。席勒在这首诗中部分混淆了希腊、罗马神话，把美（Schöne）、爱（Liebe）、欢乐（Freude）等观念作为古典希腊的寓言式特征，钱春绮的汉译增写了少量的中国文化词语，诗中 Venus Amathusia 译为"［塞浦路斯岛］阿玛图西亚的维纳斯"会更好。

Die Gotter Griechenlandes	希腊的群神
Friedrich Schiller	钱春绮 译
Da ihr noch die schöne Welt regieret,	当你们还在统治美丽的世界，
An der Freude leichtem Gängelband	还在领着那一代幸福的人，
Glücklichere Menschalter führtet,	使用那种欢乐的、轻便的引带，
Schöne Wesen aus dem Fabelland!	神话世界中的美丽的天神！
Ach! da euer Wonnedienst noch glänzte,	那时还受人崇拜，那样荣耀，
Wie ganz anders, anders war es da!	跟现在相比，却有多大的变化！
Da man deine Tempel noch bekränzte,	那时，还用花环给你祭庙，
Venus Amathusia!	啊，维纳斯·阿玛土西亚！
Da der Dichtkunst malerische Hülle	那时，还有诗歌的迷人的外衣
Sich noch lieblich um die Wahrheit wand! －	裹住一切真实，显得美好，
Durch die Schöpfung floß da Lebensfülle,	那时，万物都注满充沛的生气，

续表

Die Gotter Griechenlandes	希腊的群神
Und, was nie empfinden wird, empfand.	从来没有感觉的, 也有了感觉,
An der Liebe Busen sie zu drücken,	人们把自然拥抱在爱的怀中,
Gab man höhern Adel der Natur.	给自然赋予一种高贵的意义,
Alles wies den eingeweihten Blicken,	万物在方家们的慧眼之中,
Alles eines Gottes Spur.	都显示出神的痕迹。
…	……
Schöne Welt, wo bist du? Kehre wieder	美丽的世界, 而今安在? 大自然
Holdes Blütenalter der Natur!	美好的盛世, 重回到我们当中
Ach, nur in dem Feenland der Lieder	可叹, 只有在诗歌仙境里面,
Lebt noch deine fabelhafte Spur.	还寻得到你神奇莫测的仙踪。
Ausgestorben trauert das Gefilde,	大地悲恸自己的一片荒凉,
Keine Gottheit zeigt sich meinem Blick,	我的眼前看不见一位神道,
Ach, von jenem lebenwarmen	唉, 那种温暖的生气勃勃的形象,
Bilde Blieb der Schatten nur zurück.	只留下了幻影缥缈。
…	……
Dessen Strahlen mich darnieder schlagen,	他们回去了, 他们也同时带回
Werk und Schöpfer des Verstandes! dir	一切至美, 一切崇高伟大,
Nachzuringen, gib mir Flügel, Waagen,	一切生命的音响, 一切色彩,
Dich zu wägen – oder nimm von mir,	只把没有灵魂的言语留下。
Nimm die ernste, strenge Göttin wieder,	他们获救了, 摆脱时间的潮流,
Die den Spiegel blendend vor mir hält;	在品都斯山顶上面飘荡;
Ihre sanftre Schwester sende nieder,	要在诗歌之中永垂不朽,
Spare jene für die andre Welt.	必须在人世间灭亡。

四、结语

　　文学翻译与科技、法律翻译不同的是, 前者更富于创造性, 人们更容易称之为"翻译艺术"而不是"翻译科学"。文学翻译赋予源语言文本第二次生命，同时也会促进译入语的革新，为其注入新的活力。叶隽在德语文学、德语学术史、德语汉学、德国留学的文化研究和文化哲学上取得了巨大的成就，他提出的"侨易学"是一次很有启发性的理论探索，作为一种基于中德文化研究的比较文化学理论，作为一种中国现代文化的哲学研究，时间会给出更适当的评价。

参考文献

［1］钱锺书等. 林纾的翻译［M］. 北京：商务印书馆，1981.

［2］卫茂平. 德语文学汉译史考辨［M］. 上海：上海外语教育出版社，2004.

［3］叶隽. 文史田野与现代中国精英的德国文化认知——以若干文本与作家的多重侨易为中心的考察［J］. 中国文学研究，2020（1）：166-174.

［4］叶隽. 文学侨易学与"观念侨易"——"文学与思想史"研究的方法论思考［J］. 中国比较文学，2017（2）：15-25.

［5］黄浩. 文学失语症——新小说"语言革命"批判［J］. 文学评论，1990（2）：34-44.

［6］［俄］捷·伊·奥伊则尔曼主编. 辩证法史［M］. 徐若木，冯文光译. 北京：人民出版社，1982.

［7］钱锺书. 七缀集［M］. 北京：生活·读书·新知三联书店，2004.

［8］叶隽. 文学侨易学的视角与尝试［J］. 国际比较文学，2021，4（3）：541-542.

［9］王弼，韩康伯注. 孔颖达疏. 南宋初刻本周易注疏［M］. 上海：上海古籍出版社，2014.

［10］黄奭编. 易纬·诗纬·礼纬·乐纬［M］. 上海：上海古籍出版社，1983.

［11］李光地. 康熙御纂周易折中［M］. 成都：巴蜀书社，2013.

［12］叶隽. 变创与渐常——侨易学的观念［M］. 北京：北京大学出版社，2014.

［13］［法］让-吕克·南希，莫里斯·布朗肖等. 变异的思想［M］. 夏可君译. 长春：吉林人民出版社，2011.

［14］叶隽. 译文质变的侨易节点与"翻译心灵"的呈现——以陈望道、成仿吾等的《共产党宣言》汉译为中心［J］. 文艺争鸣，2022，13（4）：56-70、198.

［15］叶隽. 概念史的意义和观念侨易——从《什么是概念史》《概念的历史分量》看概念史的学域空间与理论阐发［J］. 社会科学论坛，2022（4）：166-175.

［16］叶隽. 文学侨易学的民间向度及其二元三维结构［J］. 民间文化论坛，2022（1）：6-27.

［17］叶隽. 文学·比较·侨易［M］. 上海：复旦大学出版社，2014.

［18］叶隽选编. 席勒诗选［M］. 长春：时代文艺出版社，2011.

［19］Edwin C. Roedder. Schiller's Attitude toward Linguistic Problems［J］. *The Journal of English and Germanic Philology*,1915,14(4):467-498.

翻译学刊

·2024年第1辑·

314

以译为媒：青年张闻天的侨易经历及其世界眼光的形成

李映珵　刘叙一①

摘要：作为侨易个体，张闻天在"物质位移"上辗转流徙多个国家、多座城市，在"精神质变"上经历了由文学走向革命的思想变迁。张闻天的世界眼光在其志业发展过程中具有重要作用。追索其世界眼光形成的根本原因，翻译应予以足够重视。本文借助侨易学理论，选取了张闻天国内侨易和海外侨易的三段经历，分别从翻译能力培养、翻译选材、发挥翻译能力进行思想传道三个环节，阐释翻译如何助推张闻天形成了卓越的世界眼光。

关键词：张闻天；侨易经历；世界眼光；翻译

Title：Translation as a Medium：Young Zhang Wentian's Qiaoyi Experiences and the Formation of His World Vision

Abstract：As a Qiaoyi individual, Zhang Wentian underwent a series of geographical relocations and spiritual transformations. His journey involved moving across different countries and cities in terms of "material displacement" and shifting from literature to revolution in terms of "spiritual transformation".

---

① 作者简介：李映珵，上海工程技术大学外国语学院讲师，研究方向：近现代中国翻译史、比较文学与世界文学；刘叙一，上海商学院商务外语学院副教授，研究方向：中国翻译史。

基金项目：本文系2024年上海商学院校级一流本科课程建设项目"国际市场营销"（项目编号：SBS－2024－XJJK－21）的阶段性成果。

Zhang Wentian's World Vision played a significant role in his career development. Tracing the root cause of the formation of his World Vision, translation should be given enough attention. With the help of Qiaoyi theory, this paper selects three experiences of Zhang Wentian's domestic Qiaoyi and overseas Qiaoyi, and explains how translation helped Zhang Wentian develop his outstanding world vision from three aspects: the cultivation of translation ability, the selection of translation materials, and the utilization of translation ability for ideological evangelism.

Keywords: Zhang Wentian; Qiaoyi Experiences; World Vision; Translation

张闻天（1900 - 1976）在党内以丰富的阅历和广博的学识备受尊重，并以其杰出的政治智慧和深刻的世界眼光在中国革命史上留下了浓墨重彩的一笔。青年张闻天曾负笈游学日本近半年、美国近一年半，在苏联学习工作更长达六年。他是唯一有旅美考察经历的中共早期领导人。青年张闻天曾以翻译为志业，且译绩颇丰。他精通英语、俄语，熟悉日语，略通法语、德语。这位"口笔译双料翻译家"（费小平，2019：170 - 182）在中国翻译史上也是值得书写的一页。张闻天传记组组长张培森认为，世界眼光是贯穿张闻天思想发展的一个显著特点，并对张闻天在中共重大政治、经济、外交事件上体现出的世界眼光进行了探讨（张培森，2002：98 - 114）。世界眼光是对全球文明空间的认知，是以开放的胸怀吸收人类文明的优秀成果，从世界整体观察问题、判断国际国内形势的能力。

翻译是促进张闻天"因侨致易"（叶隽，2021：21）的媒介。作为侨易个体，张闻天在"物质位移"（同上：104）上辗转流徙多个国家、多座城市，在"精神质变"（同上：129）上经历了从书斋走上政坛，由文学革命走向社会革命的思想变迁。翻译与他个人的重要成长转折点互为映照。本文借助侨易学理论，选取了张闻天国内侨易和海外侨易的三段经历，分别从翻译能力培养、翻译选材、发挥翻译能力进行思想传道三个环节，阐释翻译如何助推张闻天形成了卓越的世界眼光。

一、成长于江南的"五四"青年

张闻天的世界眼光首先来源于江南文化，尤其是海派文化的涵濡。张闻天生于江苏省南汇县六团乡的张家宅（现属上海市浦东新区川沙新镇）。早年求学于吴淞水产学校、南京"河海工程专门学校"，后任职于上海中华书局。近代上海是西方文明涌进中国的第一站，直面欧风美雨的吹打，是中国开眼看世界的启航之地。东海之滨的张家宅离上海市区很近，约60公里，坐船沿浦东运河西行，约莫一天工夫。张家宅这个毗邻上海的乡村在张闻天的成长过程中提供了田园生活的滋养、传统文化的熏陶，更带给他现代思想的启蒙和时代风雨的激荡。

江南城市走在新式教育事业的前沿，为张闻天接受新式教育提供了条件，涵养了开眼看世界的胸襟，使其具备了从事翻译的语言能力和文化功底。少年张闻天主要是乡域至市域的侨易，他在水产学校修习的外语是日语和英语。吴淞水产学校的校长张镠毕业于日本东京水产讲习所，该校师资多数有留日背景，故使用的教材内容多是由留日教师带回的专业教材和讲义笔记编译而成（琚鑫圭等，2007：348-351）。十七岁的张闻天到南京上大学，开始都市侨易。"河海工程专门学校"的课程设置丰富多元。正科修业年限为预科一年，本科三年。英文需修习两年，达至"译读写作"，第一年主修文学及文法作文，共12学分，第二年主修工业应用文，共6学分。课程以英文教材为主，只有伦理、国文、管理学、土工及隧道等10门课使用中文教材和讲义（刘晓群，2005：10-15）。与水利工程相关或相近的各种专业课门类繁多，不一而足。1915年设31门课，1922年增至60门课。时任校长是留美归来的许肇南，所聘教授多数有留美背景，所用教材大多来自美国，课堂讲授也都用英语①。"河海"非常重视国文和德育，"立国文学部第一"，负责伦理、国文和本国地理三门课。在《设科

---

① 沈泽民曾描述道："学识不注重专门而功课又极繁杂"，河海工程、土木工程等都涵盖，"据主任说是因为中国人习惯缺乏常识，凡工程学校毕业的人，就不论什么工程总叫他做"；又因"本国的书籍，关于高深科学的完全缺乏"，故"课本是美国来的居多，自预科起以至卒业都是英文本"。详参沈泽民的《学校调查：河海工程专门学校》。

旨趣》中就"晚近国人失教，行下科学，均资西文"的现象从爱国主义的高度阐述了设国文部的重要性，若"不设专科，示之国故，则日亲外籍，数典忘祖，岂惟词不达意，窒碍难通，驯至祖国休戚，秦越等视，犹复竞言学业，益其术智，是借寇兵赍资粮也!"[①] 张闻天通过"河海"的学习，英语听、说、读、写、译综合应用能力得到了大幅提升，他本身国文基础好，又得大学国文的扎实训练，已经能写一手文辞畅达的好文章。张闻天青少年时期修习日语、英语，为其日后选择"文化归属和资源向度选择提供了工具"，为其选择留日、留美的人生发展轨迹产生了"某种规定性功能"（叶隽，2013：158）。

大学时期是世界观、人生观形成的重要时期，五四运动见证了青年张闻天的第一次"精神质变"。五四运动前后，"河海"成为南京地区革命运动的重要发源地。张闻天在"河海"学习了西方先进的科学技术知识，涵养了求真务实的科学精神，接触了欧美政治思想和文化思想，接受了民主、自由思想的熏陶。张闻天在《小传》中回忆："这一时期一般过的是安静的学生生活。这样一直到'五四'运动。'五四'前《新青年》的出版给了我很大影响。我的自我觉醒也由此开始。'五四'运动一起，我即参加学生运动……"（张闻天，1994：122）"河海"学子深受到新文化、新思想的影响，争相传阅陈独秀等创办的《新青年》杂志，以及其他进步报刊如《时事新报》《每周评论》《救国日报》等。张闻天这样描述自己的思想变化："我的思想即起了很大的变化，我开始对中国旧社会的一切发生了怀疑与反抗，而景仰欧美民主、自由、平等的思想与生活。资产阶级、小资产阶级的民主主义、个人主义的思想从此发端了。"（程中原，2016：12）张闻天担任《南京学生联合会日刊》[②] 编辑和撰稿人，在现存的 51 期《日刊》中，有 15 期载有张闻天的文章，包括政论、杂评、随感录 30 余篇，文章针砭时弊，言辞尖锐，思想激进。在"五四"前夕发表的《社会问题》一文中，张闻天称要用马克思唯物史观来分析人类社会，

---

① 课程设置和《设科旨趣》等信息均来自《河海工程专门学校一览》（1922 年），档案全宗号陆肆捌，案卷号 679，中国第二历史档案馆藏。

② 1919 年 6 月至 9 月出版的《南京学生联合会日刊》是革命派抨击帝国主义和北洋军阀，批判旧制度、旧道德、旧习惯，宣传革命民主主义思想的主要报刊之一。

文末摘译了《共产党宣言》第二章中的"十条纲领",故常被人们誉为"南京地区传播马克思主义的第一人"(中共南京市委党史工作办公室,2011:1)。

上海为青年张闻天提供了文化活动空间。近代上海是中国最大的出版中心、报刊中心,是文化人最集中的地方。1921 年 8 月,留日归来的张闻天由左舜生引荐至中华书局,任"新文化丛书"编辑。丛书以选译欧美社会科学学术名著为宗旨,丛书共 43 种,包括《达尔文物种原始》《科学发达史》《社会主义初步》《社会问题总览》《唯物史观解说》《近代西洋哲学史大纲》《欧洲政治思想小史》《现代世界经济》《法兰西大革命史》等①。张闻天担任译丛编辑的同时也从事翻译,并很快就在新文坛崭露头角。他广泛译介外国文学和社会科学著作,1922 年 8 月离职赴美后更笔耕不辍。张闻天在《小说月报》《东方杂志》《少年中国》《创造周报》《民国日报·觉悟》《时事新报·学灯》等具有广泛影响的报刊上发表了许多译作和评论文章。上海、南京、日本的侨易经历所建立的学缘、乡缘交游网,使张闻天与当时文坛两大新文学团体文学研究会和创造社的许多成员都有交往。他与沈雁冰的胞弟沈泽民交谊颇深,与沈雁冰、郑振铎、陈望道、李达、李汉俊的交往与交流对青年张闻天的思想发展产生了不可忽视的影响。同时,张闻天与创造社的郁达夫、郭沫若、宗白华、成仿吾、田汉、郑伯奇等亦是朋友,且常常聚会切磋砥砺,这对于激发青年张闻天的文学爱好,以及从事翻译和创作的热情产生了积极的影响。

二、游学美国的高产译者

与一般的译者不同,张闻天将翻译作为接触世界知识资源的重要手段,同时发挥了自己在翻译过程中的摘选和辨别能力,其择选政经社科文本、世界文学作品背后的原因及阅读体验共同营造的资源库是张闻天得以形成"世界眼光"的基础。1922 年 6 月,少年中国学会旅美会员康白情邀请张闻天前往美国担任旧金山华侨报纸《大同报》(即《大同晨报》)的

---

① 书目依据"新文化丛书"封底广告和《张闻天年谱》第 23 页的记载。

编辑①。1922 年 8 月 20 日，张闻天乘坐"南京号"邮船赴美。9 月中旬抵美后，他一面在《大同报》社工作，一面在加利福尼亚大学伯克利分校自修或旁听课程。张闻天在报社负责从当地英文报纸的新闻中摘译编选内容登载于《大同晨报》上，同时也发表一些短评。1923 年初，张闻天离开报馆后大部分时间都待在大学的图书馆从事翻译，译绩丰硕。1923 年底，张闻天离开美国，留美的十几个月，据目前可考的资料，他贡献了四十余万字的译作，且着重翻译篇幅较长的多幕剧和小说，体现出张闻天译介当代外国文学的热情和希冀通过翻译为国内文坛注入勃勃生机的努力。

张闻天的美国侨易经历对其知识发展和世界眼光的形成是至关重要的。侨易学重视"译境"，"即具体产生这种跨文化创造性精神产品的翻译语境"（顾钧，2022：49），也关注"翻译生活史"，以及由此牵连的丰富多元的知识社会学空间（叶隽，2022：58）。张闻天实地考察资本主义世界，得以接触到当时美国流行的社会思潮和作家作品。留日时期，张闻天热衷哲学，对日本转贩的各种信息知识博观杂取。而留美时，张闻天钟情文学，对经济学、社会学的兴趣与日俱增。"一战"后，英法元气大伤，欧洲发展停滞，远在大洋彼岸的美国趁此机会快速崛起，从债务国一跃成为债权国，美国经济的强势地位开始显现。赔款与债务问题是当时欧美各国面临的重要问题。张闻天钻研政治经济学，翻译了讨论苏俄经济问题的长文，发表了探讨战后欧洲经济态势的论文，并由此纵论世界形势的发展。张闻天留学美国期间，美国正经历经济繁荣期，工业生产激增、城市化进程加速，文化娱乐业勃兴。20 年代常被称为"爵士时代""咆哮的二十年代"。张闻天主要利用加利福尼亚大学柏克利分校图书馆的资源学习。该校创办于 1873 年，是美国著名的公立研究型大学。这所知名学府依山傍海，环境宜人，校园中央矗立着地标性建筑——萨尔塔。高塔楼顶镶嵌着48 口铜钟，悠扬、洪亮钟声在校园中鸣响，仿佛在宣扬着知识的力量。登上钟楼顶端，可以俯瞰山川美景。晴空下，可以远眺东南的奥克兰、西南

---

① 康白情 1920 年从北京大学哲学系毕业后被选派到美国加利福尼亚大学留学，赴美途中船泊横滨时，到东京同田汉、张闻天等人会面，交谈甚欢，以至于错过轮船，因此滞留东京一个多月，期间与张闻天过从甚密，为日后张闻天赴美勤工俭学种下了因缘。参见程中原：《张闻天传》，北京：当代中国出版社，2016 年，第 24 页。

的旧金山。图书馆藏书丰富，设施齐全。通常整个白天或上午，张闻天都在阅览室读书，畅游书海，从事著译。他当时醉心于阅读西洋文艺作品，为了纾解身处异乡的"无味"与"孤独"，"坐在图书馆里情愿永远不出！"（张闻天，1999：217）下午或晚饭后，再乘坐轮渡穿过金门海峡至坐落在旧金山天后庙街 18 号的大同报社上班。张闻天翻译了大量外国当代文学作品，并作评传或译序，介绍作者的生平、创作、艺术风格、作品的社会意义等。这些译作和文章大都被寄回国内发表于国内报刊。

张闻天身处资本主义经济快速发展的美国，却把关注的目光首先投向了苏联的新经济政策。《苏维埃俄罗斯政策之发展——苏维埃共和国经济计画自白之一》是张闻天寄回国内的第一篇译稿①。1922 年 9 月 24 日，张闻天抵达美国不到半月，就从英国经济学家约翰·凯恩斯主编的刊物《欧洲重建》中选择并翻译了这篇文章。张闻天赴美前夕曾发文针对朱朴污蔑科学社会主义与苏俄新经济政策的文章，予以反驳（张闻天，1999：162）。《大同报》的总编辑康纪鸿曾于北京大学、伦敦大学、加州大学修读经济学。刊物很可能是康纪鸿推荐给张闻天的。苏俄在 1921 年 3 月开始实行向社会主义过渡的经济政策，一年后，苏维埃政府经列宁亲自审定后发表了一篇类似白皮书的文告《苏维埃俄罗斯政策之发展》，阐明采用新经济政策的由来、依据、基本原则及其意义。张闻天迫不及待地把列宁关于发展科学社会主义的新思想传播回国内。担任党内领导后，张闻天就经济建设提出过不少富有前瞻性的深邃见解，其中利用资本主义、新式资本主义、多种经济成分并存等思想理论渊源均可以最早溯源至张闻天的翻译。

张闻天通过实际考察资本主义社会，翻译经济学报刊，加深了对世界政治经济局势的认识。留美半年后，张闻天完成了一篇纵论第一次世界大战后世界经济问题的长篇论文《赔款与战债》。他在开篇的引论中指出：世界各国因交通日益便利，关系也日益密切。现在世界上的各个问题都带有世界的性质，因此研究问题必须从世界整体上进行把握，了解问题的意义，世界的意义，厘清重要问题之间的关系，然后再做出判断（张闻

---

① 该译稿刊于 1923 年 1 月 18 日、19 日、21 日的《民国日报·觉悟》，在"专载"栏目连载，署名张闻天。这一时期的《觉悟》副刊深受上海共产主义小组的影响，宣传马克思主义的文章增多，已经显现出鲜明的社会主义立场。

天，1923）。张闻天把世界眼光作为研究问题的重要方法加以强调。这篇长达二万余字的论文在论证过程中翻译引用了政经界知名人士演讲报告、报刊的数据报表等。张闻天以中国立场对这些数据和资料进行了信息的再加工和整理。在文末，张闻天预测未来的世界局势，包括资本主义国家的相对和平期、"二战"爆发、苏联东欧出兵及中国的崛起等。我们以后见之明来回看这些预测，当时年仅 22 岁的青年能有这样的观察力和思考力是难能可贵的。

张闻天的译介对象从在国内时译介经典作家作品过渡到留美时期侧重译介当代作家作品。文学翻译是张闻天在机械枯燥的报社工作①、孤独苦闷的异国生活中找寻生命意义的重要方式。他翻译了俄罗斯、西班牙、意大利、黎巴嫩等国的作家作品，对美国的文学家却未有涉足，他认为美国作为新创的国家，其文学尚不足以道。留美时期的文学翻译以对剧作家贝纳文特的译介影响最为广泛。1922 年，贝纳文特获得诺贝尔文学奖。很快，张闻天就积极行动把他的作品译介到中国。他在译序中肯定贝纳文特作为艺术家的敏锐："他对于西班牙社会上种种旧道德与旧习惯的攻击，非常厉害……他是一个写实主义者，他只把社会的，人生的真相如实地写下来。"（张闻天，1998：292）《小说月报》主编郑振铎特别撰写按语表示感谢："我们很感谢张闻天兄把我们久想译而未译的《热情之花》（即情花）译出来。"（郑振铎，1923）郑振铎在按语中还介绍了与贝纳文特相关的刊载计划。鲁迅读了张闻天的译作和译者序言后，对这位西班牙剧作家也产生了兴趣，专门从日本文艺评论家厨川白村的论文集《走向十字街头》中翻译出《西班牙剧坛的将星》一文。

张闻天虽远在美国，仍常常关注"国内文坛的近况和一般青年的最近的思想与行动"（张闻天，1999：275）。他著文批评中国文坛内容贫乏，没有艺术。"贫乏在没有生命，贫乏在没有内容，以至贫乏在没有形式"，而"文坛的贫乏，就是一般年青作家精神生活的贫乏"（同上：276）。张闻天批评中国青年读书偏好短篇，浅尝辄止，对长篇望而却步，不肯下工

---

① 张闻天在致汪馥泉的信中写道："我不日将抛弃报馆的生活。虽是我要生活，但是我不能做机器。"此信以《由美国寄来的一封信》为题载《民国日报·觉悟》1923 年 2 月 20 日。

夫研究，呼吁"青年人用心多研究一点描写的手腕与方法吧"，"投到人生的急流中去奋斗吧"（同上：279）。1923年12月，张闻天在给弟弟健尔的信中告知了年底想回国的打算，以及回国后计划创作长篇小说的想法。他写道："我想从中国社会中搜出种种我们想要的东西，种种我要明之表示我自己的东西。我在外国觉得有点虚浮。"（同上：289）海外游子的孤寂、落寞一度使张闻天精神颓唐，陷入抑郁，他从翻译中为国家寻找出路，为精神寻求慰藉，他从外国进步文学的翻译中汲取了力量，决心离开异国的"虚浮"，回到祖国，从改变文坛的贫乏开始，切实改造旧中国。从张闻天的翻译选择可以看出，他一直关心祖国的情况，关注中国新文化运动的发展变化，希冀通过译介优秀的世界文学作品为国内文坛注入新的生命活力。

三、成熟于川渝的新文化运动战士

张闻天的川渝之行虽然短暂，但这段侨易经历却对张闻天的思想发展具有重要意义。张闻天开始在教学和革命实践中发挥翻译能力进行思想传道，从此由文学革命走上了社会革命的道路，并有了向党组织靠拢，加入中国共产党的动机。

侨易学中"网链点续"（叶隽，2013：74）的功用在张闻天赴美、入川等侨易经历中都有所体现，侨易个体处于社会场域的有机联系中，下一段侨易往往与上一段侨易中遇到的人和事有所关联，环环相扣。张闻天留美归国后回到中华书局工作，同时忙于自己的翻译和文学创作。原在旧金山《大同报》任总编辑的康纪鸿已经回到成都，邀请张闻天入川共事。张闻天离职后，溯江西行，在重庆逗留时，被朋友留住。1924年冬至1925年春，张闻天先后在四川省立第二女师任英文教员和川东师范任国文教员。张闻天入川时已经是颇有声名的文学家。这位留美归国的江南才子以新文化运动战士的姿态打算在重庆开辟新境。但这次不再只是文墨笔战，而是与封建顽固势力、反动军阀的正面交锋。新与旧、开放与闭塞、蓬勃与腐朽的激烈碰撞发生一种质变的推动力，深刻影响了张闻天接下来的路径选择。

张闻天把世界文学和革命思潮带进了吟诵子曰诗云的校园，让青年学子们耳目一新，深受鼓舞。张闻天的教学别具一格，所用教材与众不同，鲁迅的《药》《狂人日记》，郭沫若的《牧羊哀话》，都德的《最后一课》，芥川龙之介的《鼻子》等新文学健将的文章和世界名著的白话翻译本都走进了他的课堂（程中原，2016：53 - 56）。张闻天给学生介绍欧洲文艺复兴运动以来的文学作品和思潮，课余组织学生参加"平民学社"，学习《新社会观》《共产主义 ABC》。李伯钊是二女师培养出的四川第一代解放新女性之一，她回忆自己就是在那时候受到了马克思主义的启蒙教育（李伯钊，1992）。多年后，学生张允和对张闻天的谆谆教诲仍记忆犹新："做人要做对人类有益的人，做事要做对世界有益的事，真正的人是'放眼世界'的人。"（张允和，1992）

在山城重庆的侨易经历使张闻天得到了磨砺，革命觉悟在斗争实践中快速地成熟起来。顽固保守势力的造谣污蔑迫使张闻天难以继续在二女师执教，只好转战川东师范继续战斗。他创办《南鸿》周刊，宣传个性解放、恋爱自由、男女平等等民主主义思想，切实推动了山城重庆的思想启蒙运动。张闻天把"空气腐败""死气沉沉"的山城重庆比作"死人之都"，呼吁只有拿着锄头去耙平这层层叠叠的坟墓，才能迎来桃红柳绿（张闻天，1999：505 - 507）。在"川师学潮"中，张闻天是顽固守旧势力集中攻击的目标，一时轰动山城，更牵扯到军阀派系的斗争。张闻天以《南鸿》为阵地，用杂文做武器，对旧势力的污蔑、围攻和迫害予以回击。"急骤变迁的激刺"把"死人之都"重庆"变成了一个大造反的世界"，"重庆社会进入了一个新生的时代"（萧楚女，1925）。1925 年 5 月，重庆卫戍司令王陵基以"败坏风俗，煽惑青年"的罪名，封禁《南鸿》和《爝光》，勒令萧楚女、张闻天、廖划平三人，两周离渝（程中原，2016：63）。

在这场短兵相接的斗争中，张闻天得到了青年学生的热情拥护，也得到萧楚女、杨闇公、罗世文等共产党人的坚决支持，使他更深刻地意识到联合起来走"反抗的道路"的"必然性"（张闻天，1999：565）。张闻天在川渝场域的社会网络给予了他强有力的声援。"这斗争给我很深的印象，使我思想上又起了新的变化。我深深觉得，要战胜这个社会，必须有联合的力量，单靠个人的文艺活动，是做不到的，而共产党是反抗这个社会的真正可靠的力量。此时，我有了加入共产党的动机。"（程中原，2016：

「翻译与侨易学」专题研究

63）张闻天被驱逐不得不离开重庆时，仍满怀激情地写下他的理想："要反抗旧礼教""要打破现状""要努力求人类的解放，替被压迫者喊出不平的呼声"。张闻天入川前夕翻译《西洋史大纲》时译道："大家都明白社会主义者不一定就是激烈的革命党……但是社会主义也有主张非革命不可的，那就是共产党，现在的俄罗斯就是这些共产党人的国家。"（张闻天，2003：858）前一句是翻译，后一句是译者张闻天自己的阐发。当时，张闻天完全认同社会主义思想及中共反帝反封建的政治主张，但仍希望通过个人的文艺活动和翻译活动来从事精神运动，而不是加入组织。

在川渝的半年促使张闻天产生了重要的"精神质变"，产生了加入共产党的强烈意愿，并决心抛弃过去个人的文艺活动，放弃钟爱的文学创作和文学翻译，参加到群众的政治斗争中，从事无产阶级领导的社会革命。上海是半殖民地半封建中国各种矛盾的集结点，当思想上已经准备好的张闻天从重庆回到上海不久，就发生了震惊国人的"五卅惨案"。在"五卅"的革命洪流中，经沈泽民和董亦湘介绍，张闻天加入了中国共产党。入党后不久，张闻天就被派往苏联，并由此开启了"红色翻译"的序幕。

四、结语

张闻天加入中国共产党是数次"精神质变"后的理性选择。通过观侨取象，考查其思想变迁与物质位移之间的相关关系，希望可以为认识同时代侨易个体的思想演变提供历史参照。张闻天的世界眼光是通过他的著译活动与革命实践的探索得以形成的。谙熟多种外语丰富了张闻天的知识来源取径，为其世界眼光的形成奠定了基础。张闻天的世界眼光萌发于少年时期，形成于青年时期，成熟于中年时期。成为党内领导后，张闻天在许多重大问题上展现出深邃的世界眼光，与他心胸开阔，善于通过翻译吸收人类文明的优秀成果有着密切的关联。国内侨易经历为张闻天渲染了熔铸中西、为我所用的思想底色，锻炼了他将世界眼光和实际的国情民情相融合的能力；海外侨易经历开阔了张闻天的视野，让他对世界政治经济局势和文明进步方向有了整体性认识，并意识到只有扎根于中国放眼世界、改造世界，才能抛却"虚浮"，回归本真。当今全球化时代，张闻天的世界眼光依然具有重要的方法论意义，侨易学率先通过理论创造建构本土话语资源有筚路蓝缕之功，只有将世界视野和本土创新相结合，才能更好地应对复杂的国际形势带来的机遇和挑战。

参考文献

［1］程中原. 张闻天传［M］. 北京：当代中国出版社，2016.

［2］费小平. 口笔译双料翻译家张闻天［J］. 亚太跨学科翻译研究，2019（1）：170－182.

［3］顾钧.《被解放了的堂·吉诃德》的译境与知识侨易［J］. 政治思想史，2022（4）：49－55.

［4］河海工程专门学校. 河海工程专门学校一览（1922年）［Z］. 档案全宗号陆肆捌：案卷号679. 南京：中国第二历史档案馆藏。

［5］琚鑫圭，童富勇等编. 中国近代教育史资料汇编：实业教育师范教育［M］. 上海：上海教育出版社，2007：348－351.

［6］李伯钊. 我的回忆［J］. 新文学史料，1985（1）.

［7］刘晓群主编. 河海大学校史1915－1985［M］. 南京：河海大学出版社，2005.

［8］沈泽民. 学校调查：河海工程专门学校［J］. 少年世界，1920，1（4）：40－48.

［9］萧楚女. 半年来的重庆［J］. 爝光. 1925（2）.

［10］西谛（郑振铎）. 热情之花·按语［J］. 小说月报，1923，14（7）：3.

［11］叶隽. 构序与取象：侨易学的方法［M］. 杭州：浙江教育出版社，2021.

［12］叶隽. 变创与渐常：侨易学的观念［M］. 北京：北京大学出版社，2013.

［13］叶隽. 译文质变的侨易节点与“翻译心灵”的呈现——以陈望道、成仿吾等的《共产党宣言》汉译为中心［J］. 政治思想史. 2022（4）：56－70.

［14］张培森. 张闻天的世界眼光值得探讨［A］. 张培森主编. 张闻天研究文集（第四集）［C］. 北京：中共党史出版社，2002：98－114.

［15］张闻天选集传记组编. 张闻天年谱·上［M］. 北京：中共党史出版社，2000.23.

［16］张闻天. 自我小传［A］. 中央党史研究室张闻天选集传记组编. 张闻天文集（三）［C］. 北京：中共党史出版社，1994：122－124.

［17］张闻天. 张闻天早期文集（1919.7－1925.6）［C］. 张闻天选集传记组编. 北京：中共党史出版社，1999.

［18］张闻天. 张闻天手稿：西洋史大纲［M］. 上海：上海辞书出版社，2003.

［19］张闻天. 张闻天译文集上［M］. 程中原编. 南京：译林出版社，1998.

［20］张闻天. 赔款与战债［J］. 东方杂志，1923，20（3－4）：37－49，31－44.

［21］张允和. 张闻天教我国文课［J］. 群言，1992（2）：38－40.

［22］中共南京市委党史工作办公室编. 南京人民革命党员干部读本［M］. 北京：中共党史出版社，2011.

翻译著述评介

翻译学背后体现的是世界性的问题

——关于《雪莱在中国（1905－1966）》的对谈

陈思和　张　静①

摘要：本对谈来自2023年3月19日在上海图书馆东馆举行的"一代国人的浪漫偶像：《雪莱在中国（1905－1966）》新书分享会"的主要内容，由陈思和教授和本书作者张静教授共同完成。两位对谈人从"作为译介研究缘起的雪莱画像""英国浪漫主义在中国的最初译介""翻译研究中的翻译家研究""学术研究与生命体验"四个部分展开讨论。

关键词：雪莱；浪漫主义；翻译研究；翻译家研究

Title：Behind Translation Studies Lying a Global Issue：A Conversation on *Shelley in China*（1905－1966）

Abstract：This conversation comes from the new book sharing event "A Romantic Idol of a Generation：*Shelley in China*（1905－1966）" held at Shanghai Library on March 19,2023,which is between Prof. Chen Sihe and Prof. Zhang Jing,the author of this monograph. It consists of four parts："The portrait of Shelley as the origin of this translation studies"，"The initial translation of British romanticism in China"，"The study of translators in translation studies"，and

---

① 作者简介：陈思和，复旦大学哲学社会科学领域一级教授，研究方向：中国20世纪文学，中外文学关系；张静，上海师范大学人文学院教授、博士生导师，研究方向：翻译研究、中外文学关系。

"Academic research and life experience".

Keywords：Shelley；Romanticism；Translation Studies；Translator Studies

一、作为译介研究缘起的雪莱画像

陈思和：张静的《雪莱在中国（1905－1966）》是花了整整十五年的时间才完成的一项研究。我们应该给予祝贺的。

张静：谢谢陈老师。做"雪莱在中国"这个研究课题源于一个小说细节。鲁迅在他的爱情小说《伤逝》中写到，女主人公子君来到男主人公涓生的家中，她看到涓生的房间里有一张雪莱半身像。鲁迅写到，她看到之后就低下了头，而涓生据此认为子君大概还未脱旧思想的束缚，于是心里想，不如换一张雪莱淹死在海里的纪念像。雪莱①是英国19世纪的浪漫主义诗人（1792－1822），他为什么会出现在中国小说家的笔下，被悬挂在一个20世纪中国文学青年的房间里，这到底意味着什么。我很想知道，鲁迅为什么这么写。这是我开始雪莱在中国这一研究的契机。

当时是2004年，我在清华大学中文系现当代文学专业读研究生二年级，导师是解志熙教授。他鼓励我去查资料。带着这个疑惑，我去附近的中科院图书情报中心翻阅了很多旧报刊，发现确实在20世纪20年代出现了很多的雪莱画像。《学衡》杂志、《小说月报》、《创造》季刊、《晨报副镌》这些当时重要的文学刊物中都有专门纪念雪莱逝世100周年的活动。这也说明鲁迅在小说中提到雪莱像，不是一个完全虚构的细节，是有依据的。于是沿着雪莱画像，我开始追溯，直至看到了1905年《新小说》杂志。这个杂志是当年梁启超在日本创办的。这是我追溯到的最早雪莱出现在中国刊物的画面，所以我的书名为《雪莱在中国（1905－1966）》，这个1905年就是这个起点。在那一期中，雪莱是和歌德以及席勒一起被介绍到中国的。在前一期这本杂志中还有拜伦和雨果的画像。也就是说，雪莱是最早的一批被介绍到20世纪中国的西方文学家。

对于诗人画像在中国传播的历史梳理，可以从最直观的层面来考察一

---

① 雪莱全名为 Percy Bysshe Shelley，为了表达方便，全文均称为雪莱，而 Mary Shelley 被称为玛丽。特此说明。

个诗人的形象是如何被介绍到中国，在中国如何被接受。雪莱在中国的译介与传播远远比几幅画像的梳理复杂得多。但对画像这一细节追根溯源的处理，能看出我的研究基本思路、框架和方法。我2008年进入复旦大学中文系，跟您念比较文学与世界文学的博士研究生。三年级的时候，以访问学生的身份去剑桥大学做博士论文。按照雪莱生前走过的地方，去了意大利、法国，后来也到美国查阅资料。从那个时候起，我将自己的研究置于雪莱全球学术史的背景之下，考察雪莱在现代中国的译介、接受和生成。除了英国文学和美国文学，我还将作为中介的日本文学和俄苏文学也纳入研究视野，考察对于雪莱的理解和接受，哪些是中国译者受其他国家研究的影响，而哪些观点是真正中国诗人和译者所独有的。正是在这种世界文学的框架之中，才能深入挖掘出雪莱在中国的独特性，以小见大，窥见中国文学的独特性。

二、英国浪漫主义在中国的最初译介

陈思和：我为这本书写过一个序言，可以说，张静这一研究也圆了我的一个梦。因为我在年轻的时候，跟着我的导师贾植芳先生做的研究课题就是西方外来文艺思潮对中国的影响，也包含了浪漫主义。我当时读了一本关于浪漫主义在中国的书，是李欧梵先生写的《中国现代作家的浪漫一代》，这本书里面他引了好多资料。那个时候我刚刚在大学读书，所以了解比如雪莱、拜伦这些人在中国的发展，很多最初的资料是从李欧梵这本书里面获取的。我通过这本书再去找那些早期的清末民初的这样一个发展，所以印象很深。我还记得当时在读这本书的时候，书里面讲到诗人苏曼殊。20世纪初的时候，他向国人介绍拜伦、雪莱等浪漫主义诗人的时候，他用了一个很通俗的比喻，他说拜伦像李白，莎士比亚像杜甫，雪莱像李贺。

张静：是的，您提到的是浪漫主义最初进入中国的阶段。清末民初经常被提及的是鲁迅在《摩罗诗力说》里对拜伦、雪莱这些浪漫主义诗人的讨论，而您提到的苏曼殊是另外一个很有意思也很重要的译介者，他是最早将雪莱介绍进中国的人之一。苏曼殊不仅是优秀的诗人和作家，还是翻译家，曾出版《潮音》《拜伦诗选》《汉英三昧集》等编译作品。他在很多的作品中提到雪莱，但在《潮音》中只收录了一首非常短的译诗，来自诗人不为人知的诗剧《查理一世》中的唱词。苏曼殊在《燕子龛随笔》中谈到自己那本《师梨诗集》（苏曼殊将雪莱译为师梨）的来历。他说曾经有一位英国莲华女士在船上将《雪莱诗集》送给了当时的英国领事佛莱蔗（W. Fletcher），他又将这本诗集送给了南社文人蔡哲夫，后来蔡将这本诗集转赠给了苏曼殊。这本诗集，还曾辗转至章太炎处。所以苏曼殊和章太炎分别作过《题师梨集》和《为曼殊题师梨集》两首短诗。

李欧梵先生书中讲到苏曼殊，我记得他引用了《潮音自序》里对拜伦和雪莱进行比较的英文文章。苏曼殊认为拜伦一生都纠缠在恋爱和自由中，是个行动者，而雪莱是一个哲学家的恋爱者。这篇文章写于1907年，充满了卓见。我认为它奠定了中国后来的译介者对于拜伦和雪莱的理解基础，其实某种程度上也是对浪漫主义的理解基础。我在书中对鲁迅和苏曼殊对拜伦和雪莱的比较进行了讨论。鲁迅在面对雪莱等摩罗诗人时，是将西方的近代文化视为一种与中国四千年传统文明异质的东西，而苏曼殊和章太炎将雪莱比作中国的古典诗人李贺和李商隐，除了可以看作在自己旧有文化中寻找和外来文化的相似性之外，更是将此种相似性放置在旧有传统当中去，以此用传统来涵盖外来陌生文化，从而使陌生变成熟悉，使外来内含为自己文化的一部分。

陈思和：对，刚才你提到了一个比较文学当中非常重要的观点。当中国刚刚打开国门的时候，他们面对了西方非常丰富和复杂的文学现象，所以这个时候就出现了两种吸收西方文学的观念、理念和立场。比如面对雪莱，苏曼殊的立场就是说这些东西我们中国自古就有，拜伦很豪放，这种豪放，很行动化，那就是我们的李白嘛，雪莱比较深沉，老谈恋爱，那么就像李商隐和李贺，李商隐不是写了很多无题诗吗？西方作家与中国作家相对应，这是一种介绍西方的模式。

那么还有一种模式，就是如同鲁迅所说。鲁迅非常反感在介绍西方文学的时候把西方文学跟中国文学做类比。他认为西方的就是西方的，中国的就是中国的。我们学习西方就是要学习整个的西方化，学习他们与我们不一样的地方。所以鲁迅在写《摩罗诗力说》的时候，他完全是按照西方人的理解来介绍西方诗人的。那这里也有一个问题，《摩罗诗力说》是什么意思？"摩罗"对我们今天来说就是魔鬼、恶魔，强调这个诗歌的力量，

《摩罗诗力说》他强调恶魔诗歌的力量。那大家一想到魔鬼一定是青面獠牙的，可是雪莱是魔鬼吗？前面提到雪莱画像，他是像个女孩一样温柔的形象，所以你怎么理解雪莱的恶魔性呢？

张静：您提到了雪莱身上的这种矛盾性。他确实是一个反叛的诗人，他的反叛性表现在多个方面。首先他公开宣称自己是一个无神论者，这在19世纪初是极具叛逆性的，因此在他写了《论无神论的必要》后，就被牛津大学开除。他支持爱尔兰人民解放，写了《致爱尔兰人民书》。这也是和英国政府的政治立场相悖的。另外他还是无政府主义者，主张英国人民起来反抗各种束缚。比如在最早的代表作《麦布女王》中，他宣称说婚姻制度是最跟人类幸福相抵触的一个制度，认为两个人结合的时间应该跟他们爱情保存的时间相一致，如果爱情消失了，婚姻就应该结束。这一想法至今仍非常前卫。这些主张在主流正统的观念中，都被认为离经叛道的。

我书中有一个核心的观点，就是认为雪莱在20世纪20-40年代中国得以广泛传播，是因为他被偶像化了。他被看作一个自由、浪漫、革命、反叛的浪漫偶像。这契合了当时中国的时代精神和文化风尚。比如刚才我们提到的鲁迅小说中涓生和子君的细节。实际上在将雪莱形象引入其中，我们可以看到的是中年的鲁迅前瞻性地看到了这种追求自由解放可能带来的恶果。雪莱的婚姻爱情在当时的英国也具有反叛性。他的第一段婚姻是在18岁退学之后，带着一个16岁的女孩私奔。他们来到爱尔兰结婚，希望她精神上可以和自己匹配。之后雪莱就遇到了威廉·葛德文的女儿，也就是我们所知道的后来成为著名科幻作家的玛丽·雪莱，他爱上了这个女孩，两人又私奔了。已婚男子携带未婚女孩私奔，这本身是个反叛的行为。等他回来之后，他原来的妻子就自杀了，雪莱与玛丽结婚。但雪莱是一个永远离开自己祖国的人。因为妻子家族对他提起诉讼，最后他被剥夺了对两个孩子的抚养权，法官的理由是他有无神论思想。由于担心以后他跟玛丽的孩子也被剥夺抚养权，所以他就离开了英国，到了意大利。在意大利的六年他创作了重要的代表作。所以回到刚才的问题，雪莱的反叛性就表现在，他反对当时现存的一切人们认为是合乎习俗的东西。比如他的无神论、无政府主义、反对婚姻制度、永远追求自由爱情，所以就是这样的偶像，被称为一个摩罗诗人。

陈思和：你这样说就比较明白了。鲁迅眼中的摩罗诗人是浪漫主义的。但是浪漫主义实际上不止是这一种，你这么多年都在研究雪莱的浪漫主义，那你是如何看待浪漫主义的呢？

张静：是的，我研究雪莱在中国，其实是希望从一个具体的诗人入手，重新考察中国的浪漫主义。这包括两个层面，一个是中国是如何接受西方浪漫主义，另一个是中国的浪漫主义如何形成和发展。雪莱是打开这个问题的一个切口。雪莱的译介，一直是和世界文学紧密相关的，虽然很多时候有时间差（time lag）。从中国新诗发展的角度来说，30年代后期至40年代，在中国浪漫主义的高潮已经过去，实际上在西方文学中，远早于这个时期，浪漫主义已经被现代主义诗歌所取代。就雪莱学术史而言，从1822年他去世到2022年，整整两百年过去。他在英语界的声名是有大起大落的过程。雪莱在中国最有名的诗句是"冬天已经来了，春天还会远吗？"这句诗被当时新月派诗人印在他们刊物的扉页上。所以大部分人都认为雪莱是一个希望的诗人，是乐观主义的。但20世纪初经历过"一战"之后兴盛的现代主义文学，在思想上否认人类希望的存在。战争的突然到来，让他们摒弃了浪漫主义的确信。1920年后以艾略特为首的现代派诗人以及瑞恰慈、利维斯和布鲁克斯等新批评的理论家们对雪莱群起而攻之，甚至主张英国诗歌史把雪莱从第一流的诗人中剔除出来。例如艾略特，从根本上否认雪莱作为第一流诗人的地位。他认为雪莱把诗歌当成武器，是一个政治诗人。但后来在20世纪50年代批评家们重新审视浪漫主义时，看到雪莱是道德性地选择了希望。比如艾布拉姆斯认为，人不得不在绝望和希望中做出选择，这一选择具道德意味，因为绝望越来越深，但希望却能释放出人类全部力量，这些力量里蕴含着我们疗救自身的唯一可能性。这是一种乐观主义，正如雪莱对世界有一种坚定的确信感。所以写这本书，我认为有必要重新审视浪漫主义和浪漫派诗歌。浪漫主义的内涵非常宽泛，在雪莱的作品中，他有对希望的永恒崇拜，有对智性的无尽追求。

雪莱有一篇重要的散文叫《为诗辩护》，影响非常大，有很多重要的观点。比如他认为诗人是未经公认的立法者；诗人是夜莺，栖在幽暗中，用清脆甜蜜的声音歌唱着安慰自身的寂寞。为什么雪莱在19世纪初的英国会把诗人的地位提得那么高呢？实际上他写这个作品的时候是针对英国工业革命时期的文学无用论。工业革命代表的是一整套的工艺流程，人可能是这个流水线上的一环，是会被取代的。而那个时代那些最伟大的思想家和文学家，在人类历史上第一次面对一个难题，人类什么是不可以被取代的。因此，我们在浪漫主义的作品，看到他们对于情感、想象力、天才、灵感的强调。这些浪漫主义的典型观点，某种程度上可以被视作一种策略，对抗的是一种科技发展中的工艺制造的观念，表达的是对源自工业文明的一种谴责。事实上，这也是当下我们面对的难题。因此我说，我们有必要重新回到浪漫主义，这是有现实意义的。我特别喜欢雪莱在《解放了的普罗米修斯》序言中的一句话，"诗人和哲学家、画家、雕刻家、音乐家一样，在一种意义上是他们时代的创造者，在另一种意义上又是他们时代的创造物。最最卓越的人物也无法逃避这种支配"。

陈思和：我听到张静在滔滔不绝地讲自己研究雪莱的体会，很欣慰。作为导师，可以说我是看着张静长大的，已经十多年过去了。我其实对雪莱没有什么研究，但是我刚才就说了，你圆了我的一个梦，因为我一直想做这么一个课题。其实我的导师贾植芳先生也一直想做这个课题，就是说西方文学思潮在中国的一个整体流变的过程，我们报了好多次计划，但总是做不成。做不成里面有很大一个原因，那个时候是在80年代初，我们跟国际上的交流还非常少，所以有很多第一手的材料我们都很难找到。如果光靠一些翻译成中文的成果，我们来研究雪莱在中国或者浪漫主义在中国大概都会碰到很多局限的。所以我很喜欢你做这个题目，我希望这样一系列的课题都能够非常扎实地落实到每一个作家身上。比如拜伦，也有在中国的一个传播史，雨果也有在中国的传播史。如果你要做好雪莱，我认为是必须应该到英国去，到雪莱的故乡去，第一手地来了解雪莱的生活环境。当然现在的英国跟两百年以前也不一样了，但是我们至少在那儿可以看到第一手资料，可以了解两百年来雪莱的研究、影响以及对人类的贡献。所以我希望你不要停留在国内做研究，要到英国去，到欧洲去，到雪莱生活过的地方，去寻找和了解雪莱的整个学术史。

张静：是的，所以在您的推荐下我去剑桥大学做了一个学期的访问学生，那是2011年。1月到4月的英国特别冷，当时觉得很辛苦，但现在回想起来，都是美好的回忆。我去了雪莱出生的地方，虽然有纪念的喷泉，但根本看不到和雪莱有什么关系。我印象深刻的是一个叫马洛（Marlow）的地方。在那里我找到了他和玛丽住的房子，还保持着原貌。房子上边写着，这里是《伊斯兰起义》的作者和《弗兰肯斯坦》的作者共同的家，也就是在那个房子里边玛丽写出了《弗兰肯斯坦》。还有一件非常幸运的事，我赶上了在牛津的博德莱图书馆里举行的名为 Shelley's Ghost 的雪莱家族的展览。这个雪莱家族包括雪莱、玛丽以及玛丽的父亲威廉·葛德文——《政治正义论》的作者、母亲玛丽·沃斯通克拉夫特——《为女权辩护》的作者。其实从整个世界文学来看这都是一个非常重要的文学家庭。展上有很多的雪莱手稿，还有玛丽写给父亲的信，非常珍贵。博士毕业之后，我还去到纽约查资料。在第五大道上的纽约公共图书馆里有福兹海默雪莱收藏馆（Carl H. Pforzheimer Collection of Shelley and His Circle），是一间独立的房间，保存了雪莱最初的珍贵出版物。雪莱是一个经典诗人，他在西方的研究也是非常多的。现在说起来说我做了十几年的研究，但我自觉很惭愧，深感做的研究还远远不够，有很多的资料我没有处理完成。

三、翻译研究中的翻译家研究

陈思和：你毕业的时候完成了博士论文《雪莱在中国（1905－1937)》，我记得有20多万字，毕业之后又进行了十年研究。是什么让你对一个研究课题一直不放，十多年这样做下来呢？

张静：现在回想我的研究经历，有一个契机。我博士毕业之后有段时间重点处理雪莱的《为诗辩护》在中国的译介。其实在读硕士和博士阶段，我还是以收集文献资料为主，我不敢说穷尽但是确实把能找到的译介资料都找到了。我力图呈现雪莱在中国是如何被广泛译介的，但是我没有解决另外一个问题，那就是然后呢？我们如此地译介他，他到底跟我们中国的文学作品、文学史或中国的作家、诗人产生了什么样的关系？我有那么多的资料，可是最重要的问题我还没有进入。其实译介研究中这才是最有挑战性的部分：雪莱为什么会写《为诗辩护》？他这个作品是怎么形成的？他被翻译到中国，是被谁翻译了？翻译家为什么翻译？翻译的时候是如何阐释他的？为什么这样阐释？每一环都不能轻易跳过。所以我2015年完成了《为诗辩护》在中国这一部分之后，感觉找到了译介研究的新方向。

雪莱的好朋友皮科克（T. L. Peacock）写了一篇文章《诗的四个时代》。其中他把英国诗歌的发展概括为铁器、黄金、白银、铜器四个时代的周期反复，认为诗歌的发展已经过了最高峰，余下的只是一种周期的重复。因此当下从事诗歌活动是无用的，诗歌面临的是必然衰败以及终将不复存在的命运，将会被实用的科学和应用技术所取代。其实这是当时英国盛行的功利主义产生的问题。而雪莱针对这篇文章写了《为诗辩护》。基于对历史发展的不同判断和解读，他对诗歌及其功用做出了和皮科克不同的判断。他将诗人提高到一个无与伦比的地位，称为"世间未经公认"的立法者，这是一种略显突兀的自卫反应，包含了强烈的无助感，以此对抗那个时代，是面对时代做出来的这样一个回应。一百年后中国的译介者，包括鲁迅、郁达夫、于赓虞、甘师禹、郭沫若、梁实秋、伍蠡甫，他们的译介同样是在面对诗歌和文学的地位改变，他们的译介和解读就代表了他们的不同态度。比如伍蠡甫就认为应该科学至上，诗放在科学之下，要以马克思主义的唯物史观分析雪莱和皮科克的观点。我觉得，正是在这种具体问题的往复分析和对照比较之中，才能真的看到中国译者和文学家们的观念演变。

在整个研究中，对我自己提升最大的是处理邵洵美的部分，他翻译了《解放了的普罗米修斯》。这个问题我思考了很多年，但一直没有下笔写，直到最近这两年才完成。

陈思和：你谈到上海诗人邵洵美。他的诗虽然是唯美主义、颓废主义，但我觉得他的诗没有他的翻译重要。邵洵美的诗写得不怎么好，但是在那个时代他很有名。他的有名是有各种原因，他有钱有地位，还做了很多文艺界的慈善事业，搞出版、搞艺术，他是一个文艺界全面活动的人物。相对来说他的作品也抬高了，他的诗歌也都抬高了。

但是我觉得从整个文学史的发展来说，邵洵美最重要的贡献倒是他的翻译，他到了 20 世纪 50 年代被抓到监狱里去了，从监狱里出来之后，又老又病又贫，在穷困潦倒的晚年光景里面，他翻译了雪莱的诗。而且我觉得他对雪莱对外国文学的理解也提高了。我特别喜欢他里面有一段，我在序里面也谈到了，那个朱庇特的儿子，叫作 Demogorgon 的冥王。邵洵美坚定地认为这就是朱庇特生出来的，但是他不是接班人，而是他的反叛者。他毁灭了一个旧世界，然后就诞生了一个新世界。很多人都这么解释，说宙斯或者称为朱庇特代表了黑暗的统治，代表了一种暴力的统治，那个冥王就是地狱之王，是代表了革命，是革命最后把这个暴力的统治给推翻了。冥王是宙斯的儿子，怎么会反对自己的父亲呢？

张静：是的，您讲到的这个特别有意思。实际上在古希腊神话里边有很多儿子推翻父亲的故事。为什么普罗米修斯被束缚，就是因为他知道这个秘密，他知道朱庇特会被谁杀死这个秘密。所以在雪莱的设定里，一开始就是普罗米修斯被束缚起来。埃斯库罗斯的作品认为，普罗米修斯告诉了朱庇特这个秘密，所以他被释放了。雪莱认为像普罗米修斯这样的人，他怎么可能臣服于朱庇特呢？他一定是不能说出这个秘密，但是不说出秘密，可是他也是被释放的，所以就是他为什么被释放？到底是谁把朱庇特推翻了？他其实处理的是这样一个问题。所以他觉得就是冥王，冥王就是朱庇特和忒提斯生的，是野心和欲望的结合，最后把他推翻了，并且他们都同归于尽了，结束了这样的一个循环论。邵洵美认为一种希望可以供利用的新生力量，反而变成了"掘墓人"。

当时很多的中国评论家其实都受苏联的很大影响，很多人根据苏联的评论家来解读这个作品。可是邵洵美，他翻译了这个作品，以他自己的观点重新去解读，他非常自信地提出他的冥王观。

陈思和：所以我特别欣赏邵洵美，朱庇特实际上就是一个宇宙之王，代表了暴力，跟一个代表了欲望的女神，当暴力跟欲望加在一起，按照我们通常想法，一定是坏上加坏。但是在雪莱这个戏剧里，他解释暴力跟欲望集合在一起诞生的东西不一定是更坏，而是他的父母一代的掘墓人。暴力的东西一定会激起被压迫阶级的反抗，这个反抗的形式就是革命，革命起来最后推翻了暴力。但是革命推翻暴力，按照传统的理解，如果我们的革命不是代表无产阶级，而仍然是传统的阶级，那么在农民革命推翻了皇帝，他自己又做皇帝了，就是前面是暴力，推翻了暴力以后，他自己又变暴力，所以这个人类世界就一直这样暴力黑暗下去。

可是在雪莱的解释里面，终于有一天暴力、欲望和革命一起毁灭。通过革命的形式把暴力和欲望都毁灭，然后这个世界就产生出一个新的世界，一个新的社会，也就是我们今天的希望，我们的理想。按照雪莱的信仰就是乌托邦。革命是从哪里来的？革命是由暴力，由那些黑暗统治生出来的，因为是暴力统治激发了人民的反抗，这又形成了暴力的革命。但是革命成功了之后，革命自己也牺牲了，它也一起毁灭了，这样才能产生新的东西，否则的话，新的取代旧的，新的还是变成旧的。所以雪莱这个思想我觉得非常了不起。

邵洵美解释雪莱的思想，得出了这么一个完全符合马克思主义历史论的结论。我觉得出乎意料的是，邵洵美不是马克思主义者，他原本是个唯美主义、颓废主义、现代主义的诗人。但是最后在晚年的时候，他的思想境界之高，对历史的认知之深刻，我觉得是达到了一个很高的阶段。

张静：是的。邵洵美将因果关系直接表述为能量转化，这是很重要的。我觉得您说得特别好。古往今来对这个作品有很多的解读。有评论家认为，这是人类的心灵史。其实普罗米修斯不用被任何人解放，他就是自己的主宰，他是被自己解放。雪莱在诗剧里一开始就写了，我是我自己的主宰，我能控制住我心头的煎熬和冲突。事实上，正是这个收回仇恨的行为使他无论在身体还是心灵上都真正获得了解放。也就是我不会把我的秘密说出去，但我也不仇恨。当不恨的时候，朱庇特对他已经不构成什么。换句话说，就是当仇恨一个人的时候，会被这个恶束缚。而恶不是原本存在的，是因为你仇恨他，他会成为恶，你不仇恨他，他就无法控制你的思想。

也有解读认为普罗米修斯在古希腊语里就代表前见，代表人类的理智、理解这些理性部分。而他的爱人叫 Asia，就是亚洲，亚细亚这个词，代表爱、直觉和情感，这些非理性的部分。诗剧一开始两个人是分开的，这种理性和非理性部分的分离便代表了人类的一种堕落。雪莱认为朱庇特不是代表人类经验的全部邪恶，他是主观的或者是人造的恶，是那些暴虐、偏见、迷信、陈旧的观念。人类的理性赋予这种恶以力量，因而自我设限并受此折磨。我们通过憎恨那些应该抵制的东西而使自己的精神受到折磨，但是光靠知识和理性，并不能带来改革或新生。没有感性和情感这些非理性的力量，人类永远处于自我束缚中，就像没有 Asia 的帮助，普罗米修斯永远无法得到解放。所以只有理性和感性结合在一起，我们才真正地获得自由。我觉得这一点非常重要，很多时候我们都太过强调理性的作用而忽视甚至轻视感性，轻视浪漫主义的东西。所以理解这个作品有两个脉络，一个脉络就是从人类历史的发展来看，另外一个就是从人类心灵的历史来看。邵洵美在他的翻译里，偏向于从心灵史的角度去解读，但他还是会去讨论冥王观，我认为他触碰到了两个脉络。他是译者，同时也是这个作品重要的解读者。

从这个意义上说，我觉得对于翻译家的研究很重要。一个严肃的翻译家，他应该是一个作品最重要的解读者，因为翻译本身就是一种解读。所以在翻译研究中，对翻译家的研究应该成为很重要的一环。所谓的世界文学都是通过翻译而来，没有流通就没有世界文学，没有译者也就没有世界文学，所以我觉得我们应该对译者、对翻译展开更深入的研究。

四、学术研究与生命体验

陈思和：我们中国人喜欢说人生苦短。人生其实没多久，一个人花 10 年到 15 年的时间做一个课题，研究一个作家，其实是一个相对而言很长的时间。你自己在这个过程中也经历了结婚、生子、副教授、教授，这样一个漫长的人生道路，等于说你在陪着一个曾经在我们人类史上做过贡献的外国诗人，这个诗人早就去世了，而且他自己才活了三十岁，我们研究他的人需要研究两百年中的事情。你为什么只研究一个诗人，而且研究花了那么多时间。你觉得值得吗？这是一个很严肃的问题，是一个人类学术发展的传承问题。谈谈你的体会。

张静：是的，我做"雪莱在中国"这个过程伴随着我自己不同的人生阶段。这个题目是我在硕士的时候开始的，博士阶段你也鼓励我做下去。后来我毕业之后，到上海师范大学比较文学与世界文学专业做博士后，也是我现在的工作单位。博士后到刚开始工作的这个阶段，我对自己的研究有过怀疑。但我想到无论如何强调比较文学的学科意识和理论研究，都应该容得下"雪莱在中国"这样的题目。就像法国比较文学学者巴尔登斯伯格研究过"歌德在法国"，伽列写过《歌德在英国》，甚至美国学者韦勒克最初研究的都是《康德在英国》。所以我对自己说，沉住气，做下去。就这样坚持下来了。

其实让我一直坚持下去最重要的原因，在于我的研究对象。这里有运气成分。我的研究做到了 20 世纪 30－40 年代之后，我发现雪莱的译介没有结束，"十七年"时期翻译的更多，所以我的研究还不能结束，有新的问题在等着我。所以读者其实能看到，我这本书中的风格并不是那么的统一。前边谈鲁迅、苏曼殊、周作人以及创造社的这一部分，是我硕士到博士阶段写的。而1949年到1966年这部分的内容，是近5年之内完成的。这些年我自己有成长，我做了妈妈，对很多问题的看法变得不一样。我觉得学术研究可能就是我这辈子唯一能做的事情，套用您的话就是安身立命的东西了。我必须要很认真地对待它，不是说我用它一定要得到什么东西，而是学术本身，我做的事情本身，对我来说是有吸引力的。

陈思和：我非常同意你这个观点。我们今天一直在讲五四运动，现在"五四"新文化运动已经过去一百年，"五四"新文化可以说是我们今天这个当代文化的一个母体，就是说我们今天当代文化一个基本发源是从"五四"开始出来的，我们不是在唐代、汉代形成我们今天这个文化的。为什么是"五四"？因为"五四"的文化使中国的文化发生了一次历史性的变异，它发生了一个改变，这个改变就是加入了来自西方的、新的品质、新的性质。这个新生导致了我们中国文化产生了一个现代性，就有了现代的意识在里面。

那么这个现代意识我们怎么来理解？首先这是一个世界性的问题。"五四"以前，我们也可以说以前来过佛教者和基督教传教士，但相对于当时主流的文化来说，这是偶发的、零星的。而现代中国文化发生了一个根本性的变化。现代性是从"五四"开始的，所以毫无疑问，从晚明到清初到"五四"，这是历史的一个巨大转变时期，而且由此产生了新文化。它赋予了我们一个世界性的问题。过去当然也有外来影响，但是总的来说它是一个比较封闭的、自我循环的文化传统。而到了"五四"以后就完全打开了。

实际上新文化最大的特征就是它具有世界性，那么这种世界性在今天已经变成一个常态了。但是在那个时代，在"五四"的时候，大部分人还不懂外语，当时的翻译就变得非常重要，翻译就成为一种桥梁，没有翻译就不可能有一个大规模的文化交流。所以现在我们比较文学领域当中设立一个翻译学，翻译学本身我认为它的背后其实体现的就是一个世界性的问题，就是不同的国家对同一问题是如何理解和表述的。现在的中国已经不是一个封闭型的中国了，在今天，中国的问题实际上就是一个世界性的问题。我们关注中国在世界的位置，同样从文学来说，我们的文学跟世界的文学是怎么来进行一个合理的交流，一个平等对立的交流，这是非常重要的一个理念。

最后，我想强调一个问题，我觉得我并不想再强调张静的书有多少了不起，而是通过这本书我们看到了一个人。她实际上把所有的精力都集中在一件事上，就认认真真做一件事。这件事是什么？就是研究雪莱在中国。她热爱她的研究，觉得这个事业她值得去做。你只有爱自己的事业，爱自己的研究对象，你才会把自己最美好的生命的精神投入到你的研究对象去。我们过去有一句话，叫作"吃一行怨一行"，这种态度，会使你永远做不好工作的。做事一定是出于热爱，如此当你做出了成就，你会看到这个成就对你生命的一种回报，同时你也在里面得到了成长，得到了滋养。所以我想强调的两点，一个是爱，一个是责任。我最近也在写一本书，谈的是知识分子的岗位意识。在张静的学术生涯当中，我们可以看到一个人确定自己的工作岗位多么重要。刚才她用了一句我经常说的话：安身立命。我们生命里有一半左右的时间都是跟工作在一起。只有你在工作事业当中看到了自己的价值所在和成就，你才会安心和充实，充满幸福感。

我今年已经70岁了，我想说首先我一生没有遇到过特别大的困惑。因为我始终爱我的工作。人生总会有高潮、有低谷；有高兴、有不高兴，但只要进入到一个工作状态，我觉得一切东西都可以忽略。这是我人生的秘密。我觉得人生价值所在就在于你能看得到自己的价值，而这个成绩就是通过你的工作得来的。对一个知识分子来说，最重要的就是他的工作和思想，只有在这一点上能够看到价值，你才能真正从心底感到一种幸福感，才可以抵御各种各样的灾难性的打击，或者挫败，也可以抵御各种诱惑。它能够真正成为一个人安身立命的一种形态。

三次全球化浪潮中的雪莱像
——读张静的《雪莱在中国（1905-1966）》

熊　鹰①

摘要：本文以张静的新作《雪莱在中国（1905-1966）》为切入口，讨论英国诗人雪莱及其作品在中国三个时期的接受历程，以及这一过程如何与中国的全球化经历、文学发展和政治变迁的相互作用。雪莱画像首次在中国的出现与当时日本先进的印刷技术和梁启超的流亡活动密切相关，反映了当时中国文学观念的多元性和复杂性。抗日战争期间雪莱在中国的接受则表明，中国的诗歌理论并非仅仅是对西方现代派诗歌的模仿，而是中国作家在战时的"创造"，也是在全球历史的交汇处对世界文学传统的开拓。文章最后讨论了 2000 年以后新一轮全球化浪潮中雪莱与中国文学关系研究的冷寂现象，并提出了重审这一课题的必要性。

关键词：雪莱；全球化；新批评；抒情的放逐

Title：Portraits of Shelley in Three Waves of Globalization：On Zhang Jing's *Shelley in China*（1905-1966）

Abstract：In response to Zhang Jing's monograph *Shelley in China* （1905-1966）, this paper discusses the reception of the British poet Percy Bysshe Shelley and his works in China during three periods, and how this process

---

① 作者简介：熊鹰，清华大学中文系长聘副教授，研究方向：比较文学、东亚现代文学、全球史理论。

interacts with China's experience of globalization, literary development and political change. The first appearance of Shelley's portrait in China is closely related to the advanced printing technology in Japan and Liang Qichao's exile activity, reflecting the plurality and complexity of Chinese literary concepts at the time. The reception of Shelley in China during the Anti-Japanese War shows that Chinese poetics is not merely an imitation of Western modernist poetry, but a wartime "creation" by Chinese writers and a pioneering of the world literary traditions at the crossroads of global history. This paper concludes with a discussion of the lull in the study of Shelley's relationship with Chinese literature in the new wave of globalization after 2000, and suggests the need to revisit the subject.

Keywords: Shelley; Globalization; New Criticism; Lyric exile

一、作为原点的画像

据张静的新作《雪莱在中国（1905—1966）》，雪莱画像第一次出现在中国读者面前是在1905年。1905年第14期的《新小说》刊登了三位欧洲诗人的画像，他们是德国诗人席勒和歌德以及英国诗人雪莱（张静，2022：35）。不过，这并非《新小说》第一次刊登作者画像，创刊号上曾刊登俄国大小说家托尔斯泰的画像。在此之前还曾陆续刊登了"英国大文豪拜伦"和"法国大文豪嚣俄"即雨果的画像。事实上，《新小说》上所刊登的画像并不局限于作家，还包括法国著名女优阿底路、意大利王妃、日本皇太子妃的画像；甚至还有日本西京通天枫树、奈良春日神社，美国尼加拉大瀑布以及埃及尼罗河的景色。

《新小说》登载包括雪莱在内的画像与日本先进的印刷技术有关。《新小说》创刊于1902年11月，由梁启超在日本横滨创办。1898年的戊戌政变失败后，梁启超流亡日本，在此期间创办了《清议报》《新民丛报》，并重新展开政治活动。1902年，梁启超又创办了专门的小说杂志《新小说》，并在创刊号上发表《论小说与群治之关系》，提出"欲新一国之国民，不可不新一国之小说"的主张，被视为"小说界革命"宣言书。由于杂志创办于流亡期间，《新小说》的印刷和编辑都在日本横滨，在《新民丛报》活版部印刷。承接《新小说》和《新民丛报》印刷的正是英国华侨冯紫珊和冯镜如两兄弟流亡横滨后创办的活字印刷所。冯氏兄弟是从香港来到横滨侨居地的华侨，两人开办了文经文具店（Kingsell& Co）和致生印刷店（Chee San Brothers）（伊藤泉美，陈宝贵，2011：56－60）。两兄弟来日前，在香港从事的可能正是与印刷业有关的工作（王中忱，2011：105）。

不过，晚清四大小说杂志中除了《绣像小说》没有设置画像的专栏外，其余三家——在上海出版的《月月小说》和《小说林》以及在日本编辑发行的《新小说》——无一例外都设置了画像的专栏（各大杂志在上海的印刷和出版情况如何在此不做赘述）。芮哲非曾指出，"由于20世纪头10年的思想文化与技术的剧烈变革，上海成功超越了北京和其他传统出版中心"（芮哲非，2014：13）。据统计，自1900年到1910年间，包括《新小说》在内的专门刊载小说的杂志已有了18种，而这些小说杂志，除了日本外，主要分布在上海、香港、广州、汉口等殖民地或通商口岸城市。其中，上海有13种，占总数的70%（同上）。《新小说》也在第二卷后迁回上海。由此反观雪莱画像在《新小说》上的出现，可以说，正如德国的印刷术让歌德成了德语文学圈中第一个真正意义上的世界文学作家一样，也正是经由香港流亡至日本的出版资本以及通过传教士传播到亚洲的印刷技术，在中国第一本以"小说"命名的文学期刊出版过程中起到了巨大的作用。雪莱像进入中国的原点所具有的这种历史多线条性在《雪莱在中国（1905－1966）》后续各章中都有显示。正如张静所说，雪莱在中国的译介不是一个单线的过程，而是多个国别文学交互影响的结果，除了"作为源头的英国文学，还有作为中转的日本文学、美国文学和苏联文学"（张静，2022：40），简而言之是在广阔世界文学的空间之中形成的结果。

不过，诗人雪莱的画像出现在一本致力于创造中国新小说的期刊上同时也表明，20世纪初中国文学观念的多元与驳杂。虽然名为《新小说》，期刊上除了有梁启超自身创作的《新中国未来记》外还有着各式各样的哲理小说、侦探小说、科学小说、历史小说、政治小说等不同类型小说，另外还包括传奇、广东戏本、杂记、杂歌谣等不同的文类。现代意义上的文学也好，小说也好，诗歌也好，都尚未定型。作为原点的雪莱画像进入中国广阔的政治和文化语境在提醒我们，雪莱在中国的旅行所牵涉的并不仅仅是现代狭义的文学问题，而是与全球化过程中的中国的方方面面都相关。

　　研究雪莱在中国首先要考察的是中国文学内部的问题。例如，本书第三章所讨论的1925－1937年间对于雪莱的全面译介，正值中国现代文学，特别是新诗创作和理论建设的关键时期。对于雪莱的译介与其说是为了表达对于诗人的敬意不如说雪莱在中国的引介恰逢中国自身现代诗歌转型的需要，是为了借此构想中国自身的文学和诗歌。与此同时，随着对英国文学史、欧洲文学史，甚至世界文学史的译介而进入中国的雪莱更是见证了中国自身对于文学史建构的探索。通过雪莱这样一个小小的窗口，我们会惊奇地发现未名社的韦丛芜、在商务印书馆任编辑的茅盾、已加入中国共产党并在上海从事翻译和工运工作的夏衍、创造社的张资平都曾译介了各类欧洲文学和文艺史。他们各自如何理解雪莱这一问题，以及对于雪莱的同一部作品《为诗辩护》在不同时期的不同理解都会最终导向一些更大的思想或历史问题，例如现代中国的作家们是如何思考文学的意义？如何构想中国文学和世界文学的关系？因而"雪莱在中国"这一命题所提出的问题并不局限于文学，"归根到底是属于中国文化和思想的问题"（张静，2022：40）。

二、在中国开拓世界文学的主流

　　当然，《雪莱在中国（1905－1966）》所提到的中国、中国文化和中国思想并不是一个孤立、静止的主体，而是处于一种全球性的建构过程中。可以说正是全球历史的交互影响，甚至促生了中国雪莱像的构建。在此仅以很能代表中国参与世界历史进程的第四章所谈到的抗日战争期间雪莱在中国的接受为例。据张静介绍，1937－1949年间，不同的报刊中曾刊登出版60多首雪莱诗歌译作。上海"孤岛"时期的《西洋文学》曾连载英国浪漫主义诗歌译介专号，致力于创作新古典主义诗歌的诗人吴兴华和好友宋淇都有雪莱译诗发表；其时在诗坛倡导"抒情的放逐"的诗人徐迟在译诗集《明天》中翻译了十七首雪莱抒情诗；当时重要的诗人袁水拍在左翼刊物《文阵新辑》上也翻译发表了五首雪莱的政治讽刺诗。这一大背景便是，进入现代文学的"第三个十年"以后，上海、北京、香港诗人，甚至以卞之琳、王佐良等为代表的西南联大都不约而同地进入了"抒情的放逐"的时期。

这一"抒情的放逐"恰是一个中国思想和全球历史互动由此产生新的文学形式的绝佳例证。如果从诗歌发展的流派来说，"抒情的放逐"的提出自然是现代派诗歌对于19世纪英国浪漫派诗歌的反驳。这在书中所引的卞之琳的自述都可见一斑（张静，2022：179）。卞之琳在北大英文系原是接受徐志摩的教导，喜爱诸如雪莱等19世纪浪漫派诗人的。但在后来的"代课老师"叶公超的影响下，逐渐转入现代派，并在叶公超的嘱咐下为《学文》创刊号专门翻译了艾略特的论文《传统与个人才能》。他自认为这些不仅影响了自己20世纪30年代的诗风，"而且大致对三四十年代一部分较能经得起时间考验的新诗篇的产生起过一定的作用"（卞之琳，2002：188）。吴兴华也曾在1940年的文章中提到，雪莱被西方的评论家认为是极坏的诗人，大部分就是因为艾略特在他的《诗的用处和批评的用处》中对雪莱加以攻击的缘故（张静，2022：186）。事实上，张静认为，艾略特及其新批评理论家们对雪莱的贬低正是雪莱不再受到学院派诗人欢迎的主要原因。而雪莱的原罪之一便是利用诗歌表达各种政治观点，即雪莱在《为诗辩护》中提出"一个伟大民族觉醒起来为实现思想上或制度上的有益改革而奋斗当中，诗人就是一个最可靠的先驱、伙伴和追随者"（同上：187）。在这种情况下，雪莱在这一时期的译介情况应当是不妙的。

然而，有意思的是，《雪莱在中国（1905－1966）》恰恰把年轻的诗人们在命运不定的时代里对于雪莱所做的解读的内在矛盾性表现了出来。一方面，张静看到，战时以袁水拍为代表的左翼诗人看到的恰恰是这种诗歌可以进行"思想上或制度上的有益改革"的革命理论，艾略特的诗学批评恰恰使得雪莱的形象伴随着马克思和恩格斯的肯定，作为革命诗人的身份被固定了下来。另一方面，更为重要的是，正如张静所指出的那样，抒情和浪漫主义本身并未真正地被放逐。40年代，中国处于"一个充溢着民族复兴、人民革命和个性解放热情的大时代，在这样一个急需抒情的时代，要完全拒绝抒情与反抗的浪漫典范雪莱，其实是不大可能的"（同上：

187）。浪漫主义或许正是中国现代史的独特性所决定的诗学品质。由此我们或许可以重新考虑"抒情的放逐"的历史建构性。

事实上，现有文学史叙述中有关"抒情的放逐"与艾略特诗论的关系被夸大了。或者确切地说，这样的论述是战后才建构起来的，并不足以显示30年代中国历史和文学的复杂性。徐迟等人在战时放逐抒情并非仅仅源于艾略特现代派诗歌范式对于浪漫派的反拨。徐迟的《抒情的放逐》发表在《顶点》1939年第1卷第1期的创刊号上。与《抒情的放逐》同时刊登的还有艾青的《诗的散文美》。以往的研究往往都过于关注现代派理论对于中国诗歌创作和理论的影响，而不太注意《顶点》的自我定位。无论如何，由戴望舒和艾青创办的《顶点》首先是一个抗战时期的刊物，"她不能离开抗战而应该成为抗战的一种力量"，因而，创办者们"不拟发表和我们所生活着的向前迈进的时代远离的作品"（戴望舒，艾青，1939：60）。也就是说，被通常津津乐道为现代派的诗学主张无论如何都脱不开中国抗战的具体语境。

《抒情的放逐》发表前，恰逢英国诗人奥登（Wystan Hugh Auden）和依修伍德（Christopher Isherwood）在抗战期间访问中国，徐迟的老友戴望舒在其主编的《新诗》和《星岛日报》的星座文艺版上都曾刊登和介绍过奥登。在戴望舒的建议下于1938年5月到达香港的徐迟，不可能不受到戴望舒的影响。此时的现代派诗歌理论，准确地说应该是经过香港中介、与以奥登为代表的20世纪30年代英国自身现代诗歌发展脉络紧密相关的现代派理论，而非仅仅是来自艾略特诗学的影响。在香港，戴望舒、徐迟、冯亦代等人忘我地将他们对于现代派文学的追求和中国抗战的现实结合了起来。冯亦代曾回忆道，他在香港所从事的便是美国现代派作家海明威的翻译，而这正是由于戴望舒的影响，在香港的年轻作家们对于西班牙内战的关心所致。这是冯亦代首次翻译的文学小说，在此之后，他"为姚苏凤主编的《星报》副刊译 W. H. 奥登和 C. 伊雪乌德合作的《一个战争的旅行》（发表时改名为《中国之行》)"（冯亦代，1987：221）。

时至1939年中华全国文艺界抗敌协会香港分会在地下党的领导下组织文艺通讯部时，冯亦代又和黄绳、黄文俞、徐迟等共同协助工作，并直接接受杨刚和乔冠华（彼时用笔名乔木）的领导。当时，文艺通讯部的主要工作便是与香港的文坛进行辩论和斗争。据冯亦代自述：

文艺通讯部成立以后，打了几次漂亮仗，最使我不能忘记的，是和国民党文人胡春冰等人的关于抗战时文艺应该写些什么的论争。我们认为抗战时文艺应为抗战服务，写有血有肉的内容，而他们则提倡用虚假的文字来掩饰感情上的空虚，形成一种新的风花雪月的文风。这一事件我们以杨刚为主将，以"文通"的文艺青年为尖兵，立下了阵脚。（同上：222）

香港是当时全国整体文坛斗争状况的一部分。"中华全国文艺界抗敌协会"在武汉成立以后，为了迅速反映全国抗日救国的情况，提出"文章下乡、文章入伍"的口号，并提倡报告文学和文艺通讯运动。徐迟等人在香港也是根据这一时代状况与风花雪月的国民党系的报纸进行了斗争。徐迟也在同一时期发表了诗歌《述语》，在其中表达"我要的是一个真正的动词来做我的述语"的渴望：

虽然我是主语，而我也很有一些述语，
每一句我应该有一个述语机能完成的。
可是在这里我似乎不大懂得文法了，
我的述语使我无论如何不适合，
没有一个"动"词可以做我的述语吗？

我"买"外汇"跳"舞"游"泳"喝"啤酒"吃"三明治，
我不要这样的述语他们不适合我。（徐迟，1939：25）

卞之琳也在 1940 年以后出现了一个由抒情向叙事的风格变化，在1938 年后半期至 1939 年写作了许多叙事作品，"即使诗作如《慰劳信集》，也多是叙事兼带着抒情的"，这是他清理了游击战之后的人生立场的转变（解志熙，2013：395）。

成为年轻的中国诗人们榜样的正是以诗人和剧作家奥登、小说家依修伍德、诗人和学者麦克尼斯等为代表的，出生在 1904 年至 1909 年之间的"布隆斯伯里学派"（the Bloomsbury Group）的第二代。他们的世界被 1929 年的世界经济恐慌、1931年的"九·一八"事变、西班牙内战、法西斯主义等世界性的事件所搅动。1938年春，奥登和依修伍德来到汉口，用自己的文学向西方读者展现中国抗战的实况，由此形成了独特的政治与文艺相结合的、以所谓"现代派为特点的当代世界文学主流"，"在文学和艺术上的创新与成就开辟了英国文学的新纪元"（叶君健，2010：153）。与奥登一样被誉为英国当代诗坛三杰之一的史本德（Stephen Spender）曾认为，奥登在中国所写的十四行诗，是他截至那时所写诗歌中最好的一部分（解志熙，2013：351）。正是中国战场激发了奥登英国现代诗歌的创作。而奥登和依修伍德的创作又再次影响和鼓舞了中国年轻的诗人们，使他们可以在中国开拓继续世界文学的前沿。

等到年轻的诗人们到了重庆以后，徐迟翻译了雪莱抒情诗选《明天》、方然翻译了《解放了的普罗米修斯》。这两本书都由一家名为雅典书屋的出版社出版。这是由和徐迟一起从香港逃难出来的文艺通讯部的成员盛舜在桂林主办的出版社（徐迟，2006：319）。这家出版社的建立可能与茅盾的领导有关。据冯亦代回忆，茅盾和叶以群在日本占领香港后，也先后返抵重庆。当时茅盾提出要办一个中外文化联络社，为解放区及大后方的作家开拓在海内外中文报刊发表文学作品的机会，社长由茅盾亲自担任，叶以群任总编辑，盛舜和其夫人李少芳就担任编辑、油印、抄写和发行的各类具体工作（冯亦代，2004：175）。不过具体情况尚待确认。徐迟自己也提到过，那时茅盾曾通过叶以群来关照自己，因为当时懂希腊文的几乎没有，因而希望徐迟能够在这方面有所努力（徐迟，2006：319）。因而，当时的徐迟在翻译中强调诗人作品中的恨和"反暴虐（Tyranny）"，大约和他自身"攻读希腊文，研究、翻译希腊史诗，借雅典市民的民主精神，讽喻国民党反动派的专制独裁"的初衷有关（何火任，1990：236）。20年代中后期，茅盾曾从比较神话的角度专门从事过希腊神话的研究。而此时，希腊神话和文学所具有的意义已经超出了纯粹神话的范畴，而被赋予了现实的血肉之身。可见，"抒情的放逐"以及战时对于雪莱的理解不能说全部都是缘于艾略特的文学批评，至少有一部分原因是因为抗战的现实所迫，是中国诗人和作家在战时的"创造"，也是在全球历史的交汇处对世界文学传统的开拓。

与卞之琳、徐迟、戴望舒等生活和写作在抗战第一线的作家不同，张泉曾批评过长居沦陷区的宋淇、吴兴华等人参与编辑的《燕京文学》。他认为上面发表的内容"与现实社会的联系较少。其中的不少诗文显示出作者对中西文化的广泛涉猎和深入理解，具有学院气和唯美主义倾向"（张泉，2005：85）。也许就是在这较为学院化的语境中，宋、吴二人选择了雪莱对于世界进行智性探索的作品进行译介。但是，即便这样，战争的现实并没有就此放过早已习惯了学院生活的诗人。1941 年 11 月燕京大学被接管，改为"华北综合调查研究所"。吴兴华也因之失去了教职和经济来源，两个妹妹在战时先后病故，弟弟以及他本人皆染上肺病。《燕京文学》也在这时迎来了最后一期。

三、重写文学史的可能与意义

通过历史现场的还原，我们或许能够对长期以来占据着文学史进化论顶端、持有合法性和正当性的艾略特诗学做出一些反思。40 年代的现代诗学的确借鉴了一些艾略特的理论，但这肯定不是全部。然而到了战后，40 年代中国诗歌创作和诗学理论上的各种历史复杂性以及曾经在西班牙内战和世界反法西斯战争等全球历史进程中发展起来的诗学主张并未得到及时的理论总结。收录了活跃于 40 年代战时诗歌刊物上的九位诗人作品的《九叶集》也是直到 1981 年才出版。

在此之前占据话语主流的是艾略特的诗学主张。据赵毅衡介绍，自 1929 年瑞恰慈《科学与诗》首次在中国翻译后，"如果不是抗战打断了这个中西思想畅通交流，新批评的思想会深厚地影响中国现代文学的进程"（赵毅衡，2012：141）。而在 60 年代中国没有持续进行新批评理论翻译的这段时间里，艾略特诗学及其新批评理论的主要阵地是台湾和香港。

与吴兴华一起创办《燕京文学》并翻译雪莱的宋淇于 1949 年 5 月移居香港，1952 年起任美国新闻处编译部主任。此时的宋淇还在继续展开有关现代派诗歌超越"五四"浪漫主义思潮的文学史叙述："五四以来，中国的新诗走的可以说是一条没有前途的狭路，所受的影响也脱不了西洋浪漫主义诗歌的坏习气，把原来极为宽润的领土限制在（一）抒情和（二）高度严肃性这两道界限中间。我们自以为解除了旧诗的桎梏，谁知道我们把自己束缚得比从前更紧"，因为"现代诗早已扬弃和推翻了 19 世纪诗的传统而走上了一条康庄大道"（林以亮，1976：3）。而他所倚重的文学理论也的确还是艾略特及其新批评派的文学理论。例如，宋淇在《美国文学批评选》中的序言里谈道，"二十世纪文学思想的主要潮流之一就是对十九世纪浪漫主义的反抗、批判和重新估价"，在方法上，例如新批评的干将泰德的"诗的三型"就是用现代诗所启发出来的"新的敏感"和现代批判所建立起来的"新的方法学"来批判浪漫主义的诗歌。

由于缺少了卞之琳、徐迟、戴望舒等在中国内部随着抗战部队移动和迁徙的经历，40年代的抗战经历似乎并没有为宋淇等人的诗学主张带来太多的变化。《美国文学批评选》除了进一步介绍艾略特的文学主张外，更是直接标榜美国文学批评家的"学院"身份。宋淇在序言中写到，大部分的作者都"或迟或早，或多或少在学校中担任过教席。有的在学校任教之后，再从事于其他文化方面的工作"，他们中的"大多数则从未脱离过学校生活"（林以亮，1961：1－2）。体制化，在各个大学拥有教职，拥有定期出版物，获得丰厚的基金捐助，这些都是战后新批评派的一些主要特点。到《理解诗歌》出版的1950年，新批评的主要干将都已是著名大学的教授：布鲁克斯、韦勒克和维姆萨特是耶鲁大学的教授，布莱克默是普林斯顿大学的教授，伯克是本宁顿大学的教授，艾略特刚刚获得诺贝尔文学奖，克里格和兰塞姆是肯庸大学的教授，瑞恰慈是哈佛大学的教授，泰特在明尼苏达大学任教，温特斯是斯坦福大学的教授。新批评的同仁们都处于权威地位，他们能够通过出版物和日常教学传播他们的思想。也就在这个时候，针对研究生和教授的、由雷内·韦勒克和奥斯汀·沃伦合编的《文学理论》出版了（Leitch，2010：35）。此时，艾略特及其新批评派已经不仅仅是文学理论了，而是冷战时期与美国所扶持的现代主义的主流话语所配套的文化武器。但在学院化的新批评理论的支撑下，诗歌不再具有40年代中国诗人们所强烈追求的"述语"特征。反抒情并未带来更为积极的散文化或叙事性的诗歌创作，而是在意象繁复的迷宫中打着转转。

80年代，"文革"结束后，中国的外国文学研究和比较文学研究要如何梳理自身的历史呢？外国文学领域，最先得到系统性整理和复苏的正是现代主义。大约在1979－1984期间，由袁可嘉、董衡巽、郑克鲁选编，收入现代派名下十个主要流派和这些流派之外的现代派重要作家的代表作数百篇的四卷本《外国现代派作品选》陆续出版。四卷主要关注的流派是后期象征主义、表现主义、未来主义、意识流、超现实主义、存在主义、荒诞文学、新小说、垮掉的一代、黑色幽默等（王德领，2016：48-49）。同一时期，上海译文出版社自1979年起推出的"外国文艺丛书"也较为关注表现主义文学代表作家卡夫卡的《城堡》，存在主义作家阿·加缪的《鼠疫》，荒诞派戏剧作家贝克特、尤奈斯库、阿尔比、品特四人剧作的合集《荒诞派戏剧集》，意识流小说作家乔伊斯的《都柏林人》，黑色幽默派作家约瑟夫·海勒的《第二十二条军规》，法国新小说派代表作家阿·罗伯—格里耶的《橡皮》《博尔赫斯短篇小说集》，马尔克斯的《加西亚·马尔克斯中短篇小说集》，卡尔维诺的《一个分成两半的子爵》，辛格的《卢布林的魔术师》等（同上）。相比之下，曾经予以中国诗人以重要影响的奥登的研究较为寡淡，除了卞之琳、穆旦、王佐良等陆续有一些诗选和译文外，注意到这支现代派支流的人非常少。在文学批评界，新批评是80年代文坛复苏后的主流，被认为是被"社会主义现实主义"理论粗暴统治的三十年中中国知识分子心中隐藏的生生不息的潜流（赵毅衡，2012：142）。

据张静介绍，中国内地对雪莱与中国现代文学关系的研究，正是"文革"结束后才得以深入展开的，在此期间，20世纪70-90年代国外最新的雪莱研究也被陆续译介到国内。如果从上述新批评与现代主义略有错节的视角来重新审视70-90年代中国学者对于雪莱研究的关注，不知又会得出怎样的结论呢？让人吃惊的是，本以为70-90年代中国大陆对雪莱与中国现代文学关系的研究势头会继续下去。不料，"2000年《雪莱全集》的出版标志着中国雪莱研究进入新阶段，但新世纪对于雪莱及其与中国文学关系的研究却渐趋冷寂"（张静，2022：37）。这种情况在张静看来，是由于有关雪莱与中国文学关系之研究大多是"只言片语或语焉不详"（同上：38）。为何90年代以后，中国学界对于雪莱和中国现代文学的关系不再有兴趣？中国于2001年12月11日正式加入世贸组织。可以说，2000年至最近几年之间的这二十多年恰是中国最全面而深入地卷入全球化的过程，中国作为世界参与者的经验，中国文学的"世界性的因素"（陈思和，2011：100）难道不应该在这一时期继续被提起吗？

2000 年以后，学界最为流行的恰恰是《想象的共同体：民族主义的起源与散布》《现代日本文学的起源》等以结构主义的方法重新思考民族、国家、启蒙、知识分子、现代性等概念的后学之作。经济全球化和理论全球化带来的却正是曾经的世界主义想象的丧失。与此同时，80 年代之后所形成的文学和政治的二元对立的思维也让雪莱这样多面的作家在市场经济单一的逻辑中进一步变得支离破碎，甚至不可解。"只言片语或语焉不详"是在所难免的。一个悖论就此发生了：以全球化为依托进入中国、并且在 30 年代世界反法西斯战争中得到全面译介和转化的雪莱，恰恰在 2000 年以后中国走入全球化的鼎盛时期变得支离破碎了。张静所做的工作便是要追根溯源，回到历史现场，"以不同时期和不同国别的评论家对雪莱的理解和阐释为参照系，对雪莱在中国的译介资料进行详细梳理和细致分析，力图比较全面地描述并分析雪莱在中国的传播与接受"。描绘出中国现代文学的"世界性因素"以及与全球历史共生的现代文学史便是张静在 2003 年开始研究生学习后一贯坚持至今的工作，雪莱像是一个重要的起点。

参考文献

［1］艾青，戴望舒. 编后杂记［J］. 顶点，1939（1）：60.

［2］卞之琳. 卞之琳文集（中卷）［M］. 合肥：安徽教育出版社，2002.

［3］陈思和. 中国文学中的世界性因素［M］. 上海：复旦大学出版社，2010.

［4］冯亦代. 历史的轨迹 1939 – 1950——中国文艺界搞敌协会香港分会文艺通讯部、香港青年文艺研究社、香港秋风歌咏团纪念文集［M］. 广州：广东人民出版社，1987.

［5］冯亦代. 大家文丛：冯亦代［M］. 祝勇编. 苏州：古吴轩出版社，2004.

［6］何火任. 中国当代名作家小传［M］. 北京：文化艺术出版社，1990.

［7］解志熙. 文学史的"诗与真"：中国现代文学文献校读论集［M］. 北京：北京大学出版社，2013.

［8］林以亮. 美国诗选［M］. 台湾：今日世界出版社，1976.

［9］林以亮. 美国文学批评选［M］. 台湾：今日世界出版社：1961.

［10］［美］芮哲非. 谷腾堡在上海：中国印刷资本业的发展（1876 – 1937）［M］. 张志强等译. 北京：商务印书馆，2014.

［11］王德领. 混血的生产：二十世纪八十年代对西方现代派文学的接受［M］. 台湾：花木兰出版社，2016.

［12］王中忱. 越界与想象：20 世纪中国、日本文学比较研究论集［M］. 北京：中国社会科

学出版社，2001．

［13］徐迟．述语［J］．顶点．1939（1）：28．

［14］徐迟．我的文学生涯［M］．天津：百花文艺出版社，2006．

［15］叶君健．叶君健全集（第17卷）［M］．北京：清华大学出版社，2010．

［16］［日］伊藤泉美，陈宝贵．横浜侨居地中国人的印刷业［J］．中国印刷，2001
（8）：56－60．

［17］张静．雪莱在中国（1905－1966）［M］，北京：北京大学出版社，2022．

［18］张泉．抗战时期的华北文学［M］．贵阳：贵州教育出版社，2005．

［19］赵毅衡．新中国六十年新批评研究［J］．浙江大学学报（人文社会科学版），2012
（1）：139－147．

［20］ Leitch, Vincent B. *American Literary Criticism Since the 1930s* ［M］. New York：
Routledge,2010.

雪莱的中国面孔

狄霞晨①

摘要：雪莱从未到过中国，却在20世纪的中国拥有众多拥趸者。张静新著《雪莱在中国（1905－1966）》通过对雪莱在中国译介传播史的梳理展示了雪莱别具一格的中国面孔。《伤逝》中的雪莱像是小说男女主人公心中的浪漫偶像，蕴含着鲁迅丰富的言外之意。徐志摩是雪莱式的中国诗人，雪莱视角的引入为我们理解徐志摩的诗歌本质乃至其思想、情感提供了重要的参照。邵洵美唯美颓废的诗风虽存争议，他晚年对雪莱诗剧的倾心翻译却堪称其最高的文学成就。新文学家以小说、诗歌、翻译等形式来阐释、书写乃至模仿雪莱，反映了20世纪中国文人情感与思想的深刻变迁。

关键词：雪莱；鲁迅；《伤逝》；徐志摩；邵洵美

Title：Shelley's Chinese Faces

Abstract：The British poet Percy Bysshe Shelley has never came to China, but he has many fans in 20th century China. Zhang Jing's new book *Shelley in China*：1905－1966 shows Shelley's various faces in China by reviewing the history of Shelley's reception and translation in China in the 20th century. Shelley in Lu Xun's novel"Sadness"（*Shangshi*）is a romantic idol, which implies a lot.

---

① 作者简介：狄霞晨，上海社会科学院文学研究所副研究员，研究方向：中国近现代文学、比较文学。

Xu Zhimo is a Chinese poet of Shelley's style, and Shelley provides an important point of reference for us to understand the nature of Xu's poetry, as well as his thoughts and feelings. Although Shao Xunmei's aesthetic and decadent style of poetry is controversial, his high standard of translation of Shelley's poems and plays can be regarded as his highest literary achievement. The new literati interpreted, wrote, and even imitated Shelley in novels, poems, and translations, reflecting the profound changes in the emotions and thoughts of Chinese literati in the twentieth century.

Keywords: Shelley; Lu Xun; "Sadness" (*Shangshi*); Xu Zhimo; Shao Xunmei

对于大部分中国读者而言，雪莱是个既熟悉又陌生的名字。这位英国浪漫主义诗人年仅三十就覆舟而亡，却给世人留下了众多至纯至真的诗。他出身贵族却与家庭决裂，反对婚姻制度却两度私奔成婚，在基督教国家宣扬无神论而被视为恶魔，性格脆弱敏感却执着于正义与美的追求。他生前读者寥寥死后却声名鹊起，从未到过中国却在 20 世纪中国收获了许多异国知己。张静新著《雪莱在中国（1905 - 1966）》向我们展示了他们的名字：鲁迅、苏曼殊、周作人、徐志摩、沈从文、胡也频、邵洵美、吴宓……1905 - 1966 年，雪莱的中国面孔如同月亮般变幻无定：他既是鲁迅笔下的恶魔诗人，也是苏曼殊眼中爱的哲学家，他惊世骇俗的婚恋观引得徐志摩、吴宓、于赓虞等崇拜者将其视为追求婚恋自由的浪漫偶像并有意模仿。他们阐释雪莱、书写雪莱、模仿雪莱，用小说、诗歌与翻译等文学形式呈现出这位英国 19 世纪浪漫主义诗人的中国面孔。雪莱如镜，映射出 20 世纪中国文人情感与思想的嬗变与超越。

一、鲁迅：《伤逝》中的雪莱密码

对于鲁迅唯一一篇爱情小说《伤逝》的解读，历来众说纷纭。读者多将故事情节对应于鲁迅个人婚恋经历来理解，而周作人却认为"《伤逝》这篇小说大概全是空想，因为事实与人物我一点都找不出什么模型或依据。……乃是借假了男女的死亡来哀悼兄弟恩情的断绝"（周作人，

翻译著述评介

357

2009：603）。也有人结合克尔凯郭尔的《诱惑者日记》、铃木三重吉的《金鱼》、森鸥外的《舞姬》、易卜生的《玩偶之家》、阿尔志跋绥夫的《妻子》等外国作品来对其进行种种解读，但并未形成定论。

张静通过对小说中雪莱画像的细致考证，提出了"浪漫偶像"说（张静，2022：35），提示了雪莱对于涓生与子君爱情的关键性意义，打开了另一条理解《伤逝》的通路。雪莱不仅是涓生用以启蒙子君打破家庭专制、旧习惯及追求男女平等的文学先驱，还是二人爱情的象征——当爱情消失时，雪莱像也不知所踪了。小说中有一个引起许多读者兴趣的细节：

> 壁上就钉着一张铜板的雪莱半身像，是从杂志上裁下来的，是他的最美的一张像。当我指给她看时，她却只草草一看，便低了头，似乎不好意思了。（鲁迅，2014b：54）

涓生指给子君看雪莱半身像时，为什么她只草草一看便低了头？小说中，涓生对子君低头的理解是"大概还未脱尽旧思想的束缚"（同上），不想子君竟然喊出了"我是我自己的，他们谁也没有干涉我的权利"（同上）这样振聋发聩的革命性话语，让涓生对于中国新女性刮目相看，将子君视为缪斯的同时也在其鼓舞下重新燃起了新生的勇气。这时的子君，正是在雪莱以及雪莱式导师涓生的启蒙下开始追求自由恋爱的。

如果说曾经的子君还是个未脱尽旧思想的少女，那么涓生如何用雪莱来启蒙子君就成了关键。小说中仅用"谈雪莱……"带过，为读者留下了无尽的遐想空间。这里的省略号或许省略掉了一些足以让子君脱胎换骨的内容，不可轻轻放过。其实，早在《摩罗诗力说》中，鲁迅就将雪莱塑造为一位"抗伪俗弊习以成诗"（鲁迅，2014a：100）的精神界战士，不妨通过此篇来一探鲁迅的雪莱观。张静通过对比滨田佳澄的《雪莱》（同上）及鲁迅《摩罗诗力说》发现：比起雪莱生平，鲁迅更重视其著作所传达出来的思想。他推崇诗剧《解放了的普罗米修斯》，尤为赞赏普罗米修斯为了人类"爱与正义自由"（同上）的自我牺牲以及不畏强权的反抗。另外一部诗剧《黏希》（*The Cenci*）因讲述女子黏希弑杀毒虐之父的故事而备受批评，鲁迅却为之鸣冤并搬出中国《春秋》为其声援。他赞赏雪莱抗击"伪俗"、由破坏而革命，实为"神思之人，求索而无止期，猛进而不退转"（同上），也期待通过对雪莱等摩罗诗人之诗来唤醒沉睡众生之心，打破一切桎梏，从而获得新生。换言之，早在 1908 年，鲁迅眼中的雪莱就是一位反抗伪俗的精神界战士，是普罗米修斯般为了人类爱与正义自由甘愿自我牺牲的革命诗人；而 20 年代的雪莱更是被中国读者赋予了浪漫偶像的意味。

在这一思路下理解子君的低头，恐怕就不能从"未脱尽旧思想"的男性视角去理解了，更不能从雪莱像裸露的肌肤去设想子君因此而感到害羞。恰恰相反，子君正是领略到了雪莱像作为浪漫偶像的革命性意义而低头的。雪莱是自由恋爱的追求者，他反对婚姻制度，认为结婚是一种可耻又不道德的行为。他认为男女应该因爱情而结合，感情破裂之后的同居是一种酷刑。涓生启蒙子君恰似雪莱启蒙其前妻哈丽雅特，暗示了二人未来的关系走向。雪莱反对父母将子女视为私有财产，"我是我自己的"正是雪莱与家庭决裂时的态度。涓生指给子君看雪莱画像，下意识地通过雪莱来暗示自己对子君难以启齿的爱恋；子君敏锐地感受到了这一载体的言外之意并低头，一方面也是掩饰自己已经捕捉到涓生的心意而产生的复杂情感表现，一方面是为如何回应涓生突如其来的"告白"而作出思考的自然反应。"我是我自己的"正是其掷地有声的回应，一如哈丽雅特与雪莱私奔时的态度。

如果说《摩罗诗力说》是鲁迅发现雪莱的第一步，《伤逝》就是雪莱式婚恋观在中国新文学中的试验。如果我们将雪莱的背景带入到对《伤逝》的解读之中，许多问题便会迎刃而解。由于鲁迅并未对子君及涓生的个人背景做充分的交代，随着小说情节的推进，便出现了许多令人不解之处。譬如，涓生与子君同居之后为何会失去工作？他失业后为何不求助于自己的家庭？子君是如何死的？涓生的结局如何？如果能够解开鲁迅在《伤逝》中有意设置的雪莱"密码"，也许可以跳出对鲁迅私人恋爱经历的索隐，借助雪莱的人生经历来理解《伤逝》：

> 精神界战士涓生是不容于世的狂人，也是女学生子君的启蒙者。涓生与自己的家庭已经决裂。孤独的涓生虽然不满于婚姻制度，但他与子君不容于世俗伦理［雪莱是因阶级差异］的恋爱已经引起了世人非议，迫使二人公开同居。同居后的涓生因失业［雪莱是因哈丽雅特

姐姐的强势介入] 而中断了对子君的启蒙，二人精神世界逐渐断裂而失衡。涓生因子君变得庸俗可厌而与其分手，践行了雪莱式的爱情观，却导致了子君的死亡 [哈丽雅特投水自尽]。

除了 [ ] 中的内容略有不同之外，《伤逝》男女主人公的爱情经历几乎和雪莱与哈丽雅特如出一辙。恰如张静所言："男主角涓生在墙壁上悬挂了一张雪莱半身像，并设置女主角子君看到雪莱的肖像时脸红的细节，这有着强烈的隐喻色彩——雪莱意味着浪漫、自由、革命、不顾世俗追求爱情，这是雪莱在中国受到年轻人欢迎的现实体现。但也正因此，涓生和子君的爱情悲剧从一开始就埋下了伏笔，这悲剧跟雪莱与前妻哈丽雅特的感情悲剧何其相似！"（张静，2022：265）

毋庸说，雪莱爱情至上的婚恋观与中国儒家以家庭至上的伦理观是水火不容的。雪莱画像在《伤逝》中强烈的隐喻意味也预示了这对破坏旧制度的新情侣最后的精神困境。在 20 世纪初的中国践行雪莱爱情观的结果是众叛亲离，想效仿云雀振翅高飞，结局却令人叹息。子君的结局是死，那么涓生呢？有三个细节共同暗示了涓生最后的结局。一是"涓生"发音同"捐生"，即舍弃性命。把"捐"改为"涓"，似乎指向了雪莱覆舟而亡的结局。二是周作人所说的"借假了男女的死亡来哀悼兄弟恩情的断绝"。小说中明明只写到了女主人公的死，周作人却说"男女的死亡"，恐怕另有深意。此外，藤井省三发现《伤逝》作于《孤独者》完稿四天之后，两篇小说都采用了留白的创作方式，存在一定的互文性，涓生与魏连殳都曾是雪莱式的"精神界战士"，而《孤独者》中魏连殳的结局是孤独死去（藤井省三，2014：1 - 10）。毕竟鲁迅在《摩罗诗力说》中将雪莱之死阐发为哲学家之死："人居今日之躯壳，能力悉蔽于阴云，惟死亡来解脱其身，则秘密始能阐发"（鲁迅，2014a：102），即认为"人被束缚在身体这个躯壳内而无法掌握完整的生命意义，只有死这一刻将临时才能完成生命的圆满"（张静，2022：49）。这正是子君涓生 [君子捐生] 的一种解读，让人联想到《药》中以秋瑾为原型的夏瑜之死。

小小的一幅雪莱像，却是鲁迅隐藏在《伤逝》之中的图像密码。若无张静的有心爬梳，恐怕很难借由雪莱解读出《伤逝》如此丰富的言外之意。

二、徐志摩：雪莱式诗人的陨落

如果说创作《伤逝》的鲁迅是雪莱式小说家的话，那么徐志摩堪称雪莱式诗人。尽管徐氏曾自陈"我最爱中国的李太白，外国的 Shelley"（徐志摩，1994：461），他的知己好友也"莫不将志摩认做雪莱"（吴宓，1936：584），现有的徐志摩研究中却极少看到有对二人的深入比较。在这一方面，张静做了许多开拓性的工作。她从时人对雪莱与徐志摩二人的相似性评价、徐志摩对浪漫偶像雪莱的模仿以及徐氏诗歌创作受雪莱的影响等诸多方面层层展开，立体呈现出一个雪莱式诗人的成长与陨落。

作为二三十年代中国青年的浪漫偶像的雪莱拥有众多中国模仿者，徐志摩、胡也频、沈从文、吴宓等文人都在其列，其中被公认为最像雪莱的就是徐志摩。在这一点上，就连关系微妙的林徽因与陆小曼都达成了某种一致。林徽因由沈从文的感情困扰"想到雪莱，也回想起志摩与他世俗苦痛的拼搏"（林徽因，1999：354 - 355），而陆小曼则追忆亡夫"平生最崇拜英国的雪莱，尤其奇怪的是他一天到晚羡慕他覆舟的死况。他说：'我希望我将来能得到他那样刹那的解脱，让后世人谈起就寄予无限的同情与悲悯！'"（陆小曼，1981：104）尽管徐志摩与鲁迅因种种事端陷入派系冲突之中，他们对雪莱之死却有相似的理解。不同的是徐志摩不但心生羡慕，还有意效仿。

人类在 19 世纪初还无法飞上天空，雪莱却一再在其诗作中书写飞翔。其代表作《致云雀》描绘了一只欢快、天真的云雀在天地之间日夜飞翔："你从大地一跃而起，/往上飞翔又飞翔，/有如一团火云，在蓝天/平展着你的翅膀，/你不歇地边唱边飞，边飞边唱。"（雪莱，1958：105）他将这只云雀比作诗人："好像是一个诗人居于/思想底明光中，/他昂首而歌，使人世/由冷漠而至感动，/感于他所唱的希望、忧惧和赞颂"。（同上：106 - 107）他甚至为云雀赋予了思想，认为它对死亡有深沉的认识："对死亡这件事情/你定然比人想象得/更为真实而深沉/不然，你的歌

怎能流得如此晶莹?"(同上:109)

换言之,雪莱已将自己的灵魂倾注在这只云雀身上。在他看来,云雀的歌声之所以感人心扉,正是因为它对万事万物毫无保留的爱。云雀将自己奋不顾身的呐喊化作了人类耳中晶莹美妙的歌声,用自己最曼妙的歌喉唤醒世人心中的冷漠,却将自己的痛苦深埋于心。正是因为它对于死亡有超凡脱俗的理解,所以更加珍惜生命所赋予的美妙歌喉。

在另外一首著名的爱情长诗《心之灵》中,雪莱在诉说对少女爱米丽的痴恋时书写飞翔:"像昏眩的灯蛾,我的飞翔/是黄昏时分一片枯叶的飞腾/因为我要往金星落处的天空/去求灿烂的死,去找那火的墓陵,/好似飞蛾扑往世间的一盏灯。"(同上:263-264)这飞蛾扑火般的"灿烂的死"与云雀呕心沥血而唱出的动人歌谣异曲同工,都是"精神界战士"为了美、自由与正义所付出的代价。

迷恋于雪莱式飞翔的徐志摩在其诗文中也时常流露出对于飞翔的渴望。无论是"假如我是一朵雪花,翩翩的在半空里潇洒"(徐志摩,1987:71),还是"雁儿们在云空里飞,看她们的翅膀"(同上:298),抑或是散文《想飞》中对人类原本就会飞翔的孩童般理解:"人们原来都是会飞的。天使们有翅膀,会飞,我们初来时也有翅膀,会飞。……我们一过了做孩子的日子就掉了飞的本领。"(徐志摩,2000:252)张静还指出徐志摩的《黄鹂》一诗几乎就是雪莱《致云雀》的中文简写版:"一掠颜色飞上了树。/'看,一只黄鹂'!有人说。/翘着尾尖,它不作声,/艳异照亮了浓密——像是春光,火焰像是热情。//等候他唱,我们静着望,/怕惊了它;但它一展翅,/冲破浓密,化一朵彩云;/它飞了,不见了,没了——像是春光,火焰,像是热情。"(徐志摩,1987:257)尽管雪莱在《致云雀》中表达的意义更为丰富,但徐志摩的《黄鹂》则融入了伤春悲秋的中国情调,黄鹂没有像云雀那般发出美妙的歌声就已消失不见,恰如昙花一现的春光、火焰与热情。

雪莱与徐志摩都是"美与爱与自由"人生的追求者,他们把对自然万物之爱写成诗句,也保持着孩童般天真率直的品性。徐志摩的恋爱也极像雪莱,如其知己温源宁所言:"志摩和女人的关系是完全和雪莱一样,也许有女子以为志摩曾经爱过她,实则他仅仅爱着他自己内在的理想的美的幻像。"（温源宁，1934：43）他最终折翼于云端，一如雪莱在海上暴风雨中迎接"灿烂的死"。他们都在而立之年以令人意想不到的浪漫姿态陨落，成了世人心中传奇的青春诗人偶像。

将徐志摩列入雪莱模仿者的中国文人行列并不会有损其独创性。相反，由雪莱切入徐志摩其实为理解徐氏的诗歌本质乃至其思想、情感提供了更为重要的参照系，也是比较文学研究的题中之义。雪莱不仅照亮了徐志摩的美、爱与自由，也照亮了他身上久被人忽略的、作为"精神界战士"的革命性面向。

三、邵洵美：雪莱译者的发现

邵洵美在中国现代文学界虽不及鲁迅与徐志摩的名声响亮，但兴趣广泛的他在其他领域也有一些过人的成就。在出版界，他所创办的上海时代图书公司出版过《论语》《万象》《时代画报》《人言》等多种刊物，风行一时；剑桥的学习生涯让邵洵美对西方诗歌与艺术产生了浓厚的兴趣，成为了中国唯美颓废派的代表诗人；作为世界文学爱好者的他经常出入于沪上"花厅夫人"弗里茨太太的文艺沙龙之中，成了当时极少数能够融入外国文艺圈的中国文人之一，由此结识了美国女作家项美丽（Emily Hahn）、墨西哥画家米格尔·柯瓦鲁比亚斯（Miguel Covarrubias）等人。他不仅是中外文艺界的宠儿，也是关联着出版界、文学界及艺术界的关键人物。以上种种经历为其成为翻译家提供了得天独厚的条件。

即便如此，如何评价邵洵美依然是一个难题。他唯美颓废风格的诗歌在中国诗坛颇具争议，备受冷落。不过，张静却借助译诗重新评估了邵洵美作为诗人翻译家的成就。她指出："自1956年译出至今，邵译《解放了的普罗米修斯》仍然称得上中文世界里最经典的译本。这不仅由于诗剧本身的深奥以及翻译的难度，更是由于邵洵美以诗人身份完成的译作达到了迄今为止中文世界中无法逾越的高度。"（张静，2022：224）她将邵洵美的翻译活动视之为"最后的，也许可以称得上最高的文学成就"（同上）。

邵洵美的翻译活动集中于20世纪五六十年代，其译作《解放了的普罗密修斯》和《麦布女王》都是雪莱作品。对此，邵氏也有自述。他说"'解放了的普罗密修斯'的翻译工作，一共花去一年多时间，前后又经过三次修改。多蒙诸位好友不断地给我指示和鼓励；特别有两位研究英国古典文学的学者，他们在百忙中抽出空闲来，按字逐句地为我校读，又改正了我不少的错误。……长女小玉，在我翻译的过程中，一直帮我推敲字句，酌量韵节。"（邵洵美，1957：14-15）由此可见，邵洵美翻译雪莱诗剧时全身心投入，不但得到了家人的鼎力支持，还动用了自己长久以来积攒的人脉关系以求尽善尽美。尽管印刷出来的只是一本薄薄的小册子，却足足翻译了一年多，可见其珍视。

邵洵美之所以能在雪莱诗歌的翻译中取得如此高的成就，与其诗学趣味也深有关联。尽管邵洵美对古希腊女诗人萨福和英国诗人史文朋的钦慕最广为人知，张静却通过对其诗 Anch' io sono pittore！的解读勾勒出了邵氏心目中的西方诗歌谱系：

> 我梦见立在爱普老的座旁花的座周有小鸟歌唱；／莎茀拨弹着她七弦的仙琴；／史文朋抱着他火般的爱光。／／济慈正睡醒了痴听着夜莺，／倒流的泪染苦了甜蜜的心，／他是个牧羊儿在草上横卧，／月娘战战兢兢地过来偷吻；／／啊这自然的图画的音乐的，／是万蕾的灵魂吐出的诗句，／彼多文的新风南的变形吓，／又有着瓜绿的风景的神髓；／／你这坦直多情的田夫彭思，／含泪时的你也总带着笑意，／啊快乐是甜的忧愁也不苦，／乡村里的爱有天然的风味；／／豆般的烟灯边的是包特蕾，／你是不是天上堕落的魔鬼；／你把你的肉你的血做了诗，／你这妖儿岂也在地下生产？／／我不见拜伦雪诔莎士比亚；／也不见诗歌的祖宗的荷马；／那爱爱友的爱妻的哥德吓，／只孤单单地压在时光之下。（邵洵美，2019：73-74）

这首诗里不仅有邵洵美所景仰的萨福、史文朋，还出现了雪莱、济慈、拜伦、莎士比亚、波德莱尔等诗人的名字，呈现出了"从古希腊至欧洲浪漫主义和唯美-颓废主义的一条线索……暗示出了一种要跻身于伟大诗人行列的自我期许，也昭示出自己的诗学取向"（张静，2022：229）。在邵洵美心目中，雪莱继承了萨福抒情的调子，而史文朋的前身正是雪莱。换言之，雪莱是萨福与史文朋之间承前启后的重要诗人，在邵氏心中的地位非同凡响。

因好友徐志摩去世备受打击而中断写诗的邵洵美，在五六十年代以雪莱为中心的译诗活动中找到了自己的价值感，也借助雪莱的汉译重新做回了诗人。也许正因如此，邵洵美的墓碑上才会刻上这几句诗："你以为我是什么人？／是个浪子，是个财迷，是个书生，／是个想做官的，或是不怕死的英雄？／你错了，你全错了；／我是个天生的诗人。"（邵洵美，2019：139）

徐志摩与邵洵美貌似兄弟，情同手足，也有共同的诗学趣味，对雪莱的珍视与钦慕便是一证。青春早逝的徐志摩有意无意地模仿了雪莱"灿烂的死"，却给好友邵洵美带来了无尽的伤痛，以至于中断写诗。对雪莱诗剧《解放了的普罗米修斯》全身心投入的翻译赋予了邵洵美晚年兼诗人及翻译家于一身的成就，为重新评估邵氏文学地位提供了新的可能。普罗米修斯为了人类自由、正义与爱不惜自我牺牲的精神感动了雪莱，又通过雪莱的笔墨感染了鲁迅、徐志摩、邵洵美等众多中国文人。徐志摩与鲁迅存在派系冲突，邵洵美与鲁迅之间有过笔墨官司。如果没有张静的《雪莱在中国》，恐怕很难看到鲁迅、徐志摩、邵洵美三人共同的雪莱情结。作为雪莱式小说家、雪莱式诗人及雪莱译者的三人，都曾感动于雪莱笔下那个为人类盗火而自我牺牲的普罗米修斯。

参考文献

［1］［英］雪莱. 雪莱抒情诗选［M］. 查良铮译. 北京：人民文学出版社，1958.

［2］林徽因. 林徽因文集·文学卷［M］. 梁从诫编. 天津：百花文艺出版社，1999.

［3］鲁迅. 鲁迅全集（第1卷）［M］. 北京：人民文学出版社，2014a.

［4］鲁迅. 鲁迅全集（第3卷）［M］. 北京：人民文学出版社，2014b.

［5］陆小曼. 遗文编就答君心——记《志摩全集》编排经过［J］. 新文学史料，1981（4）：102 - 104.

［6］邵洵美. 解放了的普罗密修斯［M］. 北京：人民文学出版社，1957.

［7］邵洵美. 天堂与五月［M］. 西安：西北大学出版社，2019.

［8］［日］藤井省三. 鲁迅《伤逝》中的留白匠意：《伤逝》与森鸥外《舞姬》的比较研究［J］. 南京师范大学文学院学报，2014（4）：1 - 10.

［9］温源宁. 徐志摩——一个孩子［J］. 倪受民译. 人间世，1934（8）：27 - 28.

［10］吴宓. 徐志摩与雪莱［J］. 宇宙风，1936（12）：584 - 588.

［11］徐志摩. 徐志摩全集·补编3［M］. 上海：上海书店，1994.

［12］徐志摩. 徐志摩诗全编［M］. 杭州：浙江文艺出版社，1987.

［13］张静. 雪莱在中国：1905－1966［M］. 北京：北京大学出版社，2022.

［14］周作人. 周作人散文全集（第13卷）［M］. 桂林：广西师范大学出版社，2009.

"中外文学关系研究中绕不过去的一块基石"

——读《雪莱在中国（1905－1966）》的一些体会

胡传吉①

摘要：在积累大量原始文献的基础上，《雪莱在中国（1905－1966）》系统研究了雪莱的中国译介史及影响史，为理解中国现当代翻译史与文学史，提供了更多的可能性。"讨论雪莱在中国这一问题既复杂又充满挑战"，《雪莱在中国（1905－1966）》准确地呈现出这一问题的复杂性及重要价值。

关键词：雪莱的翻译史；反抗的行动者；革命浪漫主义

Title："A Cornerstone that Cannot Be Bypassed in The Study of The Relationship Between Chinese and Foreign Literature"——Some Reflections in Reading *Shelley in China*(1905－1966)

Abstract：Based on the accumulation of a large amount of original documents,*Shelley in China*(1905－1966)systematically reseraches the history of Shelley's Chinese translations and influences, offering more possibilities for understanding the history of modern and contemporary Chinese translation and literature. "Discussing the issue of Shelley in China is both complex and

---

① 作者简介：胡传吉，中山大学中文系教授、博士生导师，研究方向：中国思想史及现代学术史研究。

challenging", and *Shelley in China* (1905 – 1966) accurately presents the complexity and significant value of this issue.

Keywords：History of Shelley's translation；Actor of resistance；Revolutionary romanticism

因为与张静有同窗之谊，我有幸在书稿未出版之前拜读过一些篇目。我对张静多年来专注研究雪莱的情况有所了解，对她十多年来专注做好一件事的精神，更是十分佩服。陈思和教授在序言里写道，"我从书中文字联想到张静的成长过程，想到了我所有的学生们，我想把这部著作推荐给他们。我对学生们的期望，就是鼓励他们要像张静那样，在艰难的岁月里，不浮躁不焦虑，不求闻达，不那么急功近利，也不为眼前的狗苟蝇营而迷茫，十几年来就专心致志做完那么一件事，把自己岗位上的事情做好"，对此，笔者深以为然。学界有不少老老实实做研究的出色学者与译者，在帽子戏法日盛的时代，不被看见。乐观者，寄望于"功不唐捐，玉汝于成"，毕竟在网络时代，只要不追逐时代泡沫，用心识别，强大的检索功能还是能淘出金子。当然，通透者，更深知"一场空"的真正意味，于是无话可说。

雪莱的中国译介史与影响史的重要程度，无须笔者在这里赘述。拿到张静的《雪莱在中国（1905–1966）》（北京大学出版社，2022年），我首先翻开来细读的是附录，我对她多年来深耕雪莱研究后面的文献掌握非常感兴趣。就自己的读书习惯而言，正文之外，我一般都很留意学术论著的文献附录和注释，参考文献有许多"行规"，这些"行规"不一定是最重要的，只有跟正文关系特别密切的参考文献，才有实际的价值，否则，都是花架子。正文之外的附录和注释，反而最见论著者的见识、水准与心血，有哪些是"行货"、是摘录名人名句进行极具迷惑性的装饰，有哪些是老老实实读出来的、脚踏实地研究出来的，一眼就能分辨。此书的附录一为"雪莱（Percy Bysshe Shelley）其他中译名对照表"，此表虽只有15个译名，但只要有文献研究意识，就知道，这一工作来之不易，有前辈的积累，也有后学的增益：斯利（《新小说》）、薛雷（《学衡》）、修黎（鲁迅）、解莱（叶中泠）、锡兰（杨铨）、席烈（周作人）、雪梨（林孖）、许丽（徐祖正）、薛莱（胡适）、薛雷（陈铨）、施利（王靖）、舍兰（曾虚白）、雪莉（梁实秋），把这些译者名字顺一下，一部简要的翻译史就可以延伸展开，一些被历史尘封的翻译家也可以重见天日。年代久远，许多译名不同于现在的通行译名，有的音译、有的是硬译、有的是意译，个人对词语的理解及翻译趣味有差异，才会有这么丰富多彩的译名。译名解码的工作，不是一般人想象的那么简单，读一读鲁迅的《摩史诗力说》《人的历史》《文化偏至论》《科学史教篇》等文章，读一读陈独秀"文学革命"系列文章，等等，大概就能知道当代通译与现代"多译"之差异的普遍存在，更能知道译名之变是中国近现代文献版本学无法回避的问题。附录三"1905－1966 年雪莱相关出版物一览"、附录五"雪莱其他作品中译名对照表"，可与附录二配合起来看，更多的相关译者，如郭沫若、伍蠡甫、魏华灼、方然、李岳南、郑清文、杨熙龄、邵洵美、查良铮、王科一、汤永宽等，得到呈现。不仔细做与翻译家相关的文献研究，作者不可能发现"七月派"诗人方然在雪莱译介史上的重要贡献。方然英年早逝，他二十出头的时候翻译了雪莱的《解放了的普罗米修斯》和《沈茜》（*The Cenci*，今译为钦契）《阿多拉司》等，前两者 1944 年分别由雅典书屋和新地出版社出版，后者收入《哈罗尔德的旅行及其他》（文阵社，1944），具体可参见第四章第四节"恃才的文学青年：七月派诗人方然的雪莱译介"，这一节非常细致而清晰地梳理了方然对雪莱的翻译情况，作者不过多评论方然的贡献，不回避胡风与路翎对方然"恃才"自傲的态度，让史实自己说话，方然的翻译贡献自然而然地得到呈现，翻译史对现代文学史的贡献也不言自明。翻译家的重要贡献，常常被当代研究者忽视，翻译常被一些不知天高地厚者贬斥，还被一些整天只知道挑错的人嘲讽，实在是让人啼笑皆非。世上没有完美的翻译，只有不同代际翻译之间的互相补益，有错就纠，而不应该是有错就否。对雪莱其他作品中译名的梳理，也肯定能给研究雪莱或英国浪漫主义诗歌的同行，带来一些研究上的帮助与便利。附录二是"1905－1949 年主要中文报刊中翻译的雪莱诗作篇目一览表"，共收录雪莱52 种诗作154 种翻译，其中，"*Love's Philosophy*"（通译为《爱的哲学》）和"*Ode to the West Wind*"（译为《西风歌》《西风颂》等）的翻译最多，前者有 12 种，多为 20 世纪 30、40 年代翻译，后者有 16 种，20、

30、40 年代各有翻译。附录四是"1905－1966 年主要中文报刊中介绍雪莱的篇目一览表"，编目 53 种。对雪莱感兴趣的研究者，可以结合此书细读，此处，不赘述相关的译作者。通读这些文献编目之后，雪莱译介史与影响史又以另一种面目，启示理解中国现当代翻译史与文学史，实受益良多。

对近现代文献情况稍微有所了解的研究者就知道，这些文献编目后面所花功夫之巨，难以想象，编著者在全世界各地相关图书馆坐了多少天，当然更是"学术活动家"们难以想象的。有一些文献，虽有电子数据库，但近现代竖排繁体的电子文献，对研究者的视力不算友好，古代文献更不必说。据我所知，很多一手的英文文献，是张静在英美等国的一些大学图书馆逐字抄写回来的，时间成本、经济成本要算也是可以算出来的，有一些英文文献需要馆际文献传递，沟通成本与经济成本有多大，抄写回来要阅读多久，知者皆知，不知者无知无畏。说到这些文献研究的细节，不是说张静在这方面有多了不起，学界像张静这样踏实做学问、不求闻达的学者其实很多，这些学者才是学术共同体的中坚力量。扎实的文献编目，不是找几个学生，坐在电脑前，几天就能编出来的（也可想而知，这样编下来，学生的名字最后会变成无名），按古典文献学的目录学，目录不仅包括目，还包括录，录对阅读文本、概括题要是有要求的，编目与正文有多大的契合度，能看出编目到底是亲力亲为还是假手于人。笔者提及第一手文献研究的重要性，无非是想说出我的疑惑，这本是学问的根基，也是学人的本分，但这一常识，不知为什么就被这时代遮蔽了。

回过头再去阅读以前读过的正文，又有一些新的感受。《雪莱在中国（1905－1966）》的每一部分，都建立在坚实的一手文献基础之上，相应的学术见识与学术判断，有常读常新之感。比如第一章第三节，作者比较了鲁迅与苏曼殊对雪莱的不同态度，在鲁迅这里，雪莱是"反抗的行动者"，在苏曼殊这里，雪莱更像是"爱的哲学家"，苏曼殊和章太炎还将雪莱比作中国的诗人李贺与李商隐。鲁迅与苏曼殊的不同态度，反映了国人对外来文化的态度差异，时至今日，人们可以进一步思考本国文化与外来文化之间的关系。最难的章节，可能是第五章"革命浪漫主义话语下的译介"，作者描述并解释了雪莱为什么在"十七年"期间超越拜伦，成为"革命浪漫主义"的最重要代表诗人，这一学术发现，无疑能提供新的视角，重新思考"十七年"文学的精神趣味。不同章节，各有发现。限于篇幅，不展开讲。值得重视的是，雪莱的形象多变，在每一个时代，雪莱都能成为一个重要的符号，自由、浪漫、革命这些语词，都可以跟雪莱契合，我们可以多问为什么，为什么雪莱来到中国，既可以现实主义，也可以浪漫主义，等等。"雪莱在中国的译介和叙述了诗人作品和形象在中国的传播和产生的影响。然而，无论将这一过程描述为接受还是传播，讨论的主体都并非恒定的"，这就决定了"讨论雪莱在中国这一问题既复杂又充满挑战"，《雪莱在中国（1905–1966）》这一书稿，非常系统地呈现了这一问题的复杂性及重要价值。总体而言，《雪莱在中国（1905–1966）》一书，从史的角度验证中国现当代文学思潮的变迁，行文中，细致的诗歌形式研究也体现出作者出色的艺术触觉，从跨学科研究的角度来看，此书也是一个很好的范本。

扎实的持续研究，好的论著，一方面，是为己的学问，另一方面，有金针度人之功。有志学术者，能有一两部论著为学术共同体添砖加瓦，已是莫大的成功。我赞同陈思和教授的判断，《雪莱在中国（1905–1906）》这部著作，"将会是中外文学关系研究中绕不过去的一块基石"。

《翻译学刊》稿约

《翻译学刊》（*Journal of Translation Studies*）是一本致力于翻译研究的专业性学术集刊，2023年1月正式创刊。本学刊由四川大学外国语学院、中华文化外译与研究中心主办，巴蜀书社出版，王欣教授与熊辉教授担任主编，每年出版两辑。

本学刊将学术质量视为最高标准，严格稿件的评审制度，所刊之论文范围广博，常设栏目有"中国翻译史研究""翻译文学研究""翻译理论探索""中国现当代文学外译研究""中华文化外译研究""口译研究""笔译研究""艺术体裁翻译研究""翻译应用与教育""翻译名家访谈""翻译著述评介"等，欢迎学界方家惠赐稿件。为进一步强化学术规范，来稿敬请遵循以下要求：

一、稿件体例规范与要求

1. 论文需为中文学术专论或国外学术专论之中文译文，不接受文学创作类稿件以及与翻译研究无关的其他作品类译文。

2. 论文须为首发，未曾在其他正式刊物或网络媒体上发表，每篇字数为8000—15000字为宜。

3. 论文需提供中英文标题、摘要与关键词，摘要300字以内，关键词3－5个为宜。论文各级标题书写样式如下：一、（一）、1、（1）。

4. 论文排版格式要求：题目居中，用宋体，四号加粗；文中二级标题顶格，用黑体，小四号加粗；正文用宋体、五号；成段落的引文用楷体、五号，退两格排版。全文行间距为1.5倍行距，英文均使用Times New

Roman 字体。

5. 论文需提供详细的作者简介，置于文稿标题之前，且应包含如下信息：姓名、性别、出生年月、籍贯、所在单位（具体到院系或研究所）、职务或职称、研究方向、联系电话、电子邮箱、邮寄地址、邮政编码等。

6. 凡属科研项目的文稿，请于文末提供项目相关信息。如：本文为国家社会科学基金重大项目"当代艺术中的重要美学问题研究"（项目编号：20&ZD049）的阶段性成果。

二、文献引注技术规范

1. 本学刊引注文献分为文中附释与文末参考文献两类。

（1）文中附注特指作者的解释性内容，而非直接或间接引用文献，此类注释需用当页脚注的形式依次标注①②③……

（2）参考文献特指文中直接或间接引用内容，需在文末按汉语拼音或英文字母顺序逐一列出相应文献，中文文献在前，英文文献在后，并依次排序［1］［2］［3］……文内未直接或间接引用的文献不列在参考文献中，所引内容则在文中采用夹注的形式标注，具体标注方式为：（作者姓名，年代：引文页码），示例如下：

（冯友兰，2006：36）

（Palmer，1969：102）

（杨枫，2023a：2）

（Bassnett & Lefevere，2001：123－125）

2. 中文参考文献格式示例如下：

例1（专著）：赵毅衡. 符号学：原理与推演［M］. 南京：南京大学出版社，2016.

例2（译著）：［法］吉尔·德勒兹. 批评与临床［M］. 刘云虹，曹丹红译，南京：南京大学出版社，2022.

例3（期刊论文）：谢天振. 现行翻译定义已落后于时代的发展——对重新定位和定义翻译的几点反思［J］. 中国翻译，2015（3）：14－15.

例4（报刊文章）：曹顺庆. 变异学确立东西方比较文学合法性［N］. 中国社会科学报，2011－7－5.

例5（民国报刊）：沈雁冰. "直译"与"死译"［J］. 小说月报，

1922，13（8），1922 - 8 - 10.

例6（论文集析出文献）：朱光潜. 谈翻译［A］. 罗新璋编. 翻译论集［C］. 北京：商务印书馆，1984.

例7（硕博论文）：段峰. 透明的眼睛：文化视野下的文学翻译主体性研究［D］. 成都：四川大学，2007.

例8（电子文献）：萧钰. 出版业信息化迈入快车道［EB/OL］. (2001 - 12 - 19)　［2002 - 04 - 15］. http://www. creader. com/news/200112190019. htm.

3. 外文参考文献格式示例如下：

例 1 （专著）：Petrilli, Susan. *Sign Studies and Semioethics：Communication，Translation and Values*［M］. Boston：De Gruyter Mouton，2014.

例2（论文集析出文献）：Frost, Robert. Conversations on the Craft of Poetry［A］. In Elaine Barry（Ed.）. *Robert Frost on Writing*［C］. New Brunswick：Rutgers University Press，1973.

例3（期刊论文）：Hagemann, E. R. Should Scott Fitzgerald be Absolved for the Sins of "Absolution"?［J］. *Journal of Modern Literature*，1985，12（1）：169 - 174.

例4（报纸）：Weisman, J. Deal Reached on Fast-Track Authority for Obama on Trade Accord［N］. *The New York Times*，2015 - 5 - 16（A1）.

例5（译著）：Bourdieu，Pierre. *The Logic of Practice*［M］. Richard Nice（Trans.）. Stanford：Stanford University Press，1990.

例6（电子文献）：XⅧ FIT World Congress Proceedings［C/CD］. Beijing：Foreign Languages Press，2008.

4. 常用文献类型标志如下：专著［M］、论文集［C］、报纸［N］、期刊［J］、学位论文［D］、报告［R］、标准［S］、专利［P］、汇编［G］、其他［Z］；电子文献类型标识：数据库［DB］、计算机程序［CP］、电子公告［EB］；电子文献与载体类型标识：联机网上数据库［DB /OL］、磁盘软件［CP /DK］、网上电子公告［EB /OL］、网上期刊［J /OL］。

三、本学刊仅接受邮箱投稿，投稿邮箱为：scufyxk@ 163. com。请在邮件主题中注明"《翻译学刊》投稿 + 作者单位 + 姓名 + 文章名"。

四、本学刊实行编辑部初审与专家匿名外审相结合的审稿制度，审稿期限为 3 个月，三个月内未收到刊用通知，稿件可自行处理。稿件一经采用，寄送样刊两册。

五、作者须确保投稿文章内容无任何违法、违纪内容，无知识产权争议。遵守学术规范，引文、注释应核对无误，严禁剽窃与抄袭，切勿一稿多投。

六、本学刊已许可中国知网（CNKI）以数字化方式复制、汇编、发行、信息网络传播全文。所有署名作者向本学刊提交文章发表之行为视为同意中国知网拥有对该论文的著作使用权。如有异议，请在投稿时说明，本学刊将按作者说明处理。

七、本学刊不收取任何形式的版面费。

《翻译学刊》编辑部

图书在版编目（CIP）数据

翻译学刊. 2024 年. 第 1 辑／王欣，熊辉主编.
成都：巴蜀书社，2024. 6. — ISBN 978-7-5531-2236-6

Ⅰ. H059－55

中国国家版本馆 CIP 数据核字第 2024211EQ2 号

翻译学刊（2024 年第 1 辑）　　　　　　　王　欣　熊　辉　主　编
FANYI XUEKAN

责任编辑	陈亚玲	
特约编辑	杨东伟	
责任印制	田东洋　谷雨婷	
出　　版	巴蜀书社	
	四川省成都市锦江区三色路 238 号新华之星 A 座 36 楼　邮编 610023	
	总编室电话：(028)86361843	
网　　址	www. bsbook. com	
发　　行	巴蜀书社	
	发行科电话：(028)86361856	
经　　销	新华书店	
照　　排	四川胜翔数码印务设计有限公司	
印　　刷	成都蜀通印务有限责任公司　　(028) 64715762	
版　　次	2024 年 6 月第 1 版	
印　　次	2024 年 6 月第 1 次印刷	
成品尺寸	170mm×240mm	
印　　张	23.75	
字　　数	420 千	
书　　号	ISBN 978-7-5531-2236-6	
定　　价	78.00 元